CON FANTASIA

Reviewing and Expanding Functional Italian Skills

CON FANTASIA

Reviewing and Expanding Functional Italian Skills

Second Edition

Marcel Danesi
Michael Lettieri
Salvatore Bancheri
University of Toronto

THOMSON
™
HEINLE

Australia ✦ Canada ✦ Mexico ✦ Singapore ✦ Spain ✦ United Kingdom ✦ United States

THOMSON ™

HEINLE

Con fantasia
Second Edition
Danesi / Lettieri / Bancheri

Publisher: Janet Dracksdorf
Acquisitions Editor: Sean Ketchem
Senior Production Editor: Esther Marshall
Marketing Manager: Jill Garrett
Manufacturing Manager: Marcia Locke
Compositor: Publication Services
Photo Researcher Manager: Sheri Blaney
Cover/Text Designer: Brian Salisbury
Cover Art: Christie's Images/CORBIS
Printer: Webcom

Printed in Canada.
3 4 5 6 7 8 9 10 08 07

For more information, contact Heinle, 25 Thomson Place, Boston, Massachusetts 02210 USA, or you can visit our Internet site at http://www.heinle.com

For permission to use material from this text or product contact us:
Tel   1-800-730-2214
Fax   1-800-730-2215
Web   www.thomsonrights.com

Library of Congress Cataloging-in-Publication Data
Danesi, Marcel
   Con fantasia: reviewing and expanding functional Italian skills / Marcel Danesi, Michael Lettieri, Salvatore Bancheri. – 2nd ed.
     p. cm
   Includes index.
   ISBN-13: 978-0-8384-6067-2
   ISBN-10: 0-8384-6067-4
     1. Italian language–Textbooks for foreign speakers–English. 2. Italian language–Grammar. I. Lettieri, Michael. II. Bancheri, Salvatore. III. Title.

PC1129.E5D36 2003
458.2'421–dc21   2003049991

✦ Contents

✦ PREFACE ◇◇◇◇◇◇◇◇◇◇◇◇◇◇◇◇◇◇◇◇◇◇◇◇◇

An intermediate or follow-up course in a language requires not only that students review and reinforce the basic linguistic and communicative skills already acquired. The course must also provide ample opportunities for students to expand these skills so that they can develop the ability to use the language in an autonomous and creative manner. For this reason, teachers of intermediate courses often discover that they must go beyond a grammar and vocabulary review format and supplement their courses with materials and activities designed to help their students become more consciously aware of the uses of the language they are studying.

Con fantasia started out in just this way—as a supplementary manual of materials and activities that we designed for our own intermediate Italian courses at the University of Toronto. After decades of pilot testing and developing the manuscript in consultation with other teachers, we reworked it into a textbook that, when it came out in 1996, seemed to reflect what teachers and students alike felt they needed to expand their functional skills considerably. We never thought for an instant, however, that it would be used by so many instructors who, as they have told us over the years, have found it to constitute an effective tool for making the review of Italian an enjoyable and effective classroom experience. The usability and pertinence of *Con fantasia* have been unexpected and gratifying to all three of us. The instructors who decided to adopt the text have been its staunchest supporters and its most constructive critics. The suggestions and commentaries they have passed on to us have encouraged us to prepare an updated and enlarged second edition. We sincerely hope that it truly reflects what instructors and students have told us would be most useful to them. As was the case for the first edition, the construction and make-up of the text are such that it can be envisaged either as a year-long review text or as a manual for use in both the two-semester and the three-quarter academic programs. Since its explanations and activities make it highly user-friendly and culturally pertinent to young people, it can also be used as an advanced text in a high school setting.

It is our sincere hope that this second edition of *Con fantasia* will continue to provide teachers of Italian with a source of language, discourse, and contemporary cultural topics that will make the review of Italian a pleasant and meaningful experience. It is impossible to thank all those who have given us constructive input since the text came out in 1996. There simply are too many to mention here. A heartfelt thanks goes out to all of them. We hope that all students of Italian will find that this book will make their review of the language an enjoyable and worthwhile experience.

PROGRAM COMPONENTS

Text

Con fantasia contains many varied and diverse opportunities for students to review and expand their grammar, vocabulary, discourse, and cultural knowledge. The broad range of learning strategies and activities it includes, together with its great number of exercises and cultural realia, allow instructors to pick and choose exercises, activities, etc., as required.

Workbook / Lab Manual

A *Workbook/Lab Manual* is also available. Its contents and learning objectives are coordinated chapter by chapter with this textbook. It provides opportunities for the mechanical practice of grammar and vocabulary along with more open-ended exercises for practicing reading and writing. The accompanying Audio Program contains a pronunciation section and two additional segments per chapter featuring Italian conversations and narrations. These are followed by detailed listening comprehension activities in the *Lab Manual*.

OVERALL ORGANIZATION

Con fantasia has been organized to help students grasp the use of verbal structure in relation to how it is used to deliver discourse and textual material.

- In **Chapters 1–5** the focus is on present tenses (indicative, subjunctive, and imperative).
- In **Chapters 6–10** the focus shifts to past tenses (indicative and subjunctive).
- And in **Chapters 11–15** the focus is on future and conditional tenses.

The focus on a verb theme within each five-chapter part does not exclude the use of other tenses in it. It simply means that most of the linguistic and communicative exercise material is structured around the verb theme. This organizational format will allow the learner to master a verbal dimension and to apply it to various communicative situations fluidly and in a conceptually appropriate fashion.

CHAPTER ORGANIZATION

Each chapter is built around a thematic focus (greeting, telling time, talking about the mass media, etc.). All the activities are related to the theme in some way or other. This unique thematic-functional organization of the lexical, grammatical, communicative, and cultural material in each chapter distinguishes *Con fantasia* from other Italian textbooks.

The themes and objectives of each chapter are announced at the beginning. These are worked into the entire chapter in a synthetic fashion. Students are given ample opportunities to recall, review, and expand functionally upon their previously acquired language and communication skills. By the end of the chapter, they are in a position to use these skills in a creative and imaginative way— hence the title of this textbook, **Con fantasia**.

The material used in one chapter is recycled in subsequent chapters, as required, giving **Con fantasia** thematic unity and cohesiveness as a general review text. The overall orientation of a chapter can be characterized as consisting of a learning flow that (1) starts from a spontaneous and creative recall phase *(Avvio)*, (2) moves forward to a formal review phase *(Vocabolario, Grammatica,* and *Comunicazione)*, (3) engages students textually with contemporary cultural information *(Cultura)*, (4) provides opportunities for the use of the language in a creative fashion *(Con fantasia)*, and (5) exposes students to the use of the language in the framework of our constantly changing "digital world" *(Il mondo digitale)*. Moreover, the many opportunities provided for students to express themselves are designed to encourage confidence from the very start.

Avvio

This opening phase is intended to allow students to recall, on their own, the selected structures, vocabulary material, and discourse strategies in a spontaneous fashion. It is subdivided into five sections.

Quanto sai già?

This contains activities designed to allow the students to recall and use, as best they can, what they know already about the structures and material to be introduced in the chapter. Discussions, cultural quizzes, and the like are used in such a way that the student is "projected" directly and creatively into the subject matter of the chapter, without formal training.

Lettura

The students are then exposed to a piece of cultural realia (an excerpt from a **fotoromanzo,** an ad, etc.) that contains aspects of language, discourse, or culture related to the thematic focus of the chapter. For example, in the first unit, the **fotoromanzo** excerpt contains dialogue based on the functions of greeting, questioning, negating, and being ironic. The contents of this text are then interwoven into the remainder of the unit, thus contextualizing all of its contents and activities. The excerpt *(Lettura)* is preceded by a *Prima di leggere* section, which contains simple pre-reading activities.

Predictably, a number of culturally updated pieces have been used in this second edition. Those that have been found to be particularly useful, and are still culturally appropriate, have been retained. For previous users of **Con fantasia** the new pieces are found in chapters 4, 5, 6, 7, 9, 10, 14, and 15.

Dopo la lettura

The piece of cultural realia is followed up by a section that aims to quickly test students' comprehension of the text, as well as to provide opportunities for the student to think about and discuss aspects of its contents.

Stimolo linguistico

This section concludes this opening phase of the chapter. It consists of exercises designed to accustom students to one or more of the grammatical or communicative structures, notions, and functions to be covered in the unit. In effect, this section allows students to become familiar *inductively* with what is to be reviewed in subsequent sections of the chapter without the benefit of formal explanation and practice.

Vocabolario

The second phase starts with a *Vocabolario* section highlighting one or two areas of vocabulary related to the chapter theme(s). The lexical items and expressions are glossed in English. Commentaries on any pattern, feature, etc., related to, or derived from, the vocabulary theme, or any item in it, are included when required. In this second edition, this section has been updated and expanded, as required, to reflect the changes in culture that have taken place since the first edition. The vocabulary list is followed by an *Applicazione* section, consisting of one or more exercise sets. Many of these have also been expanded and updated.

Grammatica

Each topic in the *Grammatica* section is explained and exemplified first in English. Explanations are designed to be as non-technical as possible, focusing on similarities and differences with corresponding English structures. An *Applicazione* section, consisting of appropriate exercises and activities, follows each topic. A number of these have been expanded or modified in this second edition.

Comunicazione

The *Comunicazione* section then highlights communicative topics related to the unit theme. The vocabulary related to each topic is presented with English glosses and explanations. Each one is followed by an *Applicazione* section, consisting of one or more exercise sets. After the final *Applicazione,* there is a *Momento creativo* section that contains suggestions for group work (role-playing, projects, etc.) based on some aspect of, or related to, the unit theme. The **momento** allows students, in effect, to link their knowledge of vocabulary, grammar, and communicative strategies to the chapter theme in a spontaneous and autonomous fashion.

Cultura

The third phase engages students textually with contemporary cultural information. In this second edition such information has been updated as required. This phase consists of four sections.

This section contains information on some aspect of culture or civilization related to the unit theme(s). This is followed, again, by one or more exercise sets *(Applicazione)*.

Lettura

Students are then exposed to a reading excerpt from the work of some important Italian author or, occasionally, a piece of cultural realia that contains aspects of language, discourse, or culture related to the thematic focus of the chapter. The excerpt is preceded by a *Stimolo alla lettura* section, which contains pre-reading activities, and followed up by various post-reading activities *(Dopo la lettura)*.

Con fantasia

The fourth phase allows students to synthesize all that they have learned in the chapter, encouraging them to use their **fantasia** to carry out language and communicative tasks related to the chapter theme(s).

Il mondo digitale

This fifth and final phase is completely new to the Second Edition of **Con fantasia.** It is designed to provide information (new words, new ideas, etc.) on the ever-evolving "digital world." It starts with a piece of realia dealing with some aspect of this world (e-mails, Internet access, online banking, etc.). This is followed by a *Studio del vocabolario,* which allows students to acquire appropriate vocabulary through comparison and other kinds of activities. An *Applicazione* section then concludes this phase. In this way the student of Italian will be exposed to direct contact with the increasingly important world of communications as it applies to Italy.

Lessico utile

Each chapter ends by listing the main vocabulary items used in it. Many of these are recycled in the remainder of the course.

Abbreviations

m	=	masculine
f	=	feminine
fam	=	familiar / informal
pol	=	polite / formal
sing	=	singular
pl	=	plural
pers	=	person
no	=	number
isc	=	third-conjugation verb uses **isc** in present tenses

ACKNOWLEDGMENTS

We would like to express our deepest appreciation to the great team at Heinle for their support and collaboration in every phase of this project, and in particular, Sean Ketchem and Esther Marshall. Our thanks also go to all the other people at Heinle involved with this project and to the freelancers: Antonella Giglio, the native reader and proofreader, for her great editorial and cultural suggestions; Susan Lake; Brian Salisbury; Publication Services and its great coordinator, Jan Fisher. *Mille grazie.*

✦ To the Instructor

Methodological Philosophy

The two guiding principles behind ***Con fantasia*** are (1) the notion that students need to understand how language reflects cultural models of the world; and (2) the observation that intermediate students continue to struggle to master the conceptual aspects associated with verb use in Italian. The former underlies the organization of each chapter around a conceptual theme; the latter is the reason why the book is divided into three parts that reflect the three basic temporal dimensions associated with the verb—the present, the past, the future/conditional. This book thus starts with present tenses in the first five chapters, allowing students to refamiliarize themselves with the **presente** in all of its manifestations (indicative, subjunctive, imperative, etc.) in order to build upon a solid working foundation. The subjunctive is presented side-by-side with indicative tenses so that students can master it early on, rather than wait to practice it in later chapters (as is the tradition in most review grammars). After intensive work on the **presente,** the focus shifts to the **passato** in Chapters 6 to 10. Once again, the subjunctive is presented in tandem with the indicative past tenses. In the final five chapters, the focus is on the future, conditional, and indefinite tenses.

Conceptual Fluency and Chapter Progression

Despite considerable research in second-language learning in classroom environments in this century, and despite the many pedagogical applications that such work has made possible, teachers and learners alike still complain that autonomous student discourse lacks the conceptual richness that characterizes native-speaker discourse. The primary purpose and organizing principle of this book is to develop, through the students' **fantasia,** what can be called "conceptual fluency." Although student-produced discourse often manifests a high degree of grammatical and communicative proficiency in the second year, it invariably seems to lack the conceptual appropriateness that characterizes the corresponding discourse texts of native speakers. To put it another way, students "speak" with the formal structures of Italian, but they "think" in terms of their native conceptual system, that is, students typically use Italian words and structures as "carriers" of their own native language concepts. What student discourse typically lacks, in other words, is conceptual fluency.

This conceptual-functional approach determines the order of presentation of lexical, grammatical, and communicative structures. Students are always encouraged to conceptualize *how* to say what they are doing, *what* they would like to do, *how* they are doing something, and so on.

Cohesiveness

As mentioned above, the format of each chapter is designed to go from *doing* to *reflecting* to *doing again in an imaginative way.* Students are exposed over and over to the same concepts in different contexts and by means of constant reinforcement. Grammar structures, lexical items, and communicative strategies are presented when they are needed for the student to conceptualize and express certain themes. Each chapter is therefore cohesive, since it is built around a conceptual focus.

Take, as an example, the opening chapter. The **fotoromanzo** sets the scene and conditions for the development of appropriate conceptual and linguistic skills. In the **fotoromanzo** the vocabulary theme deals with friends and love. The grammar structures are presented to illustrate how this theme can be reflected in the language. The communicative section then deals with introducing, asking questions, and negating, while the culture topic is about meeting and greeting someone in Italy. The second **lettura,** at the end of the chapter, is a *Peanuts* cartoon dealing with exactly this topic in a humorous fashion; and the final *Con fantasia* section provides students with plenty of opportunities to express their own ideas about love, how to make contact with people, and similar topics. Thus by the end of the chapter, students have learned to associate language forms with a certain conceptual domain. By the end of the course students will be able to "think," not just "speak," in Italian.

Benefits of Conceptual-Functional Language Teaching

A program designed to develop conceptual fluency and functional ability in oral and written Italian prepares students to think and communicate effectively in the language. Among the benefits that accrue from this approach, as the experience with *Adesso!* (the first-year program published by Heinle) has now made obvious, are:

- exposure to large chunks of realistic input, both oral and written
- extensive use of authentic reading materials
- emphasis on everyday practical situations as reflected in functional language structures and vocabulary
- realistic learning tasks
- frequent recycling of vocabulary, grammatical structures, and communicative strategies for a built-in review within and across chapters
- a distinction between what students should be doing in class and what they should be doing outside of class
- a sequencing of vocabulary, grammar, and communication topics that is driven by the cultural concepts and language functions they serve; thus certain structures are presented partially at first because they are immediately usable for the performance of certain tasks; they are, however, explained in their entirety at a later point in the program

- students have many opportunities to speak the language in the classroom
- receptive skills are always given precedence; hence each chapter starts with authentic material to be read and learned
- productive skills are tied to this initial comprehension stage
- work in pairs or small groups encourages student interaction and generates a positive learning atmosphere

Recommended Procedures for Conceptual-Functional Teaching

The following suggestions for teaching with **Con fantasia** are meant only as recommendations. Actually the flexibility of its design is such that teachers with diverse kinds of teaching styles can use it. In a second-year course, it is up to the teacher to decide which structures are to be reviewed thoroughly and which can be reviewed rapidly or even omitted. Such decisions will vary from school to school, from instructor to instructor. The broad range of activities and exercises in the text and the accompanying workbook provide the teacher with plenty of choice.

- Essentially, a conceptual-functional approach requires that teacher and students be involved in *doing* things with the language, not just processing it as a system of rules.

   The main feature of this approach is to ensure that the classroom environment is an interactive one, with students constantly doing things with the language structures and vocabulary they are learning.

- A conceptual-functional approach also implies that a specific structure is not presented or treated in terms of some logical grammatical sequence, but solely in terms of its functionality for negotiating some meaningful exchange. Thus, you will find that some structures are introduced earlier or in other locations than in more traditional approaches. These structures do not have to be taught as part of a larger system as soon as students are exposed to them; rather, students should be allowed to work with them as best they can in order to carry out some communicative or meaningful task. Later students will be exposed to the system in its totality.

- The conceptual-functional approach emphasizes *active* use of the language in combination with other language and communicative skills. Listening, speaking, reading, and writing skills are presented concurrently, so that students can see the interdependence of these various modalities of the language. They are thus called upon to use all four skills concomitantly within the specific framework of a conceptual theme.

Suggested Syllabi

In a college or university setting, this book can be easily covered over the academic year, which consists, in most schools, of approximately 20–24 weeks of classroom instruction (meeting three times a week or more). This means that each of the fifteen chapters in the book should be covered within one to two weeks of classroom time. Instructors on a semester system should attempt to cover eight chapters one semester and seven the other. Those on a quarter system should be able to cover five chapters per quarter. This scheduling system leaves time to do other things necessary in a course (tests, quizzes, exams, review sessions, and so on).

In-class and out-of-class work

In general, the material in this text should be covered in class, and the material in the accompanying workbook should be assigned as work to be completed outside of class. The latter can then be taken up in class or handed in for your correction and commentary. In general, then, if instructors plan to cover one chapter per week and a half, or one per two weeks, they can expect to cover the course material at a good pace.

In general, to keep to the suggested schedule, we recommend the following:

- Have students read the **letture** before class if you find that you are taking up too much time on them.
- Reserve as much class time as possible for communicative interaction and functional oral activities.
- Anything the book can do on its own—such as explain grammar—can be assigned as out-of-class work (workbook exercises are recommended as homework).
- Limit the *Momento creativo* and *Con fantasia* activities to a reasonable amount of time; otherwise you will find it impossible to cover the more mechanical groundwork required to carry out the tasks expected by these sections.

High School Teachers

High school teachers will find that this course cannot be finished in one school year, and that they will have to extend it over a two-year period. Teachers and students will thus have more time to cover the material thoroughly and more time to devote to classroom activities and conversation.

SECTION-BY-SECTION GOALS AND TEACHING TIPS
Stimolo alla lettura

The opening *Lettura* and the *Lettura* found in the third phase after the *Cultura* are preceded by a *Stimolo* section. This prepares students for the conceptual focus and theme of the reading. The exercises, questions, and activities contained in this section are based on the contents of the reading, allowing students to "think" about what they are about to learn. It is recommended that you do these preparatory exercises in class before starting the reading.

Lettura

The *Lettura* presents language and conceptual themes covered in the chapter. Low-frequency and difficult words are usually glossed.

The reading should be taken up in class using one of several modes of instruction alternatively: you can read it sentence-by-sentence, with students imitating you in chorus; you can ask a student to read it in part, and someone else to finish it; you can encourage groups of students to transform a narrative text into a dramatic one. Those **letture** that manifest a dialogue style (e.g., **fotoromanzi**) can be treated as any dialogue; for instance, you can choose students to read the different parts, get groups of students to perform it as a skit, and so on.

Do not give more explanations than what students appear to need to comprehend the reading. Students can easily recognize many of the words in each reading or piece of realia and get the meaning of others from context or from the glosses.

Here are a few other tips for you:

- Divide the class into groups to work on their own paraphrases or dramatizations of the reading material.

- Get students (in groups, pairs, or individually) to come up with their own follow-up questions and activities based on the reading.

- Walk around the room and help individuals with specific problems in comprehension or production related to the activities.

- Always help students decode the text with leading questions such as **Chi è responsabile dell'azione? Che cosa sta facendo...? Perché lo sta facendo...? Quando? Come? Quanto?** and so on.

Dopo la lettura

The questions, exercises, or activities that follow a *Lettura* check for comprehension and invite students to think about what they have read. Frequently these also allow them to apply the contents of the *Lettura* to their own personal experiences.

It is advisable to spend a considerable amount of time doing these follow-up activities, since they involve the students in both reconstructing what they have read and applying it to their own lives. Never accept a simple **sì** or **no** answer. Insist on complete responses and on getting students' own "personal angle." This follow-up work can also be structured as pair or group work.

Stimolo linguistico

This section allows learners to practice and expand upon some item of language contained in the opening piece of realia and to be covered formally in a later section of the chapter. Thus students will be encouraged to put immediately into practice what has been presented without the benefit of formal explanation. This allows them to exercise their own grasp of the notions within a controlled exercise format.

Vocabolario

This section contains vocabulary related to the chapter's conceptual theme(s). It thus introduces necessary, practical, and realistic vocabulary that students will need in order to talk about a specific conceptual theme (love, emotions, friends, sports, etc.). The lexical items are repeated and reinforced throughout the chapter and then recycled in other chapters in different ways and contexts so that students can learn them effortlessly.

We suggest that you attempt to find visual materials, real objects, or photographs whenever possible that will help you impart the vocabulary items. Have students repeat the new words. You can also personalize the vocabulary by asking them questions that relate the vocabulary to their typical experiences.

The *Applicazione* section that follows usually contains very simple questions and activities (including open-ended ones) that focus students' attention on the actual words and expressions themselves. All the instructions are given in Italian. Each exercise or activity is preceded by a **modello** that shows how it is to be carried out. In theory, all the exercises can be done in writing. But if these are added to the workbook exercises, the amount of written work would be overwhelming. The instructor should therefore decide which exercises can and should be done orally in class and which can be assigned as homework. Activities requiring open-ended, pair, and group work should, of course, be done in class.

Note grammaticali

The *Note grammaticali* are limited to the review and expansion of three to four points of grammar. Each point is normally presented with the aid of visual and graphic displays of information in order to help students visualize and retain the relevant information more efficiently. The explanations of grammar are given in English as clearly and concisely as possible. These are always exemplified by appropriate models. As in the case of vocabulary, the grammatical structures are used and reinforced throughout the chapter, and then recycled in subsequent chapters in different ways and in different contexts so that students can master them.

The *Applicazione* section that follows usually contains exercises and activities (including some open-ended ones) that focus students' attention on how the grammatical structures reflect the conceptual theme(s) of the chapter. Once again, all the instructions are given in Italian, and each exercise or activity is preceded by a **modello.** And, once again, the instructor should decide which exercises can and should be done orally in class and which can be assigned as homework.

You will find three types of exercises in this section:

1. *Mechanical exercises.* These provide both structure and meaning. Their purpose is to allow students to become familiar with a structure itself and therefore are often not contextualized. To maximize student practice, do them several times with the entire class, then have the students work in

pairs. These can also be assigned for homework, if class time is shorter, and then taken up at the next class.

2. *Meaningful exercises.* These provide an opportunity for students to practice the structure in some personalized way (such as *answer questions about yourself, your friends, your family,* etc.). These too can be assigned for homework, if time does not permit them to be done in class, and then taken up at the next class.

3. *Communicative exercises.* These provide both the structure and communicative contexts in which it can be used. It is important that these be done in class, since they give students an opportunity to show their linguistic autonomy.

Here are some other practical tips:

- Call on students at random to make sure they are paying attention.
- Mechanical drills and exercises can be boring, so interrupt them every so often to elaborate or reflect upon some of the uses of the language being practiced in the exercises.
- If a student is having difficulty doing an exercise, help him/her by providing appropriate information. You might also want to elicit the help of other students in the class.
- You may want to add your own exercises and activities that focus on the situation in which you find yourself.
- Although the questions and instructions in the book are phrased with the **tu** form, you might want to rephrase them with the **Lei** form, stressing the fact that formal speech is a functional feature of the language.

Per la comunicazione

This section aims to review and expand upon students' knowledge of how to communicate within the conceptual framework of the chapter. It too is limited to three to four points of communication, which are used and reinforced throughout the chapter, and then recycled in subsequent chapters in different ways and contexts so that students can familiarize themselves with them.

The *Applicazione* section that follows usually contains open-ended exercises and activities that aim to focus students' attention on how certain communicative strategies reflect the conceptual theme(s) of the chapter. Once again, all the instructions are given in Italian, and each exercise or activity is preceded by a **modello** that shows how it is to be carried out. These should all be done in class.

Il momento creativo

This contains a role-playing activity for pair and/or group work that is based on the conceptual theme(s) of the chapter. Those instructors who prefer not to include this kind of activity within their modus operandi can easily skip over this section. Instructors who do see this as an important component of the learning process might want to keep in mind the following:

- After students have been assigned to groups or arranged in pairs, the teacher should make himself/herself available for any questions of grammar or vocabulary that each group or pair has, as they prepare for the performance of a skit.

- Encourage students to write the script of their skits. This teaches them to discriminate between the choice of words and to develop a feel for the language. The teacher should always ensure that linguistic accuracy is maintained during this preparatory phase.

- Students should not "read" their performances but simply use the script as a guideline for realizing a dramatization. Extemporization during a performance should be not only allowed but strongly encouraged.

Cultura

This is linked to the conceptual theme(s) of the chapter. It constitutes a cultural note, written in Italian, that presents appropriate information on the chapter theme(s). The instructor should decide if the various cultural notes meet his/her objectives, or if they suit his/her style and approach.

Students should be encouraged to make an effort to read and understand these notes without relying on dictionaries or translations. The questions, exercises, or activities that follow in the *Applicazione* section check for comprehension and invite students to think about what they have read, often allowing them to apply it to their own personal experiences.

Con fantasia

This section is more than just a chapter summary. It provides opportunities for students to synthesize all they have covered in a personal and creative way. Students should be allowed to interact and create language and discourse samples freely and openly.

The suggestions for writing Italian texts (paragraphs, stories, brief essays, etc.) are very important. It is in writing out their thoughts that students will be able to use their imaginations fruitfully. Correct the written work and, if possible, do not assign a grade but rather a written evaluation that highlights what is positive.

GENERAL TEACHING TIPS

- Do not worry too much about accuracy in pronunciation. Interrupting students over difficulties in pronunciation disrupts the flow of a lesson. As students progress in the course, their exposure to authentic language samples on the tapes, to the instructor's own pronunciation patterns, etc., will allow them to improve considerably.

- The first day of every course is a crucial one. It is important that you establish a congenial and friendly learning environment from the very outset and maintain it throughout the semester, quarter, or year. Explain your grading system, the importance of participating in the oral activities, of interacting with fellow students. Also get acquainted with your students. Ask them such things as: **Come ti chiami? Dove hai studiato l'italiano prima? Perché continui a studiare l'italiano? Che cosa vuoi imparare a fare quest'anno?** and so on.

- Since this is a review course, it is advisable to speak Italian to your students from the very outset, using English only when some explanation of grammar or of conceptualization is too hard or complicated for them to grasp. Point to persons or things, use cognates or opposites, use your body, gestures, or facial expressions to help students understand certain things. Always enunciate clearly and repeat a notion several times in different ways.

- The register in which the book is written is the familiar one; hence the use of the **tu/voi** forms to address students. However, you may wish to address your students formally with **Lei** forms. Simply tell them this.

- At your second meeting, you should get right into the text with the opening phase material: *Stimolo alla lettura* → *Lettura* → etc. Do not try to do too much at any one class meeting. Set an appropriate pace for your students. After you have determined what this is, you will be able to cover the material in the course as you deem necessary, selecting and choosing the activities and exercises that you will realistically be able to cover.

- Encourage your students to answer all your questions and to ask all their questions to you *in Italian,* to the best of their abilities. Do not correct constantly; allow for a wide margin for error. Correct only general patterns that emerge as typical for the whole class.

- Always use "warm-up" activities before getting on with the chapter you are working on. Gear your activities to the theme of the chapter. For example, after spending a few classes on **Capitolo 1,** a possible warm-up activity might be: **Adesso che conoscete Irina e Francesco bene, c'è altra gente che conoscete con personalità simili? Chi conosce un ragazzo come Francesco? Chi conosce una ragazza come Irina?,** etc. You might have to return occasionally to the opening *Lettura* to set the thematic focus for the class, using a different technique each time. For example, you could ask students to read the parts of Francesco and Irina again, to act out their own version of the **fotoromanzo,** or to paraphrase its contents, etc.

- As part of your warm-up activities, you might also want to summarize the grammar and communicative strategies covered up to that point in the chapter.

- Always be ready to change your approach if your students seem to lose interest. Be flexible by trying to adapt your lesson to your students' learning styles, moods, and background experiences. Also try to maintain a brisk pace and encourage rapid responses.

- For role-playing and other kinds of interactive classroom activities, encourage students to sit in groups or have them face each other.

- Always be prepared to go back to some point already covered when students continue to have difficulty with it. **Ci vuole pazienza!**

- Make sure you select students randomly to respond to questions, to play roles in communicative exchanges, and so on, and alternate individual and choral responses for variety. Be fair! Do not privilege only those who are quick learners or who are always "on the ball." Encourage shy students to participate. Showing favoritism is very destructive of class morale.

- Always make sure that you reward students verbally for correct responses or for participating successfully in role-playing activities. Avoid insisting on "perfect" answers, for this may discourage or frustrate students. Correct only those mistakes that make a response completely incomprehensible.

ITALIA
(Carta Politica)

SVIZZERA · AUSTRIA · UNGHERIA

VALLE D'AOSTA · TRENTINO-ALTO ADIGE · FRIULI-VENEZIA GIULIA · SLOVENIA

Como · LOMBARDIA · Trento · VENETO · Udine

Milano · Brescia · Verona · Trieste

Torino · Mantova · Padova · Venezia · CROAZIA

Asti · Parma · Ferrara · SERBIA

PIEMONTE · EMILIA-ROMAGNA · BOSNIA-ERZEGOVINA

FRANCIA · Bologna · Ravenna

Genova · SAN MARINO · MONTENEGRO

LIGURIA · Pisa · Firenze · Urbino

San Remo · La Spezia · Arezzo · Ancona

MARE LIGURE · Siena · Perugia · MARCHE

Elba · TOSCANA · Assissi · MARE ADRIATICO

Corsica (FRANCIA) · Orvieto · UMBRIA

L'Aquila

Roma · ABRUZZI

LAZIO · MOLISE

Campobasso

CAMPANIA · PUGLIA

Napoli · Bari

Pompei

Amalfi · Potenza · Taranto

Sassari · BASILICATA

MARE TIRRENO

SARDEGNA

Cagliari · CALABRIA

SCALA DI CHILOMETRI
0 40 80 120 160

SCALA DI MIGLIA
0 20 40 60 80 100

Cosenza

Isole Lipari

Reggio

Messina

Palermo · Taormina · MARE IONIO

Marsala · SICILIA · Catania

MARE MEDITERRANEO · Agrigento · Siracusa

ALGERIA · TUNISIA

A F R I C A

Capitolo 1 | Gente

QUANTO SAI GIÀ?

A. Ricordi come si saluta la gente? Saluta o prendi contatto con le seguenti persone in classe.

1. il / la docente d'italiano
2. un compagno / una compagna che già conosci
3. una persona in classe che non conosci

B. Cosa faresti se...

1. ci fosse qualcuno in classe che vuoi conoscere?
2. qualcuno che non conosci ti fermasse per strada?

Prima di leggere

A. Parole da sapere. Metti alla prova la tua conoscenza delle parole italiane.

Che cosa vuol dire... ?

1. conoscere qualcuno
   a. *to know someone*
   b. *to know something*

2. ricordare
   a. *to record*
   b. *to remember*

3. circa
   a. *around, nearby*
   b. *circus*

4. avvenire
   a. *to come*
   b. *to happen*

5. avere la faccia tosta
   a. to *be cheeky, fresh*
   b. *to be shy*

6. posto
   a. *place*
   b. *post, mail*

B. Scegli la risposta adatta.

1. Ciao!
   a. Ciao!
   b. Bene, grazie!

2. Ci conosciamo?
   a. Con sorpresa.
   b. Sì.

3. Chi sei?
   a. Io sono Francesco.
   b. Ho la faccia tosta.

4. Come ti chiami?
   a. Non so il tuo nome.
   b. Irina.

Ciao, Irina!

Leggi attentamente la seguente pagina tratta da *(taken from)* un fotoromanzo italiano, facendo particolare attenzione alle convenzioni sociali.

Dopo la lettura

A. Ricordi quello che hai letto? Indica se ciascuna delle seguenti affermazioni è vera (V) o falsa (F).

__V__ 1. Irina non conosce Francesco.

__F__ 2. Francesco non sa il nome di Irina.

__V__ 3. Irina e Francesco si sono appena conosciuti.

__F__ 4. Francesco e Irina frequentano gli stessi posti.

__F__ 5. Secondo Francesco, Irina ha la faccia tosta.

B. Secondo te... Rispondi a piacere alle seguenti domande, discutendo le tue risposte con gli altri membri della classe.

Secondo te...

1. che tipo di persona è Irina?
2. che tipo di persona è Francesco?
3. che professione o mestiere faranno (probabilmente)?
4. Francesco ha veramente la faccia tosta? Perché sì / no?

C. Discussione! Rispondi a piacere alle seguenti domande, discutendo le tue risposte con gli altri membri della classe.

1. Secondo te, l'incontro di Irina e Francesco è ironico? Perché sì / no?
2. Quale «rapporto» pensi che abbiano?

D. Lavoro di gruppo. Diverse coppie di studenti—una studentessa (nel ruolo di Irina) e uno studente (nel ruolo di Francesco)—dovranno mettere in scena *(role-play)* una delle seguenti «conclusioni» alla scenetta.

1. Francesco e Irina decidono di uscire insieme.
2. Francesco e Irina decidono di non vedersi più.

Stimolo linguistico

A. Genere del nome. Ricordi i nomi in italiano? Completa la lista in modo opportuno.

Maschile	Femminile
1. il mio professore	_____
2. _____	le mie amiche
3. il tuo compagno	_____
4. _____	le mie compagne
5. il mio collega	_____
6. _____	la mia dottoressa
7. mio fratello	_____

B. **Ricordi come si saluta la gente?** Svolgi i seguenti compiti comunicativi seguendo il modello.

MODELLO   Sono le otto di mattina. Stai uscendo di casa. Saluta i genitori.
Ciao / Arrivederci!

1. Sono le due del pomeriggio. Saluta la tua amica Carla.
2. Sono le dieci di mattina. Stai uscendo dall'aula. Saluta l'insegnante d'italiano.
3. È sera. Saluta il dottor Neri.
4. Presenta il tuo amico Gianni a Maria, una tua compagna di scuola.
5. Presenta l'insegnante d'italiano ai tuoi genitori.

VOCABOLARIO

Gente

l'amante *(m/f)*	*lover*	la gente	*people*
l'amicizia	*friendship*	l'inimicizia	*enmity*
l'amico (-a)	*friend*	il nemico / la nemica	*enemy*
il bambino / la bambina	*child*	la persona	*person*
il / la collega *(m/f)*	*colleague, work associate*	il professore / la professoressa	*professor, middle -/ high-school teacher*
il compagno / la compagna	*friend, schoolmate*	il ragazzo / la ragazza	*boy/girl, boyfriend/girlfriend*
la conoscenza	*acquaintance*	la relazione (amorosa)	*love affair*
la donna	*woman*	rompere un'amicizia	*to break off a friend-ship*
l'estraneo (-a)	*stranger*	il signore / la signora	*gentleman/lady*
fare amicizia	*to become friends*	lo studente / la studentessa	*student*
il fidanzato / la fidanzata	*fiancé/fiancée*	l'uomo	*man*

Applicazione

A. **Anche Marco è un tuo amico.** Francesco sta parlando a Irina di certe persone che lui conosce. Assumi il ruolo di Irina e rispondigli, seguendo il modello.

MODELLO   —Maria è una mia amica. (Marco)
—Anche Marco è un tuo amico, no?

1. Il signor Rossi è un mio collega. (la signora Betti)
2. Mio cugino Franco è un bambino intelligente. (Claudia)
3. La mia amica Gina ha un amante. (Mario)
4. Mio fratello è studente. (tua sorella)
5. Mia sorella ha un ragazzo. (tuo fratello)
6. La mia amica Gina ha tante compagne. (Angelo)
7. Il mio collega Giorgio è un brav'uomo. (Maria)
8. Quell'uomo è professore. (quella donna)

B. Parole. Spiega il significato di ciascuna delle seguenti parole / espressioni.

> **MODELLO**   un amico
> **Un amico è una persona con la quale si ha un legame**
> *(tie)* **d'affetto** *(affection)*.

1. amicizia	5. gente	8. relazione amorosa
2. conoscenza	6. nemico	9. rompere un'amicizia
3. fare amicizia	7. inimicizia	10. collega
4. estraneo		

✦ GRAMMATICA ◈◈◈◈◈◈◈◈◈◈◈◈◈◈◈◈◈◈◈◈◈◈

STRUTTURA

1.1 Il nome (parte prima)

✦ The noun is the part of speech that allows you to name and label persons, objects, concepts, places, and other things. Generally, it is recognized by its vowel ending: nouns ending in **-o** are usually masculine, those ending in **-a** feminine. Nouns ending in **-e** can be either masculine or feminine.

Masculine	Feminine
-o	**-a**
il ragazzo	la ragazza
-e	**-e**
il padre *father*	la madre *mother*

✦ Most nouns are pluralized by changing these endings as follows:

	Singular	Plural
Masculine	**-o**	**-i**
	il ragazzo	i ragazzi
Masculine / Feminine	**-e**	**-i**
	il padre	i padri
	la madre	le madri
Feminine	**-a**	**-e**
	la ragazza	le ragazze

✦ Exceptions to this pattern will be dealt with in a later chapter. Note, however, the irregular noun used in the vocabulary section above: **l'uomo** *(s)* – **gli uomini** *(pl)*.

✦ Feminine nouns ending in **-ca** or **-ga** change to **-che** and **-ghe,** respectively, in the plural:

-ca	-che
l'amica	le amiche
la collega	le colleghe

✦ Generally, masculine nouns ending in **-co** change to **-ci** or **-chi** according to the following pattern:

-ci	-chi
*if the vowels **-e** or **-i** precede the **-co***	*if any other vowel, diphthong, or any consonant precedes the **-co***
l'amico – gli amici	il cuoco *(cook)* – i cuochi
il greco *(Greek)* – i greci	il banco *(desk)* – i banchi

✦ A masculine noun ending in **-go** generally changes to **-ghi.** However, if the ending is **-logo** and refers to people then it changes to **-logi:**

-gi	-ghi
il biologo *(biologist)* – i biologi	il lago *(lake)* – i laghi
l'antropologo *(anthropologist)* – gli antropologi	il catalogo *(catalogue)* – i cataloghi
il filologo *(philologist)* – i filologi	il dialogo *(dialogue)* – i dialoghi

✦ Masculine nouns ending in **-cio** and **-gio** generally change to **-ci** and **-gi,** respectively:

-ci	-gi
il bacio *(kiss)* – i baci	l'orologio *(watch)* – gli orologi

✦ Feminine nouns ending in **-cia** and **-gia** retain the **-i-** if the stress falls upon it. The same is true for masculine nouns ending in **-io.**

Stressed -i-	Unstressed -i-
la farmacia *(drugstore)* – le farmacie	la faccia *(face)* – le facce
la bugia *(lie)* – le bugie	la valigia *(suitcase)* – le valige
lo zio *(uncle)* – gli zii	il negozio *(store)* – i negozi

✦ Note the plural forms of nouns such as **collega,** which have identical masculine and feminine forms:

	Singular	Plural
Masculine	il collega	i colleghi
Feminine	la collega	le colleghe

✦ The masculine plural forms of nouns referring to people refer not only to males, but also to males and females together (in general).

Masculine	Feminine
gli amici *friends (in general)*	le amiche *female friends*
i colleghi *colleagues (in general)*	le colleghe *female colleagues*

✦ Notice the following gender pattern, which applies to a large number of nouns that can refer either to male or female beings.

Masculine	Feminine
-o l'amico	**-a** l'amica
-a il collega	**-a** la collega
-e l'amante	**-e** l'amante
-e il signore	**-a** la signora
-e lo studente	**-essa** la studentessa
-tore l'attore	**-trice** l'attrice

✦ The same type of pattern applies to some titles, which can also be used as nouns.

Avvocato (m/f)	*lawyer, attorney*
Dottore / Dottoressa	*Dr.*
Ingegnere (m/f)	*engineer*
Professore / Professoressa	*Prof.*
Signora	*Mrs.*
Signore	*Mr.*
Signorina	*Miss / Ms.*

✦ The definite article is dropped before titles in direct speech, that is, when speaking directly to the person. In masculine titles, the **-e** is dropped when it is followed by a name:

Direct speech	Indirect speech
Professor Binni, come sta? *Professor Binni, how are you?*	Il professor Binni sta bene. *Professor Binni is well.*
Dottoressa Meli, dove abita? *Doctor Meli, where do you live?*	La dottoressa Meli abita qui vicino. *Doctor Meli lives nearby.*

Applicazione

A. Attenzione al genere. Indica la forma femminile di ciascuna parola e poi metti al plurale sia la forma maschile che quella femminile.

MODELLO   amico
           amica *(= forma femminile singolare)*
           amici *(= forma maschile plurale)*
           amiche *(= forma femminile plurale)*

1. professore, ragazzo, estraneo, bambino
2. amante, studente, dottore, collega
3. amico, fidanzato, signore, padre
4. uomo, fratello, compagno, cuoco
5. greco, biologo, antropologo, filologo

B. Attenzione ai plurali. Assumi il ruolo di Francesco e rispondi alle domande di Irina come nel modello.

MODELLO Irina: Ma in questa città c'è un solo negozio?
      Francesco: **Macché! Ci sono tanti negozi!**

Irina...

1. Ma in questa città c'è una sola farmacia?
2. Ma in questo paese c'è un solo lago?
3. Ma in questa classe c'è un solo banco?
4. Ma in questa università c'è un solo professore?
5. Ma in questa casa c'è un solo orologio?
6. Ma in questa classe c'è un solo catalogo?
7. Ma in questo ristorante c'è un solo cuoco?
8. Ma in questa università c'è un solo biologo?

C. Autoesame. Dalla seguente lista manca o la forma singolare o quella plurale del nome. Fornisci la forma mancante secondo il caso.

Singolare	Plurale
1. cuoco	_____
2. _____	colleghi
3. greco	_____
4. biologo	_____
5. dialogo	_____
6. uomo	_____
7. _____	baci
8. _____	valige
9. bugia	_____
10. faccia	_____

Punteggio:
8-10: eccezionale
6-7: bravo (-a)
1-5: Hai bisogno di ripassare il nome.

D. Il gioco delle coppie. Con un compagno / una compagna, crea dei mini-dialoghi seguendo il modello.

MODELLO   Chiedi al professor Tozzi come sta.
—**Professor Tozzi, come sta?**
—**Bene grazie / Non c'è male...**

Chiedi...

1. alla signorina Mazzotta come sta.
2. al signor Marchi dove abita.
3. alla signora Franchi se conosce la professoressa d'italiano.
4. al professor Binni se oggi c'è un esame.
5. all'ingegner Fabbri se sa parlare l'inglese.
6. alla dottoressa Giusti dove ha il suo studio (*office*).
7. all'avvocato Nerini se abita qui vicino.

1.2 Pronomi personali in funzione di soggetto

Singular		Plural	
io	*I*	noi	*we*
tu	*you (fam)*	voi	*you (fam, pol)*
lui (egli)	*he*	loro (essi)	*they*
lei (ella)	*she*	loro (esse)	*they*
Lei	*you (pol)*	Loro	*you (pol)*
(esso)	*it (m)*	(essi)	*they (m)*
(essa)	*it (f)*	(esse)	*they (f)*

✦ These pronouns are normally omitted in sentences with one subject because the verb typically indicates the person and number of the subject of the sentence: **Io conosco Irina. = Conosco Irina.**

✦ However, if more than one subject is used in an utterance, then the pronouns may be required. They are also required for emphasis and after words like **solo (solamente, soltanto)** *only,* **anche (pure, perfino)** *also, too, even,* and **neanche (nemmeno, neppure)** *not even, neither, not . . . either.*

More than one subject	Emphasis	After *solo, anche,...*
Io conosco Irina, ma lui no. *I know Irina, but he doesn't.*	Sei tu, Irina? *Is that you, Irina?*	Solo noi conosciamo Francesco. *We're the only ones who know Francesco.*
Lui non ricorda mai niente, ma lei ricorda sempre tutto. *He never remembers anything, but she always remembers everything.*	Oggi pago io! *Today, I'm going to pay!*	Anche loro sono amici di Irina. *They too are friends of Irina.* Neanche loro parlano inglese. *They don't speak English either.*

✦ The pronouns **egli** and **ella** are used rarely in conversational Italian. They are used mainly in literary or very formal style. Their respective plural forms are **essi** and **esse.**

Ordinary style	Formal / Literary style
Francesco sta arrivando.	Dante era un grande poeta. Egli era
Lui è l'amico di Irina.	fiorentino.
Francesco is about to arrive.	*Dante was a great poet.*
He is Irina's friend.	*He was Florentine.*

✦ **Esso** *(m)* and **essa** *(f)* are sometimes used to refer to animals and things, corresponding to English *it*. Their respective plural forms are **essi** and **esse.**

Quel libro è interessante?
Is that book interesting?

Sì, in esso ci sono molte nuove idee.
Yes, there are many new ideas in it.

Che cosa hai trovato d'interessante in quelle riviste?
What did you find that was interesting in those magazines?

Ci sono molte cose interessanti in esse.
There are many interesting things in them.

Applicazione

A. Anch'io. Rispondi alle domande usando i pronomi adatti.

MODELLI   Io amo la musica classica. E tu? (anche)
               Anch'io amo la musica classica.

               Io non guardo la TV stasera. E tuo fratello? (nemmeno)
               Nemmeno lui guarda la TV stasera.

1. Io ho la fidanzata. E Marco? (pure)
2. Io ho tanti amici. E Paola? (anche)
3. Io non amo il jazz. E voi? (neanche)
4. Io non vado al cinema stasera. E tu? (neppure)
5. Dante era un grande poeta. E Petrarca? (anche)
6. I francesi sono molto simpatici. E gli italiani? (anche)
7. La lingua spagnola è molto bella. E la lingua italiana? (anche)
8. Maria Montessori era una grande pensatrice. E Marie Curie? (pure)
9. I cani sono animali molto affettuosi *(affectionate)*. E i gatti? (anche)

B. Rispondi alle seguenti domande in modo affermativo con i pronomi adatti. Segui il modello.

MODELLO   Vieni anche tu?
               Sì, vengo anch'io, anche se non conosco nessuno.

1. Viene anche tua sorella?
2. Vieni veramente anche tu?
3. Vengono anche i signori Rossi?
4. Viene anche Marco?
5. Venite anche voi?
6. Signora Binni, viene anche Lei?
7. Signor Rossi, viene anche Lei?

1.3 L'indicativo presente

✦ Italian verbs are categorized into three conjugations. Each conjugation can be recognized by its infinitive ending, the verb form that is found in a dictionary: e.g., **parlare** *to speak.*

First Conjugation	Second Conjugation	Third Conjugation
Verbs ending in -are	*Verbs ending in -ere*	*Verbs ending in -ire*
ascoltare *to listen to*	chiudere *to close*	aprire *to open*
aspettare *to wait for*	conoscere *to know (someone)*	capire (isc) *to understand*
frequentare *to attend,*	credere *to believe*	dormire *to sleep*
frequent	perdere *to lose*	finire (isc) *to finish*
guardare *to look at, watch*	ripetere *to repeat*	partire *to leave, depart*
parlare *to speak*	vedere *to see*	preferire (isc) *to prefer*
ricordare *to remember*	vendere *to sell*	sentire *to feel, hear*
tornare *to return, go back*		

✦ To form the present indicative of regular verbs (*I listen, you are speaking,* etc.), drop the infinitive ending (**ascolt-, chiud-, dorm-, cap-**) and add the following endings to the stems:

	ascoltare	chiudere	dormire	capire
io	ascolto	chiudo	dormo	capisco
tu	ascolti	chiudi	dormi	capisci
lui/lei/Lei	ascolta	chiude	dorme	capisce
noi	ascoltiamo	chiudiamo	dormiamo	capiamo
voi	ascoltate	chiudete	dormite	capite
loro	ascoltano	chiudono	dormono	capiscono

✦ Verbs conjugated like **capire, finire,** and **preferire** require the insertion of the particle **-isc-** between the stem and the endings, except for the first- and second-person plural endings. Verbs of this type will be indicated with **isc** whenever they are introduced formally in a chapter.

✦ Some verbs undergo spelling changes:

If the infinitive of the verb ends in **-care** or **-gare,** then an **-h-** must be added before endings beginning with **-i** in order to indicate the preservation of the hard **c** and **g** sounds:

cercare	*to look for, search for*	
(io) cerco	*but*	(tu) cerchi, (noi) cerchiamo
pagare	*to pay*	
(io) pago	*but*	(tu) paghi, (noi) paghiamo

If the infinitive of the verb ends in **-ciare, -giare,** or **-gliare,** only one **-i-** is used before endings beginning with an **-i:**

cominciare	*to begin, start*	
(io) comincio	*but*	(tu) cominci, (noi) cominciamo
mangiare	*to eat*	
(io) mangio	*but*	(tu) mangi, (noi) mangiamo
sbagliare	*to make a mistake*	
(io) sbaglio	*but*	(tu) sbagli, (noi) sbagliamo

If the infinitive of the verb ends in **-iare,** then the **-i-** of the stem is retained only if it is stressed in the second-person singular:

Unstressed	Stressed
cambiare *to change* (io) cambio, (tu) cambi, etc.	inviare *to send* (io) invio, (tu) invii, etc.
apparecchiare *to set the table* (io) apparecchio, (tu) apparecchi, etc.	sciare *to ski* (io) scio, (tu) scii, etc.

Applicazione

A. Anche loro... Francesco parla sempre di se stesso. Assumi il ruolo di Irina, e rispondi a Francesco seguendo il modello.

MODELLO   Io gioco sempre a tennis. (loro)
Anche / Pure loro giocano sempre a tennis.

Francesco...

1. Io torno sempre a casa tardi la sera. (noi)
2. Io parlo e capisco tre lingue. (il mio professore)
3. Domani io parto per le vacanze. (i miei genitori)
4. Io mangio sempre a quel ristorante. (io e Maria)
5. Io comincio a lavorare sempre alle sei. (mio padre)
6. Io ascolto solo la musica classica. (i miei amici più intimi)
7. Al bar pago sempre io per tutti! (io e mio fratello)
8. Io, in questa città, conosco tutti. (loro)

B. Domanda e risposta. Con un compagno / una compagna, crea dei mini-dialoghi seguendo il modello.

MODELLI   tuo fratello / vendere / la macchina
—Tuo fratello vende la macchina?
—Sì, (lui) vende la macchina.

(tu) / sentire / la mia voce *(voice)*
—Senti la mia voce?
—Sì, sento la tua voce.

1. i tuoi amici / mangiare / tardi la sera
2. gli studenti / ascoltare / quello che dice l'insegnante
3. (voi) / cercare / qualcosa
4. (tu) / cominciare / un nuovo lavoro oggi
5. Paola / aspettare / qualcuno dopo la lezione
6. (lei) / credere / a tutto quello che dicono
7. (voi) / frequentare / regolarmente quel bar
8. i tuoi genitori / guardare / la TV tutte le sere
9. (tu) / ricordare / come si coniugano i verbi
10. (loro) / inviare / molte lettere agli amici
11. (io) / parlare / bene l'italiano
12. (tu) / sciare / bene

C. Verbi. Adesso usa ciascuno dei seguenti verbi in altrettante frasi che ne rendano chiaro il loro uso al presente indicativo.

MODELLO   sbagliare
          Se tu sbagli, devi essere onesto, e lo devi ammettere.

1. cambiare	6. aprire	11. sentire	16. perdere
2. sciare	7. capire	12. vendere	17. conoscere
3. mangiare	8. dormire	13. vedere	18. chiudere
4. cercare	9. finire	14. ripetere	19. tornare
5. pagare	10. preferire	15. credere	20. aspettare

1.4 Verbi irregolari

✦ Here are some common irregular verbs in the present indicative. (For the conjugations of more irregular verbs, see the Appendix).

andare	*to go*	vado, vai, va, andiamo, andate, vanno
avere	*to have*	ho, hai, ha, abbiamo, avete, hanno
bere	*to drink*	bevo, bevi, beve, beviamo, bevete, bevono
dare	*to give*	do, dai, dà, diamo, date, danno
dire	*to say, tell*	dico, dici, dice, diciamo, dite, dicono
dovere	*to have to*	devo / debbo, devi, deve, dobbiamo, dovete, devono / debbono
essere	*to be*	sono, sei, è, siamo, siete, sono
fare	*to do, make*	faccio, fai, fa, facciamo, fate, fanno
potere	*to be able to*	posso, puoi, può, possiamo, potete, possono
rimanere	*to stay, remain*	rimango, rimani, rimane, rimaniamo, rimanete, rimangono
salire	*to go up*	salgo, sali, sale, saliamo, salite, salgono
sapere	*to know*	so, sai, sa, sappiamo, sapete, sanno
stare	*to stay*	sto, stai, sta, stiamo, state, stanno
tenere	*to hold, keep*	tengo, tieni, tiene, teniamo, tenete, tengono
uscire	*to go out*	esco, esci, esce, usciamo, uscite, escono
venire	*to come*	vengo, vieni, viene, veniamo, venite, vengono
volere	*to want*	voglio, vuoi, vuole, vogliamo, volete, vogliono

✦ Note the differences in meaning between **conoscere** and **sapere.**

conoscere	sapere
to know someone, to be acquainted with someone	*to know something (in general)*
Irina conosce Francesco. *Irina knows Francesco.*	Francesco non sa dov'è Irina. *Francesco doesn't know where Irina is.*
to be familiar with	*to know how to + infinitive*
Irina non conosce il Bar Italia. *Irina is not familiar with the Bar Italia.*	Francesco non sa guidare. *Francesco doesn't know how to drive.*

♦ Note, as well, that there are several ways to express *to leave* in Italian:

partire	uscire	andare via	lasciare
to leave in the sense of *to depart*	*to go out*	*to leave* in the sense of *to go away*	*to leave behind, to cut off relations*
Domani Francesco parte per la Francia. *Tomorrow Francesco is leaving for France.*	Stasera Irina non esce con Francesco. *Tonight Irina is not going out with Francesco.*	Quando va via Irina? *When is Irina going away?*	Irina non vuole lasciare Francesco. *Irina does not want to leave Francesco.*

♦ The construction **avere** + *noun* is used to describe a state of being, whereas in English the same notion is conveyed, generally, by *to be* + adjective:

avere... anni	*to be . . . years old*	avere paura	*to be afraid*
avere bisogno di	*to need*	avere ragione	*to be right*
avere caldo	*to be hot*	avere sete	*to be thirsty*
avere fame	*to be hungry*	avere sonno	*to be sleepy*
avere freddo	*to be cold*	avere torto	*to be wrong*
avere fretta	*to be in a hurry*	avere voglia di	*to feel like*

♦ Finally, note that **stare** is used in place of **essere** when asking how one is:

Ciao, Irina, come stai?   *Hi, Irina, how are you?*
Io sto bene, e tu?   *I'm well, and you?*

Applicazione

A. **Che cosa fai stasera?** Con un compagno / una compagna, crea dei mini-dialoghi seguendo il modello.

MODELLO   che cosa / fare / tu / stasera
       S1:   **Che cosa fai stasera?**
       S2:   **Non faccio niente. / Faccio i compiti. / Ecc.**

1. che cosa / dire / il tuo amico
2. che cosa / volere fare / voi / stasera
3. quando / venire / i tuoi amici / a casa mia
4. con chi / uscire / Maria / stasera
5. quanto tempo / rimanere / i tuoi amici a scuola di solito
6. dove / andare / tu / domani sera
7. che cosa / bere / loro / a pranzo di solito
8. che cosa / dovere fare / noi / stasera
9. perché / essere / depresso / (tu)
10. che / fare / i tuoi amici / dopo la lezione
11. potere venire / anch'io / al cinema

B. *Sapere* o *conoscere*? Chiedi a un compagno / una compagna se la persona indicata **sa** o **conosce** certe cose. Segui il modello.

MODELLI   gli amici di Irina / il francese
           —Gli amici di Irina sanno il francese?
           —Sì, gli amici di Irina sanno il francese. /
           No, gli amici di Irina non sanno il francese.

           tu / Jennifer
           —(Tu) conosci Jennifer?
           —Sì, conosco Jennifer molto bene. /
           No, non conosco Jennifer affatto.

1. Francesco / guidare la macchina
2. tu / i miei amici
3. voi / il francese
4. i tuoi amici / la Spagna
5. loro / parlare l'italiano
6. Irina / Francesco
7. tu / cosa fare in questo caso

C. **Ho ragione?** Svolgi i seguenti compiti comunicativi con un compagno / una compagna.

MODELLO   Chiedi ad un compagno / una compagna se tu hai ragione.
           —Ho ragione, sì o no?
           —Sì, hai ragione. / No, non hai ragione.

Chiedi ad un compagno / una compagna...

1. come sta.
2. chi è il suo cantante preferito / la sua cantante preferita.
3. quanti anni ha.
4. se tu hai torto.
5. se ha freddo.
6. se ha bisogno di qualcosa.
7. se ha voglia di uscire stasera.
8. se ha paura del buio *(the dark)*.
9. se ha fretta.
10. se ha fame.

D. **Tocca a te!** Adesso usa ciascuno dei seguenti verbi o espressioni in altrettante frasi che ne rendano chiaro il loro uso al presente indicativo.

1. avere sonno	9. bere	17. tenere
2. avere ragione	10. dare	18. stare
3. avere bisogno	11. dire	19. uscire
4. avere sete	12. dovere	20. venire
5. avere caldo	13. essere	21. volere
6. conoscere	14. potere	22. lasciare
7. sapere	15. rimanere	23. andare via
8. andare	16. salire	

1.5 Usi dell'indicativo presente

✦ The present indicative in Italian is generally rendered in English by three kinds of present tenses: **aspetto** = *I wait, I am waiting, I do wait.*

✦ However, it can also be used to express an immediate future action *(I'll be waiting)* and an ongoing action *(I have been waiting)*. In the latter case, the verb is always followed by **da,** which renders both *since* and *for + time expression:*

Da = since	Da = for
Time expression = *when*	Time expression = *how long*
Francesco esce con Irina dal 2002. *Francesco has been going out with Irina since 2002.*	Francesco esce con Irina Irina da due anni. *Francesco has been going out with Irina for two years.*
Francesco non vede Irina da ieri. *Francesco hasn't seen Irina since yesterday.*	Francesco non vede Irina da cinque ore. *Francesco hasn't seen Irina for five hours.*

✦ Some verbs that require a preposition in English do not require one in Italian:

aspettare
Francesco aspetta Irina.   =   *Francesco is waiting for Irina.*

cercare
Francesco cerca Irina.   =   *Francesco is looking for Irina.*

ascoltare
Io ascolto sempre la radio.   =   *I always listen to the radio.*

✦ Finally, to make a verb negative, recall that all you do is add **non** before it:

Irina **non** cerca Francesco.
Francesco **non** esce mai con gli amici.
Ecc.

Applicazione

A. Da quando? Rispondi alle domande seguendo il modello.

MODELLO   Da quando aspetti la tua amica?/due ore
                        Aspetto la mia amica da due ore.

1. Da quando studi l'italiano? / 2003
2. Da quando studi l'italiano? / un anno
3. Da quando conosci il tuo compagno? / l'anno scorso
4. Da quando vivi in questa città? / cinque mesi
5. Da quando vivi in questa città? / gennaio
6. Da quando bevi il caffè espresso? / diversi anni
7. Da quando conosci l'insegnante d'italiano? / quattro o cinque settimane

B. Da quando non vedi Giorgio? Irina fa una serie di commenti sui suoi amici. Assumi il suo ruolo seguendo il modello.

MODELLI   io / Giorgio / tre mesi
Io non vedo Giorgio da tre mesi.

Marina / Marco / gennaio
Marina non vede Marco da gennaio.

1. Francesco / Marina / domenica
2. i miei amici / Marco / una settimana
3. io / le mie amiche / quattro giorni
4. tu / Barbara / 2001
5. io e mia sorella / i nostri cugini / Natale
6. io / Gina / sette mesi
7. tu / il professore / ieri

C. Domande e risposte. Rispondi in modo appropriato alle seguenti domande.

MODELLO   Che cosa fa il tuo compagno, va via da questa città?
Sì, lui va via da questa città.

1. Che cosa fate in questo momento, ascoltate la radio?
2. Che cosa fate adesso, cercate il libro?
3. Che cosa fai, esci?
4. Che cosa fanno i tuoi amici, aspettano l'autobus?
5. Che cosa fa Paolo, aspetta Diana?
6. Che cosa devo fare, rimango qui?

COMUNICAZIONE

Chiedere informazioni

che (che cosa/cosa)	*what*	perché	*why, because*
chi	*who*	quale	*which*
come	*how*	quando	*when*
dove	*where*	quanto	*how (much, many)*

✦ Note that **quale** changes to **quali** in the plural:

Quale macchina preferisci? *Which car do you prefer?*
Quali macchine preferisci? *Which cars do you prefer?*

✦ Note that **Qual è... ?** *(Which is . . . ?)* is typically (although not necessarily) written without an apostrophe before the verb form **è.**

Qual è il tuo compagno preferito?
Which one is your favorite friend?

✦ **Quanto** is invariable when used as an interrogative pronoun: **Quanto costano?** *(How much do they cost?)* But when it is used as an interrogative adjective it agrees with the noun:

Quanti amici hai? *How many friends do you have?*
Quante cose vuoi fare? *How many things do you want to do?*

Applicazione

A. Dove vai stasera? Con un compagno /una compagna, crea mini-dialoghi in base allo stimolo dato. Segui il modello.

Modelli andare /stasera
    —**Dove vai stasera?**
    —**Vado al cinema. / Non esco stasera. / ecc.**

    chiamarsi
    —**Come ti chiami?**
    —**Mi chiamo Debbie.**

1. stare (Come...)
2. chiamarsi
3. andare / dopo la lezione
4. fare / tante domande in classe
5. essere / il ragazzo seduto vicino a te
6. essere / il tuo colore preferito
7. caffè / bevi ogni giorno

B. Botta e risposta. Ecco una serie di risposte. Mancano le domande che le hanno provocate. Forniscile.

Modello Ho bevuto due espressi.
    Quanti espressi hai bevuto?

1. Ho mangiato tante patatine fritte.
2. Ho letto i libri che ci ha suggerito l'insegnante.
3. Siamo arrivati ieri.
4. Sto abbastanza bene, grazie.
5. Lo faccio perché mi piace.
6. Lei è la sorella di Alessandro.
7. Sto mangiando un pezzo di torta.

Negare

non... più	*no more, no longer*	non... neanche	*not even*
non... mai	*never, not ever*	(non... nemmeno)	
non... ancora	*not yet*	non... mica	*not quite*
non... niente	*nothing*	non... affatto	*not at all*
(non... nulla)		non... né... né	*neither . . . nor*
non... nessuno	*no one*		

✦ For emphasis, the negative adverb is put at the beginning of the sentence without the **non.**

Normal	**Emphatic**
Non mangio mai tardi la sera.	Mai mangio tardi la sera!
I never eat late at night.	*Never do I eat late at night!*
Non viene nessuno stasera.	Nessuno viene stasera!
No one is coming tonight.	*No one is coming tonight!*

Applicazione

A. Il bugiardo. Francesco dice sempre bugie. Fagli sapere che tu lo sai, negando tutto quello che lui dice. Segui il modello.

MODELLO   Marina è sempre triste.
            Ma che dici! Marina non è mai triste!

1. Marina ama ancora Giorgio.
2. Io la chiamo sempre.
3. Marco è già arrivato.
4. I miei amici sanno tutto.
5. Vengono tutti alla festa.
6. È proprio vero!
7. Io dico sempre la verità.

B. Mai! Rendi enfatiche le seguenti frasi negative.

MODELLO   Irina non va mai al bar.
            (Irina) mai va al bar!

1. Francesco non dice mai la verità.
2. Non viene nessuno alle tue feste!
3. Non lo farò mai più.
4. Non viene né Francesco né Irina.
5. Non si può fare niente.

La Cittá Sui 7 Colli

Salutare e presentare

Function	Familiar/Informal Speech	Polite/Formal Speech
Saying hello: *Morning through afternoon*	Ciao	Buongiorno (Buon giorno)
Evening	Ciao	Buonasera (Buona sera)
Good morning	Buongiorno	Buongiorno
Good afternoon	Buon pomeriggio	Buon pomeriggio
Good evening	Buonasera	Buonasera

Saying good-bye: *Morning through afternoon*	Ciao / Arrivederci	Buongiorno / ArrivederLa
Evening	Ciao / Arrivederci	Buonasera / ArrivederLa
Goodnight	Buonanotte (Buona notte)	Buonanotte (Buona notte)
See you later	A più tardi	A più tardi
See you soon	A presto	A presto
See you tomorrow	A domani	A domani
See you tonight	A stasera	A stasera
Excuse me	Scusa / Scusami	Scusi / Mi scusi
How's it going?	Come va?	Come va?
Thank you	Grazie	Grazie
You're welcome	Prego	Prego

✦ **Permesso!** *Excuse me, please!* is used when passing someone (for instance making your way through a crowded bus).

Function	Familiar/Informal Speech	Polite/Formal Speech
Let me introduce you to . . .	Ti presento...	Le presento...
Allow me to introduce *you to . . .*	Permetti che ti presenti...	Permette che Le presenti...
What's your name?	Come ti chiami? (chiamarsi *to be called*)	Come si chiama?
My name is . . .	Mi chiamo...	Mi chiamo...
A pleasure	Piacere	Piacere
Delighted	-----	Molto lieto (-a)
The pleasure is mine.	Il piacere è mio	Il piacere è mio
Where do you live?	Dove abiti? (abitare *to live*)	Dove abita?
I live on . . . Street	Abito in via...	Abito in via...

Applicazione

A. **Che cosa diciamo quando... ?** Rispondi in modo appropriato.

MODELLO   Che cosa diciamo quando incontriamo un amico?
Ciao!

Che cosa diciamo...

1. quando la mattina incontriamo l'insegnante di italiano?
2. quando vogliamo sapere l'indirizzo da una persona che non conosciamo?
3. a qualcuno che ci ha appena detto «Grazie»?
4. quando vogliamo scusarci con una persona che non conosciamo?
5. prima di andare a letto?

B. Recitiamo. Con dei compagni / delle compagne, metti in scena le seguenti situazioni.

MODELLO   Presenta Marina a Francesco
—**Francesco, ti presento Marina.**
—**Piacere.**
—**Il piacere è mio.**
—**Come ti chiami?**
—**Mi chiamo Marina Lorenzetti.**
Ecc.

1. Presenta Franco a Irina.
2. Presenta un compagno / una compagna all'insegnante.
3. Presenta i tuoi genitori ad un amico / un'amica.

C. Buongiorno. Usa ciascuna delle seguenti parole / espressioni in altrettante frasi che ne rendano chiara la loro funzione comunicativa.

MODELLO   Buongiorno
Buongiorno, signor Marchi, come va?

1. Buon pomeriggio
2. Buonasera
3. Arrivederci
4. ArrivederLa
5. Buonanotte
6. A più tardi
7. A domani
8. A stasera
9. Scusi
10. Permesso

✦ IL MOMENTO CREATIVO

Con un tuo compagno/una tua compagna, crea una possibile continuazione al fotoromanzo di Irina e Francesco. Rappresentate la vostra scenetta davanti alla classe.

Incontrare qualcuno in Italia

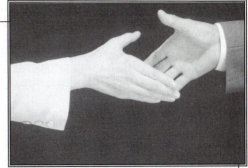

Quando gli italiani si incontrano, di solito si danno la mano (darsi la mano = *to shake hands*). In Italia i titoli—dottore, avvocato, ecc.—si usano molto di più che in Nord America. Il titolo di dottore / dottoressa si usa non solo per salutare un medico, ma anche per chiunque abbia una laurea universitaria (*university degree*). Quando due amici si incontrano, non solo si danno la mano, ma, specialmente se non si vedono da parecchio tempo (*quite a while*), si abbracciano o si baciano sulle guance (*cheeks*).

Con gli amici, i membri della famiglia, i bambini e, in generale, con chi si ha grande familiarità si usa il tu (*one uses the «tu» form of address*). Agli altri— alle persone con cui non si ha grande familiarità—si dà del Lei.

Se si parla a più di una persona, si usa il voi o il Loro. Il voi si può dare sia a persone con cui si ha familiarità sia a persone che non si conoscono bene o a cui si deve rispetto. Il Loro è molto formale ed è usato generalmente da camerieri, da commessi o da impiegati con i loro clienti. ✦

Applicazione

A. Vero o falso? Indica se ciascuna delle seguenti affermazioni è vera (V) o falsa (F). Correggi quelle false.

_V_ 1. Quando gli italiani si incontrano di solito si danno la mano.

_F_ 2. In Italia si usano raramente i titoli.

_V_ 3. Il titolo **dottore /dottoressa** si usa non solo per salutare un medico, ma anche per chiunque abbia una laurea universitaria.

_F_ 4. Agli amici e ai membri della famiglia si dà del **Lei.**

_F_ 5. All'insegnante d'italiano si dà del **tu.**

_V_ 6. Si usa solo il **Loro** se si parla a più di una persona.

_V_ 7. Quando due amici non si vedono da parecchio tempo si abbracciano o si baciano sulle guance.

B. Convenzioni sociali. Rispondi liberamente alle seguenti domande e discuti le tue risposte con gli altri membri della classe.

1. Perché, secondo te, quando le persone si incontrano, si danno la mano?
2. In quale maniera il modo di salutare in Italia è diverso da quello in Nord America?
3. In che modo l'uso dei titoli in Italia è diverso dall'uso in Nord America?
4. Con quali persone dovremmo usare il **tu**?
5. Con quali persone dovremmo usare il **Lei**?

Stimolo alla lettura

A. Come si dice... ? Rispondi alle seguenti domande scegliendo una delle alternative proposte.

1. Come si dice *now* in italiano?
   a. adesso
   b. dopo

2. Come si dice *team*?
   a. la partita
   b. la squadra

3. Cosa si dice quando si risponde al telefono?
   a. Pronto?
   b. Ciao.

4. Cosa si dice quando ci presentano qualcuno?
   a. Che bella sorpresa!
   b. Lieto (-a) di conoscerLa.

5. Come si dice *down here?*
   a. quaggiù
   b. lassù

B. Chi è Charlie Brown? Rispondi alle seguenti domande con una frase completa.

1. Chi è Charlie Brown? Lo conosci?
2. Ricordi i nomi di alcuni amici di Charlie Brown? Se sì, descrivili.
3. Che tipo di bambino è Charlie Brown?

Piacere, Charlie Brown

L eggi attentamente le seguenti strisce *(strips)* di Charlie Brown.

¹*Peppermint*   ²*boss*   ³*fellow, guy*   ⁴*shortstop*

Dopo la lettura

A. Ricordi quello che hai letto? Indica se le seguenti frasi sono vere (V) o false (F). Correggi quelle false.

__V__ 1. Charlie Brown parla al telefono con Roy.

__V__ 2. «Piperita» Patty pensa che il nome di Charlie Brown sia Ciccio Brown.

__F__ 3. «Piperita» Patty non vuole giocare nella squadra di Charlie Brown.

__V__ 4. «Piperita» Patty vuole conoscere Linus.

__V__ 5. Snoopy è l'interbase della squadra.

__F__ 6. Charlie Brown non vuole presentare «Piperita» Patty alle altre ragazze.

B. **Ricostruiamo il dialogo.** Le seguenti battute *(lines)* sono tutte sbagliate. Riscrivile correttamente e poi mettile nell'ordine corretto in modo da ricostruire il dialogo.

1. Lieta di conoscerti, Snoopy.
2. Ciao, Charlie.
3. Ti presento a Lucy e agli altri ragazzi.
4. Non mi presenti ai tuoi amici?
5. Questo è Snoopy.
6. Il soggetto che voglio proprio conoscere è Ciccio.

C. **Recitiamo.** Con un tuo compagno/una tua compagna, completa il seguente dialogo. Poi rappresentate insieme il dialogo davanti alla classe.

—Ciao, Roy. Che bella sorpresa!

—_____

—Come si chiama questa ragazza?

—_____

—Cosa vuole?

—_____

—Bene. Quando viene la presento agli amici.

D. **Riscrivi e leggi.** Riscrivi il fumetto in forma narrativa e poi leggi il tuo lavoro davanti alla classe.

Charlie Brown risponde al telefono. La persona che lo chiama è Roy...

E. **Lavoro di gruppo.** Con alcuni dei tuoi compagni, crea una possibile continuazione al fumetto di Charlie Brown. Poi rappresentate insieme la vostra scenetta davanti alla classe.

CON FANTASIA

A. **Incontri.** Trova un modo di reagire *(react)* alle seguenti situazioni. Prima scrivi le tue reazioni e poi leggile alla classe.

1. Un amico/Un'amica ti incontra in un ascensore *(elevator)*, ma fa finta di non vederti. Cosa potresti dirgli/dirle?

2. Incontri un uomo/una donna per strada che si ferma e ti saluta, ma tu non ricordi chi è (È un tuo vecchio professore/una tua vecchia professoressa? È un amico/un'amica di famiglia?). Cerca di scoprire *(discover)* chi è senza far capire niente.

B. Giochiamo. Indovina le parole nascoste con l'aiuto delle definizioni.

1. __ M __ __ __ E
2. __ T __ __ __ __ __ S __ __
3. __ M __ __ O
4. __ O __ O
5. A __ __ __ __ __ O

Definizioni:

1. *Lover* in italiano.
2. Il femminile di *studente*.
3. È sinonimo di *compagno*.
4. È il contrario di *donna*.
5. *Lawyer* in italiano.

C. Compiti comunicativi. Svolgi i seguenti compiti comunicativi.

MODELLO   Chiedi al tuo compagno / alla tua compagna quanti anni ha.
Quanti anni hai, Debbie?

1. È sera. Saluta l'insegnante.
2. Stai andando a casa. Saluta gli amici ed i compagni di scuola.
3. Presenta un amico / un'amica ad un altro amico/un'altra amica.
4. Presenta tuo fratello all'insegnante.

D. Conosci i tuoi compagni di classe? Prepara cinque o sei domande che vorresti fare ad un tuo compagno / una tua compagna di classe che ancora non conosci. Poi scegli un compagno / una compagna, presentati, fagli / falle le domande che hai preparato, scrivi le risposte su un foglio di carta e presenta il tuo nuovo amico / la tua nuova amica alla classe. Il tuo compagno / La tua compagna farà la stessa cosa con te.

E. Tema. Scrivi un componimento di circa 100 parole su uno dei temi seguenti. Poi leggilo in classe e discuti le tue idee con gli altri membri della classe.

1. Salutare è cortesia, rendere il saluto è obbligo.
2. Chi trova un amico trova un tesoro.

L'Internet

Studio del vocabolario

Paragona le parole usate in Italia con quelle usate in Nord America. Usa un dizionario se necessario. Nota che molte sono uguali. Spiega poi il loro significato.

In Italia	In Nord America	Significato
1. il palmare	_____	_____
2. Internet	_____	_____
3. gestire e-mail	_____	_____
4. SMS	_____	_____
5. il fax	_____	_____
6. condividere dati	_____	_____
7. scambiare dati	_____	_____
8. il PC	_____	_____
9. il Mac	_____	_____
10. ultrasemplicità di utilizzo	_____	_____
11. il design	_____	_____
12. la navigazione	_____	_____
13. un foglio elettronico	_____	_____
14. la stampante	_____	_____

Nota: @ = chiocciola; • = punto

Applicazione

Ricerche digitali. Svolgi i seguenti compiti e poi riporta alla classe quello che hai trovato. Utilizzando un computer o un palmare, fa' le seguenti cose:

1. Cerca su Internet due siti *(Web sites)* italiani (e.g., un sito di musica moderna, un sito di sport, ecc.). Copia quello che trovi e poi stampalo.
2. Se conosci qualcuno in Italia mandagli/le un e-mail chiedendogli/le di darti informazioni su siti interessanti in Italia. Riporta quello che ti dice in classe.
3. Descrivi che tipo di computer hai agli altri membri della classe.
4. Indica quali sono i tuoi siti preferiti e perché.
5. Hai un palmare? Per quali funzioni lo usi?

✦ Lessico utile ◈◈◈◈◈◈◈◈◈◈◈◈◈◈◈◈◈◈

Nomi

l'amante (m/f)	lover
l'amicizia	friendship
l'amico (-a)	friend
l'antropologo	anthropologist
l'avvocato	lawyer
il bacio	kiss
il bambino / la bambina	child
il banco	desk
il biologo	biologist
la bugia	lie
il capo	coach, boss
il catalogo	catalogue
il / la collega (m/f)	colleague, work associate
il compagno / la compagna	friend, schoolmate
la conoscenza	acquaintance
il copione	script
il cuoco / la cuoca	cook
il dialogo	dialogue
la donna	woman
l'estraneo (-a)	stranger
la faccia	face
la farmacia	drugstore
il fidanzato / la fidanzata	fiancé / fiancée
il filologo	philologist
la gente	people
il greco / la greca	Greek
l'ingegnere	engineer
l'inimicizia	enmity
l'interbase (m)	shortstop
il lago	lake
la madre	mother
la mente	mind
la navigazione	navigation
il negozio	store
il nemico / la nemica	enemy
il nome	name
l'orologio	clock, watch
il padre	father
il palmare	palm pilot
la persona	person
il posto	place
il professore / la professoressa	professor, middle- / high-school teacher
il ragazzo / la ragazza	boy / girl, boyfriend / girl-friend

la relazione (amorosa)	love affair
il signore / la signora	gentleman/lady
il soggetto	fella, guy
lo studente / la studentessa	student
l'uomo	man
la valigia	suitcase
lo zio / la zia	uncle/aunt

Aggettivi

altro	other, else

Verbi

abitare	to live, dwell
andare	to go
andare via	to go away
aprire	to open
ascoltare	to listen to
aspettare	to wait for
avere	to have
avere... anni	to be ... years old
avere bisogno di	to need
avere caldo	to be hot
avere fame	to be hungry
avere freddo	to be cold
avere fretta	to be in a hurry
avere la faccia tosta	to be cheeky
avere paura	to be afraid
avere ragione	to be right
avere sete	to be thirsty
avere sonno	to be sleepy
avere torto	to be wrong
avere voglia di	to feel like
avvenire	to happen, occur
bere	to drink
cambiare	to change
capire (isc)	to understand
cercare	to look for, search for
chiamarsi	to be called
chiudere	to close
cominciare	to begin, start
concertare	to put together
conoscere	to know (someone), be familiar with
credere	to believe
dare	to give

dire	to say	a presto	see you soon
dormire	to sleep	affatto	at all
dovere	to have to	anche	also
essere	to be	ancora	yet
fare	to do, make	appena	just
fare amicizia	to become friends	arrivederci (fam)	good-bye
finire (isc)	to finish	arrivederLa (pol)	good-bye
frequentare	to attend, frequent	buonanotte	good night
guardare	to look at, watch	(buona notte)	
inviare	to send	buonasera	good evening / good day
lasciare	to leave (behind)	(buona sera)	
mangiare	to eat	buongiorno	good morning / good day
navigare	to navigate	(buon giorno)	
pagare	to pay (for)	che	what
parlare	to speak	chi	who
partire	to leave, depart	ciao	hi / bye
perdere	to lose	circa	nearly, about
potere	to be able to	come	how
preferire (isc)	to prefer	con	with
presentare	to introduce	dove	where
provare	to rehearse	forse	maybe
recitare	to act	grazie	thank you
ricordare	to remember	in comune	in common
rimanere	to remain	mai	never
ripetere	to repeat	mica	quite
rompere un'amicizia	to break off a friendship	neanche	not even
salire	to go up	nemmeno	not even
sapere	to know	neppure	not even
sbagliare	to make a mistake	nessuno	no one, nobody
sciare	to ski	né... né	neither . . . nor
sentire	to feel, hear	niente / nulla	nothing
stare	to stay	perché	why, because
tenere	to hold, keep	perfino	even (also)
tornare	to return, go back	più	more
uscire	to go out	prego	you're welcome
vedere	to see	pure	also, even
vendere	to sell	quale	which
venire	to come	quando	when
volere	to want	quanto	how (much / many)
voltare	to turn around	sì	yes
		veramente	really, truly

ALTRE ESPRESSIONI

a domani	see you tomorrow
a più tardi	see you later

Capitolo 2 L'amore

QUANTO SAI GIÀ?

A. Compila l'«identikit» di ciascuna delle seguenti persone. Leggi l'identikit della tua «persona preferita» in classe.

1. un tuo qualsiasi parente
2. un tuo amico/una tua amica
3. il tuo ragazzo/la tua ragazza
4. una persona famosa
5. te stesso

Nome	ANTHONY
Cognome	TOMASELLO
Titolo	Studente
Indirizzo	1569 WOODLAND in Addison 60101
Numero di telefono	290-9084
Prefisso	630
Religione	Catolico
Origine	
Cittadinanza	
Luogo di nascita	DeKALB
Data di nascita	9-16-1986
Titolo di studio	Educazione
Professione	Studente
Interessi	automobile
Stato civile	celibre
Servizio militare	Niente
Nazionalità	Americano / Italiano
Esperienze lavorative	

B. Intervista. Diverse coppie di studenti dovranno mettere in scena un'intervista ad una persona famosa in cui gli/le si chiede quali qualità cerca nel suo/nella sua partner ideale.

Prima di leggere

A. Test. Rispondi e scoprirai chi sei. I grandi amori possono nascere in posti diversi: in discoteca, in spiaggia, perfino al museo. Rispondi al seguente test scegliendo una delle alternative proposte. Va' poi alla lettura susseguente e leggi il profilo del tuo carattere.

Dove pensi di incontrare il tuo grande amore? Spiega la tua risposta agli altri membri della classe.

1. al fast food
2. in campeggio
3. sulle piste da sci
4. in discoteca
5. al museo
6. in casa
7. al luna park (*amusement park*)
8. mentre corri
9. in qualche altro posto

B. Parole da sapere. Metti alla prova la tua conoscenza delle parole italiane.

Che cosa vuol dire... ?

1. l'alleato
   a. *ally*   b. *alley*
2. l'angolo
   a. *corner*   b. *anger*
3. cameratesco
   a. *in camera*   b. *camaradely*
4. complice
   a. *complex*   b. *accomplice*
5. condividere
   a. *to confuse*   b. *to share*
6. deciso
   a. *decibel*   b. *single-minded*
7. pari passo
   a. *equally*   b. *paired*
8. spaventare
   a. *to spare*   b. *to scare off*
9. sensibile
   a. *sensitive*   b. *sensible*
10. rischio
    a. *risk*   b. *risky*

Dove sogni di incontrare il tuo grande amore?

Leggi attentamente i seguenti profili.

1 AL FAST FOOD   Sei un tipo pratico, dinamico, deciso, con i piedi ben piantati[1] per terra. Perciò inquadri[2] il tuo incontro in un ambiente non molto diverso da quello che frequenti solitamente[3] in città.

2 IN CAMPEGGIO   Sei una persona avventurosa, piena di iniziative e non ti chiedi mai che cosa ci sia dietro l'angolo[4], quali incognite[5] ti riservi il futuro. Vivi alla giornata e nei rapporti umani lasci che sia il tempo a decidere al posto tuo[6].

3 SULLE PISTE   In amore sei esigente e la coppia ideale, per te, è quella che avanza sempre nella medesima[7] direzione, di pari passo. Hai paura dei colpi di testa[8] e cerchi nel/nella partner soprattutto un/una complice e un alleato/un'alleata[9].

4 IN DISCOTECA   Sei essenzialmente un/un'esibizionista. Ti piace essere al centro dell'attenzione. Hai bisogno che gli altri sappiano ciò che fai, come stai. Perfino il tuo amore deve passare l'esame di quelli del tuo ambiente.

5 AL MUSEO   Sei una persona romantica e sensibile[10]. Ti piace coltivare affetti[11] e amicizie nella più totale privacy. Pretendi[12] dal tuo/dalla tua partner perfetta identità di vedute[13]. Vuoi condividere con lui/lei ogni tuo interesse e hobby.

6 IN CASA   (durante una festicciola da te organizzata o un party per pochi intimi) Sei una persona molto semplice e spontanea, con un forte senso della famiglia. Qualche scossone[14], tuttavia, non ti farebbe male...

7 AL LUNA PARK   Ami il rischio e le incognite. Ti piace trovarti ogni volta come sull'orlo[15] dell'abisso. Gli incontri sentimentali per te devono portarsi dietro un certo non so che[16] di eccitante mistero.

8 MENTRE CORRI   Certo non sei eccessivamente sentimentale o sdolcinato (-a)[17]. Con l'atro sesso hai un rapporto aperto e cameratesco. Ti considerano una persona molto forte.

[1]*planted*   [2]*you envision*   [3]*usually*   [4]**dietro...** *around the corner*   [5]*uncertainties*   [6]**al...** *in your place*   [7]*same*   [8]**colpi...** *rash actions*   [9]*ally*   [10]*sensitive*   [11]*feelings*   [12]*You expect*   [13]*viewpoints*   [14]*jolt*   [15]*at the edge*   [16]**un...** *a certain I don't know what*   [17]*maudlin*

Dopo la lettura

A. Ricordi quello che hai letto? Completa ciascuna delle seguenti frasi in modo opportuno.

1. Chi sogna di incontrare il grande amore ad un fast food è una persona...
   a. pratica e dinamica.
   b. romantica e sensibile.

2. Chi sogna di incontrare il grande amore in campeggio è una persona...
   a. esigente e sdolcinata.
   b. avventurosa e piena di iniziative.

3. Chi sogna di incontrare il grande amore in discoteca...
   a. ama essere al centro dell'attenzione.
   b. ama il rischio.

4. Chi sogna di incontrare il grande amore in casa...
   a. è un esibizionista.
   b. è una persona molto semplice e spontanea.

5. Chi sogna di incontrare il grande amore mentre corre...
   a. è una persona eccessivamente sentimentale.
   b. è una persona molto debole.

6. Chi sogna di incontrare il grande amore sulle piste...
   a. inquadra l'incontro in un ambiente che frequenta solitamente.
   b. avanza sempre di pari passo.

7. Chi sogna di incontrare il grande amore al museo...
   a. è una persona romantica e sensibile.
   b. vive alla giornata.

8. Chi sogna di incontrare il grande amore al luna park...
   a. ama le incognite.
   b. ha un rapporto aperto con l'altro sesso.

B. Parliamone! Rispondi alle seguenti domande, discutendo le tue risposte con i tuoi compagni.

1. Tu credi nell'amore a prima vista? Perché sì/no?
2. Quali caratteristiche cerchi in una persona dell'altro sesso? Perché?
3. Di solito, dove vai quando esci con una persona che ti è simpatica? Al cinema, in discoteca... ? Perché?

C. Descrivi te stesso/te stessa, selezionando le parole adatte e dando un esempio per ogni scelta che fai.

pratico, dinamico, deciso, con i piedi ben piantati per terra, avventuroso, pieno di iniziative, semplice, con un forte senso della famiglia, esigente, esibizionista, romantico, sensibile, sentimentale, sdolcinato

MODELLO esibizionista
Sono un/un'esibizionista perché quando esco mi metto sempre i vestiti più belli che ho.

Stimolo linguistico

A. **Ricordi il congiuntivo?** Un amico/Un'amica ti chiede se alcune cose sono vere o no. Rispondi alle sue domande iniziando con **Dubito che.** Non dimenticare di usare il congiuntivo. Te lo ricordi?

MODELLO   È vero che lui va spesso al campeggio?
No, dubito che vada in campeggio.

È vero che...

1. Maria è una ragazza dinamica?
2. loro vivono alla giornata?
3. lui ama il rischio?
4. Marco ha un rapporto aperto con la sua ragazza?
5. lei sa tutto?
6. loro organizzano una festa?

B. **Ricordi come si usa il verbo *piacere*?** Rispondi alle seguenti domande.

MODELLO   Ti piace il fast food? Perché sì/no?
No, il fast food non mi piace perché non mi fa bene.

1. Ti piace andare alle discoteche? Perché sì/no?
2. Ti piace andare al luna park? Perché sì/no?
3. Quale tipo di festa ti piace organizzare?
4. Hai un hobby? Se sì, qual è? Perché ti piace?

VOCABOLARIO

Colori

acceso, brillante	*bright*	nero	*black*
arancione	*orange*	opaco	*opaque*
argento *(invariable)*	*silver*	oro *(invariable)*	*gold*
azzurro	*blue*	rosa *(invariable)*	*pink*
bianco	*white*	rosso	*red*
blu *(invariable)*	*(dark) blue*	scuro	*dark*
celeste	*light blue*	spento, sbiadito	*dull*
chiaro	*light*	turchino	*turquoise*
cupo	*dark, dull*	verde	*green*
giallo	*yellow*	vibrante	*vibrant*
grigio	*gray*	viola *(invariable)*	*violet, purple*
marrone	*brown*	vivace	*lively*

Usi metaforici

diventare rosso (-a)	*to become embarrassed*
essere al verde	*to be broke*
essere di umore nero	*to be in a bad mood*
essere giallo di rabbia	*to be extremely angry*
fare una vita grigia	*to lead a dull life*
farne di tutti i colori	*to cause a lot of trouble*
incontrare il principe azzurro	*to meet Prince Charming*
una mosca bianca	*rare thing*
il numero verde	*1-800 number*
passare una notte insonne/ in bianco	*to have a sleepless night*
il telefono azzurro	*help line*
vedere tutto rosso	*to be extremely angry*

Applicazione

A. Di che colore è? Rispondi alle seguenti domande in modo appropriato.

> MODELLO   Di che colore è l'insegna di McDonald's?
> **L'insegna di McDonald's è rossa e gialla.**

Di che colore è/sono...

1. la bibita «Orange Crush»?
2. i tuoi pantaloni?
3. di solito il cielo d'estate?
4. di solito la carta?
5. le margherite?
6. l'erba?
7. i capelli delle persone anziane?
8. le castagne *(chestnuts)*?
9. la camicia/la camicetta dello studente/della studentessa seduto (-a) vicino a te?

B. Colori! Descrivi i seguenti colori, illustrandoli con degli esempi.

> MODELLO   acceso
> **Un colore acceso è brillante, vivo e forte, come il «rosso acceso».**

1. argento
2. chiaro
3. cupo
4. opaco
5. oro
6. scuro
7. spento
8. sbiadito
9. turchino
10. vibrante
11. vivace
12. blu
13. azzurro
14. celeste

C. Una vita grigia. Sei al fast food con un compagno/una compagna di scuola. State chiacchierando mentre mangiate un hamburger e delle patatine fritte. Completate il dialogo:

—Anche tu sei di umore _____ oggi?

—Eh, sì! Sono quasi sempre al _____ e faccio una vita _____. E tu cos'hai?

—Ultimamente, mia sorella ne sta facendo di tutti i _____! Ieri mi ha fatto passare una notte _____! È stata quasi tutta la notte al telefono con il suo principe _____. Mi fa diventare _____ per la rabbia!

D. Discussione. Rispondi liberamente alle seguenti domande.

1. Sei una persona che diventa rossa facilmente? Perché sì/no?
2. Di solito, cosa ti fa diventare di umore nero o giallo (-a) di rabbia?
3. Tu credi nel «principe azzurro»? Perché sì/no?
4. Di solito perché una persona passa la notte in bianco?
5. Che cos'è un numero verde? Conosci qualche numero verde importante?
6. Da' qualche esempio di «mosche bianche».
7. Che cos'è il telefono azzurro? Conosci qualche numero in proposito?

✦ GRAMMATICA ◇◇◇◇◇◇◇◇◇◇◇◇◇◇◇◇◇◇◇◇◇◇◇◇◇

STRUTTURA

2.1 L'articolo indeterminativo

✦ The form of the indefinite article *(a, an)* changes according to the gender and initial sound of the noun or adjective it precedes:

Masculine	Feminine
uno	**una**
before z, s + cons., gn, pn, ps, x, i + vowel	*before any consonant*
uno zero *a zero*	una spiaggia *a beach*
uno sbaglio *a mistake*	una discoteca *a disco*
uno gnocco *a dumpling*	una giornata *a day*
uno pneumatico *a tire*	una festa *a party*
uno psicologo *a psychologist*	una città *a city*
uno xilofono *a xylophone*	
uno iogurt *a yogurt (treat)*	
un	**un'**
before any other sound (vowel or consonant)	*before any vowel*
un museo *a museum*	un'iniziativa *an initiative*
un angolo *a corner*	un'amica *a friend*

✦ Note that the apostrophe is used only in the feminine: **un amico** vs. **un'amica.** The article changes according to the first sound of any adjective that precedes the noun: **un'amica simpatica = una simpatica amica; uno studente bravo = un bravo studente.**

Applicazione

A. Test. Dove vorresti incontrare il tuo grande amore? Completa ciascuna «valutazione amorosa» con le forme appropriate dell'articolo indeterminativo.

1. *Al fast food!*
   Sei ____ persona pratica e dinamica. Sogni il tuo incontro in ____ ambiente simile a quello che frequenti in città.

2. *Sulle piste!*
   Cerchi ____ alleato, ____ amico e ____ complice nel tuo partner, così come cerchi ____ alleata, ____ amica e ____ complice nella tua compagna.

3. *Al museo!*
   Pretendi dal tuo / dalla tua partner ____ perfetta identità di vedute. Lui / Lei invece non pretende ____ identità simile.

B. Che cos'è? Anagramma le seguenti parole e poi premetti ad esse le forme dell'articolo inderminativo adatte. Segui il modello.

MODELLO   miaco
         È un amico.

1. seomu *museo*
2. gliosba *sbaglio*
3. guiort
4. micaa *amica*
5. roze
6. stafe
7. cologopsi
8. goloan
9. fonoxilo
10. maticopneu
11. tecacodis
12. ggiaspia

2.2 Gli aggettivi qualificativi (parte prima)

✦ The color terms introduced on page 37 are generally used as descriptive adjectives. As you may recall from your previous study of Italian, they follow the noun they modify and agree with it in gender and number. There are three patterns to keep in mind.

1. If the adjective ends in **-o (rosso),** the following changes are made.

	Masculine	Feminine
Singular	**-o**	**-a**
	il vestito *(dress)* rosso	la matita *(pencil)* rossa
	il fiore *(flower)* rosso	la parete *(wall)* rossa
Plural	**-i**	**-e**
	i vestiti rossi	le matite rosse
	i fiori rossi	le pareti rosse

2. If the adjective ends in **-e (verde)**, the following changes are made.

	Masculine	Feminine
Singular	-e l'abito *(suit)* verde il fiore verde	-e la gonna *(skirt)* verde la parete verde
Plural	-i gli abiti verdi i fiori verdi	-i le gonne verdi le pareti verdi

3. Some adjectives are invariable **(blu)**, so no changes are made.

	Masculine	Feminine
Singular	l'abito blu il fiore viola	la gonna blu la parete viola
Plural	gli abiti blu i fiori viola	le gonne blu le pareti viola

Applicazione

A. Dal singolare al plurale. Metti l'articolo indeterminativo davanti al nome, poi trasforma le frasi al plurale seguendo il modello.

MODELLO   giacca/*black*
una giacca nera
due giacche nere

1. camicia/*green*
2. principe/*blue*
3. fiore/*yellow*
4. gonna/*brown*
5. vestito/*purple*
6. parete/*white* ~~(scribbled out)~~
7. abito/*green* ~~(scribbled out)~~

B. Scenetta. Con un compagno/una compagna, metti in scena la seguente situazione.

Due vecchi amici/vecchie amiche si danno appuntamento tramite telefono. Siccome *(Since)* non si vedono da molto tempo, descrivono al telefono come saranno vestiti (-e) per l'appuntamento. Non dimenticare di usare i colori (capelli neri, cappotto blu, pantaloni *grigi*, ecc.).

2.3 Il congiuntivo presente

✦ The present subjunctive of regular verbs is formed in the same way as the present indicative, by dropping the infinitive suffixes and adding the appropriate endings. Note, once again, the use of **-isc-** for some third-conjugation verbs.

	amare	chiedere	scoprire	capire
	to love	*to ask for*	*to discover*	*to understand*
io	am**i**	chied**a**	scopr**a**	cap**isca**
tu	am**i**	chied**a**	scopr**a**	cap**isca**
lui/lei/Lei	am**i**	chied**a**	scopr**a**	cap**isca**
noi	am**iamo**	chied**iamo**	scopr**iamo**	cap**iamo**
voi	am**iate**	chied**iate**	scopr**iate**	cap**iate**
loro	am**ino**	chied**ano**	scopr**ano**	cap**iscano**

✦ As was the case for the present indicative, in the conjugation of verbs whose infinitive ends in **-care** and **-gare** an **h** is written before an **-i** ending and, therefore, in the case of the subjunctive, throughout the entire conjugation.

> **cercare:** (io) cerchi, (tu) cerchi, (lui/lei) cerchi, (noi) cerchiamo, (voi) cerchiate, (loro) cerchino
>
> **pagare:** (io) paghi, (tu) paghi, (lui/lei) paghi, (noi) paghiamo, (voi) paghiate, (loro) paghino

✦ Similarly, in the conjugation of **-ciare** and **-giare** verbs only one **i** is written in the subjunctive as well.

> **cominciare:** (io) cominci, (tu) cominci, (lui/lei) cominci, (noi) cominciamo, (voi) cominciate, (loro) comincino
>
> **mangiare:** (io) mangi, (tu) mangi, (lui/lei) mangi, (noi) mangiamo, (voi) mangiate, (loro) mangino

✦ In the conjugation of **-iare** verbs only one **i** is written, unless the **i** is stressed.

> **inviare:** (io) invii, (tu) invii, (lui/lei) invii, (noi) inviamo, (voi) inviate, (loro) inviino
>
> **sbagliare:** (io) sbagli, (tu) sbagli, (lui/lei) sbagli, (noi) sbagliamo, (voi) sbagliate, (loro) sbaglino

✦ Because various endings are identical in the conjugations, it is necessary to use the subject pronouns more than with present indicative verbs to avoid confusion: **Gianni crede che tu abbia torto. / Gianni crede che io abbia torto.**

Applicazione

A. Esprimi la tua opinione! Rispondi alle domande iniziando la risposta con le parole tra parentesi, le quali reggono il congiuntivo. Segui il modello.

MODELLO   Gianni frequenta quel ristorante? (mi sembra che)
Mi sembra che frequenti quel ristorante.

1. Costa molto andare in discoteca? (credo che)
2. Maria pretende molto dal suo ragazzo? (pare che)
3. Al ristorante pagano sempre loro? (dubito che)
4. Risponde sempre Lucia al telefono? (è probabile che)
5. Monica studia spesso con Marianna? (penso che)
6. Loro ti considerano una persona molto forte? (è possibile che)
7. John capisce l'italiano? (non so se)
8. Giovanni mangia spesso al fast food? (sembra che)
9. I ragazzi partono domani per il campeggio? (credo che)
10. I tuoi amici sciano molto d'inverno? (non sono sicuro [-a] se)
11. Loro cercano lavoro? (credo che)

B. Per ciascuno dei seguenti verbi, inventa una frase che illustri un[...] congiuntivo.

    MODELLO   studiare
                  Penso che gli studenti studino molto in questa classe.

1. inviare
2. sbagliare
3. cominciare
4. cercare

5. preferire
6. finire
7. dormire

Amica
Una compagna unica
per le giornate piene di colore

2.4 Verbi irregolari

✦ The verbs that are irregular in the present indicative are also irregular in the present subjunctive:

andare	*to go*	vada, vada, vada, andiamo, andiate, vadano
avere	*to have*	abbia, abbia, abbia, abbiamo, abbiate, abbiano
bere	*to drink*	beva, beva, beva, beviamo, beviate, bevano
dare	*to give*	dia, dia, dia, diamo, diate, diano
dire	*to say, tell*	dica, dica, dica, diciamo, diciate, dicano
dovere	*to have to*	deva/debba, deva/debba, deva/debba, dobbiamo, dobbiate, devano/debbano
essere	*to be*	sia, sia, sia, siamo, siate, siano
fare	*to do, make*	faccia, faccia, faccia, facciamo, facciate, facciano
potere	*to be able to*	possa, possa, possa, possiamo, possiate, possano
rimanere	*to stay, remain*	rimanga, rimanga, rimanga, rimaniamo, rimaniate, rimangano
salire	*to go up*	salga, salga, salga, saliamo, saliate, salgano
sapere	*to know*	sappia, sappia, sappia, sappiamo, sappiate, sappiano
stare	*to stay*	stia, stia, stia, stiamo, stiate, stiano
tenere	*to keep, hold*	tenga, tenga, tenga, teniamo, teniate, tengano
uscire	*to go out*	esca, esca, esca, usciamo, usciate, escano
venire	*to come*	venga, venga, venga, veniamo, veniate, vengano
volere	*to want*	voglia, voglia, voglia, vogliamo, vogliate, vogliano

...nsigli. Tu hai una rubrica *(column)* che scrivi per una rivista per giovani.
...dei consigli ai tuoi lettori, usando il congiuntivo. Segui il modello.

...DELLO essere importante che/tu/dire sempre la verità
È importante che tu dica sempre la verità.

...ssere necessario che/tu/essere pratico (-a) e deciso (-a)
2. ...isognare che/noi/non dare importanza alle parole degli altri
3. essere essenziale che/loro/sapere essere semplici e spontanei (-e)
4. essere importante che/una coppia/avere un rapporto aperto
5. essere necessario che/voi/fare molto sport
6. essere importante che/tuo fratello/uscire più spesso
7. essere necessario che/tu/stare più calmo (-a)
8. essere consigliabile *(advisable)* che/voi/andare alla festa
9. bisognare che/tu/volere bene alla tua partner
10. essere importante che/voi/tenere tutto questo in mente

B. Adesso tocca a te! Adesso usa ciascuno dei seguenti verbi in altrettante frasi
che ne rendano chiaro il loro uso al presente congiuntivo. Vedi i modelli
precedenti per suggerimenti.

1. uscire	6. conoscere	11. potere
2. venire	7. preferire	12. dire
3. volere	8. amare	13. bere
4. tenere	9. salire	14. andare
5. sapere	10. fare	15. avere

2.5 Usi del congiuntivo

✦ The present subjunctive has the same kind of communicative function as the
present indicative. It allows one to speak in the present and to talk about con-
tinuous actions or states. The difference is one of "mood": the subjunctive
adds perspective, or point of view, to the message, and it allows one to express
non-facts (doubts, opinions, etc.).

Indicative = "Factual"

So che Gianni è un tipo pratico.
I know that John is a practical type.

È proprio vero che l'insegnante **sa** tutto.
*It's really true that the instructor knows
 everything.*

Tutti **dicono** che Marco **ama** Maria.
Everyone says that Marco loves Maria.

Subjunctive = "Nonfactual"

Credo che Gianni **sia** un tipo pratico.
I believe that John is a practical type.

Non è possibile che l'insegnante **sappia**
tutto.
*It's not possible that the instructor knows
 everything.*

Tutti **pensano** che Marco **ami** Maria.
Everyone thinks that Marco loves Mary.

✦ Note that the subjunctive is used in dependent clauses (e.g., those that follow **che...**). It is thus "necessitated" by verbs in the main clause (those that precede **che...**). Here are some common verbs requiring the subjunctive.

avere paura *to be afraid*	preferire *to prefer*
credere *to believe*	ritenere *to maintain* (*conj. like* tenere)
desiderare *to desire*	sembrare *to seem*
dubitare *to doubt*	sospettare *to suspect*
esigere *to demand, expect*	sperare *to hope*
immaginare *to imagine*	temere *to fear*
pensare *to think*	volere *to want*

✦ When the antecedent in the main clause is the same in the dependent or subordinate clause, the infinitive is used.

Different from the Antecedent	Same as the Antecedent
Gina crede che tu sia dinamico. *Gina believes that you are dynamic.*	Gina crede di essere dinamica. *Gina believes that she (herself) is dynamic.*
I miei amici dubitano che io sia pratico. *My friends doubt that I am practical.*	I miei amici dubitano di essere pratici. *My friends doubt that they (themselves) are practical.*
Io spero che tu venga domani. *I hope that you are coming tomorrow.*	Io spero di venire domani. *I hope to come tomorrow.*

Applicazione

A. **Tu e il tuo/la tua partner.** Nel seguente test mancano alcuni verbi. Completa gli spazi vuoti con i verbi suggeriti, mettendoli al presente indicativo, al presente congiuntivo o all'infinito, secondo il caso.

1. dire
   —Sei sicuro (-a) che il tuo / la tua partner ti _____ sempre la verità?

   —Hai paura che il tuo / la tua partner non ti _____ mai la verità?

   —Voi due vi _____ sempre la verità?

2. sapere
   —Pensi che il tuo / la tua partner _____ tutto su di te?

   —Pensi di _____ tutto sul tuo / sulla tua partner?

   —Sei sicuro (-a) che il tuo / la tua partner non _____ niente su di te?

3. avere
   —È vero che il tuo / la tua partner _____ intenzione di sposarti?

   —Temi che il tuo / la tua partner _____ paura di sposarti?

   —Crede di _____ paura di sposarti?

4. essere
   —Il tuo / La tua partner capisce che tu _____ esigente in amore?

   —Tu ritieni di _____ esigente in amore?

   —Tu speri che il tuo / la tua partner non _____ esigente in amore?

B. Frasi. Forma delle frasi con le seguenti parole.

1. io / dubitare / che / loro / andare / campeggio / domani
2. io / non / credere / che / lui / essere / tipo / pratico
3. lui / pensare / che / nei rapporti umani / essere / tempo / a decidere
4. noi / sapere / che / tu / essere / persona / sensibile e romantica
5. noi / preferire / che / voi / non frequentare / quell'ambiente

C. Esprimi la tua opinione! Scrivi qualcosa su quello che pensi rispetto alle seguenti affermazioni.

MODELLO   I baci dell'amore sono dolci.
            Sì, è vero che i baci dell'amore sono dolci.
            Dubito che i baci dell'amore siano dolci.

1. L'amore è cieco (*Love is blind*).
2. Il primo amore non si scorda mai (*One's first love is never forgotten*).
3. Gli amici si conoscono nelle avversità (*A friend in need is a friend indeed*).

2.6 «Piacere»

✦ The present indicative and subjunctive forms of the verb **piacere** are:

Indicative   piaccio, piaci, piace, piacciamo, piacete, piacciono
Subjunctive   piaccia, piaccia, piaccia, piacciamo, piacciate, piacciano

✦ Recall from your previous study of Italian that the verb **piacere** renders the idea of *to like,* but that it really means *to be pleasing to.* For this reason, it might be necessary to "rearrange" sentences mentally when using it.

John likes Claudia. =

| *Claudia* | *is pleasing* | *to John.* |
| Claudia | piace | a Gianni. |

I like you. =

| *You* | *are pleasing* | *to me.* |
| (Tu) | piaci | a me. |

✦ Such sentences can also be rearranged or reformulated as follows:

| Claudia piace a Gianni. | = | A Gianni piace Claudia. |
| (Tu) piaci a me. | = | (Tu) mi piaci. |

✦ Generally, if the indirect object (**a me**) follows the verb it is perceived as more emphatic.

✦ To use **piacere,** therefore, you will need to review the indirect object pronouns. These will be described more fully in Chapter 7. If you have forgotten them, they are as follows:

Before	After	
mi	a me	*to me*
ti	a te	*to you (fam)*
gli	a lui	*to him*
le	a lei	*to her*
Le	a Lei	*to you (pol)*
ci	a noi	*to us*
vi	a voi	*to you (pl)*
gli	a loro	*to them*

✦ The forms **a me, a te,** etc., are used:

If more than one person is involved:

I like Claudia, you don't. =

Claudia	*is pleasing*	*to me,*	*not to you.*
Claudia	piace	**a me,**	non **a te.**

To avoid confusion, usually when two or more clauses are involved:

I like her, but she doesn't like me. =

She	*is pleasing*	*to me,*	*but*	*I am not pleasing*	*to her.*
Lei	piace	**a me,**	ma	io non piaccio	**a lei.**

To resolve potential ambiguities:

Gli piace. = Piace **a lui** *or* Piace **a loro.**

✦ Note that **piacere** can also be followed by an infinitive in constructions such as:

Mi piace andare al cinema.	=	*I like going (to go) to the movies.*
Non ci piace mangiare tardi.	=	*We do not like eating late.*

✦ Finally, when referring to people, the expression **essere simpatico (-a)** is preferable to **piacere:**

Gianni mi piace.	=	Gianni mi è simpatico.
I tuoi amici non ci piacciono.	=	I tuoi amici non ci sono simpatici.
Maria non vi piace.	=	Maria non vi è simpatica.
Le tue amiche non gli piacciono.	=	Le tue amiche non gli sono simpatiche.

Applicazione

A. **Ti piace?** Con un compagno / una compagna, crea dei mini-dialoghi, seguendo il modello.

MODELLO   le patatine fritte
—**Ti piacciono le patatine fritte?**
—**Sì, mi piacciono. / No, non mi piacciono.**
—**Piacciono anche a me. / Non piacciono neanche a me.**

1. il fast food
2. andare in campeggio
3. fare jogging
4. le feste
5. la Coca-Cola
6. essere al centro dell'attenzione
7. andare in discoteca
8. studiare
9. i soldi
10. il baseball

B. Sì, gli piace. Con un compagno/una compagna, crea degli altri mini-dialoghi seguendo il modello.

MODELLO   Maria / a Mario
—**Maria piace a Mario?**
—**Sì, gli piace. / No, non gli piace.**

1. Nora / a Gino
2. Gino / a tua sorella
3. Paola e Giovanna / a quei ragazzi
4. l'insegnante / a Debbie
5. la sorella di Franco / ai tuoi amici
6. i cantanti di hiphop / all'insegnante
7. il corso d'italiano / a tuo fratello

C. Come si dice? Esprimi le seguenti cose in due modi.

MODELLO   I like her.
Lei mi piace.
Lei mi è simpatica.

1. We like them.
2. The teacher likes the students.
3. My friend likes you *(pl)*.
4. Your sister likes us.
5. Claudia likes Mark, but he doesn't like her.
6. Mark likes Mary, but she likes someone else.

D. Esprimi la tua opinione! Completa ogni frase in modo appropriato.

1. Mi piace il corso d'italiano perché...
2. Ai miei genitori non piace / piacciono...
3. All'insegnante d'italiano non piace / piacciono...
4. Noi non piacciamo all'insegnante quando...
5. Io non sono simpatico (-a) alla gente quando...
6. Il mio amico / La mia amica non mi è simpatico (-a) quando...
7. Ecco le cose che mi piace fare quando sono a casa il weekend...
8. Quando esco con il mio ragazzo / la mia ragazza, mi piace andare...

COMUNICAZIONE

Parlare di sé

Mi chiamo...	My name is . . .
il nome	*first name/name in general*
il cognome	*surname/family name*
chiamarsi	*to be called*
Abito in via..., numero...	**I live at (number, street)**
l'indirizzo	*address*
la via	*street*
il corso	*avenue*
la piazza	*square*

Il mio numero di telefono...	My phone number is . . .
il telefono	*phone*
il numero telefonico	*phone number*
il prefisso	*area code*
formare / fare il numero	*to dial*
l'e-mail	*e-mail*
il sito personale	*personal Web site*

Ho... anni	I am . . . years old
la data di nascita	*date of birth*
il luogo di nascita	*place of birth*
l'età	*age*
Sono nato (-a) il 15 settembre.	*I was born on September 15.*

Lo stato civile	Marital status
sposato (-a)	*married*
celibe *(m)* / nubile *(f)*	*single, unmarried*
divorziato (-a)	*divorced*
figli	*children*

Applicazione

A. Vi presentiamo Lucia Signorelli. Dal seguente modulo *(application form)* mancano le indicazioni. Forniscile e poi rispondi alle domande che seguono.

Nome _____	*Lucia*
_____	*Signorelli*
_____	*(02) 24-46-78*
_____	*4 aprile 1977*
_____	*Sposata*
_____	*Via Maggiore, 5*
_____	*lsignorelli@hotmail.it*

1. Come si chiama la persona che ha compilato questo modulo?
2. Qual è il suo numero di telefono? E il suo prefisso?
3. Qual è il suo indirizzo e-mail?
4. Quando è nata? Quanti anni ha?
5. Qual è il suo stato civile?
6. Dove abita?

B. Ora tocca a te! Adesso fornisci tutti i tuoi dati personali nel modo suggerito.

MODELLO   nome
             Il mio nome è Debbie.

1. nome
2. cognome
3. indirizzo
4. e-mail
5. sito personale
6. numero di telefono
7. data di nascita
8. luogo di nascita
9. età
10. stato civile

C. Giochiamo con gli aggettivi. Descrivi la tua personalità, servendoti degli aggettivi seguenti.

attivo	cattivo	paziente	pigro *(lazy)*
ambizioso	coraggioso	impaziente	sincero
dinamico	curioso	timido *(shy)*	individualista
avaro *(greedy)*	deciso	superficiale	leale *(loyal)*
generoso	indeciso	ribelle *(rebellious)*	ostinato *(obstinate)*
buono	fedele *(faithful)*		

D. Ora descrivi il carattere di una persona a te cara.

Esprimere diversi sentimenti

Function	Expressions
expressing dislike	Quella persona non mi piace.
expressing dislike more strongly	odiare = *to hate* detestare = *to detest* sopportare = *to bear, stand*
expressing *to be sorry, not minding*	Mi dispiace, ma non hai ragione. = *I'm sorry, but you're wrong.* Anche a noi dispiace. = *We're sorry too.* Ti dispiace fare questo? = *Do you mind doing this?* No, non mi dispiace. = *No, I don't mind.*
expressing anger, offense, indignation	Ma come? = *What do you mean?* Non sono affari tuoi/suoi = *It's none of your business!* E con ciò? = *And so?* Ma che dici/dice? = *What are you saying?*
expressing happiness, approval	Che bello! = *How nice!* essere contento (-a) = *to be happy* essere soddisfatto (-a) = *to be satisfied*
expressing a bad mood	essere giù = *to be down* essere depresso (-a) = *to be depressed*
expressing fear	avere paura = *to be afraid* temere = *to fear*
expressing hope	sperare = *to hope*

Applicazione

A. Come si dice in italiano... ? Un tuo amico che non parla italiano ti chiede come si dicono alcune cose in italiano. Aiutalo.

Come si dice... ?

1. I don't like this house.
2. I hate this color.
3. I'm sorry, but I can't come.
4. It's none of your business.
5. What are they saying?
6. I'm down today.
7. I'm afraid to speak English.
8. I can't stand mean people.
9. I don't mind speaking French.
10. It's none of my business.
11. What do you mean?
12. And so?
13. What are you saying?
14. How nice!
15. I hope you are right.

B. Per essere felici. Scegli la cosa che per te è più importante per essere felici. Giustifica la tua scelta.

— essere onesti
— essere intelligenti
● essere gentili
   essere ricchi
— possedere il senso dell'umorismo
   essere belli

   essere istruiti
   essere pratici
— stare bene di salute
   essere forti fisicamente
   essere alla moda
   essere snelli *(thin)*

 ✦ IL MOMENTO CREATIVO

Con un tuo compagno/una tua compagna, metti in scena una delle seguenti situazioni.

1. In una discoteca un ragazzo chiede ad una ragazza di ballare, ma lei non vuole ballare con lui. Per non offenderlo, la ragazza trova una scusa.

2. In un fast food una ragazza vede un ragazzo di cui è innamorata (in love). *Lui, però, non la sopporta* (can't stand her). *Lei lo invita a mangiare qualcosa insieme. Lui rifiuta l'invito trovando una scusa.*

Il matrimonio in Italia

La legge di riforma del diritto di famiglia stabilisce che «con il matrimonio il marito e la moglie acquistano gli stessi diritti *(rights)* e assumono i medesimi doveri *(duties)*» (art. 143cc.). Oggi la donna mantiene generalmente il suo cognome. Quindi, è stata abolita nell'Italia moderna la figura del «capofamiglia».

Come in America, il matrimonio è celebrato alla presenza di un ufficiale dello stato civile o di un ministro religioso. La cerimonia religiosa ha anche effetti civili. La cerimonia del matrimonio si chiama «sposalizio». I futuri sposi annunciano il matrimonio con «le partecipazioni». Dopo la cerimonia civile o religiosa, i giovani sposi vanno in «luna di miele» (viaggio di nozze).

In Italia, il divorzio, legalizzato nel 1970, si può ottenere dopo tre anni di separazione legale. La legge sul divorzio è stata modificata per proteggere «il coniuge più debole». Le persone divorziate possono risposarsi immediatamente dopo lo scioglimento del matrimonio. La donna, anche se non si risposa, perde il cognome del marito. Lo può conservare però in aggiunta al proprio, se esso può esserle d'aiuto (ad esempio nella carriera) o può comunque giovare ai figli.

L'Italia, dopo gli Stati Uniti, è il paese che adotta più bambini. Una coppia, per poter adottare un bambino, deve essere sposata da almeno cinque anni e deve avere tutti i prerequisiti prescritti dalla legge. ✦

Applicazione

A. Indovinello! Indovina le parole definite sotto.

1. Accordo tra un uomo e una donna celebrato alla presenza di un ministro religioso.
2. I biglietti con cui i futuri sposi annunciano il matrimonio.
3. Periodo subito dopo lo sposalizio.
4. È ottenibile dopo tre anni di separazione legale.
5. *To get married* in italiano.

B. Il tuo matrimonio. Rispondi alle seguenti domande.

1. Che tipo di matrimonio (tipo di cerimonia, ricevimento, ecc.) sogni?
2. Dove vuoi andare in luna di miele?
3. A chi manderai le partecipazioni?
4. Dove abiterai con tuo marito/ tua moglie?
5. Quanti figli pensi di avere?

C. L'uomo/La donna dei miei sogni. Descrivi l'uomo/la donna dei tuoi sogni, utilizzando le parole seguenti nelle loro forme appropriate.

Fisico:	alto, basso, tarchiato *(stocky)*, magro, grasso, snello
Capelli:	neri, castani *(brown)*, rossi, biondi, grigi, bianchi, lisci *(straight)*, ricci *(curly)*
Naso:	regolare, irregolare, aquilino *(beaked)*
Bocca:	larga, stretta
Labbra:	sottili *(thin)*, carnose *(thick)*
Orecchie:	strette, larghe, sporgenti *(sticking out)*
Carattere:	*(see the list in exercise C on p. 50)*

Stimolo alla lettura

Opinioni, esperienze e punti di vista personali. Rispondi alle seguenti domande. Poi discuti le tue risposte con gli altri membri della classe.

1. Secondo te, che cosa cercano i giovani oggi nel/nella loro partner?
2. I giovani come affrontano il futuro? Con trepidazione *(apprehension, anxiety)*? Con tranquillità *(with confidence)*? Con indifferenza?
3. Pensi che la natura del matrimonio oggi sia cambiata? Perché sì/no?
4. In che tipo di mondo pensi cresceranno i tuoi figli?
5. Che cosa significano per te le seguenti parole: **lavoro, educazione, religione, amore**? Esprimi brevemente la tua opinione su questi argomenti, usando **Credo che/Penso che**.

Amore

Leggi attentamente il seguente brano di C. Cerati. Mentre leggi, annota tutti i verbi che sono al presente congiuntivo.

Un giorno piansi disperatamente prendendo la decisione di restare sola. Era paura: la paura di chi ha vissuto continuamente in bilico[1] tra il bisogno di libertà e il bisogno di sicurezza, la paura di diventare adulta per sempre.

Ora sono qui, avendo da poco compiuto trent'anni e assolutamente trepidante[2] per il mio avvenire come un'adolescente; non tanto perché io per questo domani abbia speranze o timori, quanto perché ritengo che questo mio domani sia già l'oggi di molte donne nate dopo di me e che la libertà l'hanno avuta in dono dal tempo in cui viviamo. Mia figlia crescerà in un mondo che ha camminato, a dispetto del[3] mio isolamento e della mia infelicità; a lei vorrei lasciare qualcosa perché non si smarrisca[4] come è accaduto a me per pregiudizio e paura. Voglio che viva libera in luoghi dove si possa essere liberi, conoscendo il significato di questa parola.

Per anni ho sentito parole agitarsi dentro di me, parole che non potevo afferrare perché la mia vita era simile alla morte, perché ogni giorno mi sforzavo di ascoltare altre parole: ubbidienza, sacrificio, gratitudine, lavoro, onestà, castità, maldicenza, verginità, educazione, prestigio, carriera, autorità, religione, dovere, dovere, dovere... mentre io sempre pensavo a una parola sola, importante: amore.

Amore materno, amore filiale, amore spirituale, amore casto, amore legittimo, amore carnale, amore sbagliato, amore malato, amore perverso, amore coniugale, amore adolescente, amore responsabile, amore distruttivo, amore costruttivo, amore posseduto e subito perduto, amore impossibile.

Ora questa montagna di parole si è condensata ed è esplosa: non sarò mai più la stessa, ma voglio essere me stessa.

---

[1]**in...** *on the edge*   [2] *afraid*   [3]**a...** *despite*   [4]**si...** *gets lost* (smarrire *to get lost*)

Dopo la lettura

A. Ricordi quello che hai letto? Rispondi alle domande con frasi complete.

1. Di che cosa ha paura la narratrice?
2. Quanti anni ha appena compiuto?
3. Perché la vita della narratrice era «simile alla morte»?
4. A quale parola pensava sempre? Perché?
5. Quali erano le altre parole che lei doveva ascoltare? Spiega ciascuna liberamente.
6. La narratrice è ancora come era una volta? Come vuole essere ora la narratrice?
7. Quali tipi d'amore menziona? Spiega ciascuno liberamente.
8. Secondo te, che tipo di persona è la narratrice?

B. **Completa gli spazi vuoti.** Dalla seguente parafrasi della lettura mancano diverse parole. Forniscile.

Un giorno la narratrice prese la decisione di restare _____. Aveva paura di diventare _____ per sempre. Adesso _____ trent'anni ed è assolutamente _____ per il suo avvenire. Ritiene che le donne _____ dopo di lei siano libere. Per anni ha sentito parole agitarsi dentro di lei che non poteva _____, mentre lei sempre pensava a una parola sola, importante: _____. Ora vuole soltanto essere se _____.

C. **Riassunto.** Riassumi con parole tue la lettura. Poi confronta il tuo riassunto con quello di un tuo compagno / una tua compagna. Chi è riuscito a fornire il riassunto più preciso, più dettagliato? Tu o il tuo compagno / la tua compagna?

Con fantasia

A. **Desideri personali...** Esprimi cinque desideri personali. Usa **Io voglio che / Desidero che.** Poi paragona i tuoi desideri con quelli degli altri studenti della classe.

B. **Ti piace...?** Indica se le seguenti cose/persone ti piacciono o no. Poi spiega la tua risposta.

MODELLO   le persone semplici
           Sì, le persone semplici mi piacciono, perché non è difficile renderle contente.
           No, le persone semplici non mi piacciono, perché hanno un carattere troppo prevedibile.

1. le persone esigenti
2. il rischio
3. gli abiti all'ultima moda
4. andare in discoteca
5. mangiare al ristorante
6. lo iogurt

C. **Che cos'è?** Indovina rispondendo con l'articolo indeterminativo.

MODELLO   si organizza spesso in casa
           una festa / un party

1. si mangia da McDonald's
2. il contrario di **un amico**
3. si dice quando non vogliamo dire la verità
4. si porta per sapere che ora è
5. un medico che «analizza» i sentimenti e i pensieri dei suoi pazienti

D. Giovanni è sposato? Abbina le frasi riportate a destra con quelle della colonna di sinistra.

1. Giovanni è sposato?   ____
2. Non sono affari miei!   ____
3. Vi dispiace aiutarmi?   ____
4. Giovanni mi piace.   ____
5. Qual è il tuo indirizzo?   ____

a. I like John.
b. What is your address?
c. It's none of my business!
d. Is John married?
e. Do you mind helping me?

E. Lavoro di gruppo. Metti in scena con un tuo compagno/una tua compagna una delle seguenti scenette.

1. Amore a prima vista al supermercato.
2. Intervista ad una persona famosa (Britney Spears, Oprah, Tom Cruise, ecc.) in cui gli/le si chiede quali caratteristiche cerca nel suo/nella sua partner.

F. Profili. Prepara un breve profilo di una persona che sogna di incontrare il suo grande amore all'università (o in un altro posto, in chiesa, in spiaggia, ecc.). Poi leggi il tuo profilo in classe e discutilo con gli altri membri della classe.

IL MONDO DIGITALE

Il «chatting»

Sei un chattomane

Profilo A.

Tranquilli, non rischiate certo di diventare dei chattomani. È vero che senza rete si è tagliati fuori, ma voi non andate oltre il minimo indispensabile, e appena potete passate dai bit ai fatti. La virtualità è troppo virtuosa per la vostra concretezza: perché scriversi tanto, se ci si può parlare? E perché digitare, se ci si può toccare?

Chattini

Profilo B.

Il vostro motto: è chatta come mangi. Ossia, di gusto, ma senza fare indigestione. Vi piace invitare in rete gli amici "reali", ma anche incontrare dal vero i compagni conosciuti chattando. Insomma, da veri saggi, per voi tra virtuale e reale non c'è di mezzo il mare. Al massimo un fiume da traversare a nuoto.

Chattosi

Profilo C.

Siete degli autentici chattomani, capaci di stare per ore davanti al monitor con amici vecchi e nuovi. Se non l'avete già fatto, il vostro destino è di fondare una mai ling list, perché è difficile resistere al vostro fascino virtuale. E quando spegnete il computer? Allora tutto si complica terribilmente. Brutto segno: qui chat ci cova.

Chattoni

Studio del vocabolario

A. Descrivi liberamente ciascuna delle seguenti nozioni, se le conosci. Indica quello che sai al resto della classe.

> MODELLO   chattomane
> **Un chattomane è una persona che ha la «mania» per il chatting su Internet.**

In Italia	*In Nord America*	*Significato*
1. senza rete	_____	_____
2. si è tagliati fuori	_____	_____
3. passare dai bit ai fatti	_____	_____
4. la virtualità	_____	_____
5. digitare	_____	_____
6. chattare	_____	_____
7. gli amici «reali»	_____	_____
8. gli amici «virtuali»	_____	_____
9. virtuale	_____	_____
10. reale	_____	_____
11. una mailing list	_____	_____
12. il chat ci cova	_____	_____

B. Differenze. Che differenza c'è tra *chattini, chattosi* e *chattoni*? Fornisci una parafrasi per ciascuna delle tre espressioni.

Chattini	*Chattosi*	*Chattoni*

Applicazione

Chatting. Adesso entra in una situazione di chatting dopo la lezione d'italiano con diversi compagni. In essa...

1. descrivete dove vorreste incontrare il vostro «grande amore».
2. descrivete come dovrebbe essere lui/lei.
3. stampate il chat e portatelo alla prossima lezione.
4. leggetelo in classe.

✦ LESSICO UTILE ◇◇◇◇◇◇◇◇◇◇◇◇◇◇◇◇◇◇◇◇◇◇

NOMI

l'abisso	abyss
l'abito	suit
l'affetto	feelings, affection
l'alleato	ally
l'ambiente (m)	ambiance, place, environment
l'amore (m)	love
l'angolo	corner, angle
l'attenzione (f)	attention
il campeggio	camping
la casa	house, home
il centro	center
la città	city
il cognome	surname, family name
il / la complice	accomplice
la coppia	couple
il corso	avenue
la data di nascita	date of birth
la discoteca	disco
l'e-mail	e-mail
l'età (f)	age
la festicciola	get-together
i figli	children
il fiore	flower
la giornata	day
lo gnocco	dumpling
la gonna	skirt
l'identità (f)	identity
l'incognita	uncertainty, unknown
l'incontro	encounter
l'indirizzo	address
l'iniziativa	initiative
l'interesse (m)	interest
lo iogurt	yogurt
la luna di miele	honeymoon
il luogo di nascita	place of birth
la matita	pencil
il mistero	mystery
il museo	museum
la nascita	birth
il nome	name
la notte insonne	sleepless night
il numero verde	1-800 number
l'orlo	edge
la parete	wall
la partecipazione	wedding invitation
la piazza	square
la pista	ski slope
lo pneumatico	tire

il prefisso	area code
il principe azzurro	Prince Charming
il rapporto	relation
il rischio	risk
il rumore	noise
lo sbaglio	mistake
lo scossone	jolt
il senso	sense
il sesso	sex
il sito personale	personal Web site
la spiaggia	beach
lo stato civile	marital status
il telefono	phone
il tipo	type
la veduta	viewpoint
il vestito	dress
la via	street
la vita grigia	monotonous life
lo xilofono	xylophone
lo zero	zero

AGGETTIVI

aperto	open
arancione (invariable)	orange
avventuroso	adventurous
azzurro	blue
bianco	white
blu (invariable)	dark blue
cameratesco	comradely
celeste	light blue
celibe (m)	single, unmarried
contento	content
deciso	single-minded, decisive
dinamico	dynamic
diverso	diverse, different
divorziato	divorced
eccitante	exciting
esigente	demanding, fussy
giallo	yellow
grigio	gray
intimo	intimate
marrone	brown
medesimo	same
nero	black
nubile (f)	single, unmarried
pieno	full
pratico	practical
romantico	romantic

rosso	*red*
sdolcinato	*maudlin*
semplice	*simple*
sensibile	*sensitive*
soddisfatto	*satisfied*
spontaneo	*spontaneous*
sposato	*married*
umano	*human*
verde	*green*
viola *(invariable)*	*violet, purple*

VERBI

afferrare	*to grasp*
amare	*to love*
augurare	*to wish, augur*
avanzare	*to advance, go ahead*
bastare	*to be enough*
chiedere	*to ask*
coltivare	*to cultivate*
condividere	*to share*
correre	*to run*
credere	*to believe*
desiderare	*to desire*
detestare	*to detest*
diventare rosso	*to become embarrassed*
dubitare	*to doubt*
esigere	*to demand, expect*
essere al verde	*to be broke*
essere depresso	*to be depressed*
essere di umore nero	*to be in a bad mood*
essere giallo di rabbia	*to be extremely angry*

essere giù	*to be down*
farne di tutti i colori	*to cause a lot of trouble*
formare il numero	*to dial*
immaginare	*to imagine*
inquadrare	*to frame, envision*
inviare	*to send*
lasciare	*to let*
odiare	*to hate*
ordinare	*to order*
pensare	*to think*
piacere	*to like, be pleasing to*
pretendere	*to expect*
ritenere	*to maintain*
sciare	*to ski*
scoprire	*to discover*
sembrare	*to seem*
sopportare	*to bear, stand*
spaventare	*to scare off*
sperare	*to hope*
temere	*to fear*
vedere tutto rosso	*to be extremely angry*

ALTRE ESPRESSIONI

a dispetto di	*despite*
alla giornata	*day by day*
dietro	*behind*
pari passo	*equally*
piedi ben piantati	*with one's feet firmly planted*
soprattutto	*above all else*

Capitolo 3 Il corpo e la salute

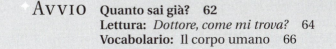

Quanto sai già?

A. Ricordi come si chiamano le parti del corpo? Accoppia le seguenti parole alle loro definizioni.

Parole:
occhi, testa, labbra, guance, capelli, fronte

Definizioni:
1. Diventano rosse quando si sente vergogna.
2. Possono essere rossi, biondi o castani.
3. Parte del corpo che contiene il cervello.
4. Parte della testa tra gli occhi e i capelli.
5. Si leccano quando si mangia una cosa veramente buona o saporita.
6. Sono gli organi della vista.

B. Com'è la tua salute? Fa' il seguente test. Metti un visto (√) nelle caselle che per te sono adatte. Vedi l'analisi delle tue risposte alla fine dell'esercizio.

1. ❑ Non ho quasi mai mal di testa.
   ❑ Non ho quasi mai mal di pancia.
   ❑ Non ho quasi mai il raffreddore.
   ❑ Non sono sovrappeso *(overweight)*.
   ❑ La mia pressione del sangue è quasi sempre normale.

2. ❑ Faccio almeno un controllo medico all'anno.
   ❑ Faccio ginnastica tutti i giorni.
   ❑ Mangio regolarmente e adeguatamente.
   ❑ Ho cura della mia igiene personale.
   ❑ Vesto in modo opportuno quando fa freddo.

3. ❑ Mangio troppi dolci.
   ❑ Bevo troppi alcolici.
   ❑ Fumo.
   ❑ Bevo troppi caffè.
   ❑ Prendo troppe medicine non necessarie.
   ❑ Dopo cena mi siedo subito davanti la TV o vado subito a letto.

4. ❑ Spesso lavoro più di dieci ore al giorno.
   ❑ Dormo poco.
   ❑ Non prendo mai una vacanza.
   ❑ Salto spesso i pasti.
   ❑ Non trovo mai un minuto per rilassarmi.

Analisi delle risposte:
1.   4–5 visti (√): sei in ottimo stato di salute
2.   4–5 visti (√): hai cura della tua salute
3.   5–6 visti (√): sfrutti troppo il tuo corpo
4.   4–5 visti (√): sfrutti troppo le tue energie fisiche

C. **Dal medico!** Diverse coppie di studenti dovranno mettere in scena un dialogo adatto per ciascuna delle seguenti malattie/condizioni fisiche. Un membro della coppia dovrà interpretare il ruolo del paziente e l'altro del medico.

1. l'influenza
2. la tonsillite
3. l'anemia
4. l'appendicite
5. la bronchite

Prima di leggere

Quante delle seguenti parole conosci? Accoppiale alle loro definizioni.

_____ 1. l'iniezione

_____ 2. il sedativo

_____ 3. un sonno di piombo

_____ 4. rimettersi in sesto

_____ 5. ringiovanito

_____ 6. sentirsi bene

_____ 7. tagliare il traguardo

_____ 8. l'energia

a. Riacquistare lo stato normale della salute.
b. Stare bene.
c. Introduzione, con la siringa, di sostanze in soluzione nel corpo attraverso la pelle.
d. Superare una qualsiasi difficoltà.
e. Forza, vigore.
f. Diventare giovane ancora una volta.
g. Un sonno profondo.
h. Farmaco che ha una funzione calmante.

Dottore, come mi trova?

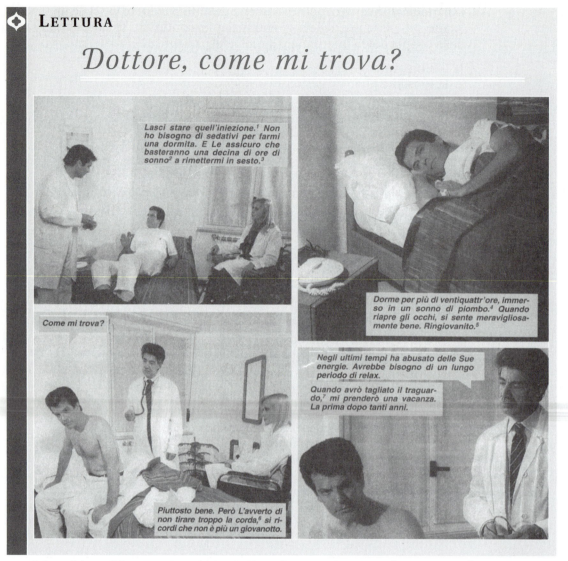

> Lasci stare quell'iniezione.[1] Non ho bisogno di sedativi per farmi una dormita. E Le assicuro che basteranno una decina di ore di sonno[2] a rimettermi in sesto.[3]

> Dorme per più di ventiquattr'ore, immerso in un sonno di piombo.[4] Quando riapre gli occhi, si sente meravigliosamente bene. Ringiovanito.[5]

> Come mi trova?

> Negli ultimi tempi ha abusato delle Sue energie. Avrebbe bisogno di un lungo periodo di relax.

> Quando avrò tagliato il traguardo,[7] mi prenderò una vacanza. La prima dopo tanti anni.

> Piuttosto bene. Però L'avverto di non tirare troppo la corda,[6] si ricordi che non è più un giovanotto.

[1]*shot*   [2]*sleep*   [3]**rimettermi...** *to pick myself up*   [4]**sonno...** *deep sleep*   [5]*rejuvenated*   [6]**tirare...** *test your luck*   [7]**avrò...** *I'm better (lit., I've crossed the finish line)*

Dopo la lettura

A. **Ricordi quello che hai letto?** Indica se ciascuna delle seguenti affermazioni è vera (V) o falsa (F). Correggi le affermazioni false.

    _F_   1. Il paziente vuole un'iniezione per calmarsi.

    _F_   2. Il paziente dice che ha urgente bisogno di un sedativo.

    _F_   3. Il medico raccomanda 24 ore di sonno al paziente.

    _F_   4. Il paziente dorme, invece, solo una decina di ore.

    _V_   5. Il paziente si immerge in un sonno di piombo.

    _V_   6. Dopo il sonno il paziente si sente ringiovanito.

    _F_   7. Il dottore, non il paziente, ha bisogno di un periodo di relax.

    _F_   8. Il dottore ha abusato delle sue energie.

    _V_   9. Il paziente si prenderà una vacanza dopo che avrà tagliato il traguardo.

B. **Parliamone!** Rispondi alle seguenti domande, discutendo le tue risposte con gli altri membri della classe.

1. Secondo te, sono necessari lunghi periodi di relax? Perché sì / no?
2. Quali sono le attività che ti rilassano di più?
3. Quando non riesci a dormire, cosa fai per addormentarti?
4. Secondo te, è vero che il ritmo della vita moderna ci costringe spesso ad abusare delle nostre energie? Giustifica la tua risposta.

Stimolo linguistico

A. **Vuoi fare il medico?** Di' a un paziente di fare le seguenti cose. Segui il modello. Usa le forme dell'imperativo di cortesia *(polite imperative)*. Te le ricordi?

MODELLO   Di' al tuo/alla tua paziente di prendere la medicina.
                    Prenda la medicina!

Di' al tuo/alla tua paziente di...

1. prendere un sedativo
2. dormire di più
3. non abusare delle sue energie
4. non fumare
5. non bere troppe bevande alcoliche
6. aprire la bocca
7. essere più responsabile verso se stesso
8. fissare un altro appuntamento

B. **Ritratti.** Descrivi fisicamente le seguenti persone.

MODELLO   il presidente degli Stati Uniti
                    È un uomo alto con i capelli grigi...

1. i tuoi genitori
2. il tuo vicino/la tua vicina di banco
3. Tom Cruise
4. Britney Spears
5. l'insegnante d'italiano

VOCABOLARIO

Il corpo umano

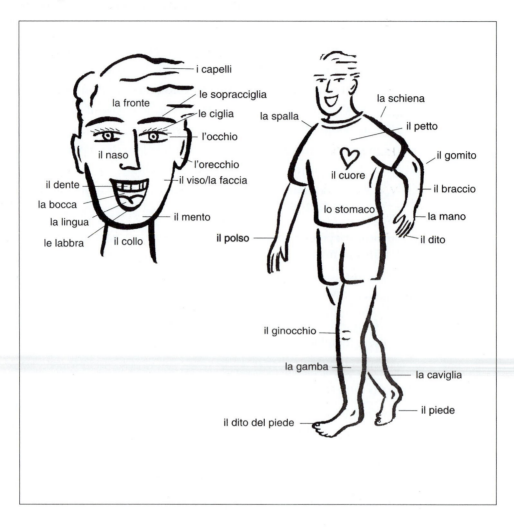

✦ Note the irregular plural forms and that they are feminine in the plural:

il braccio	le braccia
il dito	le dita
il ginocchio	le ginocchia
l'orecchio	le orecchie
il ciglio	le ciglia
il labbro	le labbra

✦ Note that the plurals of **l'orecchio** and **il ginocchio** are optionally **gli orecchi** and **i ginocchi,** respectively.

✦ The plural form of **la mano** is **le mani.**

◆ Note also that some body words have a figurative meaning in the masculine plural form:

Singular	Plural	Masculine Plural
il ciglio	le ciglia *eyebrows*	i cigli della strada *edges of a road*
il labbro	le labbra *lips*	i labbri di una ferita *lips of a wound*
il braccio	le braccia *arms*	i bracci di una croce *arms of a cross*

Usi metaforici

costare un occhio della testa	*to cost an arm and a leg*
avere la testa fra le nuvole	*to have one's head in the clouds*
essere in gamba	*to be a smart person (to be on the ball)*
Le bugie hanno le gambe corte.	*Lies don't get you very far.*
alzare il gomito	*to get drunk/to drink too much*
In bocca al lupo!	*Good luck!*

Applicazione

A. Che cos'è? Rispondi alle definizioni seguendo il modello.

MODELLO   Serve per parlare.
                  la bocca

1. Servono per sentire.
2. Serve per odorare *(smell)*.
3. Servono per correre.
4. Servono per contare.
5. Servono per baciare.
6. Si mettono nei guanti.
7. Abitano... nelle scarpe.

B. Conosci bene il tuo corpo? Indovina le parole nascoste. Tieni presente che a lettera uguale corrisponde numero uguale.

1. 1 **S** 2 **T** 3 **O** 4 **M** 5 **A** 6 **C** 7 **O**
2. 2 T 8 E 1 S 2 T 5 A
3. 9 N 5 A 1 S 3 O
4. 10 M 8 E 9 N 2 T 3 O
5. 11___ 3___ 6___ 6___ 5___
6. 11___ 12___ 5___ 6___ 6___ 13___ 3___
7. 14___ 13___ 9___ 3___ 6___ 6___ 15___ 13___ 3___
8. 14___ 3___ 4___ 13___ 2___ 3___

C. Che ti fa male? Con un compagno/una compagna, crea il seguente mini-dialogo tra dottore e paziente, seguendo il modello.

MODELLO   la gamba
           —Allora, quale gamba Le fa male?
           —Mi fanno male tutte e due le gambe!

1. l'occhio
2. il ginocchio
3. l'orecchio
4. il braccio
5. la mano
6. il piede

D. Ora tocca a te! Svolgi i seguenti compiti comunicativi usando le espressioni appena imparate.

MODELLO   Augura *(Wish)* buona fortuna a Gianni.
           Gianni, in bocca al lupo!

1. Di' a Marisa che una visita medica costa veramente tanto.
2. Di' al tuo compagno / alla tua compagna che l'insegnante è molto bravo (-a).
3. Di' al tuo amico / alla tua amica che è sempre distratto (-a) *(distracted)*.
4. Di' a tuo fratello che è sempre meglio dire la verità.
5. Di' a Luigi di non bere troppo.

E. Le ciglia o i cigli? Fornisci la forma adatta.

1. I margini di una ferita.
2. Si usano per abbracciare.
3. Li ha una croce.
4. Si trovano all'apertura della bocca.
5. Peli che proteggono gli occhi.
6. Sono ai lati *(sides)* di una strada.

✦ Grammatica ◇◇◇◇◇◇◇◇◇◇◇◇◇◇◇◇◇◇◇◇◇◇◇

STRUTTURA

3.1 L'articolo determinativo

✦ Like the indefinite article, the form of the definite article *(the)* changes according to the gender and initial sound of the noun or adjective it precedes:

Masculine		
Singular		**Plural**
lo	*Before z, s + cons., gn, ps, pn, x, i + vowel*	**gli**
lo zio		gli zii
lo sbaglio		gli sbagli
lo gnocco		gli gnocchi
lo psicologo		gli psicologi
lo pneumatico		gli pneumatici
lo xilofono		gli xilofoni
lo iogurt		gli iogurt
l'	*Before any vowel*	**gli**
l'amico		gli amici
l'uomo		gli uomini
il	*Before any other consonant*	**i**
il piede		i piedi
il ragazzo		i ragazzi
Feminine		
la	*Before any consonant*	**le**
la gamba		le gambe
la ragazza		le ragazze
l'	*Before any vowel*	**le**
l'amica		le amiche
l'opera		le opere

✦ Unlike English, the article must be repeated before each noun or adjective, because of the fact that its forms vary:

Conosco lo zio, l'amica, il fratello e gli amici del nostro medico di famiglia.
I know the uncle, friend, brother, and friends of our family doctor.

♦ The definite article is used, as in English, to specify things: **il medico** *(the doctor)* vs. **un medico** *(a doctor)*. The former refers to a specific doctor, the latter to a doctor in general. However, in Italian the definite article is also used with noncount nouns (nouns that do not have a plural form) and with nouns that function as "general" subjects:

With Noncount Nouns	With General Subjects
Il pane nero è buono.	I medici italiani sono bravi.
Brown bread is good.	*Italian doctors are good.*
La carne ingrassa troppo.	Gli amici sono importanti.
Meat fattens too much.	*Friends are important.*

♦ The article replaces possessive pronouns when referring to parts of the body or clothing:

Mi fanno male i denti.	*My teeth hurt.*
Lei si mette sempre i guanti.	*She always wears her gloves.*

Applicazione

A. Autoesame. Conosci gli articoli? A ciascuna delle seguenti parole devi: (1) premettere l'articolo indeterminativo; (2) poi sostituirlo con quello determinativo; (3) e infine volgere l'intera frase nominale al plurale.

MODELLO   amico
                un amico / l'amico / gli amici

1. amica	5. psicologo	9. uomo	13. braccio
2. gamba	6. psicologa	10. sbaglio	14. mano
3. petto	7. studente	11. opera	15. pneumatico
4. dente	8. studentessa	12. orecchio	

B. Frasi. Forma delle frasi con le seguenti parole. Attenzione all'uso dell'articolo!

1. amici/essere/importanti
2. pane/nero/non/mi/piacere
3. amore/essere/cieco
4. dottoressa Bruni/essere/italiano
5. tu/preferire/caffè/o/tè?

C. Un po' di traduzione. Traduci le seguenti frasi. Attenzione all'uso dell'articolo.

1. I don't like milk.
2. Italian is my favorite subject.
3. I am afraid of dogs.
4. John's children are very beautiful.
5. Professor Jones is American.
6. I always wear my hat when it is raining.
7. Patience is a rare virtue.
8. Strawberries are as sweet as sugar.

3.2 L'imperativo

✦ The imperative endings of regular verbs are summarized in the following chart:

	chiamare	prendere	dormire	finire
tu	chiama	prendi	dormi	finisci
Lei	chiami	prenda	dorma	finisca
noi	chiamiamo	prendiamo	dormiamo	finiamo
voi	chiamate	prendete	dormite	finite
Loro	chiamino	prendano	dormano	finiscano

✦ The imperative allows one to express commands and give advice directly to someone: **Chiama il medico!** *Call the doctor!* Therefore, it almost never requires a subject pronoun, unless more than one person is involved and ambiguity can emerge: **Tu, Gianni, vieni qui; voi, invece, andate là!**

✦ Third-conjugation verbs are, again, distinguished according to whether or not they require **-isc-.** Also, the spelling characteristics associated with verbs whose infinitives end in **-care, -gare, -ciare, -giare,** and **-iare** apply to the imperative as well (see previous two chapters):

Signor Dini, paghi il conto!/Signora Dini, cominci, per favore!

✦ A negative imperative is formed by adding **non** before the appropriate verb form, unless the person involved is the second-person singular one **(tu)**. In the latter case, the infinitive of the verb is used instead:

Affirmative	**Negative**
tu: Gianni, **chiama** il medico!	Gianni, non **chiamare** il medico!
Lei: Signora Dini, **chiami** il medico!	Signora Dini, non **chiami** il medico!
voi: Paolo, Maria, **chiamate** il medico!	Paolo, Maria, non **chiamate** il medico!

Applicazione

A. I consigli del medico. Recita la parte del medico, dando ai pazienti i seguenti consigli. Usa l'imperativo di cortesia.

MODELLO   fissare un altro appuntamento
Fissi un altro appuntamento!

1. non abusare del cibo (*do not overeat*)
2. cominciare subito questa dieta
3. aprire la bocca completamente quando non riesce a respirare
4. finire la medicina
5. mangiare più verdura (*vegetables*)
6. chiudere gli occhi quando è stanco (-a)

B. Gli ordini della mamma. Recita la parte di una mamma che dà ordini al suo bambino/alla sua bambina. Segui il modello.

MODELLO   mangiare la verdura
Mangia la verdura.

1. finire la pasta
2. spegnere la televisione
3. non guardare la televisione
4. telefonare ai nonni
5. pulire la stanza
6. dormire
7. non disturbare papà

C. Gli ordini del professore. Recita la parte di un professore che dà ordini ai suoi studenti. Segui il modello.

MODELLO   studiare la lezione
Studiate la lezione.

1. scrivere gli esercizi sulla lavagna
2. aprire il libro
3. non copiare le risposte sulla lavagna
4. finire i compiti
5. cominciare a scrivere
6. correggere gli errori
7. prendere la penna
8. non parlare in classe

D. Quali ordini daresti? In base ad ogni situazione, forma una frase/delle frasi all'imperativo.

MODELLO   Sono le undici di sera e la tua sorellina sta ancora guardando la televisione.
Vittoria, non guardare più la televisione. Va' a dormire!

1. Un tuo amico sta mangiando un hamburger, anche se il medico glielo ha proibito.
2. L'insegnante sta spiegando la lezione troppo velocemente, e tu non capisci niente.
3. La tua amica ti telefona mentre tu stai studiando per l'esame d'italiano, per il quale dovrebbe studiare anche lei.
4. Sei un medico e il tuo paziente/la tua paziente mangia e beve troppo.
5. Il tuo fratellino studia poco e gioca troppo con gli amici.
6. Sei un cameriere/una cameriera e due clienti vogliono mangiare delle cose che non sono buone.

3.3 Verbi irregolari

✦ Here are some patterns for enhancing the learning of irregular imperatives.

✦ The polite forms of the imperative **(Lei, Loro)** correspond to present subjunctive forms (Chapter 2):

andare	(Lei) vada, (Loro) vadano
avere	(Lei) abbia, (Loro) abbiano
etc.	

✦ The forms of the first- and second-persons plural **(noi, voi)**, unless otherwise indicated, are the same as the corresponding present indicative forms (Chapter 1):

andare	(noi) andiamo, (voi) andate
bere	(noi) beviamo, (voi) bevete

✦ Two important exceptions to this pattern are:

avere	(noi) abbiamo, (voi) abbiate
essere	(noi) siamo, (voi) siate

✦ The second-person singular **(tu)** form is the same as the corresponding present indicative form, unless otherwise indicated:

bere	(tu) bevi
rimanere	(tu) rimani

✦ Important exceptions to this pattern are:

andare	va' (vai)
avere	abbi
dare	da' (dai)
dire	di'
essere	sii
fare	fa' (fai)
sapere	sappi
stare	sta' (stai)

Applicazione

A. Occhio all'imperativo. Di' alle seguenti persone di fare le cose indicate. Segui il modello.

MODELLI   stare più calmo (-a)
- (1) al tuo compagno/alla tua compagna
- (2) all'insegnante
- (3) a Daniela e Cristoforo
- (4) al signor Marchi e alla signora Binni

(1) Marco, sta' più calmo!
(2) Professore/Professoressa, stia più calmo (-a)!
(3) Daniela, Cristoforo, state più calmi!
(4) Signor Marchi, signora Binni, stiano più calmi!

1. dire sempre la verità
2. non avere paura
3. stare tranquillo (-a)
4. non andare via
5. dare retta a te *(to heed you)*
6. essere paziente
7. fissare un appuntamento col medico
8. non bere la Coca-Cola
9. andare a casa
10. essere gentile

B. Tocca a te! Usa ciascuno dei seguenti verbi all'imperativo liberamente.

1. stare
2. sapere
3. fare
4. essere
5. dire
6. dare
7. avere
8. andare
9. bere
10. rimanere
11. mangiare
12. studiare
13. cercare
14. pagare
15. cominciare

3.4 Alcuni usi del congiuntivo

✦ Here are some common expressions indicating both factual and nonfactual states (Chapter 2). The latter, of course, hold the subjunctive in subordinate clauses. Note that all these expressions are *impersonal;* that is, they can be used only with third-person verb forms:

Factual

È certo che viene anche lei.	*It is certain that she will come too.*
È ovvio che lei non parla italiano.	*It is obvious that she doesn't speak Italian.*

Nonfactual

È importante che venga anche lei.	*It is important that she comes too.*
È un peccato che lei non parli italiano.	*It's a pity that she doesn't speak Italian.*

Factual (with indicative)	Nonfactual (with subjunctive)
essere certo *to be certain*	**essere inutile** *to be useless*
essere chiaro *to be clear*	**essere importante** *to be important*
essere evidente *to be evident*	**essere bene / male** *to be good/bad*
essere noto *to be known*	**essere strano** *to be strange*
essere ovvio *to be obvious*	**essere un peccato** *to be a pity*
essere vero *to be true*	**essere logico** *to be logical*
non esserci dubbio *to be there no doubt*	**essere probabile / improbabile** *to be probable/ improbable*
significare / volere dire *to mean*	**essere possibile / impossibile** *to be possible/impossible*
essere sicuro *to be sure*	**bisognare / essere necessario** *to be necessary*

✦ When factual verbs and expressions are put into the negative or interrogative, the utterance can convey a nonfactual mood. In such instances the subjunctive is used.

Affirmative (with indicative)	Negative / Interrogative (with subjunctive)
Lui dice che è vero. *He says it's true.*	Tu dici che sia vero? *Are you saying that it's true?*
So che il medico viene. *I know that the doctor is coming.*	Non so se venga il medico. *I don't know if the doctor is coming.*
È vero che lui è un bravo medico. *It's true that he is a good doctor.*	Non è vero che lui sia un bravo medico. *It's not true that he is a good doctor.*

✦ If one adds some nonfactual element to the utterance, then the subjunctive may be required (to bring this out).

Tutti dicono che lui è malato. *Everyone says that he is sick.*	Tutti dicono che sia malato, ma io so che non è vero. *Everyone says that he is sick, but I know that it's not true.*
Tutti sono sicuri che lui è un bravo medico. *Everyone is positive that he is a good doctor.*	Tutti sono sicuri che lui sia un bravo medico, ma non è vero. *Everyone is positive that he is a good doctor, but it's not true.*

Applicazione

A. Indicativo o congiuntivo? Ripeti le seguenti frasi seguendo il modello.

> MODELLO   Tu corri troppi rischi. (È chiaro che)
> **È chiaro che tu corri troppi rischi.**

1. Tu hai bisogno di un'iniezione. (È ovvio che)
2. Voi dormite tanto. (È importante che) *dormiate*
3. Io vengo con voi. (È probabile che) *venga*
4. Tu hai sempre sonno. (È ovvio che) *abbia*
5. Sei un bravo medico. (È improbabile che) *sia*
6. Sapete la verità. (È importante che) *sappia*
7. Non conoscono il dottor Giusti. (È un peccato che) *conosca*
8. Non sei più un giovanotto. (Non c'è dubbio che)
9. La dottoressa Franchi è in gamba. (È evidente che)
10. La nuova medicina costa un occhio della testa. (È vero che)
11. È vero? (Dici che) *sia*
12. Ti senti ancora male. (È impossibile che...) *senta*

B. Indicativo o congiuntivo? Completa le frasi liberamente.

1. È evidente che quest'anno a scuola io non _____.
2. È proprio vero che tu e Carla _siate_
3. È impossibile che l'insegnante _sia_ _____.
4. Bisogna che voi due, dopo la lezione di oggi, _____.
5. Non è certo che lui _viene_ con me stasera.
6. È proprio strano che lui _non_ _risponda la telefonata_
7. Non ti sento. È inutile che tu _parli_ _in voce alta_
8. Non è giusto che tutti _____ quello che dici tu!

COMUNICAZIONE

Parlare della salute

Function	Expressions	
expressing pain and hurt	**avere (un) mal di… / fare male**	
	Ho mal di testa.	*I have a headache.*
	Ho mal di gola.	*I have a sore throat.*
	Mi fa male la testa.	*My head hurts.*
	Mi fa male la gola.	*My throat hurts.*
expressing how one feels	**sentirsi / stare bene / male…**	
	Mi sento bene. / Sto bene.	*I feel well.*
	Ti senti male. / Stai male.	*You feel bad.*
	Come ti senti? / Come stai?	*How do you feel?*
	Così così.	*So-so.*
	essere stanco morto	*to be dead tired*

✦ Note that the expression **fare male** involves indirect objects and indirect object pronouns.

Mi fanno male le ginocchia.   *My knees hurt. (= lit., "The knees hurt to me.")*
Gli fa male la schiena.   *His back hurts. (= lit., "The back hurts to him.")*

Applicazione

A. Ecco la cura! Con un compagno/una compagna, crea dei mini-dialoghi, seguendo il modello.

MODELLO   la testa / stare a casa oggi
               —Hai mal di testa?
               —Sì, mi fa male la testa.
               —Allora, sta' a casa oggi!

1. la schiena / stare a letto tutto il giorno
2. la gola / prendere un'aspirina
3. gli occhi / non guardare la televisione
4. gli orecchi / non ascoltare la musica rock
5. lo stomaco / non mangiare troppo
6. i piedi / non camminare molto

B. Come si dice? Traduci in italiano.

1. She's always dead tired. She works too much.
2. His teeth hurt. And he has a headache.
3. How are you, Mr. Rossi? Not bad, but my knees always hurt.
4. Her throat hurts and she has a backache.

Andare dal medico

fissare un appuntamento	*to make an appointment*
Ho la nausea.	*I'm nauseous.*
Ho il raffreddore.	*I have a cold.*
Sono allergico (-a) a...	*I'm allergic to . . .*
la malattia	*sickness*
la medicina/il farmaco	*medicine*
prescrivere una medicina/una ricetta	*to prescribe a medicine/prescription*
il pronto soccorso	*first aid/emergency room*
la visita (medica)	*(medical) examination*
la visita di controllo	*check-up, medical, physical*
visitare	*to examine/to give a medical examination*

Applicazione

A. Dal medico. Svolgi insieme ad un tuo compagno/una tua compagna un dialogo, seguendo le istruzioni date e il modello.

ISTRUZIONI	*Paziente:*	Dice al medico di non sentirsi bene.
	Medico:	Chiede al paziente dove gli/le fa male/ecc.
	Paziente:	Dopo la visita, chiede al medico cosa ha.
	Medico:	Gli/Le dice quello che ha e prescrive qualcosa.

MODELLO	*Paziente:*	Dottore, non mi sento bene.
	Medico:	Cosa le fa male?
	Paziente:	Sto molto male. Ho mal di stomaco. Mi fa male la gola...
	Medico:	Apra la bocca!
	Paziente:	Cosa ho, dottore?
	Medico:	Pare che abbia un forte raffreddore. Prenda questa ricetta. Beva tanti liquidi. E fissi un altro appuntamento fra una settimana.
	Paziente:	Grazie, dottore/dottoressa.

B. Giochiamo. Abbina le parole della colonna a sinistra con la definizione corrispondente.

_____ 1. medico

_____ 2. medicina

_____ 3. visita medica

_____ 4. pronto soccorso

_____ 5. ricetta

a. Esame fatto per controllare lo stato dell'organismo.

b. Sinonimo di «farmaco».

c. Ordinazione di medicine scritta e firmata dal medico.

d. Chi pratica la medicina.

e. Luogo di prima cura.

✦ Cultura ◇◇◇◇◇◇◇◇◇◇◇◇◇◇◇◇◇◇◇◇◇◇◇◇◇◇◇

Il sistema sanitario in Italia

In Italia il sistema sanitario è passato da un'assistenza gratuita *(free of charge)* ad un'assistenza semigratuita.

Le medicine, per esempio, sono divise in tre categorie. La prima categoria è costituita da quei farmaci assolutamente necessari e dati gratis a coloro che hanno diritto all'esenzione *(exemption)*. La seconda comprende quelle medicine da pagare soltanto al 50 per cento in quanto non insostituibili *(indispensable)*. Della terza categoria fanno parte quelle medicine da pagare al 100 per cento perché non indispensabili.

Hanno diritto all'esenzione, per esempio, i bambini fino a sei anni, gli anziani *(seniors)* al di sopra dei 65 anni con reddito *(income)* familiare non superiore a un cifra determinata e quelle persone che hanno perso il posto di lavoro e sono disoccupate *(unemployed)*. Tutte queste persone devono pagare solo il «ticket» *(prescription charge)* o visite specialistiche ed analisi mediche particolari.

Il territorio italiano è diviso in A.S.L. (Aziende Sanitarie Locali) che offrono i servizi base di assistenza e orientamenti medici. Per le visite mediche si va in uno studio medico, in una clinica privata, all'ambulatorio, oppure all'ospedale. Le cliniche sono generalmente dei posti eleganti e costosi. ✦

Applicazione

A. Vero o falso? Indica se ciascuna delle seguenti affermazioni è vera o falsa.

_____ 1. In Italia, i farmaci sono divisi in tre categorie.

_____ 2. La prima categoria comprende farmaci non necessari.

_____ 3. La seconda categoria comprende farmaci da pagare al 50 per cento.

_____ 4. La terza categoria comprende farmaci indispensabili.

_____ 5. I bambini fino a sei anni pagano solo il ticket.

_____ 6. Tutti gli anziani oltre i 65 anni hanno diritto all'esenzione.

_____ 7. Le A.S.L. offrono servizi base e orientamenti medici.

B. Discussione in classe. Rispondi liberamente alle seguenti domande, discutendo le tue risposte con gli altri membri della classe.

1. Pensi che siano necessarie tutte le ricette che prescrivono i medici? Perché sì/no?
2. Pensi che oggigiorno prendiamo troppi farmaci?
3. Credi che la sanità pubblica debba essere controllata dallo stato anche in America? Perché sì/no?
4. Sei mai stato al pronto soccorso? Se sì, descrivi la tua esperienza.

Stimolo alla lettura

A. Tu sei un bravo medico? In tutti noi—come leggeremo nella lettura che seguirà—c'è il desiderio di fare il medico, specialmente con le malattie degli altri. Ma il bravo medico si prende cura *(looks after)* innanzitutto della sua salute. E tu, ti prendi cura della tua salute? Prova a fare un altro test e avrai la risposta. Con un tuo compagno/una tua compagna, completa il seguente questionario. Poi, insieme, controllate i vostri risultati.

IERI	Punteggio		Tuo	Del compagno/ Della compagna
	SÌ	NO		
1. Hai preso lo zucchero con il caffè o il tè?	0	1		
2. Hai bevuto il latte?	1	0		
3. Hai mangiato frutta / verdura?	1	0		
4. Hai mangiato dolci / cioccolatini?	0	1		
5. Hai bevuto alcolici?	0	1		
6. Hai mangiato cereali / pasta?	1	0		
7. Hai fatto ginnastica?	1	0		
8. Hai fumato?	0	1		
9. Ti sei alzato (-a) prima delle otto?	1	0		
10. Sei andato (-a) a letto prima delle undici?	1	0		
11. Hai guardato la televisione per più di due ore?	0	1		
	TOTALE			

Risultati:

9–11	Complimenti! Per te la salute è importante. Sei sicuramente in buona salute.
7–8	Non c'è male. Però devi e puoi migliorare le tue abitudini.
0–6	Attenzione! Devi prenderti più cura della tua salute.

Un dottore fatto in casa

Leggi attentamente il seguente brano di N. Salvataggio. Mentre leggi, annota tutte le espressioni che riguardano la medicina.

Il dottore dilettante[1] può essere un qualunque geometra estroso[2] o un ragioniere appassionato[3]: non è mai un laureato[4] in medicina.

Qualche settimana fa, in una balera[5] emiliana, si è messo in luce uno di questi guaritori volontari. Al termine di un faticoso[6] shake, una giovinetta aveva bevuto una bibita ghiacciata e s'era sentita male all'improvviso. Perduti i sensi, fu allungata[7] per terra, ai bordi della pista da ballo[8], mentre il fidanzato supplicava tra i curiosi «un dottore prego, c'è qui un dottore?». Poco dopo si avvicinò un signore in occhiali, sui trentacinque anni, stempiato[9] e vestito di blu. Si chinò[10] sulla fanciulla, le tastò[11] il polso, pose delicatamente l'orecchio sul cuore, infine operò la respirazione bocca a bocca, come si è visto fare tante volte in TV.

Ma a questo punto si fece largo[12] il medico del quartiere, con la borsa degli strumenti. Con molta urbanità chiese all'uomo in blu, che soffiava nella bocca della ragazza: «Scusi, lei è dottore?». L'altro interruppe finalmente l'operazione e asciugandosi il sudore[13] della fronte rispose: «Sì. Sono dottore in economia e commercio.»

Forse la passione del guaritore[14] si prende come un virus, una malattia. Ne restano contagiati soprattutto coloro che vivono nell'ambiente delle case di cura, degli ospedali, delle fabbriche medicinali. Un contabile[15] del Policlinico, per fare un esempio, resisterà difficilmente alla tentazione di consigliare un farmaco se il nipotino ha buscato[16] un febbrone. Non diversamente si comportano, pare, gli impiegati, i commessi viaggiatori, gli uscieri delle Case farmaceutiche di prestigio. «Cavaliere bello, dia retta[17] a me che ho esperienza da vendere, questo sciroppo[18] è un toccasana[19], ce n'è rimasta una bottiglia intera dall'ultima volta che mia suocera ha avuto la bronchite».

---

[1]*amateur doctor* [2]*bizarre* [3]*keen* [4]*graduate* [5]*dance hall* [6]*tiresome* [7]*stretched out* [8]*dance floor* [9]*balding* [10]*he bent down* (**chinarsi** *to bend down*) [11]*he felt* (**tastare** *to touch, feel*) [12]*made room* [13]*sweat* [14]*healer* [15]*accountant* [16]*caught* (**buscare** *to come down with, to catch*) [17]*heed* (**dare retta a** *to heed*) [18]*syrup* [19]*sure remedy*

Dopo la lettura

A. Ricordi quello che hai letto? Completa le seguenti frasi in modo opportuno.

1. Il dottore dilettante...
   a. non è mai un laureato in medicina.
   b. è sempre un laureato in medicina.

2. In una discoteca emiliana...
   a. un giovane si è improvvisamente sentito male.
   b. una giovane donna si è improvvisamente sentita male.

3. Si avvicinò alla ragazza...
   a. un signore in occhiali.
   b. una signora sui trentacinque anni.

4. L'uomo che operò sulla ragazza la respirazione bocca a bocca era...
   a. un dottore in medicina.
   b. un dottore in economia e commercio.

5. La passione del guaritore contagia soprattutto...
   a. i giovani che frequentano le discoteche.
   b. coloro che vivono negli ambienti degli ospedali e delle fabbriche medicinali.

B. Studio del vocabolario. Accoppia in modo logico.

_____ 1. un laureato in medicina

_____ 2. un signore stempiato

_____ 3. una balera emiliana

_____ 4. un faticoso shake

_____ 5. una bibita ghiacciata

_____ 6. allungata per terra

a. un locale da ballo in Emilia-Romagna
b. un ballo moderno che stanca
c. un dottore
d. un uomo con pochi capelli
e. sdraiata per terra
f. una bevanda fredda

C. Lavoro di gruppo. Metti in scena con dei compagni la seguente situazione.

Ad una festa, qualcuno si sente male. Uno degli invitati è «un dottore dilettante.» S'avvicina e fa una sua «diagnosi». Per fortuna, un altro invitato / un'altra invitata è veramente un medico. Questa persona fa la vera diagnosi.

Con fantasia

A. Giochiamo. Anagramma le seguenti parole e poi metti l'articolo determinativo adatto davanti a ciascuna parola.

MODELLO lloco
il collo

1. ccabo
2. dipie
3. bbrala
4. dati
5. ccibraa

6. ohcci
7. reohiocc
8. sona
9. mastoco
10. naschie

B. Consigli e ipotesi. Di' alle seguenti persone di fare le cose indicate. Poi spiegane il motivo, usando un'espressione che richieda il congiuntivo:

mangiare più verdura finire tutto lo sciroppo
lavorare di meno dormire di più
prendere la medicina

MODELLO al tuo compagno
Giorgio, mangia più verdura!
Bisogna che tu mangi più verdura perché ti fa molto bene.

1. al signor Rossi
2. ai tuoi due amici, Carlo e Maria
3. ai signori Rossi
4. a tuo fratello

C. Indicativo o congiuntivo? Scegli la risposta corretta.

1. È un peccato che...
   a. il tuo amico stia male.
   b. il tuo amico sta male.

2. Non c'è dubbio che...
   a. il tuo amico stia male.
   b. il tuo amico sta male.

3. È evidente che Gianni...
   a. ha un po' di febbre.
   b. abbia un po' di febbre.

4. È ovvio che...
   a. tu non ti senti bene.
   b. tu non ti senta bene.

5. È probabile che...
   a. gli faccia male lo stomaco.
   b. gli fa male lo stomaco.

D. Sai fare l'interprete? Immagina di essere in un locale da ballo quando improvvisamente una tua amica si sente male. Nel locale c'è un medico che parla solo l'inglese e, siccome la tua amica non conosce l'inglese, tocca a te fare l'interprete. Di' alla tua amica ciò che ti dice di dire il medico.

MODELLO   Tell her to breathe hard.
                   Respira forte.

Tell her to . . .

1. stay calm.
2. open her eyes.
3. close her eyes.
4. not be afraid.
5. not dance anymore.

E. Tema. Immagina di essere un medico che scrive per una rivista specializzata sulla salute e rispondi alla seguente lettera/e-mail che un lettore ti ha inviato. Poi leggi la tua risposta alla classe.

> *Ho attraversato un periodo difficile e, su consiglio del mio medico di famiglia, ho seguito una terapia con sedativi. Senza cambiare di molto la mia alimentazione sono aumentato di 8 chili in tre mesi. Pensa che sia colpa dei farmaci?*

La posta elettronica

DIECI REGOLE D'ORO

Limitare gli allegati, rispettare
il galateo, scrivere informazioni chiare.
Perché la mail non diventi un incubo.

1. Consultare la propria casella di posta elettronica, se possibile, almeno una volta al giorno. Rispondere prontamente ai messaggi.

2. Rispettare il cyber galateo evitando di scrivere messaggi in maiuscolo (corrispondono a parole urlate).

3. Limitare l'invio dei file allegati e verificare che non siano troppo ingombranti, tali da occupare caselle mail piccole od obbligare il destinatario a lunghi collegamenti Internet.

4. Se si inviano immagini, foto o disegni verificare che siano stati salvati come JPEG o Gif, i due formati meno pesanti.

5. Per essere certi che i messaggi inviati siano giunti a destinazione attivare sul proprio client (menu opzioni o strumenti) il servizio di conferma di lettura.

6. Compilare lo spazio relativo all'oggetto con informazioni che permettano al ricevente di identificare chiaramente il tema del messaggio in arrivo.

7. Includere parte del messaggio originale nelle risposte in modo da permettere all'interlocutore di ricordare l'argomento della conversazione.

8. Eliminare le e-mail ricevute e spedite non più necessarie e svuotare regolarmente la cartella posta eliminata.

9. Se si è in viaggio o si utilizza un computer non proprio, consultare la propria casella via web collegandosi con il sito Internet del gestore del servizio.

10. Evitare di coinvolgere parenti e amici nelle noiose catene di Sant'Antonio via e-mail che promettono guadagni facili, cellulari o altri oggetti hi-tech in omaggio.

Studio del vocabolario

Sai spiegare cosa significa ciascuno dei seguenti termini? Se sì, spiegalo agli altri membri della classe.

1. l'allegato
2. il cyber galateo
3. la casella di posta elettronica
4. le parole urlate
5. il file
6. l'invio
7. l'immagine
8. salvato
9. il formato
10. il menu opzioni
11. il menu strumenti
12. la conferma di lettura
13. il sito Internet del gestore del servizio
14. le catene di Sant'Antonio via e-mail

Applicazione

A. Riassumi con parole tue le dieci regole d'oro.

B. Conosci le abbreviazioni JPEG e GIF? Se sì, spiegale agli altri membri della classe?

C. Conosci sistemi utilizzati per proteggere la privacy? Quali?

D. **La penna digitale.** Oggi basta una penna elettronica, un foglio speciale e un telefonino per scrivere e trasmettere le e-mail. Infatti in Italia Tim (**www.tim.it**) e Anoto (**www.anoto.com**) stanno sperimentando un servizio che permette di inviare e-mail senza usare il computer. Cerca questi siti e poi riporta alla classe quello che hai trovato.

NOMI

l'appuntamento	*appointment*
la bocca	*mouth*
il braccio	*arm*
i capelli	*hair (head)*
la caviglia	*ankle*
il ciglio	*eyelash*
il collo	*neck*
il cuore	*heart*
il dente	*tooth*
il dito	*finger*
la dormita	*sleep*
l'energia	*energy*
la faccia	*face*
il farmaco	*medicine*
la febbre	*fever, temperature*
il fianco	*hip*
la fronte	*forehead*
la gamba	*leg*
il ginocchio	*knee*
il giovanotto	*young man*
la gola	*throat*
il gomito	*elbow*
l'iniezione *(f)*	*injection*
il labbro	*lip*
la lingua	*tongue*
la malattia	*sickness*
la mano	*hand*
la medicina / il farmaco	*medicine*
il mento	*chin*
il naso	*nose*
la nausea	*nausea*
l'occhio	*eye*
l'orecchio	*ear*
il periodo	*period*
il petto	*chest*
il piede	*foot*
il polso	*wrist*
il pronto soccorso	*first-aid, emergency room*
il raffreddore	*cold*
la ricetta	*prescription*
la schiena	*back*
il sedativo	*sedative*
il sonno di piombo	*deep sleep*
il sopracciglio	*eyebrow*
la spalla	*shoulder*
lo stomaco	*stomach*
il sudore	*sweat*
la testa	*head*
la vacanza	*vacation*
la visita (medica)	*(medical) examination*
la visita di controllo	*check-up, medical, physical*
il viso / la faccia	*face*

AGGETTIVI

lungo	*long*
ringiovanito	*rejuvenated*

VERBI

abusare di	*to abuse*
assicurare	*to ensure*
avere la testa fra le nuvole	*to have one's head in the clouds*
avere mal di	*to have a (e.g., headache)*
avere vomito / nausea	*to be nauseous*
avvertire	*to warn*
bastare	*to be enough*
bisognare / essere necessario	*to be necessary*
chiamare	*to call*
costare un occhio della testa	*to cost an arm and a leg*
dare retta a	*to heed*
essere allergico	*to be allergic*
essere bene / male	*to be good/bad*
essere certo	*to be certain*
essere chiaro	*to be clear*
essere evidente	*to be evident*
essere importante	*to be important*
essere in gamba	*to be an OK person*
essere indiscutibile	*to be beyond question*
essere inutile	*to be useless*
essere logico	*to be logical*
essere noto	*to be known*
essere ovvio	*to be obvious*
essere possibile / impossibile	*to be possible/ impossible*
essere probabile / improbabile	*to be probable/ improbable*
essere stanco morto	*to be dead tired*
essere strano	*to be strange*
essere un peccato	*to be a pity*
essere vero	*to be true*
fare male a	*to hurt*
non esserci dubbio	*to be there no doubt*
prendere	*to take*

prescrivere	*to prescribe*	visitare	*to examine/to give a medical examination*
respirare	*to breathe*		
ricoverarsi in ospedale	*to be admitted into the hospital*		

ALTRE ESPRESSIONI

rimettersi in sesto	*to pick oneself up*
sentirsi	*to feel*
significare / voler dire	*to mean*
tagliare il traguardo	*to cross the finish line*
tastare	*to feel (with the hands)*
tirare la corda	*to test your luck*
trovare	*to find*

bene	*well*
In bocca al lupo!	*Good luck!*
meravigliosamente	*marvellously*
piuttosto	*rather*
prima dei pasti / dopo i pasti	*before/after meals*

Capitolo 4 Comunicazione

QUANTO SAI GIÀ?

A. Sei al passo con la tecnologia? Fa' il seguente test. Metti un visto (√) nella casella che è appropriata per te. (È possibile avere più di un visto [√]). Discuti o spiega le tue scelte con gli altri membri della classe.

1. Per ascoltare la tua musica preferita, quali mezzi usi di più?
   - ❏ le audiocassette
   - ❏ i compact disc (CD)
   - ❏ la radio
   - ❏ le videocassette
   - ❏ i DVD

2. Se hai un lettore di DVD, come lo usi?
   - ❏ Lo uso per guardare i film.
   - ❏ Lo uso per registrare programmi televisivi.
   - ❏ Lo uso per copiare una videocassetta/un altro DVD.

3. Sai usare...
   - ❏ il computer per il «downloading» della musica?
   - ❏ il palmare?
   - ❏ il telefonino cellulare?

B. Spot televisivi. Diverse coppie di studenti dovranno mettere in scena uno degli spot televisivi seguenti.

«Con il cellulare Nokia, potrete chiamare chiunque, quando vorrete!»
«Con il DVD interattivo Phillips, potrete fare delle cose straordinarie!»

Prima di leggere

A. Conosci i canali tematici? Se sì, accoppia il canale con il suo tipo di programma.

1. Eurosport   a. Il canale che offre una «finestra sul mondo».
2. Disney Channel   b. Il canale dei viaggi e dell'avventura.
3. Marco Polo   c. Il canale per tutta la famiglia.
4. Discovery Channel   d. Il primo canale dello sport al 100%.

B. Parole da sapere. Riconosci le seguenti parole o espressioni? Se sì, usale in altrettante frasi che ne rendano chiaro il significato. Se no, ricerca il loro significato in un dizionario.

MODELLO   emozionante
         La vita è più emozionante con i canali tematici.

1. decoder
2. pagare
3. l'anno prossimo
4. il pacchetto
5. il cinema
6. il canale tematico
7. il concerto
8. gli eventi speciali
9. l'audio digitale
10. il video digitale
11. l'abbonamento annuale
12. il meglio della tecnologia
13. senza interessi
14. consentire
15. compatibile

Il meglio della tecnologia

Dopo la lettura

A. Ricordi quello che hai letto? Correggi ciascuna frase in modo appropriato secondo il contenuto del manifesto pubblicitario.

MODELLO Il Discovery Channel è il canale del grande cinema.
No, il Discovery Channel è il canale che apre una finestra sul mondo.

1. Il decoder Nokia si deve pagare subito.
2. I pagamenti sono con interessi.
3. I decoder Nokia permettono di vedere solo i canali sportivi.
4. Il decoder non ha, però, qualità digitali.
5. L'Eurosport è un canale di eventi speciali d'avventura.
6. Marco Polo è il canale di concerti spettacolari.

B. Discutiamo. Rispondi liberamente alle seguenti domande, discutendo le tue risposte con gli altri membri della classe.

1. Tu hai un sistema televisivo digitale? Se sì, di che marca è? Lo usi spesso o poco? Quando e per quali ragioni lo usi?
2. Pensi che la televisione sia un mezzo facile e geniale per apprendere e divertirsi? Perché sì/no?
3. Quali programmi televisivi guardi regolarmente e perché?
4. L'espressione «La vita è più emozionante con i sistemi digitali multimediali» è appropriata per descrivere la società moderna? Perché sì/no?

C. Tocca a te! Adesso prepara un manifesto simile per un nuovo prodotto televisivo digitale o per un nuovo programma tematico.

Stimolo linguistico

A. Mi dovresti aiutare... Ogni volta che tu chiedi a tua sorella di aiutarti a fare le faccende di casa *(chores)*, lei si rifiuta. Rispondile seguendo il modello. Nota che dopo la congiunzione dovrai usare il congiuntivo al presente progressivo, il quale si forma con il congiuntivo presente di **stare** + **il gerundio.** Ti ricordi come si forma il gerundio?

MODELLO guardare la televisione/benché *(although)*
Benché tu stia guardando la televisione, mi dovresti aiutare a fare le faccende.

1. guardare il tuo programma preferito/sebbene *(although)*
2. fare i compiti *(homework)*/nonostante *(even though)*
3. divertirsi con il decoder/benché
4. scrivere una lettera/sebbene
5. lavorare al computer/benché

B. Sai scrivere le lettere in italiano? Completa liberamente le due lettere. Leggile poi in classe.

> *Caro Luigi,*
>   *non puoi immaginare chi ho visto l'altro ieri!* _____
> _____
> _____
> _____
>
>   _____

> *Gentile professore,*
>   *Le scrivo perché non ho il coraggio di dirLe questo di persona.* _____
> _____
> _____
> _____
>
>   _____

VOCABOLARIO

La televisione

accendere (la televisione)	*to turn on (the TV)*
andare in onda	*to go on the air*
l'annunciatore *(m)* / l'annunciatrice *(f)*	*announcer*
il canale	*channel*
il documentario	*documentary*
il DVD	*DVD*
l'intervista	*interview*
il programma	*program*
il programma a puntate	*series*
la rete televisiva	*network*
lo schermo	*(television) screen*
spegnere* (la televisione)	*to turn off (the TV)*
lo spot / l'annuncio pubblicitario	*commercial*
il telecomando	*remote control*
il telefilm	*TV movie*
il telegiornale	*TV news*
la televisione ad alta definizione	*high-definition television*
la televisione digitale	*digital television*
la televisione via satellite	*satellite television*
il televisore	*TV set*
la trasmissione	*transmission, broadcast*
il videoregistratore	*VCR*

__Spegnere__ is an irregular verb: Pres. Ind: __spengo, spegni, spegne, spegniamo, spegnete, spengono__; Pres. Subj.: __spenga, spenga, spenga, spegniamo, spegniate, spengano__.

Altri mezzi e termini utili

la casa editrice	*publishing house*
il giornale	*newspaper*
il giornale radio	*radio news*
la pubblicità	*advertising*
la radio	*radio*
la radio portatile	*portable radio*
la stampa	*the press*
lo stereo	*stereo*
il titolo	*headline*

✦ Note the difference between . . .

funzionare = *to work (things)*   **lavorare** = *to work (people)*

Il mio televisore non funziona bene. Gianni lavora in una fabbrica.
My TV set is not working well.   *John works in a factory.*

suonare = *to play (an instrument)*   **giocare (a)** = *to play (physically/intellectually)*

Io suono il violoncello.   Io gioco a tennis.
I play the cello.   *I play tennis.*

✦ The expression *to see something on television* is rendered by **vedere qualcosa alla (in) televisione.** The expression *on the radio* is similarly rendered by **alla radio.**

Applicazione

A. **Come si dice in italiano?** Un tuo compagno/Una tua compagna deve presentare una relazione orale sui mass media. Perciò ti chiederà come si dicono alcune parole. Rispondi seguendo il modello.

MODELLO   *television* (penso che)
—**Tu sai come si dice television in italiano? / Mi sai dire come si dice… ?**
—**Penso che si dica «televisione».**

1. *remote control* (credo che)
2. *to turn on the TV* (mi pare che)
3. *TV news* (penso che)
4. *radio news* (immagino che)
5. *VCR* (credo che)
6. *portable radio* (penso che)
7. *television series* (penso che)
8. *TV set* (credo che)
9. *TV network* (mi sembra che)
10. *newspaper* (mi pare che)

B. Spegnere, accendere, lavorare o funzionare? Nella seguente pubblicità *(ad)* della SONY mancano questi verbi. Completa in modo appropriato.

1. _____ il televisore digitale SONY! Guardate che belle immagini! Quando lo **2.** _____, però, non le vedrete più! Come risolvere il problema? Compratelo! È un televisore che **3.** _____ meglio di tutti gli altri. Tutti quelli che **4.** _____ per la SONY ne hanno comprato uno! Ma anche se voi **5.** _____ per un'altra ditta, non c'è dubbio che vi piacerà. Così potrete dire agli amici: «Quando la sera io **6.** _____ il mio televisore, vedo un mondo fatto di immagini chiare! E quando, prima di andare a dormire, lo **7.** _____, continuo a vedere le immagini nella mia fantasia!» Il televisore digitale SONY **8.** _____ anche quando sognate!

C. Scegli la parola giusta. Completa in modo opportuno, scegliendo tra **a** o **b**.

1. Questo libro è stato pubblicato dalla _____ Heinle di Boston.
   a. casa editrice
   b. stampa
2. Paolo, hai comprato il _____?
   a. giornale radio
   b. giornale
3. Ieri sera alla _____ ho visto un programma interessantissimo.
   a. radio
   b. televisione
4. Sandra, ti piacciono le _____ di Chanel?
   a. televisioni
   b. pubblicità
5. Ieri abbiamo visto il film su uno _____ gigante *(big, wide)*.
   a. schermo
   b. stereo
6. Gianni, sai _____ il violino?
   a. suonare
   b. giocare

D. Differenze. Spiega le differenze che ci sono tra le seguenti cose.

1. un canale e una rete televisiva
2. un DVD e una videocassetta
3. un annunciatore/un'annunciatrice e un programma
4. un documentario e un'intervista
5. uno spot pubblicitario e un telefilm
6. la televisione ad alta definizione e la televisione digitale
7. una trasmissione regolare e una trasmissione via satellite

✦ Grammatica ◇◇◇◇◇◇◇◇◇◇◇◇◇◇◇◇◇◇◇◇◇◇◇◇

Struttura

4.1 Il nome (parte seconda)

✦ Nouns ending in **-amma, -ema, -oma,** and **-emma** derive from Greek and are classified as masculine and are pluralized as shown:

Singular	Plural (change *-a* to *-i*)
il programma	i programmi
il problema *(problem)*	i problemi
il tema *(theme, composition)*	i temi
il diploma	i diplomi

✦ Nouns ending in **-si** are also of Greek origin. They are classified feminine and are all invariable:

Singular	Plural
la crisi *(crisis)*	le crisi *(crises)*
la tesi *(thesis)*	le tesi *(theses)*
l'ipotesi *(hypothesis)*	le ipotesi *(hypotheses)*
l'analisi *(analysis)*	le analisi *(analyses)*

✦ The noun **radio** is invariable: **la radio—le radio.** This is because it is an abbreviation of **la radioricevente.** Here are a few more "abbreviated" nouns, which do not change in the plural:

Singular	Plural
il cinema (il cinematografo) *movies*	i cinema
l'auto (l'automobile) *car*	le auto
la foto (la fotografia) *photograph*	le foto
la moto (la motocicletta) *motorcycle*	le moto

✦ Note, finally, that **la pubblicità** *(advertising),* and all nouns ending in an accented vowel, do not change in the plural:

Singular	Plural
la città	le città
l'università	le università
il caffè	i caffè
il tè *(tea)*	i tè

Applicazione

A. Pubblicità. Lavori in un'azienda pubblicitaria *(ad agency)*, per cui bisogna scrivere una serie di titoli per diverse pubblicità. Il tuo collaboratore scrive tutti i titoli al singolare. Tu, invece, li riscrivi al plurale. Segui il modello.

MODELLO   La Ferrari! L'auto perfetta!
           Le Ferrari! Le auto perfette!

1. La nuova auto della FIAT! È eccezionale!
2. La nuova macchina digitale Kodak. La foto digitale è sempre bella!
3. La moto della Honda! È veloce!
4. Per il tuo CD preferito! Usa il sistema digitale SONY!
5. La nostra città oggi è troppo affollata! Compra una casa in campagna.
6. Il caffè e il tè Segafredo sono sempre buoni!
7. Non avrai nessun problema col televisore della SONY!
8. Per la tua tesi di laurea, usa il computer iMac.

B. Singolare o plurale? Completa la tabella in modo appropriato.

Al singolare	Al plurale
1. il programma a puntate	*I programmi*
2. *il tema*	i temi italiani
3. un problema difficile	*i problemi*
4. *il diploma*	i diplomi scolastici
5. un dilemma problematico	
6. *la crisi*	le crisi politiche
7. l'ipotesi matematica	*le ipotesi*
8. *la analisi*	le analisi scientifiche
9. l'auto giapponese	*le auto*
10. *l'università*	le università italiane

4.2 Il presente progressivo

✦ The present progressive, both indicative and subjunctive, allows one to indicate that an action or event is ongoing. It renders a little more precisely than does the present indicative or subjunctive the idea that such actions as *I am working, you are watching,* etc., are unfolding as one speaks.

Ongoing Action	**Continuous Present Action**
In questo momento guardo/ sto guardando la TV. *At this moment I'm watching TV.*	Guardo sempre la TV. *I always watch TV.*
Penso che adesso lei stia leggendo. *I think that she is reading now.*	Penso che lei legga tutti i giorni. *I think that she reads every day.*

+ The present progressive is formed with the present indicative/subjunctive of **stare** plus the gerund of the verb. Regular gerunds are formed as follows:

-are	guardare	guardando
-ere	vedere	vedendo
-ire	finire	finendo

+ There are only a few exceptions to this rule. Here are some of these:

fare	**facendo**
dire	**dicendo**
bere	**bevendo**
dare	**dando**

+ Here are the verbs **guardare, vedere, finire,** completely conjugated in the present progressive (indicative and subjunctive).

	Indicative	Subjunctive
io	sto guardando/vedendo/finendo	stia guardando/vedendo/finendo
tu	stai guardando/vedendo/finendo	stia guardando/vedendo/finendo
lui/lei	sta guardando/vedendo/finendo	stia guardando/vedendo/finendo
noi	stiamo guardando/vedendo/finendo	stiamo guardando/vedendo/finendo
voi	state guardando/vedendo/finendo	stiate guardando/vedendo/finendo
loro	stanno guardando/vedendo/finendo	stiano guardando/vedendo/finendo

+ Recall the use of **da** with the present indicative in time constructions (Chapter 1). There are two ways of indicating this type of temporal action—the way already discussed and a more *emphatic* way. The progressive is used commonly in such constructions.

Regular Way

Non guardo la televisione dalla settimana scorsa.
I haven't watched television since last week.

Sto leggendo il giornale da due ore.
I've been reading the newspaper for two hours.

Emphatic Way

essere + **da** + *time expression (= since when)*
È dalla settimana scorsa che non guardo la televisione.
It's since last week that I haven't watched television.

essere + *time expression (= for how long)*
Sono due ore che sto leggendo il giornale.
It's been two hours that I have been reading the newspaper.

+ The expression *How long . . . ?* is rendered by either **Quanto tempo è che... ?** or **Da quanto tempo... ?**

Quanto tempo è che studi l'italiano? *How long is that have you been studying Italian?*
Da quanto tempo studi l'italiano? *For how long have you been studying Italian?*

✦ Since the present progressive refers only to ongoing actions, it cannot be used to render the notion *to be about to*. In this case, either the expression **stare per** with the infinitive, or simply the present tense, can be used.

Stare per	Present Indicative /Subjunctive
Quel programma sta per cominciare. *That program is about to begin.*	Quel programma comincia tra due minuti. *That program is beginning in a few minutes.*
	Penso che quel programma cominci tra due minuti. *I think that program is beginning in a few minutes.*
Sto per andare a dormire. *I'm about to go to sleep.*	Vado a dormire fra qualche minuto. *I'm going to sleep in a few minutes.*
	Lei crede che io vada a dormire fra qualche minuto. *She thinks I am going to sleep in a few minutes.*

Applicazione

A. Cosa stai facendo? Con un compagno / una compagna, forma domande e risposte nel modo indicato.

MODELLO   guardare la TV / tu
—**Cosa stai facendo, guardi la TV?**
—**Sì, sto guardando la TV.**

1. ascoltare la radio / tuo fratello
2. leggere il giornale / tu
3. bere il caffè / i tuoi amici
4. guardare la TV / voi
5. cambiare canale / tu

B. Da quanto tempo? Con un compagno / una compagna, crea minidialoghi seguendo il modello.

MODELLI   tu / guardare / quel programma / stamani
—**Da quanto tempo / Da quando guardi quel programma?**
—**È da stamani che lo sto guardando.**
—**È incredibile che tu lo stia ancora guardando.**

tua sorella / guardare / quel programma / tre ore
—**Quanto tempo è che tua sorella sta guardando quel programma?**
—**Sono tre ore che mia sorella lo sta guardando.**
—**È incredibile che tua sorella lo stia ancora guardando.**

1. voi / ascoltare / quel CD / due ore
2. loro / guardare / quel documentario / un'ora
3. lui / dormire / ventiquattro ore
4. loro / parlare di quel film / tre ore
5. le tue amiche / essere al telefono / un'ora
6. tu / dire e fare / questo / tre anni

C. Completa! Completa liberamente le frasi.

1. Ogni volta che io sto per guardare la TV...
2. Sebbene a te non piaccia quel programma,...
3. È da ieri che dormo perché...
4. Non vedo Maria da due anni, perché...

4.3 Gli aggettivi qualificativi (parte seconda)

Posizione

✦ As discussed in Chapter 2, descriptive adjectives usually follow the nouns they modify: **la televisione multimediale, la televisione italiana, i giornali importanti,** etc. They can also occur as predicates after linking verbs such as **essere** *to be,* **sembrare** *to seem,* and **diventare** *to become:*

Quella ragazza sembra molto intelligente.	*That girl seems very intelligent.*
Quei programmi sono italiani.	*Those programs are Italian.*

✦ Some adjectives can be used before or after the noun: **È un programma nuovo. /È un nuovo programma.** *It's a new program.* In most cases this is a matter of stylistic choice. By placing the adjective before, you can put more emphasis on it. However, in some cases the difference in position signals a difference in meaning:

Before a noun	After a noun
È un **povero** ragazzo.	È un ragazzo **povero.**
He's a poor boy (= not fortunate).	*He's a poor boy (= not rich).*
È una **cara** ragazza.	È un televisore **caro.**
She's a dear (kind) girl.	*It's an expensive TV set.*
È un **vecchio** amico.	È un amico **vecchio.**
He's an old friend (of many years).	*He's an elderly friend.*

✦ If the adjective is itself modified by an adverb, or if the noun phrase is made up of more than one adjective, then the whole construction must follow the noun:

È un bel ragazzo.	È un ragazzo molto bello.
He's a handsome boy.	*He's a very handsome boy.*
È una brava ragazza.	È una ragazza veramente brava.
She's a wonderful girl.	*She's a truly wonderful girl.*
È una bella ragazza ed è anche brava.	È una ragazza bella e brava.
She's a beautiful girl and she's also good.	*She's a beautiful and wonderful girl.*

Bello, buono, santo e grande

✦ The adjectives **bello** *(beautiful, handsome),* **buono** *(good),* **santo** *(saintly, holy),* and **grande** *(big, great)* can be put before or after the noun. If they are put after, only their endings change in the normal fashion (**il libro bello, la bambina buona,** etc.). But when they precede the noun, their forms change. Note that: (1) **buono** is inflected in a manner that is similar to the indefinite article (Chapter 2), and (2) **bello** is inflected in a manner that is similar to the definite article (see Chapter 3).

Masculine		
Before . . .	**Singular**	**Plural**
z, s + consonant, gn, ps, pn, x, i +vowel	il **buono** studente	i **buoni** studenti
	il **bello** stereo	i **begli** stereo
	il **grande** psicologo	i **grandi** psicologi
	Santo Stefano	i **Santi** Stefano e Paolo
any vowel	il **buon** amico	i **buoni** amici
	il **bell'**orologio	i **begli** orologi
	il **grand'**amico / il **grande** amico	i **grandi** amici
	Sant'Antonio	i **santi** uomini
any other consonant	il **buon** bambino	i **buoni** bambini
	il **bel** televisore	i **bei** televisori
	il **gran** film / il **grande** film	i **grandi** film
	San Pietro	i **Santi** Pietro e Paolo

Feminine		
Before . . .	**Singular**	**Plural**
any consonant	la **buona** bambina	le **buone** bambine
	la **bella** bocca	le **belle** bocche
	la **gran / grande** macchina	le **grandi** macchine
	Santa Caterina	le **sante** donne
any vowel	la **buon'**amica	le **buone** amiche
	la **bell'**amica	le **belle** amiche
	la **grand'**amica / **grande** amica	le **grandi** amiche
	Sant'Anna	le **Sante** Anna e Caterina

✦ As with other adjectives, the position of **buono, bello,** and **grande** affects their meaning. Essentially, when they follow the noun, they have a literal meaning. When they precede it, their meaning varies. Note that **bravo** means *good (at something).*

È un libro bello.	*It's a beautiful book (in appearance).*
È un bel libro.	*It's a good book (in contents).*
Maria è una buon'amica.	*Mary is a good friend.*
È anche una brava studentessa.	*She's also a good student.*

♦ When two or more nouns are modified by the same adjective, the adjective is normally pluralized. If the nouns are all feminine, then the adjective is in the feminine plural. If the nouns are masculine, or of mixed gender, then the adjective is in the masculine plural:

la televisione e la radio italiane	*two feminine nouns*
i programmi e i canali italiani	*two masculine nouns*
la televisione e i programmi italiani	*a masculine and a feminine noun*

♦ To pluralize adjectives ending in **-co, -go, -cio, -gio, -io,** the same patterns that apply to nouns with these endings apply (Chapter 1):

Singular	Plural
simpatico *nice, pleasant*	simpatici / simpatiche
il ragazzo simpatico	i ragazzi simpatici
la ragazza simpatica	le ragazze simpatiche
tedesco *German*	tedeschi / tedesche
il ragazzo tedesco	i ragazzi tedeschi
la ragazza tedesca	le ragazze tedesche
lungo *long*	lunghi / lunghe
il programma lungo	i programmi lunghi
la serata lunga	le serate lunghe

Applicazione

A. Sì, è un bel programma. Rispondi affermativamente alle seguenti domande, usando liberamente un verbo o un'espressione che regge il congiuntivo. Segui il modello.

MODELLO   È bello questo film?
Sì, penso che sia un bel film.
Sì, pare che sia un bel film.

1. È bello questo programma?
2. È bella quest'attrice?
3. È bello questo attore?
4. È buono questo caffè?
5. È buona questa radio?
6. È buona quest'auto?
7. È bello questo stereo?

B. Qual è la frase giusta? Scegli la frase corretta.

1. a. Voglio bere un buono caffè.
   b. Voglio bere un buon caffè.

2. a. Gianni e Paolo sono grandi amici.
   b. Gianni e Paolo sono gran amici.

3. a. Anna e Monica sono buone amiche.
   b. Anna e Monica sono buoni amiche.

4. a. Carlo e Marco sono due bei razazzi.
   b. Carlo e Marco sono due belli ragazzi.

5. a. Il ragazzo porta i capelli lungi.
   b. Il ragazzo porta i capelli lunghi.

6. a. Che bei stereo!
   b. Che begli stereo!

7. a. Giovanni e Sergio sono due ragazzi simpatichi.
   b. Giovanni e Sergio sono due ragazzi simpatici.

8. a. È un buon uomo.
   b. È un buon'uomo.

9. a. Questa è un'immagine di Santo Stefano?
   b. Questa è un'immagine di San Stefano?

10. a. Questa è un'immagine di Santo Michele?
    b. Questa è un'immagine di San Michele?

C. Adesso tocca a te! Metti l'aggettivo prima, dopo e poi davanti al nome. Traduci ciascuna frase nominale. Poi volgi le due frasi al plurale. Segui il modello.

MODELLO	Usa **bello** con... libro	
	il libro bello	= *the beautiful (looking) book*
	il bel libro	= *the wonderful book (in content)*
	(plural forms)	
	i libri belli	
	i bei libri	

1. Usa **bello** con...
   a. studente   d. attrice
   b. programma   e. foto
   c. attore

2. Usa **buono** con...
   a. amico   d. ragazza
   b. amica   e. zio
   c. ragazzo

3. Usa **grande** con...
   a. uomo   d. poesia
   b. idea   e. sbaglio
   c. libro

4. Usa **santo** con...
   a. uomo   d. Stefano
   b. anima *(soul)* e. Beatrice
   c. libro

D. Amici. Descrivi il tuo migliore amico/la tua migliore amica usando le seguenti parole.

caro, vecchio, simpatico, bello, grande, buono, bravo, alto, basso, povero

4.4 Altri usi del congiuntivo

Bisogno

✦ The subjunctive is required in subordinate clauses following verbs and expressions indicating necessity and need, such as **essere necessario, occorrere, avere bisogno,** or **bisognare:**

È necessario che tu venga.	*It is necessary that you come.*
Occorre che tu lo faccia.	*It is necessary that you do it.*
Bisogna che tu ti diverta.	*It is necessary that you enjoy yourself.*
Ho bisogno di un televisore che funzioni bene.	*I need a television that works well.*

✦ Need can also be conveyed by **metterci** and **volerci.** These are used to express the same thing as the expressions above. For example, the sentence *I need two hours to finish* can be rendered in the following ways:

Ho bisogno di		
Mi occorrono	due ore	per finire
Ci metto		
Ci vogliono		

✦ **Occorrere,** like **piacere,** requires indirect objects or indirect object pronouns (see Chapter 2): **Mi occorre un'ora** *I need an hour (= An hour is needed by me)*; **Ti occorrono due giorni** *You need two days (= Two days are needed by you).*

✦ **Metterci** renders, more specifically, the concept of *to take (someone) a certain amount of time:* **(Io) ci metto un'ora** *It takes me an hour;* **(Tu) ci metti due giorni** *It takes you two days.*

✦ **Volerci** renders the English expression *It takes + amount of time:* **Ci vuole un'ora** *It takes an hour;* **Ci vogliono due giorni** *It takes two days.*

Dopo il superlativo e con costruzioni impersonali

✦ The subjunctive is used as well in subordinate clauses following superlative and impersonal verbs/constructions. An impersonal verb is one that has only third-person forms.

With Superlative Constructions	With Impersonal Verbs/Constructions
È il programma più interessante che io abbia visto. *It's the most interesting program that I have seen.*	Si dice che sia un buon programma. *It is said/They say that it is a good program.*
È il disco meno piacevole che io conosca. *It's the least pleasing record/disc that I know.*	Conviene che lo faccia anche tu. *It is useful/appropriate that you do it too.*
È il minimo che io possa fare. *It's the least that I can do.*	Non importa che tu non abbia il televisore digitale. *It doesn't matter that you do not have a digital TV.*

Con congiunzioni e indefiniti

✦ The subjunctive is required after certain conjunctions like **benché/sebbene** *although*, **affinché/perché** *so that*, **prima che** *before*, **a meno che... non** *unless*, **purché** *provided that*, **senza che** *without*, and after indefinites like **qualsiasi/qualunque** *whichever, whatever*, **dovunque** *wherever*, and **chiunque** *whoever*:

Benché / Sebbene quel programma mi piaccia, stasera non lo guarderò.	*Although I like that program, I'm not going to watch it tonight.*
Affinché / Perché tu possa vedere meglio i tuoi programmi preferiti, comprerò un nuovo televisore.	*So that you can see your favorite programs better, I'm going to buy a new TV set.*
Prima che cominci il telegiornale, c'è un documentario.	*Before the TV news begins, there's a documentary on.*
Non starò a casa stasera, a meno che non trasmettano la partita.	*I'm not going to stay home tonight, unless they put on the game.*
Anch'io starò a casa, purché facciano vedere la partita.	*I'm also staying at home, provided they show the game.*
Lo faccio, senza che tu me lo dica.	*I'll do it, without you telling me.*
Qualsiasi / Qualunque programma facciano vedere, stasera esco.	*Whichever/No matter which program they show, I'm going out tonight.*
Dovunque tu vada, ti seguo.	*Wherever you go, I'll follow.*

✦ Note that **perché** means both *because* and *so that*. It does not trigger the subjunctive when it means *because*.

✦ The conjunction **a meno che** is followed by **non** in the subordinate clause. This is because it literally means *if ... (not)*: **Non lo faccio, a meno che non me lo chiedano** *I won't do it, unless they (if they do not) ask me*.

In costruzioni idiomatiche

✦ Finally, the subjunctive is used idiomatically in wish constructions, which have the following form:

(Che) Dio ti benedica!	*(May) God bless you!*
(Che) lo faccia, se vuole!	*Let him do it, if he wants to!*

Applicazione

A. Giochiamo con la pubblicità. Completa opportunamente i seguenti annunci pubblicitari con **aver bisogno di, occorrere, essere necessario, volerci** o **metterci,** secondo il caso.

> MODELLO Se ci _____ troppo tempo per accendere la TV, usate il teleco-
> mando SONY!
> **Se ci vuole troppo tempo per accendere la TV, usate il teleco-
> mando SONY!**

1. Per vedere meglio i vostri programmi preferiti, _____ che compriate un Phillips!
2. Oggi, tutti _____ di un televisore digitale!
3. Ci _____ poca intelligenza per capire che RCA è il televisore digitale per voi!
4. Vi _____ una nuova radio? Comprate Walkman Digitale IX!
5. Ci _____ troppo tempo per accendere la TV? _____ comprare il telecomando SONY!

B. Occhio al congiuntivo. Completa liberamente.

1. Studio prima che...
2. Vedrò la partita alla TV a meno che...
3. Comprerò un televisore digitale purché...
4. Non passa una settimana senza che l'insegnante d'italiano non...
5. Qualsiasi cosa il presidente degli Stati Uniti..., lui non è mai d'accordo.
6. Dovunque lei..., lui la segue.
7. Benché quel DVD... troppo, io lo comprerò.

C. Pubblicità. Completa liberamente i seguenti annunci pubblicitari.

> MODELLO Il televisore SONY? È il più bel televisore...
> **È il più bel televisore che ci sia / possiate comprare / ecc.**

1. Il sistema stereofonico RCA VII? È tra i migliori che...
2. Potete vedere tutti i programmi che volete, purché...
3. La tua famiglia vuole guardare un programma differente? Che lo... ! Tu hai la SONY II portatile!
4. Le foto Kodak? Sono le più belle che...
5. Sony ci ha dato i televisori più belli! Che Dio... SONY!

D. A piacere. Forma liberamente delle frasi con gli stimoli dati. Segui il modello.

> MODELLO avere il videoregistratore/sebbene
> **Sebbene io abbia il videoregistratore, non lo uso mai.**
> **Io ho il videoregistratore, sebbene non lo usi mai.**

1. non sapere suonare il violino/sebbene
2. giocare a baseball/purché
3. ascoltare il giornale radio/prima che
4. il mio telecomando non funzionare/benché
5. ho deciso di guardare i programmi a puntate/qualsiasi

COMUNICAZIONE

Comunicare oralmente

Buon compleanno!	*Happy birthday!*
Buon divertimento!	*Have a good time!*
Buon viaggio!	*Have a good trip!*
Buona fortuna!	*Good luck!*
Buona giornata!	*Have a good day!*
Buona vacanza!	*Have a good holiday!*
Anzi.	*As a matter of fact!, On (quite) the contrary.*
Non sei in anticipo, anzi sei in ritardo.	*You are not early, as a matter of fact you are late.*
Non è difficile, anzi!	*It's not difficult, quite the contrary!*
Chissà?	*Who knows?*
Chissà quando ci rivedremo!	*Who knows when we will meet again!*
Dunque...	*Well/Then/Well now*
Dunque, dicevo che...	*Well, I was saying that . . .*
Senti *(fam)*/Senta *(pol)*...	*Listen/Listen here . . .*
Di'/Dimmi pure *(fam)*.	*Go ahead (tell me).*
Mi dica/Dica pure *(pol)*.	

Applicazione

A. **Buona fortuna!** Rispondi a ciascuna affermazione in modo logico.

MODELLO   Domani ho un esame!
                    Buona fortuna! Spero che ti vada bene!

1. Domani parto. Vado in Francia per affari *(business)*.
2. Stasera vado al cinema con gli amici.
3. Ho bisogno un po' di rilassarmi. Vado nei Caraibi per una settimana.
4. La prossima settimana vado in Italia.
5. Oggi è il mio compleanno.
6. (al mattino) Vado a lavorare. Ho molto da fare.

B. La ruota delle parole. Chiedi al tuo compagno /alla tua compagna di scegliere cinque numeri della ruota *(wheel)*. Una volta scelti i numeri, formulate insieme delle frasi con le parole che si trovano nelle rispettive caselle. Leggete infine le vostre frasi alla classe.

MODELLO   1. anzi...
Non mi dispiace, anzi mi fa piacere!
Carla non mi è antipatica, anzi!

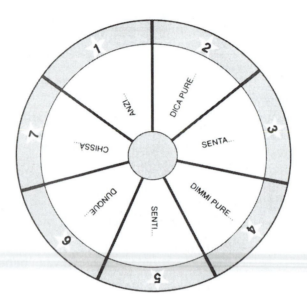

Parlare al telefono

Pronto!	*Hello!*
Chi parla?/Chi è?	*Who is it?*
Sono Claudia/il signor Bruni/ecc.	*This is Claudia/Mr. Bruni/etc.*
C'è Mario/la signora Morelli/ecc.?	*Is Mario/Ms. Morelli/etc. in?*
Potrei/Posso parlare con... ?	*May I speak with . . . ?*
Desidererei parlare con...	*I would like to speak with . . .*
La linea è occupata.	*The line is busy.*
La linea è libera.	*The line is free.*
Resta *(fam)* /Resti *(pol)* in linea!	*Stay on the line!*
Fa'/Faccia il numero!	*Dial the number!*
Che prefisso ha/hai?	*What's your area code?*
Scusi, ho sbagliato numero.	*I'm sorry, I've dialed the wrong number.*
Qual è il tuo/Suo numero di telefono?	*What's your telephone number?*

Applicazione

A. Al telefono. Svolgi i seguenti compiti comunicativi.

> MODELLO   Rispondi al telefono
> **Pronto! Chi parla?**

1. Chiedi se c'è la signora Berti.
2. Rispondi al telefono e presentati.
3. Chiedi di parlare con il signor Torelli.
4. Di' a Paolo di restare in linea.
5. Chiedi a Teresa il suo numero di telefono.
6. Chiedi al dottor Rossi il suo prefisso telefonico.

B. Pronto. Con un compagno/una compagna, crea dei minidialoghi. Segui il modello.

> MODELLO   un programma a puntate
> —**Pronto, Debbie. Sono io, Tom.**
> —**Oh, ciao, Tom! Che c'è?**
> —**Hai visto l'ultimo episodio di...** *(any current sitcom)***?**
> —**No. È l'unico programma che non mi piace.**

1. un programma a puntate
2. un film alla televisione
3. un documentario sugli animali
4. un'intervista a una persona famosa
5. un programma sportivo

Scrivere una lettera

Gentile signore/signora/signorina...	*Dear Sir/Madam/Miss...*
Caro Gianni...	*Dear John...*
Cara Maria...	*Dear Mary...*
Carissimo Gianni...	*Dearest John...*
Carissima Maria...	*Dearest Mary...*
Mio caro...	*My dear...*
Mia cara...	*My dear...*
A chi di spettanza/A chi di dovere...	*To whom it may concern...*
Spettabile (Spett.le) Ditta/Banca/...	*Dear Madam or Sir (of firm/company)...*
Suo/Sua...	*Yours truly/Sincerely...*
Cordiali/Distinti saluti...	
La saluto cordialmente...	
Un abbraccio...	*A hug...*
Ti saluto affettuosamente...	*Affectionately...*
Un caro saluto...	

✦ Here are some writing tips:

1. Do not capitalize **io,** unless it is the first word in a sentence.
2. When the conjunction **e** and the preposition **a** occur before a word beginning with a vowel, you may write (and pronounce) them as **ed** and **ad: Marcello ed Elena / Parla ad alta voce.**
3. Do not capitalize days of the week, months of the year, nationalities, and languages unless they occur as the first word in a sentence.
4. After **Caro Gianni / Cara Maria / etc.** and **Gentile signore / signora / etc.** do not capitalize the first word in a letter:

   Caro Gianni,
      ti scrivo questa lettera perché...

5. You may capitalize it after **Spett.le...**
6. On an envelope, the number of the street follows the street name, and the postal code precedes the city name:

   Gentile Dottor G. Marchi
   Via Della Torre, 34
   00121 Roma

Applicazione

A. Lettere. Scrivi una breve lettera a ciascuna delle seguenti persone. Presenta le tue lettere, con apposite buste, al resto della classe. Poi discutete insieme la loro forma e il loro contenuto.

1. ad un amico/un'amica (digli/dille che adesso lavori per un'azienda pubblicitaria)
2. ad un'azienda pubblicitaria (esprimi la tua opposizione ai tipi di manifesti pubblicitari che pubblica regolarmente)
3. al caporedattore *(editor-in-chief)* di un giornale (protesta contro uno degli articoli pubblicati recentemente sul suo giornale)

B. Caro / Cara... Svolgi il seguente compito con un compagno/una compagna. Scrivi una breve lettera o e-mail (sui tuoi problemi di scuola, sui tuoi problemi affettivi, ecc.) ad una rubrica di giornale che offre consigli. Il tuo compagno/la tua compagna dovrà rispondere alla tua lettera o al tuo e-mail.

MODELLO   problemi di scuola

    Cara Stella,
       ho tanti problemi a scuola. I miei voti sono bassi, non ho voglia di studiare e i miei amici vogliono che io esca sempre con loro. Che cosa devo fare?

✦ CULTURA ◇◇◇◇◇◇◇◇◇◇◇◇◇◇◇◇◇◇◇◇◇◇◇◇◇

La televisione in Italia

La televisione italiana nasce ufficialmente il 3 gennaio 1954. Ci sono oggi tre canali statali: Rai Uno, Rai Due e Rai Tre. Rai sta per Radio Audizioni Italiane *(Italian Broadcasting Corporation)*, sebbene sia ora comunemente chiamata Rai-TV.

Nella seconda metà degli anni settanta nascono le televisioni private, tra cui le tre reti di Silvio Berlusconi: Canale 5, Italia 1 e Rete 4. La struttura dei programmi è simile a quella dei programmi nordamericani. La pubblicità viene inserita periodicamente durante un programma. Ci sono molti programmi nordamericani doppiati *(dubbed)* che vanno in onda *(on the air)* regolarmente. ✦

Applicazione

A. **Ricordi quello che hai letto?** Riassumi i dettagli più importanti della nota culturale appena letta.

1. La nascita della televisione italiana _____

2. I tre canali statali _____

3. Il significato dell'acronimo RAI _____

4. Le tre reti fondate da Silvio Berlusconi _____

5. Alcune caratteristiche dei programmi televisivi italiani _____

B. Programmi televisivi degli anni novanta. Ecco una pagina tratta da una Guida TV italiana degli anni novanta. Con gli altri membri della classe:

1. cerca di indovinare il tipo di programma elencato (quiz, telefilm, ecc.);
2. paragona *(compare)* la selezione dei programmi offerti a quella di una Guida TV nordamericana dello stesso periodo;
3. aggiorna la Guida, controllando un sito Web italiano apposito.

C. Discussione. Sei d'accordo con le seguenti affermazioni? Elabora la tua risposta.

1. La televisione offre una grande varietà di programmi.
2. La televisione è influenzata politicamente.
3. La televisione riflette le mie idee.
4. C'è troppa pubblicità in televisione.
5. Ci sono troppi canali televisivi.

Stimolo alla lettura

Lavoro di gruppo. Insieme ad un tuo compagno / una tua compagna, cerca di elencare le varie fasi che di solito precedono la messa in onda di un romanzo sceneggiato *(soap opera)*.

1. formulazione dell'idea
2. proposta dell'idea
3. _____
4. _____
5. _____
6. _____

Ora paragonate il vostro elenco con quello dei vostri compagni. Quale gruppo ha proposto l'elenco più esauriente? La lettura vi aiuterà a rispondere a questa domanda.

Come funziona la fabbrica dei programmi televisivi?

Leggi attentamente il seguente brano di I. Cipriani, soffermandoti sulle varie fasi che precedono la produzione di un romanzo sceneggiato.

Come funziona la fabbrica dei programmi televisivi? Secondo quali criteri pratici si muove, di quali «macchine» si serve, che cosa può fare, a quali controlli esterni e interni si sottopone[1]?

Facciamo l'esempio della produzione di un romanzo sceneggiato[2]. Questa produzione si divide in «segmenti», cioè in una serie di operazioni alle quali corrispondono ruoli professionali e mansioni[3] precise.

a) formulazione dell'idea;

b) proposta, approvazione dell'idea e definizione del passaggio alla fase operativa;

c) stesura[4] di un soggetto e di una sceneggiatura;

d) definizione dei costi e preventivi[5] degli impianti e dei mezzi di produzione necessari, degli spazi di ripresa[6] (studi, esterni, ecc.) e dei tempi di lavorazione;

e) scelta del regista, degli attori e del personale artistico;

f) realizzazione vera e propria;

g) montaggio[7] del materiale;

h) eventuale doppiaggio[8], scelta e realizzazione delle musiche e missaggio[9];

i) controllo del prodotto;

j) decisione sui tempi di messa in onda[10], orari e canali di programmazione;

k) lancio[11] pubblicitario;

l) messa in onda;

m) commercializzazione del prodotto, ossia[12] vendita ad altre reti televisive, riduzione in film, accordi per la produzione di oggetti, album, figurine, libri, manifesti, legati alla vicenda, ai personaggi o attori dello sceneggiato.

Ciascuna di queste fasi contiene ulteriori[13] divisioni e parcellizzazioni[14] del lavoro. Quando si è in studio, ad esempio, solo il regista e i suoi diretti assistenti hanno sott'occhio il quadro generale, mentre i tecnici delle luci o i cameramen o gli operai conoscono poco o niente del lavoro che stanno realizzando e si limitano a eseguire correttamente le indicazioni del regista.

---

[1]**sottoporsi** *to submit to* [2]*soap opera* [3]*tasks, duties* [4]*draft* [5]*estimates* [6]*filming, shooting* [7]*editing, montage* [8]*dubbing* [9]*mixing* [10]*telecast* [11]*launching* [12]*that is to say* [13]*further* [14]*parceling off*

Dopo la lettura

A. Domande sul contenuto. Rispondi alle seguenti domande.

1. Che tipo di esempio fa l'autore per dimostrare come funziona la fabbrica dei programmi televisivi?
2. Come si divide la produzione?
3. Nella fase iniziale, che cosa viene formulato? steso? definito? scelto?
4. In che ordine si svolgono le fasi della produzione?
5. Che cos'altro contiene ciascuna delle fasi?
6. Chi ha sott'occhio il quadro generale?
7. Che ruolo svolgono i tecnici delle luci e i cameramen?

B. Discussione in classe. Rispondi liberamente alle seguenti domande, discutendo le tue risposte con gli altri membri della classe.

1. Quale dei mezzi di comunicazione di massa (radio, televisione, stampa, Internet), secondo te, influenza maggiormente l'opinione pubblica? Puoi darne una spiegazione?
2. Quale mezzo risponde di più ai tuoi interessi e alle tue preferenze? Spiega il perché.
3. Quale programma televisivo guardi abitualmente? Perché?

CON FANTASIA

A. Giochiamo! Nel seguente puzzle ci sono dieci parole che si riferiscono alla televisione e ai mass media. Trovale. Le parole si possono leggere da sinistra a destra, da destra a sinistra.

```
B T E L E C O M A N D O M L P O L M L O P O L I K R
N M G I O R N A L E M K L O L O T I T M L J U H Y I
R A D I O M K S T A M P A M K L M K L R E T E I O T
E L A N A C M L O S T E R E O M L O P L I P P L I E
P U B B L I C I T À M L O S C H E R M O M K L P O L
```

B. Anagrammi grammaticali. Metti in ordine le parole dei seguenti titoli tratti da manifesti pubblicitari.

1. i / programmi / più / bei / siano / ci / siano / vedere / con / SONY / con / potrete
2. voi / fa / per / mettete / se / ci / tempo / troppo / telecomando / il / Phillips IV / accendere / ad / televisore / il
3. SONY / comprate / affinché / televisori / i / possiate / la TV / meglio / vedere

C. La tua guida TV.

1. Prova a tradurre in italiano i titoli di dieci programmi televisivi americani che sono attualmente molto popolari.
2. Scrivi una guida TV nella quale elenchi e descrivi i programmi menzionati nella prima domanda.

MODELLO   The Wheel of Fortune
La ruota della fortuna
«Gioco di fortuna in cui una persona deve indovinare una parola o un'espressione a mano a mano che queste si formano in base a indizi... »

D. Lavoro di gruppo. Diversi gruppi di studenti dovranno mettere in scena davanti alla classe l'ultimo episodio di un popolare «sitcom».

E. Mia cara ... Ecco l'e-mail che Daniele ha scritto a Ornella e una parte della risposta di Ornella. Completa liberamente la lettera di Ornella.

Mia cara Ornella,

    ti amo ancora. Però devo dirti che sto uscendo con un'altra ragazza. Si chiama Laura. È lei che insiste che noi usciamo insieme. Spero che non ti dispiaccia. Mi ami ancora, no?

        Un abbraccio

        Daniele

Caro Daniele,

    grazie della tua e-mail. Stai veramente uscendo con un'altra ragazza?

        E non mi contattare mai più!

        Ornella

Televisori futuristici

Studio del vocabolario

Conosci i seguenti termini? Se sì, spiegali al resto della classe.

1. LCD TV
2. immagini luminose e brillanti
3. il pannello
4. appendere
5. un capolavoro
6. un pioniere
7. la tecnologia
8. il numero verde

Applicazione

Lavoro di gruppo. Con un compagno / una compagna, crea un manifesto per un televisore che ha la capacità di integrare Internet, reti televisive regolari e comunicazioni via satellite in modo interattivo.

✦ LESSICO UTILE ◇◇◇◇◇◇◇◇◇◇◇◇◇◇◇◇◇◇◇◇◇◇◇

NOMI

l'analisi (f)	analysis
l'anno prossimo	next year
l'annunciatore (m)/ l'annunciatrice (f)	announcer
l'auto (f)	car
l'avventura	adventure
il caffè	coffee
il canale	channel
il canale tematico	special channel
la casa editrice	publishing house
il cinema	movies
la città	city
il compleanno	birthday
il concerto	concert
la crisi	crisis
il criterio	criterion
il diploma	diploma
il documentario	documentary
l'evento	event
la fabbrica	factory
la finestra	window
la fortuna	fortune, luck
la foto	photograph
la generazione	generation
il giornale	newspaper
il giornale radio	radio newscast
l'interesse (m)	interest
l'intervista	interview
l'ipotesi (f)	hypothesis
il mese	month
il mondo	world
la moto	motorcycle
il pacchetto	package
il preventivo	estimate
il problema	problem
il prodotto	product
il programma	program
il programma a puntate	series
la pubblicità	advertising
il quadro generale	the overall picture
la radio	radio
la radio portatile	portable radio
il / la regista	director
la rete televisiva	network
la ricezione	reception
il riferimento	reference
il romanzo	novel

la scelta	choice
lo schermo	screen
il servizio	service
lo spot / l'annuncio pubblicitario	commercial
la stampa	the press
lo stereo	stereo
il tè	tea
la tecnologia	technology
il telecomando	remote control
il telefilm	TV movie
il telegiornale	TV news
la televisione ad alta definizione	high-definition television
la televisione digitale	digital television
la televisione via satellite	satellite television
il televisore	TV set
il tema	theme, composition
la tesi	thesis
il titolo	headline
la trasmissione	transmission, broadcast
l'università	university
la vacanza	vacation
il viaggio	trip
il videoregistratore	VCR
la vita	life

AGGETTIVI

basso	short (in height)
bello	beautiful, handsome
bravo	good (at something)
breve	brief
buono	good
caro	dear
compatibile	compatible
corto	short (in length)
digitale	digital
emozionante	emotional, exciting
grande	big, large, great
lungo	long
multimediale	multimedial
povero	poor
santo	saintly, holy
simpatico	nice, pleasant
speciale	special
spettacolare	spectacular

tedesco	*German*	suonare	*to play*
ulteriore	*further*	trasmettere	*to transmit*
ultimo	*last, latest*	vedere	*to see*
vecchio	*old*	volerci	*to need*

Verbi

accendere	*to turn on (the TV)*
andare in onda	*to go on the air*
apprendere	*to learn*
bisognare	*to need*
consentire	*to allow, permit*
diventare	*to become*
eseguire	*to perform*
essere necessario	*to be necessary*
funzionare	*to work, operate*
lavorare	*to work (at a job)*
metterci	*to need, take*
occorrere	*to need*
pagare	*to pay*
regalare	*to give (as a gift)*
sembrare	*to seem*
servirsi di	*to make use of*
spegnere	*to turn off*
stare per	*to be about to*

Altre espressioni

a meno che	*unless*
affinché	*so that*
anzi	*as a matter of fact*
benché	*although*
chissà	*who knows*
chiunque	*whoever*
dovunque	*wherever*
ossia	*that is to say*
perché	*so that*
prima che	*before*
purché	*provided that*
qualsiasi / qualunque	*whichever*
sebbene	*although*
secondo	*according to*
senza	*without*
senza che	*without*
sott'occhio	*under eye*
subito	*right away*

Capitolo 5 L'ora

QUANTO SAI GIÀ?

A. L'ora ideale. Secondo te...

1. a che ora si dovrebbe andare a dormire per mantenere la salute tutta la vita? Perché?
2. a che ora ci si dovrebbe alzare al mattino? Perché?
3. a quali ore è meglio studiare per gli esami? Perché?

B. Quiz storico. Ricordi la storia? Scegli la risposta adatta.

1. Cristoforo Colombo partì dalla Spagna per le Americhe...
   a. il 3 agosto 1492.
   b. il 3 settembre 1592.
   c. il 3 luglio 1452.

2. Colombo raggiunse l'isola di San Salvador...
   a. il 12 ottobre 1592.
   b. il 12 ottobre 1492.
   c. il 22 ottobre 1492.

3. Due astronauti americani sono scesi sulla luna...
   a. il 20 luglio 1969.
   b. il 20 agosto 1979.
   c. il 20 aprile 1959.

4. Il telefono fu inventato in America dall'italiano Antonio Meucci...
   a. nel 1857.
   b. nel 1957.
   c. nel 1557.

5. Guglielmo Marconi riuscì a trasmettere messaggi a distanza senza l'aiuto dei fili...
   a. nel 1685.
   b. nel 1985.
   c. nel 1895.

6. L'americano Edison inventò la lampadina elettrica...
   a. nel 1960.
   b. nel 1579.
   c. nel 1879.

7. Negli Stati Uniti i fratelli Wright riuscirono a volare con un apparecchio a motore...
   a. nel 1703.
   b. nel 1903.
   c. nel 1945.

8. Il primo orologio fu costruito intorno al...
   a. 1360.
   b. 1660.
   c. 1860.

Risposte:
1-a, 2-b, 3-a, 4-a, 5-c, 6-c, 7-b, 8-a

Punteggio:
6–8 risposte corrette: Eccezionale!
4–5 risposte corrette: Così così!
0–3 risposte corrette: Dovresti studiare la storia!

Prima di leggere

Quante parole conosci? Scegli le parole che conosci, usandole in altrettante frasi che ne rendano chiaro il loro significato. Ricerca quelle che non sai in un dizionario.

MODELLO   servire
            Il mio lavoro consiste nel servire la gente.

1. l'ora
2. la temperatura
3. il soffitto
4. la sveglia
5. radiocontrollato
6. la videoproiezione
7. esterno
8. indossare
9. uscire
10. lo sguardo
11. approfittare
12. scegliere

L'ora scientifica con Oregon Scientific

25.6°C
16:38

"VI SERVIREMO L'ORA E LA TEMPERATURA DOVE VOLETE. ANCHE SUL SOFFITTO".

Oregon Scientific

Meteora.

Per chi da una sveglia radiocontrollata vuole anche la videoproiezione.

BAR338P Oregon Scientific è la sveglia con proiezione dell'ora e della temperatura esterna. Vorresti scegliere cosa indossare per uscire stando comodamente a letto? E' possibile grazie a Meteora, infatti, basterà un semplice sguardo al soffitto per conoscere l'ora e la temperatura esterna. Approfitta per stare qualche minuto in più a rilassarti lasciandoti servire. BAR338P Oregon Scientific lascia scegliere ai tuoi occhi! Linea sveglie con videoproiezione di Oregon Scientific a partire da 35,00 €.

Courtesy Line 199.112277 - info@oregonscientific.it

O R E G O N
SCIENTIFIC

Disponibili negli Stores Oregon Scientific di Milano, Via Pattari, 2 e Roma, Via del Tritone 195/196
e in tutti i punti vendita autorizzati Oregon Scientific.

Dopo la lettura

Hai una sveglia? Rispondi liberamente alle seguenti domande.

1. Tu hai una sveglia? È simile a *Meteora*?
2. Porti sempre l'orologio? Perché sì/no? Di che marca è? Descrivilo.
3. Perché gli orologi per uomo e quelli per donna sono spesso differenti nello stile? Pensi che sia giusto? Perché sì/no?
4. A chi regaleresti un orologio o una sveglia? Perché?

Stimolo linguistico

A. In una gioielleria. Con un compagno / una compagna, svolgi dei mini-dialoghi, seguendo il modello. Nota che dovrai usare le varie forme dell'aggettivo dimostrativo e le varie forme dell'aggettivo possessivo **mio.** Te le ricordi?

MODELLO   orologio / quello / ragazza
—**Vorrei vedere quell'orologio.**
—**Per chi lo vuole comprare?**
—**Per la mia ragazza.**

1. orologio / questo / ragazzo
2. anello *(ring)* / quello / fidanzato
3. braccialetto *(bracelet)* / questo / ragazza
4. orecchini *(earrings)* / quello / amica
5. collana *(necklace)* / questo / fidanzata
6. spilla *(brooch)* / quello / ragazza

B. Botta e risposta. Con un compagno / una compagna, svolgi i seguenti compiti comunicativi.

MODELLO   Chiedi al tuo compagno / alla tua compagna quanti ne abbiamo oggi.
—**Debbie, quanti ne abbiamo oggi?**
—**Oggi ne abbiamo quindici.**

Chiedi ad un tuo compagno / una tua compagna...

1. a che ora si alza di solito la mattina.
2. a che ora va a dormire di solito.
3. che ore sono adesso.
4. quando è nato (-a) (la data completa).
5. che giorno della settimana è.
6. in che mese siamo.
7. quanti ne abbiamo oggi.
8. a che ora inizia la lezione d'italiano.
9. in che stagione siamo.

VOCABOLARIO

Giorni, mesi, stagioni, numeri

Giorni

lunedì	*Monday*
martedì	*Tuesday*
mercoledì	*Wednesday*
giovedì	*Thursday*
venerdì	*Friday*
sabato	*Saturday*
domenica	*Sunday*

Mesi e stagioni

gennaio	*January*
febbraio	*February*
marzo	*March*
aprile	*April*
maggio	*May*
giugno	*June*
luglio	*July*
agosto	*August*
settembre	*September*
ottobre	*October*
novembre	*November*
dicembre	*December*
la primavera	*spring*
l'estate	*summer*
l'autunno	*fall, autumn*
l'inverno	*winter*

✦ The definite article is used with the days of the week and other time expressions to indicate a habitual occurrence.

Lunedì vado al cinema.	Il lunedì vado sempre al cinema.
Monday I'm going to the movies.	*On Mondays (Every Monday) I always go to the movies.*
Domenica guardo la partita.	La domenica guardo la partita.
Sunday I'm watching the game.	*On Sundays (Every Sunday) I watch the game.*
Stasera ascolto la radio.	La sera ascolto la radio.
Tonight I'm listening to the radio.	*In the evenings I listen to the radio.*

Numeri

1. uno	16. sedici	40. quaranta
2. due	17. diciassette	50. cinquanta
3. tre	18. diciotto	60. sessanta
4. quattro	19. diciannove	70. settanta
5. cinque	20. venti	80. ottanta
6. sei	21. ventuno	90. novanta
7. sette	22. ventidue	100. cento
8. otto	23. ventitré	200. duecento
9. nove	24. ventiquattro	…
10. dieci	25. venticinque	1.000 mille
11. undici	26. ventisei	2.000 duemila
12. dodici	27. ventisette	
13. tredici	28. ventotto	1.000.000.000 un milione
14. quattordici	29. ventinove	2.000.000.000 due milioni
15. quindici	30. trenta	

✦ From 20 to 99: Add on the numbers from 1 to 9, dropping the final vowel before **uno** and **otto** (since these two begin with a vowel), and accenting the numbers ending in **-tré: trentuno, cinquantotto, novantatré.** Note that **uno,** and numbers ending in **-uno,** are inflected like the indefinite article when they occur before a noun (or preceding adjective): **uno studente, trentun giorni, ventuno studenti, quarantun anni,** and so on.

✦ The numbers can be written as one word (223.000 = **duecentoventitremila**) or as separate words **(duecento ventitré mila).**

✦ When followed by a noun, **di** is put before **milione: un milione di dollari, tre milioni di euro,** and so on.

✦ Here are some useful expressions:

circa, quasi	*almost, nearly*
il doppio	*double*
una dozzina	*a dozen*
una ventina di, una trentina di,...	*about twenty, thirty . . .*
centinaio (*pl* centinaia)	*hundred(s)*
migliaio (*pl* migliaia)	*thousand(s)*

✦ Finally, note the following:

l'addizione:	*addition:*
due più due fa quattro	*two plus two makes four*
la sottrazione:	*subtraction:*
due meno due fa zero	*two minus two makes zero*
la moltiplicazione:	*multiplication:*
due per due fa quattro	*two times two makes four*
la divisione:	*division:*
due diviso due fa uno	*two divided by two makes one*
pari (*invariable*)	*even*
dispari (*invariable*)	*odd*

Applicazione

A. Indovina. Rispondi, seguendo il modello.

MODELLO   È il primo giorno della settimana.
           Il primo giorno della settimana è lunedì.

1. È il primo mese dell'anno.
2. Ha 28 giorni.
3. Ha inizio il 21 marzo.
4. È l'ultimo mese dell'anno.
5. I mesi della primavera.
6. I mesi con 30 giorni.
7. Ultimo giorno della settimana dedicato tradizionalmente al riposo.
8. È la stagione più calda.
9. È la stagione più fredda.
10. Ha inizio il 21 settembre.

B. Che fai? Con un compagno / una compagna, svolgi i seguenti minidialoghi, seguendo i modelli.

MODELLI   lunedì / di solito
           —Che fai il lunedì di solito?
           —Il lunedì esco con gli amici / vado a lezione d'italiano / ecc.

           lunedì
           —Che fai lunedì?
           —Lunedì penso di andare a vedere il nuovo film di spionaggio.

1. sabato sera / di solito
2. domenica
3. la sera / di solito
4. stasera
5. domenica / di solito
6. l'estate / di solito

C. Di solito. Indica quello che fai di solito nelle seguenti giornate o nei seguenti mesi.

1. il sabato
2. il venerdì
3. di giugno
4. di luglio
5. di agosto
6. il giovedì
7. di settembre
8. il mercoledì
9. di ottobre
10. il martedì
11. di novembre
12. il lunedì

D. Indovinelli numerici. Scrivi (in lettere, **non** in numeri) la risposta alle seguenti operazioni, seguendo i modelli.

MODELLI 34, 36, 38…
quaranta

3 + 9 =
Tre più nove fa dodici.

1. 1, 3, 5…
2. 2, 4, 6…
3. 12, 15, 18…
4. 25, 35, 45…
5. 123, 223, 323…
6. 3.002, 5.002, 7.002…
7. $34 \times 20 =$
8. $90.000 \div 90 =$
9. 78 + 45 =
10. 4.567 + 1.111 =
11. $560 \times 3 =$
12. 456 − 234 =
13. 12 + 890 =

E. Giochiamo ancora con i numeri. Di' le seguenti cose in maniera diversa.

MODELLI Ho bisogno di dodici rose.
Ho bisogno di una dozzina di rose.

Ci sono quasi venti studenti in questa classe.
Ci sono una ventina di studenti in questa classe.

1. Conosco quasi trenta studenti in questa classe.
2. Bruno ha circa venti orologi!
3. In questo corso ci sono dodici studenti.
4. Per quell'orologio ho pagato due volte di più!
5. Alla festa sono venute quasi cento persone.
6. Al concerto c'erano circa mille persone.
7. Il governo ha quasi 2.000.000 di deficit.
8. Ho quasi sessantanni.

STRUTTURA

5.1 Verbi riflessivi

Al presente indicativo e congiuntivo

✦ Reflexive verbs require reflexive pronouns (*myself, yourself,* etc.), because they are verbs that allow speakers to refer back to the subject. They are placed right before the verb, which is then conjugated in the usual way in present tenses.

✦ Here is an example of **lavarsi** *to wash oneself* conjugated in the present indicative and subjunctive:

Present Indicative		
io	mi lavo	*I wash myself*
tu	ti lavi	*you wash yourself*
lui / lei / Lei	si lava	*he/she washes himself/herself, you wash yourself (pol)*
noi	ci laviamo	*we wash ourselves*
voi	vi lavate	*you wash yourselves*
loro	si lavano	*they wash themselves*

Present Subjunctive		
che io	mi lavi	*that I wash myself*
che tu	ti lavi	*that you wash yourself*
che lui / lei / Lei	si lavi	*that he/she washes himself/herself, you wash yourself*
che noi	ci laviamo	*that we wash ourselves*
che voi	vi laviate	*that you wash yourselves*
che loro	si lavino	*that they wash themselves*

✦ In the present progressive, the reflexive pronouns can come before **stare** (the most common position) or can be attached to the gerund: **vestirsi** *to get dressed:* **mi sto vestendo / sto vestendomi** *I'm getting dressed.*

✦ The same pattern applies to modal constructions (verb constructions with **potere** *to be able to,* **dovere** *to have to,* **volere** *to want to*): **mi devo vestire / devo vestirmi** *I have to get dressed.* Note that when a reflexive pronoun is attached to the infinitive, the **-e** is dropped: **sentire / sentirsi** *to feel;* **vestire / vestirmi** *to dress myself;* etc.

All'imperativo

✦ The imperative of reflexive verbs is formed by attaching the reflexive pronouns only to the familiar (nonpolite) forms (second-person singular and plural, first-person plural). They precede the polite ones (third-person singular and plural). Note that the stress remains where it would normally be without the pronoun attachments:

	alzarsi *to get up*	**mettersi** *to put on*	**pulirsi** *to clean oneself*
tu	alzati	mettiti	pulisciti
Lei	si alzi	si metta	si pulisca
noi	alziamoci	mettiamoci	puliamoci
voi	alzatevi	mettetevi	pulitevi
Loro	si alzino	si mettano	si puliscano

◆ In the negative form of the imperative, the pronoun can be put before or after the nonpolite forms:

	Before	After
tu	Non ti alzare!	Non alzarti!
Lei	Non si alzi!	——
noi	Non ci alziamo!	Non alziamoci!
voi	Non vi alzate!	Non alzatevi!
Loro	Non si alzino!	——

Categorie di verbi riflessivi

◆ Some verbs have both a reflexive and a nonreflexive form:

Nonreflexive	Reflexive
alzare *to raise up, lift*	alzarsi *to get up*
chiamare *to call*	chiamarsi *to be called, named*
comprare *to buy*	comprarsi *to buy for oneself*
lavare *to wash*	lavarsi *to wash oneself*
mettere *to put*	mettersi *to put on*
pulire *to clean*	pulirsi *to clean oneself*
svegliare *to wake (someone)*	svegliarsi *to wake up*

◆ Some verbs have only a reflexive form:

divertirsi	*to enjoy oneself*
rendersi conto	*to realize*
sedersi*	*to sit (down)*

◆ A few have optional reflexive and nonreflexive forms with the same meaning:

dimenticare / dimenticarsi	*to forget*
ricordare / ricordarsi	*to remember*

◆ Some verbs can be changed into reflexives that have a reciprocal meaning:

telefonare – telefonarsi	*to phone one another*
Noi ci telefoniamo ogni sera.	*We phone each other every evening.*
parlare – parlarsi	*to speak to one another*
Loro non si parlano.	*They do not speak to each other.*

Pres. Ind.: mi siedo, ti siedi, si siede, ci sediamo, vi sedete, si siedono
Pres. Subj.: mi sieda, ti sieda, si sieda, ci sediamo, vi sediate, si siedano
Imp.: siediti, si sieda, sediamoci, sedetevi, si siedano

Applicazione

A. **Novità moda.** Dai seguenti annunci pubblicitari mancano i verbi indicati. Mettili nelle loro forme appropriate (presente indicativo, presente congiuntivo, presente progressivo, indicativo o congiuntivo) secondo il caso.

1. Solo chi porta uno Swatch (divertirsi) _____ e si gode *(enjoys)* la vita!

2. Vuoi (vestirsi) _____ con gusto *(tastefully)*? (Comprarsi) _____ gli abiti Fendi!

3. (Svegliarsi) _____ sempre troppo tardi la mattina? Se comprate uno Swatch non dovete più (preoccuparsi) _____: vi sveglierete sempre in orario!

4. Forse non tutti noi (rendersi conto) _____ di quanto sia importante un buon orologio!

5. (Dimenticarsi) _____ sempre la data? Non (ricordarsi) _____ il giorno della settimana? Mettiti un orologio che indica ore, minuti, secondi, data e mese.

6. Vuoi un orologio che (svegliarsi) _____ in musica? Metti al polso questo bellissimo orologio «Made in Italy!»

7. Volete sapere sempre l'ora? Volete un vero «computer» da polso? Volete un'originale ed utilissima idea regalo? (Comprarsi) _____ il nostro orologio!

8. Quando io devo (ricordarsi) _____ l'ora, (mettersi) _____ sempre lo Swatch!

B. **Siediti!** Di' alle seguenti persone di fare le cose indicate, seguendo il modello.

MODELLO   Di' a tuo padre di sedersi.
           Siediti!

Di'…

1. a tua sorella di non sedersi.
2. al signor Giusti di non sedersi.
3. a Michele e Vanna di ricordarsi di comprare i biglietti.
4. a tuo fratello di non dimenticarsi di spegnere la TV.
5. al piccolo Luigi di lavarsi le mani.
6. a tua madre di mettersi il cappotto.
7. ai tuoi amici di vestirsi in fretta.

6. La routine. Settimana dopo settimana a casa tua si fanno sempre le stesse cose. Completa le frasi, scegliendo il verbo giusto e mettendolo nella sua forma appropriata.

1. Il lunedì mio fratello (lavare / lavarsi) _____ i piatti.
2. Il martedì io (chiamare / chiamarsi) _____ la mia amica.
3. Il mercoledì, di solito, io e il mio amico Carlo (telefonare / telefonarsi) _____!
4. Il giovedì mia sorella e le sue amiche (incontrare / incontrarsi) _____ al Bar Italia.
5. Il venerdì mia madre (fare / farsi) _____ la spesa.
6. La domenica tutti noi (svegliare / svegliarsi) _____ tardi.

D. Tocca a te! Usa ciascuno dei seguenti verbi in una frase che ne renda chiaro il suo significato.

1. pulire
2. pulirsi
3. chiamare
4. chiamarsi
5. mettere
6. mettersi
7. lavare
8. lavarsi
9. sedersi
10. rendersi conto
11. parlare
12. parlarsi

5.2 Dimostrativi

✦ Demonstratives can have adjective and pronoun functions and forms. The demonstrative adjective **questo** *this* is inflected like a normal adjective. The demonstrative adjective **quello** *that,* on the other hand, is inflected in a way that parallels how the definite article (see Chapter 3) and the adjective **bello** (Chapter 3) are inflected.

Masculine		Feminine	
Singular	**Plural**	**Singular**	**Plural**
this	*these*	*this*	*these*
questo / quest'	questi	questa / quest'	queste
questo ragazzo	questi ragazzi	questa zia	queste zie
quest'amico	questi amici	quest'amica	queste amiche
that	*those*	*that*	*those*
quello / quell' / quel	quegli / quei	quella / quell'	quelle
quello zio	quegli zii	quella ragazza	quelle ragazze
quello studente	quegli studenti	quella zia	quelle zie
quello psicologo	quegli psicologi	quell'amica	quelle amiche
quell'amico	quegli amici		
quel ragazzo	quei ragazzi		

✦ Demonstrative adjectives can be easily "transformed" into pronouns (*this one, that one,* etc.) as follows:

The pronoun forms of **questo** are the same as those of the adjective, except that **quest'** is not used:

Questo ragazzo è bravo.	Questo è bravo.	*This one is good.*
Questi libri sono nuovi.	Questi sono nuovi.	*These ones are new.*
Questa radio è nuova.	Questa è nuova.	*This one is new.*
Queste cose sono belle.	Queste sono belle.	*These ones are nice.*
Quest'orologio è mio.	Questo è mio.	*This one is mine.*

The pronoun forms of **quello** are **quello** *(s)* / **quelli** *(pl)* in the masculine, and **quella** *(s)* / **quelle** *(pl)* in the feminine:

Quel ragazzo è bravo.	Quello è bravo.	*That one is good.*
Quello zio è americano.	Quello è americano.	*That one is American.*
Quell'amico è francese.	Quello è francese.	*That one is French.*
Quei libri sono nuovi.	Quelli sono nuovi.	*Those ones are new.*
Quegli zii sono americani.	Quelli sono americani.	*Those ones are American.*
Quegli amici sono francesi.	Quelli sono francesi.	*Those ones are French.*
Quella donna è simpatica.	Quella è simpatica.	*That one is nice.*
Quell'amica è brava.	Quella è brava.	*That one is good.*

Applicazione

A. *Questo o quello?* Sei un commesso/una commessa in una gioielleria. Con un compagno/una compagna svolgi i seguenti minidialoghi, seguendo il modello.

MODELLO   orologio
　　　　　　　—Signore / Signora, desidera quest'orologio o quell'orologio?
　　　　　　　—Non desidero né questo né quello!

1. orologi	5. spilla *(broach)*
2. anello *(ring)*	6. collane *(necklace)*
3. braccialetto *(bracelet)*	7. orecchini *(earrings)*
4. braccialetti	

B. Quanto costa quest'orologio? Con un tuo compagno/una tua compagna prepara dei mini-dialoghi, seguendo il modello.

MODELLO   orologio / 150 euro
　　　　　　　—Quanto costa quest'orologio?
　　　　　　　—Costa centocinquanta euro.

1. anello / 550 euro
2. braccialetto / 2.000 euro
3. orecchini / 375 euro
4. spilla / 80 euro
5. penne / 30 euro
6. libri / 100 euro in tutto

C. Le piace quell'orologio? Con un tuo compagno / una tua compagna, prepara dei minidialoghi, seguendo il modello.

MODELLO   orologio / 1.000
               —Le piace quell'orologio?
               —Sì, mi piace. Quanto costa?
               —Costa mille euro!
               —(liberamente) **Allora preferisco quello che costa di meno.**

1. anello / 900
2. braccialetto / 3.500
3. orecchini / 500
4. spilla / 345

5.3 Possessivi

✦ Possessive adjectives and pronouns have the same forms.

	Masculine Forms		Feminine Forms	
	Singular	**Plural**	**Singular**	**Plural**
my, mine	il mio	i miei	la mia	le mie
your (fam), yours	il tuo	i tuoi	la tua	le tue
his/her, its; your, yours (pol)	il suo	i suoi	la sua	le sue
our, ours	il nostro	i nostri	la nostra	le nostre
your, yours (pl)	il vostro	i vostri	la vostra	le vostre
their, theirs	il loro	i loro	la loro	le loro

Adjective Uses

Il mio orologio è nuovo.
My watch is new.

La mia stagione preferita è la primavera.
My favorite season is spring.

Il loro amico arriva lunedì.
Their friend arrives Monday.

Pronoun Uses

Il mio è vecchio.
Mine is old.

La vostra qual è?
What's yours?

Il nostro arriva domani.
Ours arrives tomorrow.

✦ Note that the definite article is part of the form. It is dropped only under certain circumstances, and these will be discussed in the next chapter.

✦ The use of the indefinite article, rather than the definite one, before a possessive gives the idea *of mine, of yours,* etc.: **un mio amico** *a friend of mine,* **una loro amica** *a friend of theirs,* etc.

✦ Caution must be exercised with the **suo** forms. These agree with the noun they modify in gender and number, and can mean either **his, her,** or **your** *(pol).* Potential ambiguity can be avoided with **di lui** and **di lei.**

l'amico di Gianni	il suo amico	l'amico di lui	*his friend*
l'amico di Maria	il suo amico	l'amico di lei	*her friend*
l'amica di Gianni	la sua amica	l'amica di lui	*his friend*
l'amica di Maria	la sua amica	l'amica di lei	*her friend*
etc.			

◆ To distinguish between *your (pol)* and *his, her,* in writing, the possessive may be capitalized: **il suo amico** *his/her friend* vs. **il Suo amico** *your friend.* The same applies in the plural: **i loro amici** *their friends* vs. **i Loro amici** *your (pol) friends.*

◆ The form **il proprio** renders the idea of one's own: **Ciascuno ama i propri figli** *Everyone loves one's own children.* The use of **il proprio** with the possessive adjective is an emphatic device, rendering the idea of *my very own, your very own,* etc.: **L'ho fatto con le mie proprie mani** *I did it with my very own hands.*

◆ With reflexive verbs, the possessive adjective is often unnecessary, unless there is a need to indicate the possessor of an object. Thus, it is usually omitted and replaced with the definite article: **Mi metto la giacca** *I'm putting on my jacket;* **Lei si lava la faccia** *She is washing her face.*

◆ The article is always used with the pronoun forms, but may be dropped when the forms follow a linking verb (**essere**) as a predicate:

È il mio libro.   È il mio. / È mio. *It's mine.*
Sono i nostri libri.   Sono i nostri. / Sono nostri. *They're ours.*

Applicazione

A. Possessivi. Indica la forma del possessivo indicato e poi volgi al plurale.

MODELLO   orologio / *my*
            il mio orologio
            i miei orologi

1. televisore / *my*
2. collana / *my*
3. braccialetto / *your (fam, sing)*
4. spilla / *your (pol, sing)*
5. auto / *his*
6. auto / *her*
7. penna / *their*
8. libro / *their*
9. professore / *our*
10. amica / *your (pl)*

B. Occhio ai possessivi. Con un compagno / una compagna, svolgi i seguenti mini-dialoghi, seguendo il modello.

MODELLO   —È tuo l'orologio?
            —Sì, è il mio orologio.
            —Ma è proprio il tuo?
            —Sì, è il mio!

1. È tua la penna?
2. È di Marianna l'orologio?
3. È vostra la macchina?
4. È di Marcello la medicina?
5. È mio il caffè?
6. Sono nostri i dischi?
7. Sono di Gianni i libri?
8. È mia la foto?
9. Sono nostri gli orologi?
10. Sono tue le cassette?

C. No, non è un suo amico. Rispondi negativamente alle seguenti domande usando gli aggettivi possessivi.

> MODELLO   Questo è un amico di John?
> **No, non è un suo amico.**

1. Questa è l'automobile dei signori Smith?
2. Signor Rossi, questi sono i Suoi libri?
3. Questo è un tuo amico?
4. Signore, questa è la mia penna?
5. Signorina, questo libro è mio?

D. Come si dice in italiano? Traduci le seguenti frasi.

1. His friends are all Italian; hers, instead, are all American.
2. Her courses are always interesting; his, on the other hand, are not.
3. Her mother and his mother know each other.
4. His ideas contradict her ideas.

COMUNICAZIONE

Indicare l'ora

Che ora è? / Che ore sono?

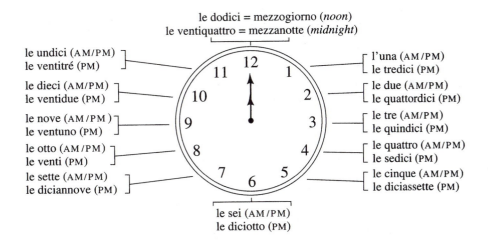

le dodici = mezzogiorno (*noon*)
le ventiquattro = mezzanotte (*midnight*)

le undici (AM/PM) / le ventitré (PM)
le dieci (AM/PM) / le ventidue (PM)
le nove (AM/PM) / le ventuno (PM)
le otto (AM/PM) / le venti (PM)
le sette (AM/PM) / le diciannove (PM)
le sei (AM/PM) / le diciotto (PM)
l'una (AM/PM) / le tredici (PM)
le due (AM/PM) / le quattordici (PM)
le tre (AM/PM) / le quindici (PM)
le quattro (AM/PM) / le sedici (PM)
le cinque (AM/PM) / le diciassette (PM)

✦ Both the 12-hour and 24-hour clocks are used in Italy. The latter is used for official times (radio and television broadcasts, airline and train schedules, etc.).

✦ Here's the simplest way to tell time:

	Hour	and	Minutes
3:22	le tre / le quindici	e	ventidue
4:56	le quattro / le sedici	e	cinquantasei
10:12	le dieci / le ventidue	e	dodici

◆ To indicate the minutes from the half hour to the hour, it is more common to give the hour minus (**meno**) the number of minutes left to reach it:

	Next Hour	Less	Minutes
3:58	le quattro	meno	due
4:40	le cinque	meno	venti
10:50	le undici	meno	dieci

◆ The verb **mancare** can also be used: 3:58 = *It's two minutes before four* = **Mancano due minuti alle quattro;** 4:40 = **Mancano venti minuti alle cinque;** 1:59 = **Manca un minuto alle due;** and so on.

◆ Note the following:

un quarto	*a quarter*
mezzo (mezza)	*half past*

3:15	le tre	e	quindici / un quarto
4:30	le quattro	e	trenta / mezzo (mezza)
10:45	le dieci	e	quarantacinque / tre quarti
	le undici	meno	un quarto

◆ Periods during the day:

il mattino	*morning*
la mattina	
di mattina / della mattina	AM *(of the morning)*
del mattino	
il pomeriggio	*afternoon*
di pomeriggio / del pomeriggio	*of the afternoon*
la sera	*evening*
di sera / della sera	PM *(of the evening)*
la notte	*night*
di notte / della notte	*of the night*
il mezzogiorno	*noon*
a mezzogiorno	*at noon*
la mezzanotte	*midnight*
a mezzanotte	*at midnight*
il minuto	*minute*
il secondo	*second*

◆ So, instead of **le quattordici,** one can say **le due del pomeriggio.** Here are some equivalent ways to relate time at specific periods of the day and night.

Che ora è? / Che ore sono?

1:00 PM	È l'una del pomeriggio.	Sono le tredici.
7:00 PM	Sono le sette di sera.	Sono le diciannove.
8:00 AM	Sono le otto del mattino.	Sono le otto.
12:00 PM	È mezzogiorno.	Sono le dodici.
12:00 AM	È mezzanotte.	Sono le ventiquattro.
1:00 AM	È l'una di notte.	È l'una.

Applicazione

A. Il gioco delle ore. Con un compagno / una compagna, crea dei minidialoghi. Nota che devi far finta *(pretend)* di non aver capito fino a quando non avrai esaurito *(until you have exhausted)* i vari modi per indicare l'ora. Segui il modello.

MODELLO   9:45 PM
—Che ora è? / Che ore sono, Tom?
—Sono le nove e quarantacinque.
—Scusa, non ho capito.
—Ho detto che sono le dieci meno un quarto / quindici.
—Scusa, non ho ancora capito.
—Ho detto che mancano quindici minuti alle dieci di sera.
—Scusa veramente, ma non ho capito di nuovo.
—Ho detto che sono le ventuno e tre quarti.
ecc.

1. 1:20 AM
2. 1:50 PM
3. 2:30 PM
4. 12:00 AM
5. 12:00 PM

6. 3:15 PM
7. 11:59 PM
8. 9:45 AM
9. 10: 30 AM
10. 9:40 PM

B. A che ora apre la banca? Con un compagno / una compagna, crea dei mini-dialoghi basati sui seguenti orari. Segui il modello.

	APRE	CHIUDE
BANCA	8:30	15:30
UFFICIO POSTALE	9:00	17:00
	COMINCIA	FINISCE
FILM	20:20	22:40
CONCERTO	19:30	21:50
	PARTE	ARRIVA
TRENO	6:15	12:00
AEREO	12:30	16:45

MODELLO   —A che ora apre la banca?
—Mi pare che la banca apra alle otto e trenta (mezzo) del mattino.

C. A che ora? Rispondi alle seguenti domande con delle frasi complete.

1. Di solito, a che ora ti alzi la mattina per andare a scuola o al lavoro? A che ora vai a dormire la sera?
2. Il weekend a che ora ti alzi? A che ora vai a dormire?
3. Studi tutte le sere? Quante ore studi ogni sera?

Esprimere rapporti di tempo

nel frattempo	*in the meanwhile*
più tardi	*later*
tra / fra poco	*in a little while*
tra / fra dieci minuti	*in ten minutes (from now)*
tra / fra due giorni	*in two days (from now)*
preciso / esatto	*exactly*
l'una precisa / esatta	*exactly one o'clock*
le due precise / esatte	*exactly two o'clock*
in punto	*on the dot*
l'una in punto	*one o'clock on the dot*
le due in punto	*two o'clock on the dot*
fa	*ago*
due minuti fa	*two minutes ago*
un anno fa	*a year ago*
scorso	*last*
lunedì scorso	*last Monday*
il mese scorso	*last month*
la settimana scorsa	*last week*
prossimo	*next*
lunedì prossimo	*next Monday*
il mese prossimo	*next month*
la settimana prossima	*next week*
in ritardo	*late*
in anticipo	*early*
in orario	*on time*

✦ Time relations:

presto *early*	tardi *late*
oggi *today*	domani *tomorrow*
	domani mattina *tomorrow morning*
	domani pomeriggio *tomorrow afternoon*
	domani sera *tomorrow evening*
ieri *yesterday*	dopodomani *the day after tomorrow*
l'altro ieri *the day before yesterday*	
stamani *this morning*	stasera *this evening*
stamattina *this morning*	stanotte *this night*
adesso/ora *now*	dopo *after*
prima *first*	poi *then*
appena *just*	spesso *often*
	solo *only*
sempre *always*	mai *never*
	di rado *rarely*
	ogni giorno *every day*
	ogni tanto *every once in a while*
	qualche volta *sometimes*

✦ Note the different ways the word *time* is expressed in Italian:

tempo	*time (in general)*
Il tempo vola.	*Time flies.*
ora	*hour (clock or measured time)*
Che ora è?	*What time is it?*
Che ore sono?	
volta	*time (number of occasions)*
L'ho fatto due volte.	*I did it two times.*
una volta al mese	*once a month*
due volte alla settimana	*twice a week*

Applicazione

A. Sai completare gli spazi vuoti? Completa gli spazi vuoti usando le seguenti parole.

prossima	scorso	poco
ritardo	ore	mai
volte	fa	punto

1. Che _____ sono? Sono le tre e un quarto.

2. Quando arriva Claudio? Arriva fra _____.

3. L'aereo è arrivato all'una in _____.

4. Il treno è arrivato cinque minuti _____.

5. Sabato _____ sono andato al cinema.

6. Domenica _____ parto per l'Italia.

7. Il treno è in orario? No, è in _____.

8. Il signor Martini va spesso a teatro? No, non ci va _____.

9. Te l'ho già detto mille _____, ma tu non mi ascolti mai!

B. Chi sei? Cosa fai? Completa il seguente questionario. Con esso vogliamo sapere chi sei e che cosa fai durante il tuo tempo libero. Tutte le risposte saranno trattate con la massima riservatezza. Grazie.

1. Vai al cinema?		2. Per quanto tempo guardi la TV la sera?	
No, non vado mai al cinema.		un'ora	
Sì, una volta al mese.		due ore	
Sì, una volta alla settimana.		tre ore	
Sì, una volta all'anno.		un'ora e mezza	
Sì, due volte al mese.		Non la guardo.	
3. Vai al ristorante?		4. Agli appuntamenti di solito arrivi...	
Sì, spesso.		in ritardo?	
No, non ci vado mai.		in anticipo?	
Sì, qualche volta.		in orario?	
5. Ascolti la musica classica?		6. Quale giornale leggi di solito?	
Sì, l'ascolto sempre.			
Sì, l'ascolto ogni tanto.			
No, non l'ascolto mai.			

7. Quanti libri hai letto il mese scorso?	8. Altre attività. Quante volte al mese...	mai	1 volta	2–3 volte	più di 3 volte
	vai al museo?				
	vai in discoteca?				
	vai in chiesa?				
	assisti ad una attività sportiva?				

C. Ora nel tuo quaderno scrivi dieci frasi sul tuo tempo libero e sulle cose che ti piace / non piace fare.

Indicare la data

Quanti ne abbiamo?

✦ A common expression for asking for, and reporting, the date is **Quanti ne abbiamo?** (literally *How many of them [days] do we have?*). The answer is **Ne abbiamo** + *number of the day.*

	Ne abbiamo tre.	*It's the third.*
Quanti ne abbiamo oggi?	È il tre maggio.	*It's May 3rd.*
What's the date today?	Ne abbiamo uno.	*It's the first.*
	È il primo ottobre.	*It's October 1st.*

Quando sei nato (-a)?

Cardinal number of the day	(optional)	month	(optional)	year
Sono nato (-a) il quindici	(di)	settembre	(del)	1994
Sono nato (-a) l'otto	(di)	gennaio	(del)	1992
Sono nato (-a) il primo	(di)	aprile	(del)	1993

✦ Note that cardinal numbers are used for dates. The only exception is the first day of the month, for which the ordinal number **primo** is used: **È il primo (di) ottobre** *It's October 1.*

Applicazione

Quanti ne abbiamo? Con un compagno / una compagna, crea dei mini-dialoghi, seguendo il modello.

MODELLO   21 settembre
          —**Quanti ne abbiamo oggi, Debbie?**
          —**Ne abbiamo ventuno. È il ventuno (di) settembre (del)...** *(year)*. **Perché?**
          —(a piacere) **Perché penso che sia il compleanno di mia sorella.**

1. 4 aprile
2. 1 ottobre
3. 23 dicembre
4. 2 febbraio
5. 30 marzo
6. 27 luglio
7. 15 settembre
8. 10 agosto
9. 5 giugno
10. 8 gennaio
11. 7 novembre

✦ IL MOMENTO CREATIVO

Con un compagno/una compagna, metti in scena la seguente situazione.

Sei in una gioielleria e vuoi comprare qualcosa per il tuo fidanzato/la tua fidanzata. Il commesso/la commessa ti mostra orologi, collane, anelli, braccialetti, ecc. Alla fine compri qualcosa di veramente strano e gli/le spieghi il perché.

✦ CULTURA ◇◇◇◇◇◇◇◇◇◇◇◇◇◇◇◇◇◇◇◇◇◇◇◇◇

Tradizioni

Le principali feste italiane sono il Natale, l'Epifania, il Carnevale, la Pasqua e il Ferragosto.

Il Natale si celebra in maniera nordamericana con l'albero di Natale, con le tipiche giornate di shopping natalizio prima del 25 dicembre e con Babbo Natale che porta tanti bei regali ai bambini buoni.

L'Epifania è caratterizzata dalla venuta della Befana, un personaggio mitico, una vecchia che la notte tra il 5 e il 6 gennaio passa per i camini *(chimneys)* e porta doni *(gifts)* ai bambini, riempiendo le loro calze vuote.

Il Carnevale è il periodo festivo che precede la Quaresima *(Lent)*, e si festeggia con balli, mascherate e vari divertimenti. Il Carnevale più famoso è quello di Venezia. Dal Carnevale si passa alla Quaresima che culmina nella celebrazione pasquale. La domenica di Pasqua in Italia si celebra con il classico pranzo di famiglia. Tradizionalmente durante questo periodo sono in vendita nei negozi le uova pasquali (quelle tradizionali di cioccolata) e la colomba pasquale (un dolce, chiamato così perché ha la forma di una colomba).

Il Ferragosto (15 agosto) è una festa nazionale in onore dell'Assunta *(Assumption)*. Gli Italiani approfittano di questa pausa estiva (che viene estesa ai giorni precedenti e seguenti il 15) per andare tutti in vacanza, abbandonare il caldo infernale delle grandi città e cercare rifugio sulle spiagge, sulle montagne e sui laghi. ✦

Applicazione

A. Ricordi quello che hai letto? Indica se ciascuna delle seguenti affermazioni è vera (V) o falsa (F).

_____ 1. In Italia, il Natale non si celebra in maniera nordamericana.

_____ 2. La Befana porta doni ai bambini.

_____ 3. Il Carnevale segue la Quaresima.

_____ 4. Il Carnevale più famoso è quello di Venezia.

_____ 5. In Italia, a Pasqua, nei negozi si vendono le colombe pasquali.

_____ 6. Per il Ferragosto gli Italiani rimangono tutti in città.

B. Opinioni e paragoni.

1. Quali feste celebrate a casa tua?
2. Descrivi la celebrazione delle varie feste a casa tua.
3. Cerca informazioni sul Carnevale in un'enciclopedia o su Internet. Esiste una tradizione simile al Carnevale nel Nord America? Quale?
4. C'è una festa simile al Ferragosto? Quale?

Stimolo alla lettura

I mesi dell'anno. Ogni mese dell'anno richiama alla mente *(calls to mind)* qualcosa di particolare: febbraio, il giorno di San Valentino; agosto, la spiaggia e il mare; dicembre, le feste. A te ogni mese dell'anno a cosa fa pensare? Completa liberamente le seguenti caselle. Poi paragona le tue risposte con la poesia di Renzo Pezzani.

1. gennaio — il freddo, la neve, i pupazzi di neve *(snowmen)*
2. febbraio —
3. marzo —
4. aprile —
5. maggio —
6. giugno —
7. luglio —
8. agosto —
9. settembre —
10. ottobre —
11. novembre —
12. dicembre —

Ghirlandetta dei mesi

Leggi attentamente la seguente poesia di Renzo Pezzani. Mentre leggi, annota le caratteristiche di ogni mese.

Dice Gennaio: — Chiudete quell'uscio[1].
Dice Febbraio:— Io sto nel mio guscio[2].
Marzo apre un occhio ed inventa i colori.
Aprile copre ogni prato[3] di fiori.
Maggio ti porge[4] la rosa più bella.
Giugno ha nel pugno[5] una spiga[6] e una stella.
Luglio si beve il ruscello[7] di un fiato[8].
Sonnecchia[9] Agosto in un'ombra sdraiato.
Settembre morde[10] le uve violette.
Più saggio[11] ottobre nel tino[12] le mette.
Novembre fa di ogni sterpo[13] fascina[14].
Verso il Presepe[15] Dicembre cammina.

[1]*door* [2]*shell* [3]*meadow* [4]*offers you* [5]*fist* [6]*ear of corn* [7]*brook, stream* [8]*in a single gulp*
[9]*dozes off* [10]*bites* [11]*wise* [12]*vat* [13]*dry twig* [14]*a bundle of sticks* [15]*Nativity Scene*

Dopo la lettura

A. Il gioco delle coppie. Combina le definizioni della colonna a sinistra con le parole o espressioni della colonna a destra.

1. sinonimo di «porta»
2. il contrario di «aprire»
3. fiore con spine *(thorns)*
4. tutto in una volta
5. dormire a tratti
6. sinonimo di «morsicare»
7. ricostruzione della nascita di Gesù
8. sinonimo di «giudizioso», «prudente»

a. rosa
b. di un fiato
c. uscio
d. chiudere
e. mordere
f. sonnecchiare
g. saggio
h. il Presepe

B. Ricordi quello che hai letto? Abbina le frasi riportate a sinistra con il mese corrispondente.

1. Apre un occhio ed inventa i colori.
2. Copre ogni prato di fiori.
3. Ti porge la rosa più bella.
4. Sonnecchia in un'ombra sdraiato.
5. Si beve il ruscello di un fiato.

a. aprile
b. agosto
c. luglio
d. maggio
e. marzo

C. I mesi dell'anno. Spiega, con parole tue, il significato delle seguenti frasi.

1. Dice Gennaio: Chiudete quell'uscio.
2. Giugno ha nel pugno una spiga.
3. Settembre morde le uve violette.
4. Ottobre mette l'uva nel tino.
5. Dice Febbraio: Io sto nel mio guscio.

CON FANTASIA

A. Problemi numerici. Sei in grado di *(Can you)* risolvere i seguenti problemi? Discuti le tue soluzioni in classe.

1. Gianni ha 22 anni e Maria ne ha la metà più nove. Quanti anni ha Maria?
2. Giorgio deve pagare un debito che, se moltiplicato per due e poi diviso per 100, equivale a 20 euro. Quanto è il suo debito?
3. In un cassetto ci sono 20 calzini, dieci rossi e dieci azzurri. Senza guardare nel cassetto, quanti calzini deve prendere una persona per assicurarsi di averne **due** dello stesso colore?

B. L'invito. La settimana prossima vuoi andare al cinema e vuoi invitare uno dei tuoi compagni / una delle tue compagne di classe. Tu sei libero (-a) solo tre sere. Va' in giro per la classe con la tua agendina *(datebook)* e trova qualcuno disposto (-a) ad andare al cinema con te. Segui il modello.

MODELLO —Vuoi venire con me al cinema venerdì?
—Sì, volentieri, ma quanti ne abbiamo venerdì?
—Ne abbiamo 18.
—Mi dispiace, ma il 18 non posso.
—E domenica?
—Beh, vediamo. Domenica ne abbiamo 20. Sì, domenica posso.

C. In poche parole. Descrivi / Racconta brevemente ai tuoi compagni...

1. com'era il tuo primo orologio
2. la storia di un appuntamento mancato perché l'orologio si era fermato

D. Tema. Ecco delle massime sul tempo. Servendoti del dizionario, cerca il significato di queste espressioni. Poi illustrane il valore con una breve storiella.

1. Le ore del mattino hanno l'oro *(gold)* in bocca.
2. Meglio tardi che mai.
3. Il tempo è denaro.
4. Chi ha tempo non aspetti tempo.

Servizi avanzati per telefonini

Newsline

a cura di Paolo Conti e Il Mago d'Ebiz
(info@ilmagodebiz.it)

INTERNET SUL CELLULARE

Notizie del WAP? Sta meglio, grazie

I servizi avanzati per i telefonini sembravano destinati all'agonia. Invece quest'estate sono risorti. E promettono di durare a lungo.

Internet in tasca. Un sogno cibernetico coltivato per anni ma anche irrealizzato. Il Wap, primo tentativo di portare Internet sui telefonini, ha deluso le aspettative di tutti; il Gprs stenta tuttora a decollare; mentre la rete superveloce Umts ha tutta l'aria di un fallimento annunciato. Questa è la realtà. O meglio, la era fino a quest'estate.

A dispetto delle aspettative, infatti, gli ultimi mesi hanno visto un rinnovato interesse da parte degli utenti nei confronti dei servizi cellulari evoluti. Gli Mms, i messaggini multimediali sono stati solo la punta dell'iceberg. Tim (www.tim.it), Vodafone-Omnitel (www.vodafoneomnitel.it) e Wind (www.wind.it) hanno registrato un netto incremento di fatturato, anche grazie ad alcuni nuovi prodotti lanciati proprio quest'estate. Vodafone-Omnitel ha realizzato con Legambiente (www.legambiente.it) un servizio che permette agli utenti di conoscere lo stato del-

le acque italiane via telefono e Sms. Risultato: le richieste via Sms hanno superato di gran lunga quelle tradizionali. Wind vede crescere ogni giorno le richieste ai propri servizi Wap. In prima fila suonerie e i loghi per il telefonino, ma anche il nuovo servizio Slowfood che offre percorsi per conoscere l'Italia mangereccia. Discorso analogo per Tim, che con il lancio dei messaggini multimediali ha visto un incremento radicale nel traffico sulla propria rete.

BOOM ESTIVO
Nei mesi scorsi i gestori di telefonia hanno registrato un aumento nell'uso dei servizi wap

Ma l'Mms piace di più

Il Wap è un linguaggio di descrizione delle pagine Internet che ne consente la visione tramite un telefono cellulare. Stando alle stime più recenti, in Italia sono attivi più di 20 milioni di telefonini in grado di navigare su siti Internet Wap, sebbene siano pochissimi gli utenti che sfruttano effettiva-

mente questa funzione. Piace moltissimo, invece, il messaggino multimediale, l'Mms, che permette di inviare fotografie: per la fine dell'anno in tutto il mondo ci saranno circa 415 milioni di nuovi apparecchi telefonici e entro marzo 2004 verranno inviati 120 milioni di Mms al trimestre.

Studio del vocabolario

Spiega con parole tue il significato dei seguenti termini. Usa un dizionario appropriato.

1. il telefonino cellulare
2. una rete superveloce
3. gli utenti
4. un incremento di fatturato
5. i percorsi
6. messaggini multimediali
7. un linguaggio di descrizione delle pagine Internet

Applicazione

A. Ti ricordi quello che hai letto?

1. Chi ha registrato un netto incremento di fatturato?
2. Perché?
3. Quale serivizio permette agli utenti di conoscere lo stato delle acque italiane via telefono?
4. Chi vede crescere ogni giorno le richieste ai propri servizi Wap?
5. Quale servizio offre percorsi per conoscere l'Italia mangereccia?
6. Che cos'è il Wap?
7. Quanti telefonini in grado di navigare su siti Internet Wap erano attivi in Italia, quando è stato scritto l'articolo? Quanti pensi ne siano attivi adesso?
8. Che cosa piace moltissimo?

B. Discussione in classe.

1. Hai un telefonino? Se sì, descrivilo?
2. Per quali motivi lo usi? Perché?
3. Temi che ci siano delle conseguenze mediche che potrebbero risultare dall'uso dei cellulari? Se sì, quali?
4. Come si comunicherà nel futuro?

✦ LESSICO UTILE ◇◇◇◇◇◇◇◇◇◇◇◇◇◇◇◇◇◇◇◇◇◇

NOMI

l'addizione (f)	addition
agosto	August
anticipo; in anticipo	advance; early
aprile	April
l'autunno	fall, autumn
la data	date
dicembre	December
la divisione	division
domani	tomorrow
domenica	Sunday
la dozzina	a dozen
l'estate	summer
febbraio	February
gennaio	January
giovedì	Thursday
giugno	June
l'inverno	winter
la lancetta	hand of a watch/clock
luglio	July
lunedì	Monday
maggio	May
martedì	Tuesday
marzo	March
il mattino / la mattina	morning
mercoledì	Wednesday
la meteora	meteor
la mezzanotte	midnight
il mezzogiorno	noon
il minuto	minute
la moltiplicazione	multiplication
la notte	night
novembre	November
l'ora	hour, time
l'orario	time, timetable
ottobre	October
il pomeriggio	afternoon
la primavera	spring
la proiezione	projection
il ritardo; in ritardo	delay; late
sabato	Saturday
il secondo	second
la sera	evening
settembre	September
lo sguardo	glance
il soffitto	ceiling
la sottrazione	subtraction
la sveglia	alarm clock
la temperatura	temperature

il tempo	time (in general)
venerdì	Friday
la volta	time (number of occasions)

AGGETTIVI

dispari	odd
doppio	double
esatto	exact
esterno	external
pari	even
preciso	precise
prossimo	next (e.g., next year)
roseo	rosy, pink
scorso	last (e.g., last year)

VERBI

alzare	to raise up, lift
alzarsi	to get up
approfittare	to take advantage
chiamare	to call
chiamarsi	to be called, named
comprare	to buy
comprarsi	to buy for oneself
dimenticare / dimenticarsi	to forget
divertirsi	to enjoy oneself
dovere	to have to
indossare	to wear, put on
lavare	to wash
lavarsi	to wash oneself
mettere	to put
mettersi	to put on
potere	to be able to
pulire	to clean
pulirsi	to clean oneself
rendersi conto	to realize
ricordare / ricordarsi	to remember
scegliere	to choose, select
sedersi	to sit (down)
sentirsi	to feel
servire	to serve
svegliare	to wake (someone)
svegliarsi	to wake up
uscire	to go out
vestire	to dress (someone)
vestirsi	to dress oneself
volere	to want to

Altre espressioni

adesso / ora	*now*
a letto	*in bed*
appena	*just*
circa	*almost, nearly*
comodamente	*comfortably*
di rado	*rarely*
dopo	*after*
dopodomani	*the day after tomorrow*
grazie a	*thanks to*
ieri	*yesterday*
mai	*never*
oggi	*today*
ogni tanto	*every once in a while*
poi	*then*
presto	*early*
prima	*first*
qualche volta	*sometimes*
quasi	*almost*
sempre	*always*
solo	*only*
spesso	*often*
stamani / stamattina	*this morning*
stanotte	*this night*
stasera	*this evening*
tardi	*late*
tra / fra	*between, among, in*

Numeri

uno	*one*
due	*two*
tre	*three*
quattro	*four*
cinque	*five*
sei	*six*
sette	*seven*
otto	*eight*
nove	*nine*
dieci	*ten*
undici	*eleven*
dodici	*twelve*
tredici	*thirteen*
quattordici	*fourteen*
quindici	*fifteen*
sedici	*sixteen*
diciassette	*seventeen*
diciotto	*eighteen*
diciannove	*nineteen*
venti	*twenty*
ventuno	*twenty-one*
ventidue	*twenty-two*
ventitré	*twenty-three*
ventiquattro	*twenty-four*
venticinque	*twenty-five*
ventisei	*twenty-six*
ventisette	*twenty-seven*
ventotto	*twenty-eight*
ventinove	*twenty-nine*
trenta	*thirty*
quaranta	*forty*
cinquanta	*fifty*
sessanta	*sixty*
settanta	*seventy*
ottanta	*eighty*
novanta	*ninety*
cento	*one hundred*
duecento	*two hundred*
mille	*one thousand*
duemila	*two thousand*
un milione	*one million*
due milioni	*two million*

Capitolo 6 | In famiglia

QUANTO SAI GIÀ?

A. La mia famiglia. Indica chi sono gli attuali membri della tua famiglia. Descrivi la loro apparenza fisica e le loro qualità di carattere.

MODELLO   Mio padre è un uomo alto. È molto simpatico e umoristico...

B. Descrivi le usanze che tu e la tua famiglia avete per festeggiare...

1. gli anniversari.
2. le nascite.
3. i compleanni.
4. i fidanzamenti.
5. le nozze.

C. Sai compilare i moduli *(to fill out forms)*? Accoppia gli *items* delle due colonne in modo logico. Misura il tempo che hai impiegato per completare questo esercizio. Chi sarà il/la più «veloce» della classe?

1. nome	a. IBM
2. cognome	b. (06) 301-2234
3. nazionalità	c. Roma
4. codice postale	d. 23 giugno 1990
5. numero di telefono	e. Santini
6. luogo di nascita	f. 00135
7. data di nascita	g. italiana
8. datore di lavoro	h. Giovanna
9. indirizzo	i. programmatrice
10. occupazione	j. *Giovanna Santini*
11. firma	k. Via Pascoli, 34
12. e-mail	l. gsantini@hotmail.it

Tempo impiegato:

0–30 secondi: Sei molto veloce nel compilare moduli, ma quasi sicuramente non hai controllato le tue risposte.

30–90 secondi: Sei molto bravo (-a) nel compilare moduli: ma hai controllato le tue risposte?

più di 91 secondi: Bravo (-a)! Nel compilare moduli la velocità conta poco. È più importante che il modulo sia compilato bene.

Prima di leggere

Hai una carta di credito? Rispondi alle seguenti domande, discutendo le tue risposte con gli altri membri della classe.

1. Tu hai una carta di credito? Se ce l'hai, qual è? È una carta familiare o individuale? Per quali motivi la usi?
2. Dove tieni la carta? In tasca? Nel portafoglio? Nella borsa?
3. Pensi che la carta di credito sia una «tentazione»? Spiega la tua risposta.
4. Nella tua famiglia chi usa spesso la carta di credito? Perché?
5. Secondo te, quali sono i vantaggi *(advantages)* e gli svantaggi *(disadvantages)* connessi *(connected)* con la carta di credito? Per esempio, pensi che sia utile per l'assistenza stradale, l'assistenza medica, gli sconti al cinema, il noleggio di un'auto?

Tutto in una carta

Dopo la lettura

A. Ricordi quello che hai letto? Completa la seguente tabella in base al contenuto del manifesto pubblicitario.

La carta ACI

Usi	Indirizzo Internet	Numero verde	Caratteristiche generali
(per es., riviste)			

B. La carta American Express. Compila il seguente modulo di richiesta per la carta American Express.

Stimolo linguistico

A. Il passato prossimo. Ecco quello che hai fatto ultimamente *(lately)* con la tua carta di credito. Usa il passato prossimo, seguendo il modello. Te lo ricordi?

MODELLO   comprare un regalo per mia madre ieri
Con la mia carta di credito ho comprato un regalo per mia madre ieri.

Con la mia carta di credito...

1. pagare il conto al ristorante ieri sera
2. fare benzina stamattina
3. ordinare i biglietti per il concerto due giorni fa
4. saldare *(to pay off)* un vecchio debito la settimana scorsa
5. comprare un nuovo vestito cinque mesi fa

B. Autopresentazione. Parla di te stesso (-a), seguendo il modello.

MODELLO   Di' alla classe quali lingue parli.
Parlo l'inglese e l'italiano.

Di' alla classe...

1. quale professione vuoi fare.
2. quali corsi stai seguendo.
3. se hai un fidanzato / una fidanzata e come si chiama.
4. chi sono i membri della tua famiglia.
5. dove abiti e dove vorresti abitare nel futuro.

VOCABOLARIO

I familiari

Maschile	Femminile
il cognato *brother-in-law*	la cognata *sister-in-law*
il cugino *cousin*	la cugina *cousin*
il figlio *son*	la figlia *daughter*
il fratellastro *stepbrother, half-brother*	la sorellastra *stepsister, half-sister*
il fratello *brother*	la sorella *sister*
il genero *son-in-law*	la nuora *daughter-in-law*
il marito *husband*	la moglie *wife*
il nipote *grandson/nephew*	la nipote *grandaughter/niece*
il nonno *grandfather*	la nonna *grandmother*
il padre *father*	la madre *mother*
il papà / il babbo *dad*	la mamma *mom*
il patrigno *stepfather*	la matrigna *stepmother*
il suocero *father-in-law*	la suocera *mother-in-law*
lo zio *uncle*	la zia *aunt*

✦ Here are some useful terms:

i genitori	*parents*
il / la parente	*relative*
il / la parente lontano (-a) / stretto (-a)	*distant/near relative*
il / la parente acquisito (-a)	*in-law*
la parentela	*kinship*

Applicazione

A. L'albero genealogico *(family tree)*. Ecco la famiglia di Carlo Berti. Studia il suo albero genealogico e poi completa le frasi e identifica i membri corrispondenti della tua famiglia, seguendo il modello. Completa, infine, il tuo albero genealogico e presentalo alla classe.

MODELLO   Sandro Berti è suo _____.
—padre
—Mio padre, invece, si chiama...
—Il mio patrigno si chiama...

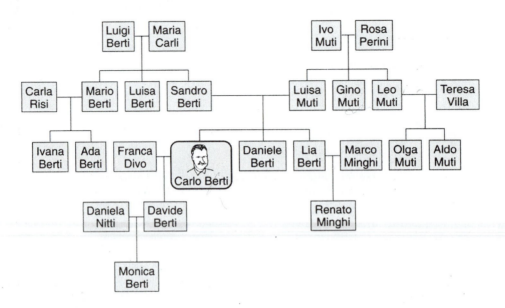

1. Luigi Berti, Maria Carli, Ivo Muti e Rosa Perini sono i suoi _nonni_.
2. Carla Risi e Luisa Berti sono le sue _zie_.
3. Gino e Leo Muti sono i suoi _zii_.
4. Ivana Berti e Ada Muti sono le sue _cugine_.
5. Aldo Muti è suo _cugino_.
6. Luisa Muti è sua _madre_.
7. Lia Berti è sua _sorella_.
8. Daniele Berti è suo _fratello_.
9. Franca Divo è sua _nuora_.
10. Marco Minghi è suo _genero cognato_.
11. Renato Minghi è suo _nipote_.
12. Davide Berti è suo _figlio_.
13. Daniela Nitti è sua _nuora_.
14. Monica Berti è sua _nipote_.

B. Differenze familiari. Spiega la differenza tra ciascun membro delle seguenti coppie.

1. un fratello e un fratellastro
2. un genitore / una genitrice e un / una parente
3. una sorella e una sorellastra
4. un parente lontano e un parente stretto
5. un padre e un patrigno
6. una madre e una matrigna
7. un parente e un parente acquisito

✦ GRAMMATICA ◇◇◇◇◇◇◇◇◇◇◇◇◇◇◇◇◇◇◇◇◇◇◇◇◇◇◇

STRUTTURA

6.1 I possessivi e i nomi di parentela

✦ The use of the definite article with possessive adjectives before family members and relatives is governed by certain rules:

1. If the noun is singular and unmodified, the article is dropped before all possessive adjectives except **loro:**

Singular & Unmodified	Modified or Plural
Mio fratello è molto bravo. *My brother is very good.*	I miei fratelli sono alti. *My brothers are tall.* Il mio fratello maggiore è simpatico. *My older brother is nice.* Il mio fratellino è molto vivace. *My little brother is very lively.*
Mia moglie si chiama Paola. *My wife's name is Paola.*	La mia ex moglie si chiama Laura. *My ex-wife's name is Laura.*
Il loro zio abita lontano. *Their uncle lives far away.*	I loro zii abitano lontano. *Their uncles live far away.*

2. The article is not dropped from possessive pronouns:

Mio zio è italiano. E il tuo? Nostra zia arriva domani. E la vostra?	*My uncle is Italian. And yours?* *Our aunt is arriving tomorrow. And yours?*

3. With **mamma, papà, babbo, nonno,** and **nonna** the use of the article is optional:

Mia mamma è un bravo medico. / La mia mamma è un bravo medico.
My mom is a good doctor.

Nostra nonna è una brava donna. / La nostra nonna è una brava donna.
Our grandmother is a nice woman.

4. Note that with **famiglia, bambino (-a),** and **fidanzato (-a)** the article is never optional (**la mia famiglia, il mio bambino, la mia fidanzata**).

5. The article is omitted in idiomatic phrases such as: **a casa mia** *(at my house)*, **è colpa mia** *(it's my fault)*.

6. In direct speech, the possessive adjective often follows the noun and is used without the definite article:

Dio mio, aiutami!   *My God, help me!*
Amica mia, cosa farei senza di te!   *My friend, what would I do without you?*
Bambino mio, fa' attenzione!   *My child, be careful!*

Applicazione

A. Con o senza l'articolo? Davanti a ciascun nome o frase nominale, premetti il possessivo indicato. Poi volgi l'intera frase al plurale.

    MODELLO   *my . . .* amico
                     il mio amico – i miei amici

my . . .
1. nonno   2. cugina   3. cugino americano   4. compagna

your (fam, sing) . . .
5. madre   6. mamma   7. zio simpatico   8. insegnante d'italiano

his . . .
9. zio   10. sorella   11. madre simpatica   12. padre simpatico

her . . .
13. fratello   14. sorellina   15. cognato ricco   16. papà

our . . .
17. famiglia   18. parente   19. compagna   20. zia vecchia

your (pl) . . .
21. amica   22. suocero   23. nuora ricca   24. suocera bella

their . . .
25. fratello   26. sorella   27. babbo   28. nonno

B. Foto di famiglia. Porta delle foto di famiglia in classe. Poi presenta liberamente alla classe le persone nelle foto. Invita tutta la classe a farti delle domande. Fa' attenzione all'uso dell'articolo davanti al nome.

MODELLO   —Questo è mio fratello Alessandro.
               —Quanti anni ha tuo fratello?
               —Ventisei anni. Questi sono i miei cugini...

6.2 Il passato prossimo

✦ The present perfect indicative is a compound tense; that is, it is made up of two parts—an auxiliary verb (**avere** or **essere**) in the present tense and the past participle (**il participio passato**) of the verb. In general, it renders the English past tenses illustrated by such forms as *I have spoken, I spoke, I did speak.*

✦ The past participles of regular verbs are formed as follows:

-are	-ere	-ire
parlare	ripetere	partire
parlato	ripetuto	partito

✦ Most verbs are conjugated with **avere.** When a verb is conjugated with **essere,** its past participle "behaves" like an adjective; that is, it agrees with the gender and number of the subject of the sentence: **Il ragazzo è partito. / La ragazza è partita.**

✦ Here are two verbs conjugated in the **passato prossimo:**

	with *avere* parlare	with *essere* partire
io	ho parlato	sono partito (-a)
tu	hai parlato	sei partito (-a)
lui / lei	ha parlato	è partito (-a)
noi	abbiamo parlato	siamo partiti (-e)
voi	avete parlato	siete partiti (-e)
loro	hanno parlato	sono partiti (-e)

✦ The past participle of verbs whose infinitives end in **-ciare** and **-giare** are written with the **i: cominciato, mangiato,** etc.

✦ Here are some common verbs with irregular past participles:

Verb	Past Participle
aprire *to open*	aperto
bere *to drink*	bevuto
chiedere *to ask for*	chiesto
correre *to run*	corso
chiudere *to close*	chiuso
dare *to give*	dato
decidere *to decide*	deciso
dire *to say*	detto
discutere *to discuss*	discusso
essere/stare *to be/to stay*	stato
fare *to do, make*	fatto
leggere *to read*	letto
mettere *to put, place*	messo
morire *to die*	morto
nascere *to be born*	nato
offrire *to offer*	offerto
parere *to seem*	parso
perdere *to lose*	perso (*or* perduto)
prendere *to take*	preso
rimanere *to remain*	rimasto
rispondere *to answer*	risposto
rompere *to break*	rotto
scegliere *to choose*	scelto
scendere *to go down*	sceso
scoprire *to discover*	scoperto
scrivere *to write*	scritto
succedere *to happen*	successo
togliere *to take away*	tolto
vedere *to see*	visto (*or* veduto)
venire *to come*	venuto
vivere *to live*	vissuto
vincere *to win*	vinto

✦ Note the present perfect of the expression **esserci: c'è stato (-a)** *there has been* / **ci sono stati (-e)** *there have been.*

✦ The general form of the third person of verbs conjugated with **essere** is the masculine past participle: **Sono partiti** *They (in general) have left* / **Sono partite** *They (females only) have left.*

✦ With the polite **Lei** form of address, the past participle can be made to agree either with the **Lei** subject, whose grammatical gender is feminine, or the actual sex of the subject:

With *Lei* subject	With sex of subject
Signor Giusti, è già arrivata Lei?	Signor Giusti, è già arrivato Lei?
Mr. Giusti, have you arrived already?	*Mr. Giusti, have you arrived already?*
Signora Giusti, è già arrivata Lei?	Signora Giusti, è già arrivata Lei?
Mrs. Giusti, have you arrived already?	*Mrs. Giusti, have you arrived already?*

✦ In general, it can be said that verbs in the **passato prossimo** are conjugated with **avere.** There are, however, some guidelines that will allow you to determine if the auxiliary to be used is **essere.**

✦ **Essere** is used with . . .

1. all reflexive (and reciprocal) verbs:

	sentire *to hear*	sentirsi *to feel*
io	ho sentito	mi sono sentito (-a)
tu	hai sentito	ti sei sentito (-a)
lui / lei	ha sentito	si è sentito (-a)
noi	abbiamo sentito	ci siamo sentiti (-e)
voi	avete sentito	vi siete sentiti (-e)
loro	hanno sentito	si sono sentiti (-e)

2. **piacere** (see Chapter 2), whose past participle agrees with the person(s) / thing(s) that are liked:

Mi piace la pizza.	Mi è piaciuta quella pizza.
I like pizza.	*I liked that pizza.*
Gli piacciono gli spaghetti.	Gli sono piaciuti gli spaghetti.
He likes spaghetti.	*He liked the spaghetti.*

3. impersonal verbs: **mancare** *(to lack),* **importare** *(to matter),* **bastare** *(to be enough),* **costare** *(to cost),* **volerci** *(to need, be required),* **accadere / succedere** *(to happen):*

Tu ci manchi molto.	Tu ci sei mancato molto.
We miss you a lot.	*We missed you a lot.*
Per superare l'esame basta solo studiare.	Per superare l'esame è bastato solo studiare.
To pass the exam it is enough to study.	*To pass the exam it was enough to study.*
Non m'importa niente.	Non mi è mai importato niente.
Nothing matters to me.	*Nothing has ever mattered to me.*
Le medicine costano troppo.	Le medicine sono costate troppo.
Medicines cost too much.	*The medicines cost too much.*
Ci vogliono due minuti per farlo.	Ci sono voluti due minuti per farlo.
It takes two minutes to do it.	*It took two minutes to do it.*
Che cosa succede/accade?	Che cosa è successo/accaduto?
What's happening?	*What happened?*

4. linking verbs:

essere *to be*	Maria è stata qui ieri. *Mary was here yesterday.*
sembrare *to seem*	Lucia mi è sembrata stanca. *Lucia seemed tired to me.*
parere *to appear*	Lucia mi è parsa stanca. *Lucia seemed tired to me.*
diventare/divenire *to become*	Loro sono diventati rossi. *They became red (in the face).*

5. some verbs referring to movement (or lack of it) and to psychological/ physical states involving change such as *going crazy* and *aging.* Here's a list of some of these:

andare	*to go*	nascere	*to be born*
arrivare	*to arrive*	partire	*to leave, depart*
arrossire	*to blush*	passare	*to pass by*
cadere	*to fall*	rimanere	*to remain*
dimagrire	*to lose weight*	scappare	*to run away, escape*
entrare	*to enter*	stare / restare	*to stay, remain*
fuggire	*to run away, escape*	tornare / ritornare	*to return, come back*
impazzire	*to go crazy*	uscire	*to go out*
invecchiare	*to age, grow old*	venire	*to come*
morire	*to die*		

✦ Some verbs are conjugated with either **essere** or **avere** as follows. If the verb is used transitively (taking a direct object), it is conjugated with **avere.** If it is used intransitively (not taking a direct object), it is conjugated with **essere:**

	Transitive Usage	Intransitive Usage
finire *to finish*	Lui ha finito il lavoro. *He finished the job.*	La lezione è finita alle tre. *The class ended at three.*
cominciare *to begin, start*	Lei ha cominciato la lezione. *She started the class.*	La lezione è appena cominciata. *The class has just begun.*
✳ salire *to go up*	Ho salito le scale. *I went up the stairs.*	Sono salito (-a) sulla scala. *I went up the ladder.*
✳ scendere *to go down*	Ho sceso le scale. *I went down the stairs.*	Sono sceso (-a) dalla scala. *I came down off the ladder.*
correre *to run*	Ho corso il rischio di perdere l'aereo. *I ran the risk of losing the flight.*	Sono corso (-a) all'ospedale. *I ran to the hospital.*
saltare *to jump, skip*	Ho saltato la cena. *I skipped dinner.*	Il gatto è saltato dalla finestra. *The cat jumped from the window.*
passare *to pass/ go through*	Ho passato l'estate al mare. *I passed summer at the sea.*	Sono passato anche per Venezia. *I also went through Venice.*

Applicazione

A. La settimana scorsa... La settimana scorsa Claudia ha fatto la seg[
La lista è stata scritta ovviamente al presente. Mettila al passato.

MODELLO   Lunedì – Il mio papà va in centro...
Lunedì scorso il mio papà è andato in centro.

11 – 16 NOVEMBRE

LUNEDÌ
- *Papà va in centro* ~ è andato in centro
- *Mamma resta a casa* è stata a casa

MARTEDÌ
- *Viene Luisa* è venuta
- *Andiamo a mangiare insieme* siamo andate

MERCOLEDÌ
- *Leggere «Gli Indifferenti» di Moravia* ho letto
- *Scrivere una lettera a Carlo* ho scritto

GIOVEDÌ
- *Papà e mamma vanno in banca. Chiudono il vecchio conto e ne aprono uno nuovo* sono andati, hanno chiuso

VENERDÌ
- *Dire a mamma di telefonare alla nonna* ho detto

SABATO
- *Fare la spesa* ho fatto

DOMENICA
- *Rispondere all'invito di Luisa* ho risposto

sa hai fatto ieri? Svolgi i seguenti compiti comunicativi, seguendo il ...

o   Chiedi a tuo fratello che cosa *fare* ieri.
      Alessandro, che cosa hai fatto ieri?

... ieri tu *perdere* la borsa.
... al signor Berti che cosa *bere* ieri.
... a tua sorella se ieri *chiedere* ai genitori di uscire.
... alla signora Berti se *decidere* di comprare quel nuovo romanzo.

5. Chiedi al signor Brunelleschi se *dire* quelle cose a sua moglie.
6. Chiedi ai tuoi genitori se *dare* dei soldi a tua sorella ieri e se *mettere* i tuoi soldi in banca.
7. Chiedi al tuo fratellino se sa chi *scoprire* l'America.
8. Chiedi alla tua amica se *vedere* Sandra due giorni fa.
9. Chiedi a tua sorella se ieri *rispondere* lei alla telefonata di Carlo.

C. Essere o non essere? Completa gli spazi vuoti con la forma appropriata del passato prossimo del verbo fra parentesi. Sta' attento (-a) agli ausiliari.

MODELLO   Mario **si è alzato** (alzarsi) alle otto.

1. I loro amici _sono andati_ (andare) in centro.
2. Piero _è svegliò_ (svegliarsi) tardi.
3. Marco e Maria _sono telefonati_ (telefonarsi) ieri sera.
4. La ragazza _è divenuta_ (divenire) bianca per la paura.
5. Alla madre di Giorgio non _è piaciuto_ (piacere) quello che voi due _avete fatto_ (fare).
6. La loro amica _è passata_ (passare) dal bar ma _è andata_ (andare) via subito.
7. Quando _avete visto_ (vedere) la polizia, i due ragazzi _sono fuggiti_ (fuggire) via e non _sono ritornati_ (ritornare) più.
8. Maria _ha finito_ (finire) il lavoro da sola.
9. Marco _ha cominciò_ (cominciare) a fare i compiti.
10. Il film che noi _abbiamo visto_ (vedere) insieme ieri sera _è cominciato_ (cominciare) con un po' di ritardo.
11. Giorgio _ha saltata_ (saltare) l'ostacolo, _è caduto_ (cadere) e _si è fatto_ (farsi) male.

D. Che cosa hai fatto la settimana scorsa? Scrivi delle frasi al passato prossimo, servendoti dei seguenti verbi.

aprire, bere, correre, dire, decidere, leggere, mettere, vincere, perdere, scrivere, scegliere, scendere, arrossire, entrare

MODELLO   **La settimana scorsa ho letto due romanzi italiani.**

E. Liberamente. Usa ciascuno dei seguenti verbi liberamente in una frase che ne illustri il suo uso al passato prossimo.

1. dare	5. nascere	9. accadere	13. mancare	17. impazzire
2. dire	6. rispondere	10. vivere	14. importare	18. invecchiare
3. discutere	7. rompere	11. esserci	15. volerci	19. bastare
4. rimanere	8. succedere	12. divertirsi	16. dimagrire	20. tornare

6.3 Le preposizioni articolate

✦ The prepositions **a** *(to, at)*, **di** *(of)*, **in** *(in)*, **da** *(from)*, and **su** *(on)* contract with the definite article, forming what is known as **preposizioni articolate:**

	lo	l'	gli	il	i	la	le
a	allo	all'	agli	al	ai	alla	alle
di	dello	dell'	degli	del	dei	della	delle
in	nello	nell'	negli	nel	nei	nella	nelle
da	dallo	dall'	dagli	dal	dai	dalla	dalle
su	sullo	sull'	sugli	sul	sui	sulla	sulle

✦ Other prepositions—**per** *(for, through)*, **sotto** *(under)*, **dietro** *(behind)*, **tra / fra** *(between, among)*, **sopra** *(above)*, etc.—do not contract: **al ragazzo / per il ragazzo; dello specchio** *(of the mirror)* **/sopra lo specchio.**

✦ **Con** *(With)* can be contracted optionally, especially with **il** and **l': con il padre / col padre; con l'auto / coll'auto.**

✦ A prepositional noun phrase (a noun phrase introduced by a preposition) can have two general forms:

1. Prepositional contraction (= preposition + article) + noun

dal medico	*at/to the doctor's*
dall'avvocato	*at/to the lawyer's*
dalla zia	*at/to my aunt's place*
dall'Italia	*from Italy*
dalla Sicilia	*from Sicily*
al cinema	*to the movies*
alla spiaggia	*at the beach*

2. Preposition + noun

a casa	*(at) home*
a piedi	*on foot*
a + *city* (a Roma)	*in/at/to + city*
in Italia / Francia / Sicilia / ecc.	*in Italy/France/Sicily/etc.*
in + *means of transportation* (in macchina)	*by/in/on + means of transportation*

◆ It can be assumed that most phrases will have the form of (1) on page 169. However, through constant usage, some phrases (such as **a casa**) reveal form (2). These are learned only through practice. Some may have both forms (with or without a difference in meaning):

Form (1)

al centro   *downtown*
del mattino   *in the morning*

Form (2)

in centro   *downtown*
di mattina   *in the morning*

◆ In general, when a prepositional noun phrase is constructed without the contraction (form 2), then the noun is singular and unmodified. If it is altered or modified in any way, the phrase must be restored to its contracted form (form 1):

Singular and/or unmodified

Ieri sono andata a casa presto.
Yesterday I went home early.

Mio fratello è andato in centro ieri.
My brother went downtown yesterday.

Ci sono bei posti in Italia da visitare.
There are beautiful places in Italy to visit.

Plural and/or modified

Sei mai andato alla casa nuova di Maria?
Have you ever gone to Mary's new house?

È andato nel centro storico.
He went to the historical downtown.

Ci sono dei bei posti nell'Italia centrale.
There are beautiful places in central Italy to visit.

Applicazione

A. Le preposizioni. Dalla seguente pubblicità della Carta Spenditutto mancano le preposizioni. Inseriscile opportunamente nelle loro forme appropriate (semplici o articolate).

Abitate _____ città, _____ centro, _____ periferia? Non importa dove abitate, avrete bisogno _____ Carta Spenditutto. Tenetela sempre _____ voi, quando siete _____ casa, _____ ufficio, _____ cinema, _____ teatro, _____ spiaggia, _____ montagna, insomma, dappertutto! Se dovete andare _____ medico, _____ avvocato, portatevela *(bring it)* _____ voi. Se dovete andare _____ Roma, _____ Siena, _____ Spagna, _____ Francia, dovunque, portatevela sempre dietro! Se andate _____ Italia meridionale o _____ Francia centrale, _____ grandi centri di turismo o _____ periferie _____ grandi città, portate la Carta Spenditutto! _____ tutti questi posti accettano sicuramente la Carta Spenditutto. E quando siete _____ casa, non buttatela *(throw it)* _____ un tavolo, _____ un cassetto *(drawer)* o _____ scaffali *(bookshelves)*, ma conservatela _____ un posto sicuro. La Carta Spenditutto è molto preziosa.

    La Carta Spenditutto è esclusivamente _____ voi!

B. Usiamo le preposizioni. Prepara una pubblicità simile per un'altra carta di credito. Poi leggi la tua pubblicità in classe. Fa' attenzione alle preposizioni.

COMUNICAZIONE
Parlare di sé

Question	Answer
Come si chiama? *What's your name?*	Mi chiamo... *My name is . . .*
È sposato (-a)? *Are you married?*	Non ancora. *Not yet.*
Di dov'è? *Where are you from?*	Sono di Roma. *I'm from Rome.*
Dove abita? *Where do you live?*	Abito a Milano, in via Torino, vicino a Piazza del Duomo. *I live in Milan, on Torino St., near the Duomo Square.*
Dove è nato (-a)? *Where were you born?*	Sono nato (-a) in Italia. *I was born in Italy.*
Di che colore sono i Suoi capelli? *What's your hair color?*	Sono biondo (-a), bruno (-a)... *I'm blond(e), brown . . .* Ho i capelli neri, biondi... *I have black, blond hair . . .*
Quanto pesa? *How much do you weigh?*	Peso... chili. *I weigh . . . kilos.*
Quanto è alto (-a)? *How tall are you?*	Sono alto (-a)... un metro* e... *I'm . . . one meter and . . . tall.*
Che titolo di studio ha? *What education do you have?*	Sono laureato (-a). *I have a university degree.* Ho la maturità. *I have a high school diploma.*
Che lavoro fa? *What do you do?*	Non lavoro. Sono ancora studente/ studentessa. *I don't work. I'm still a student.*
Ha un impiego? *Do you have a job?*	Sì, lavoro part-time. *Yes, I have a part-time job.*
Quale carriera vorrebbe intraprendere? *Which career would you like to pursue?*	Vorrei fare l'architetto. *I would like to be an architect.*

* One meter is approximately three feet and four inches. A five-foot-ten-inch tall person is approximately one meter and fifty centimeters tall.

Applicazione

A. Il personaggio misterioso. Nella seguente intervista mancano la domande. Forniscile opportunamente. Non dimenticare alla fine di identificare il personaggio intervistato.

1. _____ —Sì, e ho una figlia.
2. _____ —Sono nato negli Stati Uniti.
3. _____ —Ho i capelli grigi.
4. _____ —Peso 70 chili.
5. _____ —Sono alto 1 metro e 80.
6. _____ —Sono laureato.
7. _____ —Sono dell'Arkansas.
8. _____ —Abitavo a Washington, ma non più.
9. _____ —Mia moglie esercita la professione di avvocato, ma è anche politicante.
10. _____ —Io sono stato presidente negli anni novanta.

Chi sono? _____

B. Per conoscerci meglio. Con un compagno / una compagna, svolgi i seguenti compiti comunicativi, seguendo il modello.

MODELLO   Chiedigli / le se è sposato (-a).
           Tom, sei sposato?
           No, e tu?
           Neanch'io sono sposato (-a).

Chiedigli / le...

1. se è sposato
2. di dov'è
3. dove abita
4. dove è nato (-a)
5. di che colore sono i suoi capelli
6. quanto pesa
7. quanto è alto (-a)
8. che titolo di studio ha e quale vuole ottenere
9. che lavoro fa
10. se ha un impiego e se sì, quale
11. se ha già scelto una carriera e quale

Esprimere diversi stati emotivi

Che bella sorpresa!	*What a surprise!*
Che fortuna!	*How lucky!*
Che noia! / Che barba!	*What a bore! / What a drag!*
Che pasticcio!	*What a mess!*
Che rabbia!	*How infuriating!*
Che sfortuna!	*What bad luck!*
Davvero?	*Really?*
Dio mio!	*My God!*
Incredibile!	*Incredible!*
Interessante!	*Interesting!*
Mamma mia!	*Good heavens!*
Meraviglioso! / Stupendo! / Fantastico!	*Marvelous! / Stupendous! / Fantastic!*
Non è possibile!	*It can't be!*
Peccato!	*Sorry!*
Per carità!	*Please!*

✦ Note the following two formulas that allow you to be emphatically judgmental:

Che...!	**Quanto + essere...!**
What a ...!	*How ...!*
Che bella famiglia!	Quanto è bella quella famiglia!
What a nice family!	*How nice that family is!*
Che brutti vestiti!	Quanto sono brutti quei vestiti!
What ugly clothes!	*How ugly those clothes are!*

✦ To emphasize some word or expression use **proprio, veramente,** or **davvero:**
Lui è proprio bravo! *He's really nice!;* **Maria è davvero intelligente!** *Mary is really / truly intelligent!*

Applicazione

Stupendo! Reagisci appropriatamente ad ognuna delle seguenti situazioni. Non usare la stessa espressione più di una volta.

1. Davanti ad un bellissimo panorama.
2. Un caro amico che non vedi da molto tempo viene inaspettatamente a trovarti.
3. Hai visto un film che ti ha quasi fatto addormentare.
4. Un caro amico ti dà la notizia che sta per sposarsi. Tu quasi non gli credi e vuoi una conferma.
5. Un signore ha vinto tanti milioni di dollari ad una lotteria.
6. Durante una gara un atleta sta per arrivare primo al traguardo *(finish line)*, ma scivola *(slips)* e perde la gara.
7. Per un numero non hai vinto la lotteria; sei deluso.
8. Una tua amica ti dà la notizia che sta divorziando. Tu non ci puoi credere.
9. Un uomo è riuscito ad alzare una macchina con un dito.

Con diversi compagni/diverse compagne, metti in scena la seguente situazione.

In una famiglia, il figlio e la figlia vorrebbero avere la propria carta di credito. I genitori, invece, pensano che siano troppo giovani. Una sera a cena, discutono la questione (matter, issue). *La scena finisce quando uno dei figli riesce a trovare* (is able to find) *una ragione plausibile che convince i due genitori.*

La famiglia in Italia

La famiglia italiana non è più numerosa come una volta, anzi l'Italia è tra le nazioni con il tasso di natalità *(birth rate)* più basso. Oggi la tipica famiglia italiana è composta da uno o, al massimo, due figli.

Anche se si parla spesso di crisi della coppia, di divorzio, di aborto, di «single», di mogli e mariti che lavorano ambedue e non allevano più bambini, di vacanze separate, di giovani che vanno a vivere da soli, il senso della famiglia è molto sentito in Italia.

Infatti, anche se il divorzio è consentito dalla legge italiana, la percentuale è molto bassa rispetto a quella dei paesi più industrializzati. Per esempio, in Italia solo il 10% dei matrimoni finisce in divorzio, mentre negli Stati Uniti la percentuale è molto più alta (dal 30 al 35%). Inoltre, anche se esistono le cosiddette «case di riposo» (private o controllate dallo Stato), molti anziani *(elderly)* abitano con i figli. ✦

Applicazione

A. Vero o falso? Indica se le seguenti frasi sono vere o false secondo il contenuto della lettura.

    1. La famiglia italiana non è numerosa.

    2. Il senso della famiglia è molto forte in Italia.

    3. Il numero dei divorzi in Italia è molto alto.

    4. In Italia, molti anziani abitano nelle «case di riposo».

B. Opinioni e paragoni. Rispondi alle seguenti domande discutendo le tue opinioni con gli altri membri della classe.

    1. La famiglia nordamericana è simile o diversa da quella italiana?
    2. Secondo te, quanti figli dovrebbe avere una famiglia ideale?
    3. Come si potrebbe evitare *(avoid)* il divorzio?
    4. Come vivono gli anziani in Nord America?

Stimolo alla lettura

Conosci la letteratura italiana? Metti alla prova la tua conoscenza della letteratura italiana facendo il seguente gioco anagrammatico. Alle risposte di ogni definizione sono state aggiunte delle lettere in più. Scrivi opportunamente nelle rispettive caselle la risposta corretta e le lettere in più. Le lettere in più, lette nell'ordine, daranno la risposta all'ultima definizione.

	DEFINIZIONI	Risposta con lettere in più	Risposta corretta	Lettere in più
1.	Il nome di Petrarca.	Francesscoa	Francesco	s, a
2.	L'autore della *Divina Commedia*.	Dannfte		
3.	L'autore del *Decameron*.	Brocacaccio		
4.	Il nome di Pirandello.	Luncigi		
5.	L'autore del *Principe*.	Macehisavelli		
6.	Ha scritto i *Promessi sposi*.	Mancozoni		
7.	L'autore dell'*Orlando Furioso*.	D'Ariosto		
8.	Italo, autore di *Ti con zero*.	Calavinso		
9.	Il nome della Ginzburg.	Nastailia		
10.	Alberto, autore de *Gli indifferenti*.	Morasivia		
11.	Ha scritto *Il cantico delle creature,* uno dei primi documenti della letteratura italiana.			

Il cantico delle creature

Leggi attentamente la seguente versione moderna del «Cantico delle creature» di San Francesco d'Assisi.

Altissimo, onnipotente, buon Signore[1],
tue sono le lodi[2], la gloria e l'onore e ogni benedizione.

Lodato sii, mio Signore, con tutte le tue creature
specialmente messer[3] fratello sole,
il quale è bello e luminoso, con grande splendore.

Lodato sii, mio Signore, per sorella luna e le stelle:
in cielo le hai formate chiare e preziose e belle.

Lodato sii, mio Signore, per fratello vento
e per l'aria e le nuvole[4], il sereno e ogni stagione.

Lodato sii, mio Signore, per sorella acqua,
la quale è molto utile e umile e preziosa e casta[5].

Lodato sii, mio Signore, per fratello fuoco[6],
per il quale illumini la notte:
ed è bello e giocondo[7] e robusto e forte.

Lodato sii, mio Signore, per sorella nostra madre terra,
la quale ci nutre[8] e ci governa[9],
e produce diversi frutti con molti colori, fiori ed erba.

Lodato sii, mio Signore, per nostra sorella morte corporale
dalla quale nessun uomo vivente può scappare[10].

Lodate e benedite il mio Signore e ringraziatelo
e servitelo con grande umiltà.

---

[1]*Lord* [2]*praises* [3]*dear/Mr.* [4]*clouds* [5]*chaste* [6]*fire* [7]*playful, jocund, cheerful, bright*
[8]**ci...** *nourishes us* [9]**ci...** *tends to us* [10]*escape*

Dopo la lettura

A. **Il mosaico.** Ricostruisci alcune strofe della poesia appena letta accoppiando i versi della prima colonna con quelli della seconda.

_F_ 1. Lodato sii, mio Signore, con tutte le tue creature specialmente messer fratello sole,

_A_ 2. Lodato sii, mio Signore, per fratello fuoco,

_G_ 3. Lodato sii, mio Signore, per sorella luna e le stelle:

_E_ 4. Lodato sii, mio Signore, per nostra sorella morte corporale

_B_ 5. Lodato sii, mio Signore, per sorella acqua,

_D_ 6. Lodato sii, mio Signore, per sorella nostra madre terra, la quale ci nutre e ci governa,

_C_ 7. Lodato sii, mio Signore, per fratello vento

a. per il quale illumini la notte: ed è bello e giocondo e robusto e forte.

b. la quale è molto utile e umile e preziosa e casta.

c. e per l'aria e le nuvole, il sereno e ogni stagione.

d. e produce diversi frutti con molti colori, fiori ed erba.

e. dalla quale nessun uomo vivente può scappare.

f. il quale è bello e luminoso, con grande splendore.

g. in cielo le hai formate chiare e preziose e belle.

B. **Riassunto.** Riassumi e interpreta con parole tue la poesia di San Francesco. Poi confronta il tuo riassunto e la tua interpretazione con quelli di un tuo compagno / una tua compagna. Chi è riuscito a fornire il riassunto più preciso, più dettagliato, e l'interpretazione più interessante?

C. **Per la ricerca.** Fa' delle ricerche sulla vita di San Francesco, sul periodo in cui è vissuto e sulla poesia che hai letto prima. Per esempio, sapevi che San Francesco è il santo patrono d'Italia? Sapevi che _Il cantico delle creature_ è uno dei primi documenti letterari in italiano? Presenta le tue ricerche in classe.

CON FANTASIA

A. **Chi è?** Ecco un problema logico da risolvere basato su un rapporto di parentela. Prima metti al posto degli infiniti fra parentesi il passato prossimo. Poi, presenta e spiega la tua soluzione alla classe.

Ieri **1.** _____ (squillare) il telefono e **2.** _____ (rispondere) mia sorella. La voce di una donna **3.** _____ (chiedere): «Pronto, c'è tua madre?» «No, non c'è», **4.** _____ (rispondere) mia sorella. «Ma chi sei?» «Ma come, non mi **5.** _____ (riconoscere)?», **6.** _____ (aggiungere) la donna. «No», **7.** _____ (rispondere) mia sorella. «Allora indovina chi sono», **8.** _____ (ribattere) la donna. «Mia figlia è nipote di tuo padre.»

B. Dove lavori? Svolgi i seguenti compiti comunicativi.

MODELLO   Chiedi a un compagno / una compagna se ha mai avuto un lavoro.
—Karen, hai mai avuto un lavoro?
—Sì, ho lavorato (e continuo a lavorare) part-time da McDonald's.

Chiedi a un compagno / una compagna...

1. se ha mai avuto un impiego
2. quale carriera ha scelto
3. quale professione vuole fare
4. se sa quanto alto è suo fratello
5. dove sono nati i suoi genitori
6. se sa quanto pesa suo padre
7. qual è il colore dei capelli di sua madre
8. che titoli di studio hanno i membri della sua famiglia

C. Intervista ad un personaggio famoso. Con un tuo compagno/una tua compagna, metti in scena un'intervista a un personaggio famoso (anche del passato) di vostra scelta. Seguite il modello.

MODELLO   Michelangelo
—In che anno è nato?
—Sono nato nel 1475.
—Quando ha scolpito il Davide?
—L'ho scolpito tra il 1501 e il 1504.
Ecc.

D. Tema. Svolgi liberamente per iscritto *(in writing)* uno dei seguenti temi. Poi leggilo alla classe, discutendo le tue opinioni liberamente.

1. Il senso della famiglia in America.
2. La famiglia ideale.
3. Genitori e figli: opinioni a confronto.

Genitori e figli

Le FAMIGLIE? S'incontrano qui

Il primo sito italiano dedicato a tutto il nucleo familiare. Con strumenti e percorsi ludici e educativi garantiti da un comitato scientifico di pedagogisti.

Il progetto è ambizioso: diventare un luogo d'incontro per genitori e figli, dove ogni componente può trovare percorsi di crescita sfruttando le nuove tecnologie di comunicazione. I contenuti di www.edufamily.it, gestiti da un database sviluppato da un gruppo di lavoro coordinato dall'Università della Svizzera italiana di Lugano, si distinguono in due aree: junior e genitori. La prima, dedicata ai bambini fra i 3 e i 13 anni, propone una biblioteca multimediale con materiali didattici, pedagogici e di gioco. I giochi sono aggiornati ogni settimana e spaziano fra sette materie (leggere, scrivere, scienze, contare, arte, musica, inglese). Alcuni percorsi prevedono la figura di un tutor. Edufamily mette poi a disposizione dei genitori rubriche che trattano temi per conoscere meglio i figli, e strumenti di discussione con specialisti sui dubbi più comuni. Per accedere a tutte le aree del sito occorre sottoscrivere un abbonamento di 80 euro all'anno.

▶ BAMBINI

ASSOCIAZIONI

www.bambiniscomparsi.it
Patrocinato dal ministero dell'Interno, dal dipartimento della Pubblica sicurezza e dalla Polizia criminale, si occupa della ricerca dei minori scomparsi.

ATTIVITÀ E GIOCHI

www.bambini.it
Un contenitore di oltre 1.400 siti in cinque lingue, organizzati per categorie e per naviganti: bambini, insegnanti e genitori.

www.bambiniegiochi.it
Le aree sono costituite da materiale - barzellette, disegni, dediche e poesie - inviato dai bambini stessi.

www.bimbi.it
Attività per i piccoli e i loro genitori. Il mercatino e la libreria dei ragazzi.

www.coloring.com
Centinaia di opere da colorare con un tocco di mouse. I disegni si possono anche inviare via e-mail. In inglese.

www.disneychannel.it
Il sito si caratterizza per la possibilità di interagire ed essere co-protagonisti di alcune trasmissioni del canale tv.

www.filastrocche.it
Circa 7 mila testi per l'infanzia su queste pagine dotate di motore di ricerca. Centinaia di file Midi da ascoltare.

www.fioccorosazzurro.it
Le foto più belle, il mercatino, i giochi e l'attualità per i bimbi.

www.funschool.com
Come fare dell'apprendimento un'attività divertente. Oltre 300 giochi interattivi e educativi. In inglese.

www.girotondo.it
Le favole, i come e i perché del mese, il bazar, la bacheca, i giochi e un minicorso di pc. E i consigli per imparare a navigare.

www.kidscom.com
Il sito dei ragazzi. Videogame, chat, bacheche e attività creative. In inglese.

www.pianetabimbi.com
Dai verbi alle fiabe, ai giochi: un sito per insegnare e costruire.

LETTURE

www.corriere.it/piccoli/piccoli.shtml
La versione interattiva del *Corriere dei piccoli*.

MUSEI

www.museoragazzi.it
Il sito del Museo dei Ragazzi di Firenze, ricco di servizi e contenuti altamente interattivi.

PARCHI DIVERTIMENTO

www.disneylandparis.com
Tutte le informazioni che occorrono per organizzare e prenotare il soggiorno nel parco.

www.pinocchio.it
Il parco e l'opera di Collodi.

Studio del vocabolario

A. Vocabolario. Paragona le parole usate in Italia con quelle usate in Nord America. Usa un dizionario se necessario. Nota che molte sono uguali. Spiega poi il loro significato.

In Italia	*In Nord America*	*Significato*
1. le barzellette	_____	_____
2. i disegni	_____	_____
3. le dediche	_____	_____
4. il mercatino	_____	_____
5. la libreria	_____	_____
6. un tocco di mouse	_____	_____
7. i file Midi	_____	_____
8. gioco interattivo	_____	_____
9. la bacheca	_____	_____
10. la fiaba	_____	_____

B. Descrivi con parole tue i siti menzionati e poi paragonali a siti simili in Nord America.

Applicazione

Ricerche digitali. Svolgi i seguenti compiti e poi riporta alla classe quello che hai trovato.

1. Naviga su Internet i siti menzionati nell'articolo.
2. Copia quello che trovi interessante e poi stampalo.
3. Trova siti di attività per famiglie in Italia. Copia le cose interessanti e poi stampale.

NOMI

l'assistenza	*assistance*
la carta di credito	*credit card*
il codice fiscale	*(equivalent of) social security number*
la cognata	*sister-in-law*
il cognato	*brother-in-law*
la cugina	*cousin (f)*
il cugino	*cousin (m)*
il datore di lavoro	*employer*
familiare	*family member*
la figlia	*daughter*
il figlio	*son*
la firma	*signature*
il fratellastro	*stepbrother, half-brother*
il fratello	*brother*
il genero	*son-in-law*
i genitori	*parents*
l'impiego	*employment, job*
il lavoro	*job*
la madre	*mother*
la mamma	*mom*
il marito	*husband*
la matrigna	*stepmother*
il modulo	*form, application*
la moglie	*wife*
il / la nipote	*grandson/nephew/ grandaughter/niece*
la nonna	*grandmother*
il nonno	*grandfather*
la nuora	*daughter-in-law*
il padre	*father*
il papà / il babbo	*dad*
il / la parente	*relative*
il / la parente acquisito (-a)	*in-law*
il / la parente lontano (-a)	*distant relative*
il / la parente stretto (-a)	*close relative*
la parentela	*kinship*
il patrigno	*stepfather*
lo sconto	*discount*
la sorella	*sister*
la sorellastra	*stepsister, half-sister*
la suocera	*mother-in-law*
il suocero	*father-in-law*

la tasca	*pocket*
le terme	*bath houses*
il titolo di studio	*school diploma*
il vantaggio	*advantage*
la zia	*aunt*
lo zio	*uncle*

AGGETTIVI

sposato	*married*

VERBI

abitare	*to live, dwell*
accadere	*to happen*
arrivare	*to arrive*
arrossire	*to blush*
bastare	*to be enough*
cadere	*to fall*
chiedere	*to ask for*
chiudere	*to close*
compilare	*to fill out*
correre	*to run*
costare	*to cost*
decidere	*to decide*
dimagrire	*to lose weight*
discutere	*to discuss*
diventare / divenire	*to become*
entrare	*to enter*
firmare	*to sign*
fuggire	*to run away, escape*
impazzire	*to go crazy*
importare	*to matter*
invecchiare	*to age, grow old*
leggere	*to read*
mancare	*to be missing (from), lack*
morire	*to die*
nascere	*to be born*
noleggiare	*to rent*
offrire	*to offer*
parere	*to seem*
partire	*to leave, depart*
passare	*to pass by*
perdere	*to lose*
pesare	*to weigh*
prendere	*to take*

rimanere	*to remain*	venire	*to come*
rispondere	*to answer*	vincere	*to win*
rompere	*to break*	vivere	*to live*
salire	*to go up, climb, ascend*	volare	*to fly*
saltare	*to jump*		
scappare	*to run away, escape*		
scegliere	*to choose*		

ALTRE ESPRESSIONI

scendere	*to go down, descend*	a	*at, to*
scoprire	*to discover*	con	*with*
scrivere	*to write*	da	*from*
sentire	*to hear*	davvero	*really*
sentirsi	*to feel*	di	*of*
spedire	*to mail*	dietro	*behind*
stare / restare	*to stay, remain*	in	*in*
succedere	*to happen*	per	*for, through*
togliere	*to take away*	sopra	*above*
tornare / ritornare	*to return, come back*	sotto	*under*
uscire	*to go out*	su	*on*
		tra / fra	*between, among*

Capitolo 7 Viaggiare

QUANTO SAI GIÀ?

A. In vacanza. Descrivi le attività che si potrebbero svolgere per una vacanza...

1. al mare.
2. in un paese straniero.
3. in montagna.
4. sulle piste da sci.
5. organizzata da un club turistico.

B. Conosci la geografia? Se conosci i seguenti posti, identificali agli altri membri della classe. Ricerca quelli che non conosci in un'enciclopedia, su Internet, ecc. Riporta i risultati della tua ricerca agli altri membri della classe.

1. Stato e città fondato dagli spagnoli nel 1524.
2. Repubblica dell'Europa occidentale, la cui capitale è Lisbona.
3. Isola delle Grandi Antille, il cui capoluogo è San Juan.
4. La sua capitale è Sarajevo.
5. I suoi abitanti si chiamano croati.
6. La più grande isola del mondo.
7. Prendono il loro nome da Filippo II nel 1521.

C. Di quali città italiane si tratta? Metti alla prova la tua conoscenza delle città italiane facendo il seguente gioco-quiz. Devi indovinare alcune città italiane tramite *(through)* una serie di tre indicazioni di difficoltà decrescente *(decreasing)*. Le domande, ovviamente, si riferiscono ad aspetti della geografia e della storia. Assegnati tre punti se indovini la città alla prima indicazione, due punti alla seconda, un punto alla terza. Non dimenticare di controllare le risposte alla fine dell'esercizio e l'analisi del tuo punteggio.

1. —Vi è nato Galileo Galilei.
   —Si trova in Toscana.
   —C'è la Torre Pendente.

2. —Nel Medioevo apparteneva agli Arabi.
   —Si trova in un'isola.
   —È il capoluogo della Sicilia.

3. —È nel nord dell'Italia.
   —Ha un famoso Duomo con la Madonnina.
   —È la città più industriale d'Italia.

4. —È la città di Dante Alighieri.
   —Era il centro del Rinascimento italiano.
   —È la città con il «Davide» di Michelangelo.

5. —È stata la prima capitale d'Italia.
   —È la città della FIAT.
   —L'anagramma del suo nome è «ritono».

6. —Solo nel 1870 è divenuta parte del Regno d'Italia.
   —È detta la «Città eterna».
   —L'anagramma del suo nome è «amor».

7. —È la città di Enrico Caruso.
   —È famosa per le sue canzoni.
   —Un detto dice : «Vedi _____ e poi muori».

8. —Ha il più importante porto italiano.
   —Vi è nato Cristoforo Colombo.
   —È il capoluogo della Liguria.

9. —Era chiamata «La Serenissima».
   —Vi è nato «Marco Polo».
   —È la città con le gondole.

10. —Ha l'università più antica del mondo.
    —È chiamata «La Grassa».
    —È il capoluogo dell'Emilia Romagna.

Risposte: 1. Pisa 2. Palermo 3. Milano 4. Firenze 5. Torino 6. Roma
7. Napoli 8. Genova 9. Venezia 10. Bologna

Punteggio:
21–30 Sei veramente un conoscitore delle città italiane.
15–20 Forse è meglio fare un po' di ripasso *(review)* della storia e geografia d'Italia.
0–14   È un invito a studiare un po' di storia e geografia dell'Italia.

Prima di leggere

A. Conosci questi posti italiani? Se sì, descrivili. Se no, fa' una ricerca in merito *(about them)* su Internet o cercali su una carta geografica d'Italia. Riporta quello che trovi alla classe.

1. Venezia Giudecca
2. Novi Ligure
3. Porto Rotondo
4. Isole Tremiti
5. Portofino
6. Positano
7. Courmayeur
8. Cortina
9. Corvara
10. Roma
11. Venezia Canal Grande
12. Ponte di Legno
13. Isola d'Elba

B. Quanti altri posti conosci? Accoppia i posti con le loro nazioni. Attenzione! Più di un posto può appartenere alla stessa nazione.

Posti:
Sharm el Sheikh, Marsa Alam, Nuweiba, Malindi, Tallinn, Vilnius, Lussino, Hurgada, Riga, Berlino, Parigi.

Nazioni:
Francia, Germania, Lettonia, Egitto, Estonia, Lituania, Croazia.

Vacanze in albergo

Dopo la lettura

A. Ricordi quello che hai letto? Completa ogni frase in modo appropriato.

1. La catena alberghiera italiana presenta...
2. Vieni anche tu a vivere un sogno...
3. Gli italiani e il Domina Coral Bay Resort...
4. Negli ultimi anni un milione di persone ha trascorso una vacanza nel...
5. Il Domina Coral Bay Resort, sulle rive del Mar Rosso *(Red Sea)*, è...

B. Ricordi le parole usate nel manifesto? Usa ciascuna delle seguenti parole/espressioni in altrettante frasi che ne rendano chiaro il significato.

MODELLO   catena alberghiera
            **La catena alberghiera italiana presenta un viaggio sulle
            rive del Mar Rosso.**

1. complesso alberghiero
2. riva
3. sognare
4. spiaggia
5. piscina
6. barriera corallina
7. attrezzato
8. centro benessere
9. attrezzature sportive
10. negozio
11. anfiteatro
12. discoteca
13. casinò
14. esigenza
15. franchising

C. Lavoro di gruppo. Con diversi compagni, prepara un manifesto simile a quello della lettura. Poi dimostratelo alla classe.

D. Ti piace viaggiare? Rispondi liberamente alle seguenti domande, discutendo le tue risposte con gli altri membri della classe.

1. Ti piace viaggiare? Perché sì / no?
2. Dove vai generalmente in vacanza? Perché?
3. Quali città italiane hai visitato? Quali vorresti visitare? Perché?

Stimolo linguistico

A. Ricordi il congiuntivo passato? Ricordi i pronomi oggetto? Un tuo amico/Una tua amica ti fa alcune domande sul viaggio che tua sorella ha fatto in Italia l'anno scorso. Rispondi seguendo il modello. Ti ricordi il congiuntivo passato?

MODELLO   Tua sorella ha letto tutte le guide *(guides)*?
            Sì, penso che le abbia lette tutte.

Tua sorella...

1. ha visto tutti i musei?
2. ha visitato tutte le città principali?
3. ha frequentato tutti i locali notturni?
4. ha consultato le piantine *(city maps)* che le avevo dato?
5. ha collezionato i ricordi *(souvenirs)* che volevo?

B. In un ufficio turistico. Sei in un ufficio turistico e hai bisogno di alcune informazioni e indicazioni. Con un compagno / una compagna, svolgi i seguenti compiti comunicativi, seguendo il modello.

MODELLO   Chiedi alla persona addetta *(appropriate person)* il costo di una camera d'albergo.
—**Quanto costa una camera?**
—**(a piacere) 150 euro a notte.**

Chiedi alla persona addetta...

1. le indicazioni di come andare al museo.
2. se conosce un buon ristorante.
3. se sa dove si trova un locale notturno.
4. se sa dove si trova una galleria.
5. se ti può dare qualche cenno storico sulla città.

C. Scusi, c'è una banca qua vicino? Con un compagno / una compagna, svolgi i seguenti compiti comunicativi. Seguite il modello.

MODELLO   banca
—**Scusi, c'è una banca qua vicino?**
—**Una banca? Sì. Ce n'è una là a due passi.**

1. ufficio postale
2. museo
3. ristorante
4. libreria
5. ospedale

Vocabolario

Paesi, lingue, nazionalità

Paesi	Lingue	Nazionalità
l'Arabia Saudita *Saudi Arabia*	l'arabo	saudita
l'Australia *Australia*	l'inglese	australiano
l'Austria *Austria*	il tedesco	austriaco
il Belgio *Belgium*	il francese / il fiammingo	belga
il Brasile *Brazil*	il portoghese (brasiliano)	brasiliano
il Canada *Canada*	l'inglese / il francese	canadese
la Cina *China*	il cinese	cinese
la Danimarca *Denmark*	il danese	danese
l'Egitto *Egypt*	l'egiziano (arabo)	egiziano
la Finlandia *Finland*	il finlandese	finlandese
la Francia *France*	il francese	francese
la Germania *Germany*	il tedesco	tedesco
il Giappone *Japan*	il giapponese	giapponese
la Grecia *Greece*	il greco moderno	greco
l'India *India*	l'inglese / varie lingue indigene	indiano
l'Inghilterra *England*	l'inglese	inglese
l'Israele *(m) Israel*	l'inglese / l'ebraico	ebreo
l'Italia *Italy*	l'italiano	italiano
il Messico *Mexico*	lo spagnolo	messicano
la Norvegia *Norway*	il norvegese	norvegese
la Nuova Zelanda *New Zealand*	l'inglese	neozelandese
la Polonia *Poland*	il polacco	polacco
il Portogallo *Portugal*	il portoghese	portoghese
la Russia *Russia*	il russo	russo
la Spagna *Spain*	lo spagnolo	spagnolo
gli Stati Uniti *United States*	l'inglese	americano
il Sud Africa *South Africa*	l'inglese	sudafricano
la Svezia *Sweden*	lo svedese	svedese
la Svizzera *Switzerland*	il tedesco / il francese / l'italiano	svizzero
la Turchia *Turkey*	il turco	turco
l'Ungheria *Hungary*	l'ungherese	ungherese

✦ **Belga** refers to both male and female Belgians. In the plural, however, it has two corresponding forms: **belgi** *(m, pl)* and **belghe** *(f, pl)*.

✦ The definite article is used with names of countries and regions, but not with cities: **L'Italia è un grande paese. Roma è una grande città.**

Applicazione

A. Completa la seguente tabella in modo appropriato.

Paesi	Lingue	Nazionalità
_____	l'ungherese	_____
_____	_____	svizzero
la Turchia	_____	_____
_____	_____	sudafricano
_____	il portoghese	_____
la Nuova Zelanda	_____	_____
_____	_____	americano
_____	l'ebraico	_____
l'Inghilterra	_____	_____
_____	_____	indiano
_____	il greco	_____
il Giappone	_____	_____
_____	_____	canadese
_____	l'arabo	_____
il Brasile	_____	_____
_____	_____	austriaco
l'Australia	_____	_____

B. In giro per il mondo. Con un compagno / una compagna, svolgi i seguenti minidialoghi, imitando esattamente il modello.

MODELLO   Danimarca
—**Sei mai stato (-a) in Danimarca?**
—**No, com'è la Danimarca?**
—(a piacere) **È un bel paese / un posto meraviglioso.**
—**Quale lingua o lingue parlano?**
—**Parlano il danese.**
—**E com'è la gente?**
—(a piacere) **I danesi sono tutti simpatici / sono bravi.**

1. Italia
2. Giappone
3. Messico
4. Polonia
5. Germania
6. Belgio
7. Russia
8. Norvegia
9. Svezia
10. Spagna
11. Cina
12. Francia
13. Finlandia
14. Egitto
15. un qualsiasi altro paese

C. Discussione in classe! Rispondi alle seguenti domande e discuti le tue risposte con i tuoi compagni.

1. Quali paesi hai visitato? Racconta le tue esperienze.
2. Quali paesi vorresti visitare? Perché?

✦ GRAMMATICA ◇◇◇◇◇◇◇◇◇◇◇◇◇◇◇◇◇◇◇◇◇◇◇◇

STRUTTURA

7.1 Il congiuntivo passato

✦ **The congiuntivo passato** is the subjunctive version of the **passato prossimo**. The only difference is that the **congiuntivo passato** is used in cases when the subjunctive is required, that is, in subordinate clauses after nonfactual verbs, and after certain conjunctions.

Present Subjunctive	Past Subjunctive
Penso che **venga** oggi.	Penso che **sia venuto** ieri.
I think he is coming today.	*I think he came yesterday.*
Sembra che **si alzi** sempre alle sei.	Sembra che **si sia alzato** alle sei ieri.
It seems that he always gets up at six.	*It seems that he got up at six yesterday.*
È la persona più brava che io **conosca.**	È la persona più brava che **io abbia mai conosciuto.**
He's the nicest person I know.	*He's the nicest person I have ever known.*

✦ Note how it compares with the **passato prossimo**:

Present Perfect	Past Subjunctive
Ti dico che lei **è andata** in Italia.	Penso che lei **sia andata** in Italia.
I'm telling you that she went to Italy.	*I think that she went to Italy.*
Anche se **ha fatto** freddo ieri, è uscita lo stesso.	Benché **abbia fatto** freddo ieri, è uscita lo stesso.
Even though it was cold yesterday, she went out just the same.	*Although it was cold yesterday, she went out just the same.*
È chiaro che loro **hanno detto** la verità.	È probabile che loro **abbiano detto** la verità.
It's clear that they said the truth.	*It's probable that they said the truth.*

✦ The **congiuntivo passato** is formed with the present subjunctive of the auxiliary verb and the past participle of the verb:

	viaggiare	partire
io	abbia viaggiato	sia partito (-a)
tu	abbia viaggiato	sia partito (-a)
lui / lei	abbia viaggiato	sia partito (-a)
noi	abbiamo viaggiato	siamo partiti (-e)
voi	abbiate viaggiato	siate partiti (-e)
loro	abbiano viaggiato	siano partiti (-e)

Applicazione

A. Tocca a voi! Fa' il seguente esercizio con un tuo compagno / una tua compagna. Uno di voi due fa la domanda, l'altro (-a) risponde affermativamente. Seguite il modello.

MODELLO   Gianni ha viaggiato molto? (Penso che)
    Sì, penso che abbia viaggiato molto.

1. Loro sono andati anche a Roma? (È probabile)
2. Laura si è divertita in Italia? (Sembra che)
3. Prima di partire hanno telefonato anche a Marco? (Credo che)
4. In Italia i Jones hanno visitato molte città? (Pare che)
5. Diana ha visto anche il museo d'arte? (Penso che)
6. L'aereo è già arrivato? (Ho paura che)

B. Sai completare le frasi? Completa liberamente le seguenti frasi usando il congiuntivo passato.

1. Loro sono gli unici che...
2. Ho paura che...
3. Siamo contenti che tu...
4. Lui pensa che io...
5. È un peccato che voi...
6. Mi dispiace che lei...

7.2 Il pronome oggetto diretto

✦ Direct object pronouns replace direct objects:

Claudia non studia **il francese** quest'anno.
Claudia is not studying French this year.

Claudia non **lo** studia quest'anno.
Claudia is not studying it this year.

Tutti amano **gli italiani.**
Everyone loves Italians.

Tutti **li** amano.
Everyone loves them.

✦ The most common type of direct object pronoun, known as **atono** *(atonic)*, comes before the verb:

	English Equivalent	Examples
mi	*me*	Claudia **mi** chiama ogni sera. *Claudia calls me every evening.*
ti	*you (fam, sing)*	Sembra che lei non **ti** conosca. *It seems that she doesn't know you.*
lo *(m)* la *(f)* La	*him* *her* *you (pol)*	Claudia **lo** chiama spesso. *Claudia calls him often.* Lui invece non **la** chiama mai. *He, instead, never calls her.*
ci	*us*	Perché non **ci** chiami più spesso? *Why don't you call us more often?*
vi	*you (fam, pl)*	Non **vi** chiamo perché non ho tempo. *I don't call you because I don't have time.*
li *(m)* le *(f)*	*them, you (pol, pl)*	I miei parenti? Sì, **li** chiamo spesso. *My relatives? Yes, I call them often.* Le mie amiche? Sì, **le** chiamo spesso. *My friends? Yes, I call them often.*

✦ Note that the third person forms, **lo, la, li, le,** also replace inanimate objects:

Domani compro **il giornale.**
Tomorrow I'm buying the newspaper.

Domani **lo** compro.
Tomorrow I'm buying it.

Faccio **i compiti** stasera.
I'm doing the exercises [my homework] this evening.

Li faccio stasera.
I'm doing them this evening.

Oggi mangio **la pizza** volentieri.
Today I eat pizza gladly.

Oggi **la** mangio volentieri.
Today I eat it gladly.

Penso che lui non mangi mai **le paste.**
I think that he never eats pastries.

Penso che lui non **le** mangi mai.
I think that he never eats them.

✦ In compound tenses, the past participle *must* agree in gender and number with the **lo, la, li, le** forms (Note that elision of the pronouns is permitted and preferred only in the singular):

Ieri ho comprato **il giornale.**
Yesterday I bought the newspaper.

Lo ho (**L'**ho) comprato ieri.
Yesterday I bought it.

Ho già fatto **i compiti.**
I've already done my homework.

Li ho già fatti.
I've already done them.

Ho appena mangiato **la pizza.**
I have just eaten the pizza.

La ho (**L'**ho) appena mangiata.
I have just eaten it.

Penso che non abbia mai mangiato **le** paste.
I think that he has never eaten pastries.

Penso che non **le** abbia mai mangiate.
I think that he has never eaten them.

✦ Agreement with the other forms (**mi, ti, ci, vi**) is optional.

◆ This pattern of agreement applies to reflexive verbs as well. In front of the direct object forms **lo, la, li, le,** the reflexive pronoun forms **mi, ti, si, ci, vi** become **me, te, se, ce, ve** respectively:

Maria si è messa **il cappotto.**
Mary put her coat on.

Maria **se l'**è messo.
Mary put it on.

Ieri mi sono lavato **i capelli.**
Yesterday I washed my hair.

Ieri **me li** sono lavati.
Yesterday I washed it.

Noi ci siamo messi **la cravatta.**
We put on a tie.

Noi **ce la** siamo messa.
We put it on.

◆ Direct object pronouns also have a *tonic* form, used to avoid ambiguity, confusion, for emphasis, and after prepositions and adverbs like **con, per, solo,** etc. These come after the verb.

	English Equivalent	Atonic	Tonic
me	*me*	Claudia mi chiama ogni sera.	Claudia chiama me ogni sera (non te).
		Claudia calls me every evening.	*Claudia calls me every evening (not you).*
te	*you (fam, sing)*	Sembra che lei non ti conosca.	Sembra che lei conosca solo te.
		It seems that she doesn't know you.	*It seems that she knows only you.*
lui	*him*	Claudia lo chiama spesso.	Claudia chiama solo lui.
lei	*her*		*Claudia calls only him.*
Lei	*you (pol)*	*Claudia calls him often.*	
		Lui non la chiama mai.	Lui non chiama neanche lei.
		He never calls her.	*He doesn't even call her.*
noi	*us*	Perché non ci chiami più spesso?	Perché non chiami anche noi più spesso?
		Why don't you call us more often?	*Why don't you call us too more often?*
voi	*you (pl)*	Non vi chiamo perché non ho tempo.	Non chiamo mai voi perché non ho tempo.
		I don't call you because I don't have time.	*I don't call you because I don't have time.*
loro	*them, you (pol, pl)*	I miei parenti? Sì, li chiamo spesso.	I miei parenti? Sì, chiamo spesso anche loro.
		My relatives? Yes, I call them often.	*My relatives? Yes, I call even them often.*
		Le mie amiche? Sì, le chiamo spesso.	Le mie amiche? Sì, chiamo spesso anche loro.
		My friends? Yes, I call them often.	*My friends? Yes, I call even them often.*

Applicazione

A. Sì, mi sembra che abbia chiamato anche lei! Rispondi affermativamente alle seguenti domande, usando il pronome tonico. Segui il modello.

MODELLO   Ieri sera Claudia ha chiamato anche Teresa?
                  Sì, mi sembra che abbia chiamato anche lei!

1. Claudia ha visitato anche i tuoi amici?
2. Gianni ha chiamato solo me?
3. Diana ha visto perfino Maria in Italia?
4. Mia sorella ha chiamato anche voi?
5. A Roma loro hanno incontrato Marco?
6. Loro hanno chiamato te e i tuoi amici?

B. No, non penso che l'abbia comprata. Fa' le seguenti domande ad un tuo compagno/una tua compagna e scrivi ogni sua risposta su un foglio a parte. Segui il modello.

MODELLO   Maria ha comprato la rivista?
                  No, non penso che l'abbia comprata.

1. Lui ha letto le piantine?
2. Tua sorella ha consultato la guida?
3. I tuoi genitori hanno visto quel museo?
4. Barbara si è messa il cappello?
5. Pierino si è lavato i denti?
6. Loro hanno comprato i biglietti?

C. Dialogo tra amici. Completa il seguente dialogo con le forme appropriate del pronome oggetto e metti la vocale appropriata ad ogni participio passato.

— Ciao, Maria. __Mi__ hanno dett_o_ che vai all'estero. È vero?

— Chi te __la__ ha dett_o_ ?

— Me __la__ ha dett_o_ Marco ieri sera. Ci siamo visti al bar, e __mi__ ha anche detto che con __te__ parte anche Monica.

— Non è vero. Marco __ti__ ha dett_o_ una bugia.

— Hai ragione. Avevo dimenticato che con __lui__ non è possibile fare un discorso serio.

D. Domande. Rispondi alle seguenti domande usando i pronomi oggetto adatti.

MODELLO   Ti sei mai messo (-a) quel vestito strano?
            Sì, me lo sono messo.

Ti sei messo (-a)...

1. quella giacca strana?
2. quelle scarpe nuove?
3. quel cappello simpatico?
4. quegli stivali di pelle?

Gianni si è messo...

1. la cravatta?
2. quelle camicie bianche?
3. l'impermeabile lungo?
4. i pantaloni stretti?

Laura e Monica si sono messe...

1. la tuta?
2. le calze eleganti?
3. quello stile di vestito?
4. quelle scarpe eleganti?

Voi vi siete messi (-e)...

1. il cappotto?
2. quelle scarpe comode?
3. quella maglia di lana?
4. quegli stivali di pelle?

7.3 Il pronome oggetto indiretto

✦ The indirect object pronouns replace indirect objects. The following chart summarizes the indirect pronoun forms, tonic and atonic:

Atonic	Tonic	English Equivalents	Examples
mi	a me	*to me*	Lei mi ha dato il libro ieri. Lei ha dato il libro a me ieri. *She gave the book to me yesterday.*
ti	a te	*to you (sing, fam)*	Chi ti ha telefonato ieri? Chi ha telefonato a te ieri? *Who phoned you yesterday?*
gli le Le	a lui a lei a Lei	*to him* *to her* *to you (sing, pol)*	Gli ho parlato ieri. Ho parlato a lui ieri. *I spoke to him yesterday.*
			Signorina, Le piace questo libro? Signorina, questo libro piace a Lei? *Miss, do you like this book?*
ci	a noi	*to us*	Perché non ci parli più? Perché non parli più a noi? *Why don't you speak to us anymore?*
vi	a voi	*to you (pl)*	Che cosa vi ha detto? Che cosa ha detto a voi? *What did she say to you?*
gli *loro	a loro	*to them*	Quel film non gli piace. Quel film non piace a loro. *They do not like that movie.*

goes after the verb

✦ The past participles in compound tenses do not agree with indirect object pronouns:

With Direct Pronouns	With Indirect Pronouns
Maria? **L'**ho già chiamata. *Mary? I have already called her.*	Maria? **Le** ho già telefonato. *Mary? I have already phoned her.*
I miei amici? **Li** ho già chiamati. *My friends? I have already called them.*	Le mie amiche? **Gli** ho già telefonato. *My friends? I have already phoned them.*
Le mie amiche? **Le** ho già chiamate. *My friends? I have already called them.*	Le mie amiche? **Gli** ho già telefonato. *My friends? I have already phoned them.*

I pronomi oggetto: una sintesi

Following are characteristics and features related to the object pronouns that should be kept in mind when using them.

✦ Object pronouns are attached to nonformal imperatives. Their placement follows the same pattern as that associated with reflexive verbs (see Chapter 5):

Gianni, parla a me, non a lui!
John, speak to me, not to him!

Gianni, parlami!
John, speak to me!

Signora Lidi, parli a me!
Mrs. Lidi, speak to me!

Signora Lidi, mi parli!
Mrs. Lidi, speak to me!

Maria, telefona a Claudia!
Mary, phone Claudia!

Maria, telefonale!
Mary, phone her!

Signor Giusti, chiami Claudia!
Mr. Giusti, call Claudia!

Signor Giusti, la chiami!
Mr. Giusti, call her!

Ragazzi, chiamate il tassì!
Guys, call for a taxi!

Ragazzi, chiamatelo!
Guys, call for it!

Signori, chiamino il tassì!
Gentlemen, call for a taxi!

Signori, lo chiamino!
Gentlemen, call for it!

Bruno, non lavare i piatti!
Bruno, don't wash the dishes!

Bruno, non lavarli / non li lavare!
Bruno, don't wash them!

✦ With apostrophized imperative forms (**va', di', da', fa', sta'**) the first letter of the attached pronoun is doubled, the exception being **gli** and its compound forms.

Da' + mi = Dammi!
Give me!

Gianni, dammi la guida!
John, give me the guide!

Di' + gli = Digli!
Tell him!

Marina, digli tutto!
Marina, tell him everything!

Di' + le = Dille!
Tell her!

Giorgio, dille la verità!
George, tell her the truth!

Fa' + mi = Fammi!
Do for me!

Franca, fammi questo favore!
Franca, do this favor for me!

✦ Object pronouns are also attached to infinitives, participles, gerunds, and the form **ecco** *(here is, here are)*. Remember that the direct object pronoun and past participles in compound tenses agree.

Prima di chiamare Luigi, voglio mangiare.
Before calling Luigi, I want to eat.

Prima di chiamarlo, voglio mangiare.
Before calling him, I want to eat.

Dopo aver fatto i compiti, uscirò.
After I have finished my homework, I'll go out.

Dopo averli fatti, uscirò.
After having finished them, I'll go out.

Ecco Luigi!
Here's Luigi!

Eccolo!
Here he is!

Ecco Maria!
Here's Mary!

Eccola!
Here she is!

Eccomi!
Here I am!

Eccoci!
Here we are!

✦ With verbal constructions made up of indefinite verbal forms (infinitives, gerunds, etc.), the pronouns can be attached or put before the whole construction:

Devo chiamare Luigi.
I have to call Luigi.

Lo devo chiamare. / Devo chiamarlo.
I have to call him.

Sto telefonando a Lucia.
I'm phoning Lucia.

Le sto telefonando. / Sto telefonandole.
I'm phoning her.

✦ Finally, it must always be kept in mind that the form **le** can have either a direct or indirect object meaning, and that this can thus be a source of confusion:

As Direct Object

Le patatine? Non le ho mangiate.
The fries? I haven't eaten them.

Le carote? Penso che le abbia mangiate tutte mio fratello.
The carrots? I think my brother ate them all.

As Indirect Object

La mia amica? Non le ho dato le patatine.
My friend? I haven't given her the fries.

Mia sorella? Non le ho dato le carote ancora!
My sister? I haven't given her the carrots yet!

Applicazione

A. **Giochi grammaticali.** Indica per ognuna delle parole in corsivo se si tratta di **articolo, pronome oggetto diretto, pronome oggetto indiretto** o **pronome riflessivo.**

MODELLO *Le* ho telefonato.
Pronome oggetto indiretto

1. *Le* ho risposto subito. indiretto
2. *Le* ho viste ieri sera. diretto
3. *Le* mele? *Le* ho mangiate tutte io.
4. Tu non *mi* ascolti mai. indiretto
5. *Mi* dai dieci dollari? indiretto
6. Ieri mattina *mi* sono alzato alle sei e mezza. riflessivo
7. *Gli* dici tutto?
8. *Gli* studenti sono arrivati? articolo
9. *Lo* studio da due anni. diretto
10. Dove ha messo *lo* zaino? articolo
11. Oggi non posso accompagnar*ti*.
12. *Ti* sei divertita alla festa? riflessivo

B. Qual è la domanda? Fornisci la domanda appropriata per ciascuna delle seguenti risposte. Attenzione ai pronomi!

> MODELLO   Sì, gli ho telefonato.
>   **Hai telefonato a Marco?**

1. No, non le ho spedite.
2. Sì, lo conosciamo bene.
3. No, non la guardiamo mai.
4. Non li mangio perché non mi piacciono.
5. Le ho parlato ieri.
6. No, ancora non gli ho scritto.
7. Gli sto scrivendo in questo momento.
8. Sì, signorina, mi telefoni stasera.

C. Occhio ai pronomi. Fa' le seguenti domande ad un tuo compagno / una tua compagna. Seguite il modello.

> MODELLO   Hai scritto a Luigi?
>   **Sì, gli ho scritto.**

1. Hai telefonato a Maria?
2. Giovanni ti ha risposto?
3. Ti piace questo giornale?
4. Hai detto tutto a Paolo?
5. Tua sorella vi ha raccontato tutto?
6. Iera sera mi hai telefonato?
7. Vuoi dire tutta la verità ai tuoi genitori?
8. Stai raccontando tutto a Marco?
9. Posso telefonare a Mario?
10. Scriviamo alla signora Giannini?

D. Sai riconoscere gli errori? Osserva le seguenti frasi. Indica quali sono corrette e quali sono sbagliate. Correggi quelle sbagliate.

1. Signor Rossi, ~~la~~ *Le* telefonerò domani.
2. Gli esercizi? Li abbiamo già fatti.
3. Ho visto Claudia e le ho detto di venire a casa nostra.
4. Vado dal professor Verdi: devo parlar~~le~~*gli*.
5. Ho visto la signora Giardina e l'ho salutat~~o~~*a*.
6. Franca, dammi la guida! *digli*
7. Se vedi Giorgio, dille di venire subito a casa.
8. Signor Giusti, telefona~~mi~~ alle otto.
9. Marco, dile la verità!
10. I ragazzi? Li ecco! *eccoli*

E. Sai completare gli spazi vuoti? Completa gli spazi vuoti con le parole suggerite.

~~leggerlo~~	~~mi dica~~	~~dimmi~~	~~mi faccia~~
~~parlarle~~	~~ringraziarLa~~	~~offrirti~~	~~eccola~~

1. Marcello, posso _Offrirti_ un caffè?
2. Il giornale? Preferisco _leggerlo_ stasera.
3. Signorina, Lei è sempre così gentile. Non so come _ringraziarla_
4. Signor Vitti, _mi faccia_ questo favore!
5. Salvatore, _dimmi_ la verità!
6. Signorina, _mi dica_ : queste guide turistiche sono utili?
7. Dov'è Teresa? _eccola_ !
8. Devo andare dalla professoressa Papini: devo _parlarle_.

COMUNICAZIONE

Viaggiare

In giro per la città

il centro	*downtown*
la chiesa	*church*
l'edificio	*building*
il grattacielo	*skyscraper*
il municipio	*city hall*
il museo	*museum, art gallery*
l'ospedale *(m)*	*hospital*
il palazzo	*apartment building*
la periferia	*suburbs*
la questura	*police station*
l'ufficio postale	*post office*

Segnali / Cartelli

Aperto	*Open*
Chiuso	*Closed*
Chiuso per ferie	*Closed for holidays*
Divieto di sorpasso	*No passing*
Divieto di sosta	*No parking*
Fuori servizio	*Out of order*
Informazioni	*Information*
Ingresso	*Entrance*
Toilette / Servizi	*Washroom*
Uscita	*Exit*
Vietata l'uscita	*No exit*
Vietato Fumare	*No smoking*
Vietato l'ingresso	*No entrance*

Alla stazione

l'orario	*schedule*
fare il biglietto	*to purchase a ticket*
in orario	*on time*
in anticipo	*early*
in ritardo	*late*
la stazione ferroviaria	*train station*
il treno	*train*

Alcune parole ed espressioni utili

qui / qua	*here*	lì / là	*there*
vicino	*near*	lontano	*far*
accanto a	*next to*	lontano da	*far from*
di qui / qua	*over here*	di lì / là	*over there*
dentro	*inside*	fuori	*outside*

✦ **Lontano** and **vicino** can be used as invariable forms or made to agree with the noun phrases they refer to: **Gli edifici sono vicino a me. / Gli edifici sono vicini a me.** *The buildings are near to me.*

Applicazione

A. **Indovinelli.** Indovina che cos'è o dov'è.

MODELLI   È il cuore della città.
Il centro

È la scritta *(sign)* che indica che non si può parcheggiare.
Divieto di sosta

1. È un edificio dove vive la gente. *Palazzo*
2. È un edificio che «tocca» il cielo. *grattacielo*
3. È una zona appena fuori della città. *periferia*
4. È la scritta che indica che non si può fumare. *vietato fumare*
5. È la scritta che indica che non si può entrare. *vietato l'ingresso*
6. È la scritta che indica che non si può uscire. *vietato l'uscita*
7. È l'edificio dove si possono spedire le lettere e le cartoline. *ufficio postale*
8. È l'edificio dove si va per prendere il treno. *stazione ferroviaria*
9. È l'edificio dove si va per ammirare l'arte. *museo*
10. È l'edificio amministrativo e governativo di una città. *municipio*
11. È l'edificio della polizia. *questura*
12. È l'edificio dove si ricoverano e curano i malati. *ospedale*
13. È un edificio religioso. *chiesa*
14. È la scritta che indica che non si può sorpassare con la macchina. *Divieto di sorpasso*

B. **Guide delle città italiane.** Da un manifesto pubblicitario mancano le seguenti parole. Inseriscile negli spazi vuoti.

~~anticipo~~   ~~lontano~~   ~~orari~~   ~~biglietto~~   ~~ritardo~~   ~~accanto~~

Avete mai avuto il desiderio di fare una gita? Comprate l'edizione di mercoledì o di giovedì e troverete in regalo le pratiche *Guide tascabili* delle città italiane. Volete conoscere meglio gli ___orari___ dei treni oppure volete sapere dove andare per fare il ___biglietto___? Non c'è problema. Ogni guida è divisa in parti che contengono tutte le informazioni necessarie. Non sarete mai in ___ritardo___, sarete sempre in orario, e qualche volta anche in ___anticipo___. Non importa se quello che volete vedere è vicino, ___lontano___ dal vostro albergo o ___accanto___ al vostro albergo. Le *Guide* del *Corriere della Sera* vi seguiranno dappertutto.

C. **Tocca a te!** Adesso usa ciascuna delle seguenti parole/espressioni in altrettante frasi che ne rendano chiaro il significato.

1. qui *Qui è il l'ufficio postale*
2. là *la questura e là, viano il museo.*
3. dentro *il prete è dentro la chiesa.*
4. fuori
5. la stazione ferroviaria *dobbiamo stare nella stazione ferroviaria alle nove*
6. Vietato Fumare
7. Fuori servizio *I servizi sono fuori servizio*

Chiedere per sapere

Dove si trova... ?	*Where does one find . . . ?*
Come si fa per andare a... ?	*How does one get to . . . ?*
Può dirmi dov'è... ? / Mi sa dire dov'è... ?	*Can you tell me where . . . is?*
Può indicarmi la strada per... ?	*Could you show me the way to . . . ?*
Come si arriva all'autostrada per... ?	*How do you get to the highway for . . . ?*
A che fermata devo scendere?	*At which stop should I get off?*
Vada...	*Go . . .*
Giri...	*Turn . . .*
Continui...	*Continue . . .*
Torni indietro...	*Go back . . .*
a destra	*to the right*
a sinistra	*to the left*
dritto	*straight ahead*
avanti	*forward/ahead*
indietro	*backward/back*
È qui di fronte.	*It's here across the street.*
È a due passi.	*It's a few feet away.*
Vedrà le indicazioni.	*You will see the signs.*
al primo / secondo semaforo	*at the first/second set of lights*
in via...	*on . . . street*
in corso...	*on . . . avenue*
in piazza...	*on . . . square*
alla prossima fermata	*at the next bus stop*
al prossimo isolato	*at the next block*

Compass Points

Nouns

nord	*north*
nordest, nordovest	*northeast, northwest*
a nord	*to the north*
sud	*south*
sudest, sudovest	*southeast, southwest*
a sud	*to the south*
est	*east*
a est	*to the east*
ovest	*west*
a ovest	*to the west*

Adjectives

centrale	*central*
meridionale	*south, southern*
occidentale	*western*
orientale	*eastern*
settentrionale	*north, northern*

♦ Many prepositional noun phrases referring to places do not require prepositional contractions. However, recall from the previous chapter that the contractions are needed when there is a modifier:

in Sicilia	nella Sicilia centrale
in Italia	nell'Italia settentrionale
in Spagna	nella Spagna orientale

♦ Some prepositional noun phrases have a different meaning, depending on
form. Noun phrases constructed with prepositional contractions are generally
literal in meaning.

Sono andato (-a) in montagna.	Quegli animali vivono nella montagna.
I went to the mountains.	*Those animals live inside the mountain.*
Ho viaggiato in treno.	Sono nel treno.
I traveled by train.	*I'm inside the train.*

♦ This is not applicable to cities, which do not normally require the article. Note
that **a** *to, at, in* is used with cities and **in** *to, at, in* with other place names:

Non sono mai stato (-a) a Roma.	Non sono mai stato (-a) in Italia.
I have never been to Rome.	*I have never been to Italy.*
Abito a Firenze.	Abito in Toscana.
I live in Florence.	*I live in Tuscany.*
Sono andato (-a) a Napoli.	Sono nato (-a) nell'Italia meridionale.
I went to Naples.	*I was born in Southern Italy.*

BUT: **Non è più la Roma di una volta.** *It is not the Rome of years ago. /* **È la
Roma di Fellini.** *It's Fellini's Rome.*

Applicazione

A. Mi sa dire dov'è...? Con un compagno/una compagna, svolgi i seguenti mini-
dialoghi. Seguite il modello.

MODELLO   via Torino / girare a destra / girare a sinistra
            —**Scusi, mi sa dire dov'è Via Torino? / Scusi, dov'è via
            Torino? / Come si fa per andare a via Torino?**
            —**Giri a destra, poi al semaforo giri a sinistra. Lì troverà via
            Torino.**

1. viale Michelangelo / andare dritto / girare a destra
2. corso Garibaldi / continuare su questa strada / girare a destra
3. piazza Mazzini / tornare indietro / girare a sinistra
4. via Dante / dritto / girare a destra / ovest / due isolati

B. Indicazioni stradali. Un turista ti chiede delle indicazioni stradali. Aiutalo, seguendo il modello.

MODELLO   Mi sa dire dov'è il museo? (due passi / vicino / municipio)
È a due passi. È vicino al municipio.

1. Mi sa dire dov'è l'ospedale? (qua vicino / accanto / chiesa)
2. Mi sa dire dov'è via Verdi? (non lontano / prossimo / isolato)
3. Può indicarmi la strada per Roma? (girare / destra / prossimo semaforo / vedere indicazioni)
4. A che fermata devo scendere? (scendere / prossima fermata)

C. Dove siete andati? Con un compagno / una compagna, svolgi i seguenti minidialoghi. Seguite il modello.

MODELLI   Roma
—**Dove siete andati?**
—**A Roma.**
—**Come ci siete andati?**
—(a piacere) **Coll'autobus. / Con la macchina. / In aereo.**

              Francia / centrale
—**Siete stati in Francia?**
—**Sì, abbiamo visitato la Francia centrale.**
—**Come ci siete andati?**
—(a piacere) **Coll'autobus. / Con la macchina. / In aereo.**

1. Firenze
2. Spagna / meridionale
3. Londra
4. Africa / settentrionale
5. Nairobi
6. Argentina / occidentale
7. Berlino
8. Germania / orientale
9. Egitto
10. Italia / meridionale

D. Tocca a te! Adesso indica le seguenti cose.

Come si fa per andare...

1. a casa tua?
2. alla tua prossima lezione?
3. in centro?
4. alla casa del tuo amico / della tua amica?

In quale direzione è...

1. il municipio?
2. l'edificio principale dell'università?
3. il centro?
4. lo stadio di football?

In albergo

la camera	room
a due letti	with two beds
matrimoniale	with double bed
singola	with single bed
con il bagno	with bath
senza bagno	without bath
con doccia	with shower
La prima colazione è compresa?	Is breakfast included?
Ecco la chiave della camera.	Here is your room key.
Potrei avere un'altra coperta / un altro cuscino?	Could I have another blanket/pillow?
Mi può svegliare alle... ?	Can you wake me up at . . . ?
Mi può preparare il conto?	Can you prepare the bill for me?
la prenotazione	reservation
la pensione	bed-and-breakfast, rooming house

Applicazione

A. In albergo. Nel dialogo mancano alcune parole. Inseriscile opportunamente negli spazi vuoti.

Tu	Buon giorno, ho una _____ prenotata.
Impiegato (-a)	Come si chiama?
Tu	Mi chiamo...
Impiegato (-a)	Non trovo la Sua _____... Non si preoccupi. Abbiamo diverse _____ disponibili.
Tu	Grazie. Vorrei una _____ singola con _____.
Impiegato (-a)	Sì, bene... Le do la camera diciannove. _____
Tu	Senta, la prima _____ è compresa?
Impiegato (-a)	Sì.
Tu	Domani mattina può _____ alle sette?
Impiegato (-a)	Certamente. Ecco la _____ della Sua camera.

B. Sei mai stato (-a) in albergo? Rispondi alle seguenti domande.

1. Sei mai stato (-a) in albergo? Se sì, in quali alberghi sei stato (-a) e dove?
2. Descrivi le tue esperienze. Ti sei trovato (-a) bene? Hai avuto problemi?

✦ IL MOMENTO CREATIVO

Con un tuo compagno/una tua compagna, metti in scena la seguente situazione.

Mentre aspetti l'autobus per andare all'università, un signore/una signora, che parla solo italiano, ti chiede come andare in centro in macchina. Tu gli/le dai tutte le informazioni necessarie.

Un po' di geografia

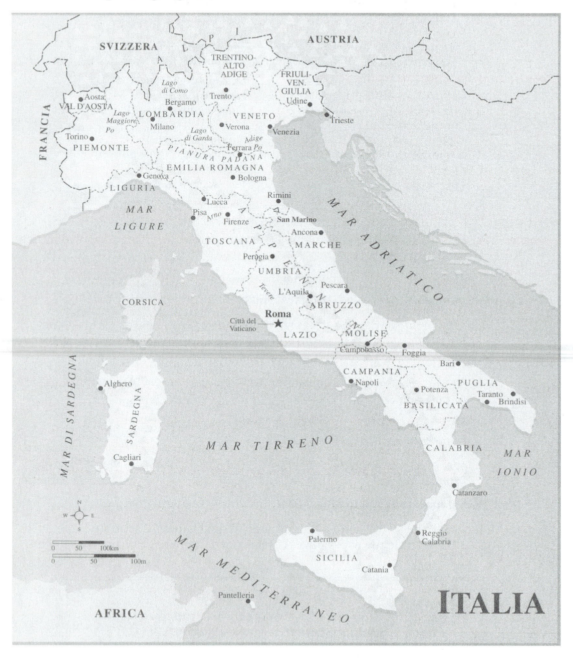

L'Italia è una penisola che ha la forma di uno stivale. È situata al centro del Mar Mediterraneo ed è circondata dal Mar Adriatico, dal Mar Ionio, dal Mar Tirreno e dal Mar Ligure. La sua superficie è costituita per il 42% da colline, per il 35% da montagne e per il 23% da pianure.

Le catene di montagne più importanti sono le Alpi, gli Appennini e le Dolomiti. Il Monte Bianco è la montagna più alta (4.810 m di altezza). Il principale fiume italiano è il Po che è lungo 652 km e attraversa la città di Torino. Altri fiumi importanti sono l'Adige (che bagna le città di Trento e Bolzano), il Tevere (che attraversa Roma) e l'Arno (che attraversa Firenze e Pisa). Tra i laghi più famosi sono da menzionare il lago di Garda, il lago Maggiore e il lago di Como. Ci sono anche due vulcani, l'Etna in Sicilia e il Vesuvio vicino a Napoli.

Note su alcune città italiane.

Genova: È il più importante porto italiano.

Torino: È la sede della FIAT (Fabbrica Italiana Automobili Torino).

Milano: È il più importante centro industriale e commerciale d'Italia.

Venezia: È la città con oltre 120 isolotti *(islets)* e 170 canali collegati tra loro da più di 400 ponti.

Bologna: È la città dove è nata nel 1158 la prima università europea.

Firenze: È la culla della lingua italiana; in questa città è nato Dante Alighieri, il primo grande poeta in lingua italiana, autore della *Divina Commedia.*

Roma: È la capitale d'Italia ed è una delle città più ricche di storia del mondo.

Napoli: È una città ricca di storia e di cultura ed è famosa per le bellezze del suo paesaggio naturale.

Palermo: È il capoluogo della Sicilia, la più grande e importante isola del Mediterraneo e la più grande regione d'Italia.   ✦

Applicazione

A. Ricordi quello che hai letto? Completa la tabella in modo appropriato.

Catene di Montagne	Fiumi	Laghi	Mari che circondano l'Italia

B. Per la ricerca. Nella seguente tabella sono riportate alcune città italiane. Cerca tu alcune informazioni importanti che riguardano ogni città.

	Città	Dati e fatti importanti
1.	Ferrara	
2.	Trieste	
3.	Firenze	
4.	Verona	
5.	Pisa	
6.	Milano	
7.	Perugia	
8.	Bari	
9.	Pescara	
10.	Catanzaro	

C. Discussione in classe. Rispondi alle seguenti domande.

1. Sei mai stato (-a) in Italia? Se sì, dove? Racconta le tue esperienze.
2. Se non sei mai stato (-a) in Italia, ci vorresti andare? Quali posti vorresti vedere e perché?

Stimolo alla lettura

Esperienze di viaggio. Quando viaggiamo può succedere di tutto! Spesso succedono le cose più inaspettate. Pensa, per esempio, al bambino del film *Mamma, ho perso l'aereo! (Home Alone!)* che invece di andare in vacanza con i genitori in Florida, si imbarca sull'aereo sbagliato e finisce tutto solo a New York! Sicuramente anche tu conoscerai qualche curiosa storia di viaggio. Sarà forse un fatto successo proprio a te o a qualcuno che conosci! Racconta quest'esperienza ai tuoi compagni di classe. Poi, insieme, scegliete la storia più strana o forse più divertente.

Il lungo viaggio

Nel brano che segue, lo scrittore italiano Leonardo Sciascia racconta di un gruppo di siciliani che fa un viaggio in nave per andare in America. Una volta sbarcati, essi iniziano a piedi il loro viaggio verso l'interno. Dalle tabelle delle città si rendono conto di essere sbarcati non negli Stati Uniti ma in un'altra parte della Sicilia.

Sentirono, lontano e irreale, un canto[1]. «Sembra un carrettiere[2] nostro, pensarono: e che il mondo è ovunque lo stesso, ovunque l'uomo spreme[3] in canto la stessa malinconia, la stessa pena[4]. Ma erano in America, le città che baluginavano[5] dietro l'orizzonte di sabbia[6] e d'alberi erano città d'America.

Due di loro decisero di andare in avanscoperta[7]. Camminarono in direzione della luce che il paese più vicino riverberava nel cielo. Trovarono quasi subito la strada «asfaltata, ben tenuta: qui è diverso che da noi,» ma per la verità se l'aspettavano più ampia, più diritta. Se ne tennero fuori[8], ad evitare incontri: la seguivano camminando tra gli alberi.

Passò un'automobile: «pare una seicento»; e poi un'altra che pareva una millecento, e un'altra ancora: «le nostre macchine loro le tengono per capriccio[9], le comprano ai ragazzi come da noi le biciclette». Poi passarono, assordanti[10], due motociclette, una dietro l'altra. Era la polizia, non c'era da sbagliare: meno male che si erano tenuti fuori dalla strada.

Ed ecco che finalmente c'erano le frecce[11]. Guardarono avanti e indietro, entrarono nella strada, si avvicinarono a leggere: Santa Croce Camarina—Scoglitti.

«Santa Croce Camarina: non mi è nuovo, questo nome».

«Pare anche a me: e nemmeno Scoglitti mi è nuovo».

«Forse qualcuno dei nostri parenti ci abitava, forse mio zio prima di trasferirsi a Filadelfia[12]: ché io ricordo stava in un'altra città, prima di passare a Filadelfia».

«Anche mio fratello stava in un altro posto, prima di andarsene a Brucchilin[13]. Ma come si chiamasse, proprio non lo ricordo: e poi, noi leggiamo Santa Croce Cammarina, leggiamo Scoglitti; ma come leggono loro non lo sappiamo, l'americano non si legge come è scritto».

«Mi sto ricordando» disse dopo un momento quello cui il nome di Santa Croce non suonava nuovo[14]: «a Santa Croce Camarina, un'annata che dalle nostre parti andò male, mio padre ci venne per la mietitura[15]».

Si buttarono come schiantati[16] sull'orlo della cunetta[17], ché non c'era la fretta di portare agli altri la notizia[18] che erano sbarcati[19] in Sicilia.

---

[1]*song*   [2]*cart operator*   [3]*wrings out*   [4]*pain*   [5]*blinking*   [6]*sand*   [7]*to go ahead*   [8]*they stayed away*   [9]*whim*   [10]*deafening*   [11]*arrows*   [12]*Philadelphia*   [13]*Brooklyn*   [14]*didn't sound new*   [15]*harvest*   [16]*They threw themselves as if in pieces*   [17]*the edge of the ditch*   [18]*news*   [19]*landed*

Dopo la lettura

A. Prova di verifica. Segna le affermazioni che ti sembrano giuste.

_____ 1. I viaggiatori sentirono, lontano e irreale, un canto.

_____ 2. Pensavano di essere in America.

_____ 3. Dietro l'orizzonte le città erano tutte scure *(dark)*.

_____ 4. Due dei viaggiatori decisero di andare in avanscoperta.

_____ 5. Trovarono quasi subito una strada non asfaltata e mal tenuta.

_____ 6. Passò una bicicletta e poi un autobus.

_____ 7. Poi passarono, assordanti, due motociclette.

_____ 8. Lo zio di uno dei due viaggiatori si era trasferito a Boston.

_____ 9. I viaggiatori videro nomi di paesi a loro sconosciuti.

_____ 10. Alla fine si accorsero di essere sbarcati in Sicilia.

B. Riscrivi le frasi. Riscrivi le seguenti frasi nel modo indicato, usando il congiuntivo passato. Segui il modello.

MODELLO Hanno sentito, lontano e irreale un canto. (pare che)
Pare che abbiano sentito, lontano e irreale, un canto.

1. Due di loro hanno deciso di andare in avanscoperta. (sembra che)
2. Hanno camminato in direzione della luce. (pare che)
3. Hanno trovato quasi subito la strada. (credo che)
4. È passata un'automobile. (è probabile che)
5. Hanno guardato avanti e indietro. (immagino che)
6. Sono entrati nella strada. (sembra che)
7. Il padre è venuto per la mietitura. (pare che)
8. Si sono buttati come schiantati sull'orlo della cunetta. (penso che)

C. Discussione in classe. Rispondi alle seguenti domande, discutendo le tue risposte con gli altri membri della classe.

1. Perché, secondo te, i protagonisti del racconto avevano tanta voglia di emigrare in America?
2. La narrazione è allo stesso tempo umoristica e amara. Sei d'accordo? Perché sì / no?
3. In che cosa consiste l'imbroglio *(the deceit)*?
4. Qual è, secondo te, il tema di questo racconto?

D. Lavoro di gruppo. Metti in scena con diversi compagni / compagne una conclusione al brano, secondo la seguente impostazione *(framework)*.

Tra i viaggiatori nasce un'accesa discussione. Come mai hanno sbagliato percorso? Chi li ha imbrogliati? Perché? Ora che ritorneranno a casa, come giustificheranno ai loro paesani *(fellow townsmen)* il loro ritorno, la loro disavventura? La situazione si risolve quando uno dei viaggiatori propone una scusa plausibile.

CON FANTASIA

A. Cruciverba. Completa gli spazi vuoti in modo opportuno. Nelle caselle con il cerchio troverai nascosto il nome di una regione italiana.

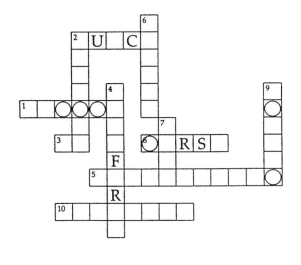

ORIZZONTALI

1. Vietato _____.
2. Una città toscana.
3. Il fiume più lungo d'Italia.
5. Il contrario di *settentrionale*.
8. Io abito in _____ Mazzini.
10. L'Italia è una lunga _____.

VERTICALI

2. Il contrario di *vicino*.
4. Il signor Rossi abita in _____.
6. La città di Enrico Caruso.
7. Il contrario di *sud*.
9. Ecco la _____ della camera, signore.

La regione: ☐☐☐☐☐☐☐

B. Lavoro di gruppo. Metti in scena con un tuo compagno / una tua compagna la seguente situazione.

Personaggio A: Hai saputo che B sta progettando un viaggio di studio in Italia. Allora gli / le chiedi dove ha intenzione di andare, perché, quali posti ha intenzione di vedere, quali amici, parenti vuole vedere, ecc.

Personaggio B: Inizialmente rispondi a tutte le domande di A. Però alla fine gli / le riveli la vera ragione per cui vai in Italia, che hai cercato finora di tener segreta!

C. Rispondi.

1. Quali paesi hai visitato? Quali vorresti visitare? Perché?
2. Elenca tutte le città che hai visitato e descrivi le tue esperienze.

D. Tema. Svolgi liberamente uno dei seguenti temi.

1. Tutto il mondo è paese.
2. Tutte le strade conducono a Roma.
3. Chi lascia la via vecchia per la nuova, sa quel che lascia ma non sa quel che trova.

I villaggi turistici

Studio del vocabolario

A. Il manifesto è stato trovato su Internet al sito **www.bravoclub.it.** Paragona le parole usate in Italia con quelle usate in Nord America. Usa un dizionario se necessario. Nota che molte sono uguali. Spiega poi il loro significato.

In Italia	In Nord America	Significato
1. prenotare	_____	_____
2. totale relax	_____	_____
3. oziare	_____	_____
4. la buona stella	_____	_____
5. il numero verde	_____	_____
6. festivi esclusi	_____	_____
7. uno scatto alla risposta	_____	_____

Applicazione

B. Ricerche digitali. Svolgi i seguenti compiti e poi riporta alla classe quello che hai trovato.

1. Il manifesto sopra risale a qualche anno fa. Se esiste ancora il sito **www.bravoclub.it,** ricercalo e stampa quello che trovi. In tal modo puoi aggiornarlo per la classe.

2. Se non esiste più, cerca un sito simile e riporta quello che trovi.

✦ Lessico utile ◇◇◇◇◇◇◇◇◇◇◇◇◇◇◇◇◇◇◇◇◇◇

Nomi

l'agenzia di viaggio	travel agency
l'albergo	hotel
il bagaglio	baggage
il bagno	bathroom
la barriera corallina	coral reef
la camera	room
il canto	song
il capolinea	bus station (head of the line)
il capriccio	whim
il centro	downtown
la chiesa	church
il conto	bill
il corso	avenue
la destra	right
il direttore / la direttrice	manager
la doccia	shower
l'edificio	building
l'esigenza	need, requirement, preference
l'est	east
la fermata	stop
la freccia	arrow
la gita	tour
il grattacielo	skyscraper
l'indicazione	sign
l'informazione	information
l'isolato	city block
la mostra	exhibition
il municipio	city hall
il museo	museum, art gallery
il nord	north
l'orario	schedule
l'ospedale (m)	hospital
l'ovest	west
il palazzo	apartment building
la pensione	bed-and-breakfast, rooming house
la periferia	suburbs
la piantina	map of a city
la piazza	square
la piscina	swimming pool
la prenotazione	reservation
la prima colazione	breakfast
la questura	police station
la riva	river bank

la sinistra	left
lo spazio	space
la spiaggia	beach
la stazione ferroviaria	train station
il sud	south
la sveglia	wake-up call
il treno	train
l'ufficio postale	post office
la vacanza	vacation
la valigia	suitcase
la via	street
il viale	larger street

Aggettivi

alberghiero	(related to) hotels
americano	American
aperto	open
arabo	Arabic
attrezzato	equipped
australiano	Australian
austriaco	Austrian
belga (m/f)	Belgian
brasiliano	Brazilian
canadese	Canadian
centrale	central
chiuso	closed
cinese	Chinese
complesso	complicated
danese	Danish
ebraico	Hebrew (language)
ebreo	Hebrew
egiziano	Egyptian
fiammingo	Flemish
finlandese	Finnish
francese	French
giapponese	Japanese
greco	Greek
indiano	Indian
inglese	English
italiano	Italian
lontano	far
meridionale	southern
messicano	Mexican
neozelandese	New Zealander
norvegese	Norwegian
occidentale	western
orientale	eastern
polacco	Polish

portoghese	*Portuguese*
prestigioso	*prestigious*
pronto	*ready*
prossimo	*next*
russo	*Russian*
saudita	*Saudi*
scorso	*last*
settentrionale	*northern*
spagnolo	*Spanish*
sudafricano	*South African*
svedese	*Swedish*
svizzero	*Swiss*
tedesco	*German*
turco	*Turkish*
ungherese	*Hungarian*
vicino	*near*

VERBI

avvicinarsi	*to get close*
consigliare	*to recommend*
evitare	*to avoid*
fare il biglietto	*to purchase a ticket*
fare una gita	*to go on a tour*
seguire	*to follow*
soddisfare	*to satisfy*

sognare	*to dream*
trascorrere	*to pass, spend*

ALTRE ESPRESSIONI

accanto a	*next to*
avanti	*forward/ahead*
dentro	*inside*
Divieto di sorpasso	*No passing*
Divieto di sosta	*No parking*
dritto	*straight ahead*
fuori	*outside*
in anticipo	*early*
in orario	*on time*
in ritardo	*late*
indietro	*behind/back*
lì / là	*there*
lontano	*far*
presso / accanto a	*next to*
qui / qua	*here*
su misura	*made-to-measure*
vicino	*near*
Vietata l'uscita	*No exit*
Vietato fumare	*No smoking*
Vietato l'ingresso	*No entrance*

Capitolo 8 La cucina italiana

QUANTO SAI GIÀ?

A. Piacciono a mio fratello! Identifica la persona (da te conosciuta) alla quale piace, in modo particolare, il cibo indicato.

MODELLO   le patatine fritte
Le patatine fritte piacciono a mio fratello!

1. i peperoni
2. i piselli
3. i pomodori
4. il sedano
5. gli spinaci
6. le zucche
7. le noccioline americane

B. Menù! Leggi il seguente menù. Poi, svolgi le attività riportate sotto.

Antipasti

Prosciutto e melone
Affettati vari
Frutti di mare sott'olio

Primi piatti

Spaghetti alle vongole
Lasagne al forno ripiene di ricotta
Minestrone con spinaci
Risotto alla milanese

Secondi piatti

Bistecca alla fiorentina
Trota ai ferri
Cotoletta alla viennese

Contorni

Patatine fritte
Insalata mista
Legumi vari

Dolci vari, frutta e formaggio

1. Descrivi ciascuna delle vivande che conosci. Ricerca le altre in un dizionario.
2. Fa' un elenco dei tuoi antipasti, primi piatti, secondi piatti e dolci preferiti.
3. Discuti il tuo elenco con gli altri membri della classe.
4. Prepara un menù diverso a piacere e poi presentalo alla classe.

C. Sai cosa mangiare? Oggi ci rendiamo sempre più conto che per star bene bisogna mangiar bene. Tu sai quali sono i cibi che possono far bene alla salute o nuocerla *(harm it)*? Fa' il seguente test e scoprirai se sai cosa mangiare o non mangiare quando si soffre di una particolare malattia. Controlla i risultati alla fine del test.

	Vero	Falso
Chi ha il diabete...		
1. può mangiare zucchero.	❑	❑
2. può bere aranciata.	❑	❑
3. può mangiare carne.	❑	❑
Chi ha l'ulcera...		
4. non può mangiare uova sode.	❑	❑
5. può mangiare riso.	❑	❑
6. può mangiare pesce ben cotto.	❑	❑
Chi soffre d'ipertensione...		
7. può mangiare cibo contenente sale.	❑	❑
8. non può mangiare frutta fresca.	❑	❑
Chi soffre di stitichezza (constipation)...		
9. non può bere né caffè né tè.	❑	❑
10. non può mangiare cioccolato.	❑	❑

Risultati: 1. falso 2. falso 3. vero 4. vero 5. vero 6. vero 7. falso 8. falso 9. vero 10. falso

9–10 risposte corrette: Conosci molto bene le regole da seguire in fatto di cibo.

6–8 risposte corrette: Conosci abbastanza bene le regole da seguire in fatto di cibo.

1–5 risposte corrette: Non sei molto informato (-a) sulle regole da seguire in fatto di cibo.

Prima di leggere

Scelte personali. Nella seguente tabella elenca quello che mangi generalmente nei periodi di tempo indicati. Poi controlla le tue scelte con quelle «ideali» riportate nella lettura.

La mia dieta giornaliera

Colazione	Metà mattina	Metà pomeriggio	Cena

La dieta corretta

Leggi attentamente la seguente dieta.

LA DIETA CORRETTA PER LUI E PER LEI

Nella tabella diamo due esempi di alimentazione[1] giornaliera[2] bene equilibrata per un uomo e una donna adulti che svolgono[3] un'attività lavorativa normale. Entrambi[4] sono nella media per età, peso,[5] altezza. La dieta dell'uomo è di 2.805 calorie, quella della donna di 1.958.

UOMO	DONNA
Colazione	*Colazione*
latte intero[6] 200 ml + caffè a piacere + zucchero g 10 (due cucchiaini), otto o nove biscotti (g 45); marmellata g 70; un succo[7] di frutta (g 125).	latte intero 200 ml + caffè a piacere + zucchero g 10 (due cucchiaini); 4 biscotti (g 20); marmellata g 35.
Metà mattina	*Metà mattina*
un caffè + zucchero g 5 (un cucchiaino).	un caffè + zucchero g 5 (un cucchiaino).
Pranzo	*Pranzo*
pane g 60; risotto[8] g 100 condito[9] con g 15 di burro; carne di manzo[10] semigrassa g 100 condita con g 10 di olio; insalata g 80 condita con g 10 di olio; frutta di stagione[11] g 200; vino 250 ml; un caffè + zucchero g 5 (un cucchiaino).	pane g 50; pasta o riso g 80 condito con g 10 olio; pomodoro fresco a piacere; carne di manzo magra ai ferri[12] g 80; pomodori g 200 conditi con g 10 di olio; frutta di stagione g 200; vino 200 ml; un caffè + zucchero g 5 (un cucchiaino).
Metà pomeriggio	*Metà pomeriggio*
un succo di frutta (g 125).	un succo di frutta (g 125).
Cena	*Cena*
pane g 60; prosciutto crudo g 60; pomodori g 250 conditi con g 10 di olio; frutta di stagione g 200; vino 250 ml; un caffè + zucchero g 5 (un cucchiaino).	pane g 50; due uova alla coque,[13] in camicia[14] o sode; insalata g 70 condita con g 10 di olio; frutta di stagione g 200; vino 200 ml; un caffè + zucchero g 5 (un cucchiaino).

---

[1]*diet* [2]*daily* [3]*carry on* [4]*both* [5]*weight* [6]*whole* [7]*juice* [8]*type of rice dish* [9]*served* [10]*beef*
[11]**di...** *in season* [12]**ai...** *grilled* [13]**alla...** *soft-boiled* [14]**in...** *poached*

Dopo la lettura

A. Ricordi quello che hai letto? Completa le frasi scegliendo la risposta giusta. In alcuni casi tutte e due le risposte possono essere corrette.

1. Nella tabella sono dati...
   a. due esempi di alimentazione giornaliera bene equilibrata.
   b. tre esempi di alimentazione giornaliera bene equilibrata.

2. La dieta per un uomo adulto che svolge un'attività lavorativa normale...
   a. è più di tremila calorie.
   b. è meno di tremila calorie.

3. La dieta per una donna adulta che svolge un'attività lavorativa normale...
   a. è di circa duemila calorie.
   b. è di circa mille calorie.

4. A colazione l'uomo e la donna dovrebbero bere...
   a. latte intero.
   b. vino.

5. A pranzo dovrebbero mangiare...
   a. pane.
   b. frutta di stagione.

6. A metà pomeriggio dovrebbero bere...
   a. un bicchiere di birra.
   b. un succo di frutta.

7. A cena dovrebbero bere...
   a. vino.
   b. un caffè.

B. Parliamone. Rispondi a piacere alle seguenti domande, discutendo le tue risposte con gli altri membri della classe.

1. Quali sono, secondo te, i cibi che fanno bene alla salute?
2. Come deve essere secondo te la dieta di uno studente / una studentessa?
3. Di quanto cibo / quante calorie ha bisogno uno studente / una studentessa per mantenersi in forma?

Stimolo linguistico

A. Bevo dell'acqua. Rispondi alle domande seguendo il modello. Nelle tue risposte usa una forma del partitivo adatta. Te lo ricordi?

MODELLO   Che cosa bevi di solito a cena? (acqua minerale)
          Bevo dell'acqua minerale / un po' d'acqua minerale.

1. Che cosa bevi a colazione? (latte)
2. Che cosa mangi a colazione? (biscotti / marmellata)
3. Che cosa mangi a pranzo? (pane / carne / insalata)
4. Che cosa mangi a cena? (pane / pomodoro / frutta / carne)

B. Quante ne mangiavi? Con un compagno/una compagna, svolgi dei mini-dialoghi seguendo il modello. Nota che dovrai usare l'imperfetto. Te lo ricordi?

MODELLO   fragole *(strawberries)*
—Da bambino mangiavo spesso le fragole.
—Quante ne mangiavi?
—Ne mangiavo tante/molte.

1. carote
2. risotto
3. caramelle
4. banane
5. spaghetti
6. biscotti
7. marmellata
8. carne
9. pesce

VOCABOLARIO

I cibi

La verdura	Vegetables
l'aglio	garlic
la carota	carrot
la cipolla	onion
il fagiolo	bean
il fagiolino	string bean
la lattuga	lettuce
la patata	potato
il pisello	pea
il pomodoro	tomato
gli spinaci	spinach
la zucchina (lo zucchino)	zucchini
La carne	**Meat**
l'agnello	lamb
il maiale	pork
il manzo	beef
il pollo	chicken
il vitello	veal
Il pesce	**Fish**
il merluzzo	cod
il salmone	salmon
la sogliola	sole
il tonno	tuna
la trota	trout
La frutta	**Fruit**
l'arancia	orange
la banana	banana
la ciliegia	cherry
la fragola	strawberry
la mela	apple
la pera	pear
la pesca	peach
l'uva	grapes

I latticini

il burro	*butter*
il formaggio	*cheese*
il gelato	*ice cream*
il latte	*milk*
l'uovo (*pl* le uova)	*egg*

Dairy products

La pasta

le fettuccine	*fettuccine*
gli gnocchi	*gnocchi*
le lasagne	*lasagna*
le penne	*penne*
i ravioli	*ravioli*
gli spaghetti	*spaghetti*

Pasta

Altre parole utili

l'aceto	*vinegar*
il grissino	*breadstick*
l'olio	*oil*
il pane	*bread*
il pepe	*pepper*
il riso	*rice*
il sale	*salt*
lo zucchero	*sugar*

Other useful words

I pasti

la (prima) colazione	*breakfast*
fare colazione	*to have breakfast*
il pranzo	*lunch*
pranzare	*to have lunch*
la cena	*dinner*
cenare	*to have dinner*
lo spuntino	*snack*
fare uno spuntino	*to have a snack*

Meals

Applicazione

A. Indovinello. Indovina che cos'è e poi di' se ti piace, se ti è piaciuto (-a) l'ultima volta che l'hai mangiato (-a) e se ti piaceva da bambino (-a). Imita il modello.

MODELLO   È mangiata di solito alla conclusione di un pasto.
                la frutta
                Mi piace molto.
                Non mi piace affatto.
                Mi è piaciuta anche l'ultima volta che l'ho mangiata.
                Non mi è mai piaciuta.
                Mi piaceva molto da bambino (-a).
                Non mi piaceva da bambino (-a).

1. *Vegetables* in italiano.
2. Piacciono a Bugs Bunny.
3. Pesce che rima con «limone».
4. Pesce che rima con «carota».
5. Si usa per fare il vino.
6. La mangiamo di solito con il vino rosso.
7. Le fa la gallina.
8. Sono lunghi e sottili e possiamo mangiarli al pomodoro, al burro, al pesto, ecc.
9. Si mettono, per esempio, tutti e due sull'insalata per condirla.
10. Si mette nel caffè per addolcirlo.
11. Si usa spesso col sale per rendere il cibo piccante.

B. Giochiamo! Cerca dieci parole che hanno a che fare con il cibo. Le parole sono tutte al singolare e si possono trovare in orizzontale, in verticale o in trasversale. Una volta trovate tutte le parole, usale in altrettante frasi che ne rendano chiaro il significato.

A	D	O	O	L	Y	R	J	G	V
L	O	N	R	E	B	H	A	E	P
O	Q	I	I	O	V	O	U	L	E
I	V	S	G	T	D	J	V	A	S
L	Z	S	E	G	N	O	H	T	C
G	X	I	W	K	A	U	M	O	A
O	Z	R	E	G	R	M	P	O	S
S	K	G	R	W	U	E	R	S	P
Z	U	C	C	H	I	N	A	O	B
Q	R	A	I	C	N	A	R	A	F

C. Cibi. Elenca i seguenti cibi nella tabella in modo appropriato e poi indica se ciascun cibo ti piace o no e come preferisci mangiarlo.

ravioli	penne	burro	latte	pera
mela	tonno	sogliola	vitello	agnello
aglio	spinaci	pomodoro	maiale	manzo
pollo	cipolla	fagiolino	fagiolo	fettuccine
gnocchi	lasagne	banana	ciliegia	fragola
merluzzo	lattuga	patate	piselli	riso

Verdura	Carne	Pesce	Frutta	Latticini	Pasta
spinaci cipolla lattuga pomodoro fagiolino patate fagiolo	pollo vitello maiale agnello	merluzzo tonno	mela banana fragola pera	aglio burro latte	ravioli gnocchi penne lasagne fettuccine

D. Fai pasti regolari? Rispondi alle seguenti domande.

1. Quanti pasti fai al giorno? A quale pasto mangi di più, di meno?
2. Fai colazione al mattino? A che ora fai di solito colazione? Che cosa mangi? La colazione del mattino è importante per te? Perché sì / no?
3. A che ora pranzi di solito? Che tipo di pranzo preferisci, leggero, pesante? Descrivi il tuo pranzo ideale.
4. A che ora ceni di solito? Che tipo di cena preferisci? Descrivi una cena che, secondo te, è da considerarsi *(is to be considered)* bene equilibrata.
5. Fai gli spuntini? Se sì, quando? Che cosa mangi? Che cosa bevi?

✦ GRAMMATICA ◇◇◇◇◇◇◇◇◇◇◇◇◇◇◇◇◇◇◇◇◇◇◇◇

STRUTTURA

8.1 L'imperfetto indicativo

✦ The imperfect indicative of regular verbs is formed by dropping the infinitive ending and adding the following endings:

	mangiare	prendere	finire
io	mangiavo	prendevo	finivo
tu	mangiavi	prendevi	finivi
lui, lei, Lei	mangiava	prendeva	finiva
noi	mangiavamo	prendevamo	finivamo
voi	mangiavate	prendevate	finivate
loro	mangiavano	prendevano	finivano

✦ There are few irregular verbs in the imperfect. Here are the most common ones:

bere	bevevo, bevevi, beveva, bevevamo, bevevate, bevevano
dare	davo, davi, dava, davamo, davate, davano
dire	dicevo, dicevi, diceva, dicevamo, dicevate, dicevano
essere	ero, eri, era, eravamo, eravate, erano
fare	facevo, facevi, faceva, facevamo, facevate, facevano
stare	stavo, stavi, stava, stavamo, stavate, stavano

✦ The imperfect is used to indicate an action that continued for an indefinite period of time in the past: **Ieri mentre mangiavo, mi hanno chiamato al telefono** *Yesterday, while I was eating, they called me to the phone.* It corresponds to such English forms as *I used to eat, I was eating, you used to finish, you were finishing,* etc. In short, it allows one to talk about an incomplete, repeated, or habitual past action. It also allows one to describe something or someone in the past, especially weather conditions, mental and emotional feelings, and the like:

Present Perfect	**Imperfect**
Ieri ho dormito per due ore. *Yesterday I slept for two hours.*	Ieri mentre dormivo, mia sorella leggeva. *Yesterday while I was sleeping, my sister read.*
Da bambino (-a) ho mangiato gli spinaci una sola volta! *As a child, I ate spinach one time only!*	Da bambino (-a) mangiavo sempre gli spinaci. *As a child, I always used to eat spinach.*
Quella sera tu hai bevuto troppo caffè. *That evening you drank too much coffee.*	La sera tu bevevi troppo caffè. *In the evening you used to drink too much coffee.*
Ieri sera sono andato a teatro. *Last night I went to the theater.*	Quando abitavo a Firenze, andavo spesso a teatro. *When I was living in Florence, I often went to the theater.*

+ Note finally that there is a progressive form of the imperfect which, like all progressive tenses, allows one to focus in on the action:

Ieri mangiavo mentre tu dormivi.
Yesterday I was eating as you slept.

Ieri stavo mangiando mentre tu dormivi.
Yesterday I was eating as you slept.

Che cosa facevi ieri quando ti ho chiamato?
What were you doing yesterday when I called you?

Che cosa stavi facendo ieri quando ti ho chiamato?
What were you doing yesterday when I called you?

Applicazione

A. **Pasquale, cuoco di grande fama.** Il grande cuoco Pasquale è stato intervistato recentemente alla televisione. Ecco la trascrizione *(transcript)* dell'intervista. Metti i verbi indicati o al passato prossimo o all'imperfetto secondo il caso.

—Pasquale, puoi dirci che cosa tu (volere) _volevo_ diventare quando (essere) _era_ bambino? È vero, no, che tu (amare) _amavi_ molto leggere e che (preferire) _____ stare sempre in casa?

—Sì. Devo dire che io (sognare) _sognavo_ di diventare pilota; (volere) _volevo_ diventare comandante di volo dell'Alitalia.

—Allora come mai tu (diventare) _____ un grande cuoco?

—Perché tutti mi (dire) _dicevono_ che (sapere) _sapevo_ cucinare molto bene anche da bambino. Ma anche mio fratello (essere) _era_ bravo in cucina, sai?

—E le tue sorelle? Loro (diventare) _diventavano_ professioniste, non è vero? Sì, la più grande, che (volere) _____ fare la cuoca come me, (studiare) _____ medicina. La più piccola, che (dare) _____ sempre fastidio a tutti, (diventare) _____ una brava professoressa di matematica.

—E quali (essere) _____ i tuoi piatti preferiti?

—La mamma ci (fare) _____ mangiare pasta, pesce e verdura quasi tutti i giorni.

—E la carne?

—Beh, io (mangiare) _m_____ carne una volta sola! Non mi (piacere) _____ e non l'ho mangiata più. Sono un vegetariano!

—Quali verdure tu (mangiare) _mangiava_ di solito?

—Le insalate, le carote, le zucchine, i piselli...

—E la pasta come la (mangiare) _mangiavate_ tutti voi in famiglia di solito?

—Quasi sempre nello stesso modo: pomodoro, aglio e cipolla.

—I dolci ti (piacere) _piacevano_?

—Sì, molto! Mi piacciono ancora oggi!

—E che cosa voi (bere) _bevevate_ a tavola?

—Io, acqua minerale, i miei genitori (bere) _____ quasi sempre vino.

B. Da bambino (-a). Chiedi ad un compagno/una compagna le seguenti cose. Segui il modello.

MODELLO   what he/she used to say when his/her parents didn't allow him/her to watch TV
—**Che cosa dicevi quando i tuoi genitori non ti facevano guardare la TV?**
—**Non dicevo niente perché ero un/una bambino (-a) ubbidiente.**

Chiedi ad un compagno/ad una compagna...

1. what he/she had to do regularly around the house
2. what he/she used to like that he/she does not like now
3. who was the most popular family member and why
4. where he/she went for summer holidays
5. what his/her favorite past-time (**il passatempo**) and hobby (**l'hobby**) were and what they are now
6. where he/she lived and where he/she lives now

C. Tocca a te! Usa ciascuno dei seguenti verbi in una frase che ne illustri il suo uso all'imperfetto.

1. cominciare	6. fare
2. prendere	7. essere
3. capire	8. dare
4. dormire	9. dire
5. bere	10. stare

Quando ero piccolo, giovane, addormentaro alle otto mezzo di notte ogni giorno di scuola. Ogni Sabato dormivo verso mezzo giorno.

8.2 I pronomi doppi

✦ When a sentence contains both direct and indirect object pronouns at the same time, the following patterns apply:

1. The indirect object pronouns always precede the direct object forms **lo, la, li, le,** and the indirect object forms **mi, ti, ci, vi** change, respectively, to **me, te, ce, ve:**

Alessandro **mi** porta **la carne** domani.
Alexander is bringing me the meat tomorrow.

Alessandro **me la** porta domani.
Alexander is bringing it to me tomorrow.

Da bambina **i tuoi** genitori **ti** davano spesso i fagioli da mangiare.
As a child, your parents used to give you beans to eat.

Te li davano spesso.
As a child, your parents used to give you them.

Ci portano **il salmone** domani.
They're bringing salmon to us tomorrow.

Ce lo portano domani.
They're bringing it to us tomorrow.

Vi raccomandiamo **le fragole.**
We recommend the strawberries to you.

Ve le raccomandiamo.
We recommend them to you.

2. The indirect object forms **gli, le,** and **Le** *(pol)* change to **glie,** which is attached in writing to **lo, la, li, le:**

Renzo **gli** ha preparato **la pizza.**
Renzo prepared the pizza for him.

Renzo **gliela** ha (gliel'ha) preparata.
Renzo prepared it for him.

Marco **le** ha cucinato **gli spaghetti.**
Marco cooked the spaghetti for her.

Marco **glieli** ha cucinati.
Marco cooked them for her.

Io **Le** *(pol)* suggerisco **il pollo.**
I suggest chicken to you.

Io **glielo** suggerisco.
I suggest it to you.

Credo che mia sorella **gli** prepari **le patate.**
I believe my sister is preparing potatoes for him.

Credo che mia sorella **gliele** prepari.
I believe my sister is preparing them for him.

But with loro

Io preparo **loro la pizza.**
I am preparing pizza for them.

Io **la** preparo **loro.**
I am preparing it for them.

3. As elaborated in previous chapters, object pronouns are attached in certain cases, as for example to the familiar forms of the imperative:

Renzo, prepara**mi la pizza!**
Renzo, prepare the pizza for me!

Renzo, prepara**mela!**
Renzo, prepare it for me!

Maria, servi**ci il pollo!**
Mary, serve the chicken to us!

Maria, servi**celo!**
Mary, serve it to us!

Ragazzi, cucina**tegli gli spaghetti!**
Guys, cook the spaghetti for them!

Ragazzi, cucina**teglieli!**
Guys, cook them for them!

Nora, da**mmi il pane!**
Nora, give the bread to me!

Nora, da**mmelo!**
Nora, give it to me!

Franco, fa**lle le lasagne!**
Frank, make lasagne for her!

Franco, fa**gliele!**
Frank, make them for her!

Silvana, fa**cci la torta!**
Silvana, make cake for us!

Silvana, fa**ccela!**
Silvana, make it for us!

Negative Patterns

Renzo, non preparar**mi la pizza** / non **mi** preparare **la pizza!**
Renzo, don't prepare pizza for me!

Renzo, non preparar**mela** / non **me la** preparare!
Renzo, don't prepare it for me!

Maria, non servir**ci il pollo** / non **ci** servire **il pollo!**
Mary, don't serve the chicken to us!

Maria, non servir**celo** / non **ce lo** servire!
Mary, don't serve it to us!

4. With modal verbs **(potere, dovere, volere)** the pronouns can be attached to the infinitive or can be placed before the modal verb. Note that the final **-e** of the infinitive is dropped when the pronouns are attached:

Posso dar**ti la pizza?** / **Ti** posso dare **la pizza?**
May I give you pizza?

Posso dar**tela?** / **Te la** posso dare?
May I give it to you?

Devi far**mi un favore.** / **Mi** devi fare **un favore.**
You have to do me a favor.

Devi **farmelo.** / **Me lo** devi fare.
You have to do it for me.

5. In compound tenses, the normal agreement pattern in gender and number between the past participle and preceding direct object pronoun is always maintained:

Giovanni **mi** ha porta**to** la carne.
John brought me meat.

Giovanni **me l'**ha porta**ta**.
John brought it to me.

Silvana **ci ha da**to i pomodori.
Silvana gave us tomatoes.

Silvana **ce li** ha **dati**.
Silvana gave them to us.

Bruno **le** ha prepara**to** le lasagne.
Bruno prepared lasagne for her.

Bruno **gliele** ha prepara**te**.
Bruno prepared them for her.

6. The same patterns apply to the use of **pronomi doppi** with reflexive verbs (see Chapter 7). Note, once again, that in compound tenses, agreement takes place between the direct object and the past participle, not the past participle and the subject:

Maria **si** è lava**ta** i capelli ieri.
Mary washed her hair yesterday.

Maria **se li** è lava**ti** ieri.
Mary washed it yesterday.

Loro **si** sono messi il cappotto.
They put on their coat.

Loro **se lo** sono messo.
They put it on.

Applicazione

A. Glieli porto domani. Rispondi liberamente alle domande usando il pronome doppio.

MODELLO Quando porti gli spinaci al nonno?
Glieli porto domani / adesso / stasera / ...

1. Quando porti la verdura a Giovanni? *Gliela porto oggi*
2. Quando compri la carne alla nonna? *Gliela compro stasera.*
3. Quando fai le lasagne ai ragazzi? *gliele faccio addesso.*
4. Quando dai il latte a Pierino? *glielo do domani*
5. Quando porti i pomodori al nonno? *glieli porso adesso.*

B. Attenzione al pronome doppio! Completa con il pronome doppio (e il verbo se necessario).

1. Paolo, mi compri la carne?

   Sì, _te la_ compro questo pomeriggio.

2. Vi hanno portato la verdura?

   Sì, _ce la_ hanno portat_a_ stamattina.

3. Ci hai già preparato il caffè?

   Sì, _ve l'ho_ già preparat_o_. È pronto!

4. Scusi, quando mi serve gli spaghetti?

   Glielo servo subito, signorina.

5. Quando mi compri il gelato, mamma?

   Non posso _comprartelo_. Non ho soldi.

6. Posso dare il latte a Pierino?

Sì, _glielo_____.

7. Posso fare gli spaghetti ai bambini stasera?

Sì, _____.

8. Ti sei mangiata tutta la pasta?

Sì, _____ tutta.

C. I pronomi doppi. Rispondi alle seguenti domande, seguendo il modello.

MODELLO   Mi hai dato la ricetta?
           Sì, te l'ho data.

1. Ti ha offerto il pranzo?
2. Mi hai comprato le fragole?
3. Avete già dato i pomodori al nonno?
4. Hai già preparato il caffè alla mamma?
5. Mi compri il gelato oggi, mamma? Si, te lo compro
6. Ti sei dimenticata la pasta al supermercato?
7. Gianna si lava i capelli tutti i giorni?
8. Posso dare queste pesche ai bambini? Si, glieli puoi dare.

D. Compiti. Svolgi i seguenti compiti, usando i pronomi doppi. Segui il modello.

MODELLO   Di' a tuo cugino di preparare gli spaghetti a sua moglie.
           Preparaglieli!

Di' a tuo fratello di cucinare gli spinaci...
1. alla sua fidanzata.
2. al suo amico.
3. ai suoi professori.

Di' a tua sorella di non dare il messaggio...
4. al suo fidanzato.
5. alle sue amiche.
6. alla signora Biagi.

Di' al professore / alla professoressa di chiamare...
7. (tua) madre.
8. (tuo) padre.
9. gli altri studenti.

Di' alla classe di fare gli esercizi...
10. per il professore.
11. per le compagne.
12. per i compagni.

8.3 I tempi indefiniti

✦ The **infinito** *(infinitive)* and the **gerundio** *(gerund)* allow one to express actions that are perceived to go on for an indefinite time period.

The Infinitive

✦ There are three main infinitive forms—**parlare, vedere, finire.** A few verbs end in **-durre.** These can be considered to have an underlying form, **-ducere,** from which the conjugations are derived. Here's an example of how **tradurre** *(to translate)* is conjugated. First, it is changed (mentally) to **"traducere"** and then conjugated accordingly:

	Present Indicative	Present Subjunctive	Imperative	Imperfect
io	traduco	traduca		traducevo
tu	traduci	traduca	traduci	traducevi
lui/lei	traduce	traduca	traduca	traduceva
noi	traduciamo	traduciamo	traduciamo	traducevamo
voi	traducete	traduciate	traducete	traducevate
loro	traducono	traducano	traducano	traducevano

✦ The past participle of such verbs ends in **-dotto (tradotto).** Here are some common **-durre** verbs:

condurre	*to drive, conduct, to lead*
dedurre	*to deduce*
indurre	*to induce*
produrre	*to produce*
ridurre	*to reduce*
sedurre	*to seduce*

✦ The verb **porre** *to put, place* and verbs constructed with it (**sottoporre** *to submit,* **comporre** *to compose,* etc.) can be thought of as having the underlying form **ponere.** Their past participle is **posto:**

	Present Indicative	Present Subjunctive	Imperative	Imperfect
io	pongo	ponga		ponevo
tu	poni	ponga	poni	ponevi
lui/lei	pone	ponga	ponga	poneva
noi	poniamo	poniamo	poniamo	ponevamo
voi	ponete	poniate	ponete	ponevate
loro	pongono	pongano	pongano	ponevano

✦ The verb **trarre** *to draw, pull,* and verbs constructed with it (**sottrarre** *to subtract,* **attrarre** *to attract,* etc.), are all conjugated as follows (past participle: **tratto**):

	Present Indicative	Present Subjunctive	Imperative	Imperfect
io	traggo	tragga		traevo
tu	trai	tragga	trai	traevi
lui/lei	trae	tragga	tragga	traeva
noi	traiamo	traiamo	traiamo	traevamo
voi	traete	traiate	traete	traevate
loro	traggono	traggano	traggano	traevano

✦ When attaching pronouns to these infinitives, one of the **"r"**'s is eliminated:

Prima di tradurre quei libri, devo studiare di più.
Before translating those books, I have to study more.

Prima di tradurli, devo studiare di più.
Before translating them, I have to study more.

✦ The infinitive is the only verb form that may be used as a subject of a sentence or the object of a preposition. It is always masculine:

Il mangiare / Mangiare è necessario per vivere.
Eating is necessary to live.

Prima di mangiare, mi lavo le mani.
Before eating, I wash my hands.

✦ There is also a past infinitive constructed with the infinitive of the auxiliary verb (**avere** or **essere**) plus the past participle:

Credo di aver(e) detto tutto.
I believe I've said everything.

Non mi ero reso conto di esser(e) arrivato in ritardo.
I didn't realize I had arrived late.

The Gerund

✦ Review Chapter 4 for the formation of the gerund. Note the gerunds of the above verbs:

tradurre	traducendo
porre	ponendo
trarre	traendo

✦ The gerund is used with all progressive tenses. It can also be used to replace **mentre** + *imperfect* when the subject of the clauses is the same. (Don't forget to attach pronouns onto the gerund!):

Mentre giocavo a tennis ieri, ho visto Maria.
While I was playing tennis yesterday, I saw Mary.

Giocando a tennis ieri, ho visto Maria.
While I was playing tennis yesterday, I saw Mary.

Mentre guardavo la TV, mi sono addormentata.
While I watched TV, I fell asleep.

Guardando la TV, mi sono addormentata.
While I watched TV, I fell asleep.

Mentre la guardavo, mi sono addormentata.
While I watched it, I fell asleep.

Guardandola, mi sono addormentata.
While I watched it, I fell asleep.

There is also a past gerund tense made up of the gerund of the auxiliary verb (**avere** or **essere**) and the past participle of the verb. All the features associated with compound tenses apply here as well:

Siccome aveva mangiato tutta la pizza, non aveva più fame.
Since he had eaten all the pizza, he was no longer hungry.

Avendo mangiato tutta la pizza, non aveva più fame.
Having eaten all the pizza, he was no longer hungry.

Siccome l'aveva mangiata tutta, non aveva più fame.
Since he had eaten all of it, he was no longer hungry.

Avendola mangiata tutta, non aveva più fame.
Having eaten all of it, he was no longer hungry.

Poiché sono vissuti molti anni a Roma, i Jones parlano l'italiano molto bene.
Since the Jones have lived many years in Rome, they speak Italian very well.

Essendo vissuti molti anni a Roma, i Jones parlano l'italiano molto bene.
Having lived many years in Rome, the Jones speak Italian rather well.

With the word **pur** the gerund renders the idea of *even though:*

Pur sapendo parlare l'inglese, non l'ho capito.
Even though I knew how to speak English, I didn't understand him.

Pur avendo studiato l'inglese, non l'ho capito.
Even though I had studied English, I didn't understand him.

Applicazione

A. Verbi. Completa le caselle in modo opportuno.

	Infinito	Gerundio	Presente indicativo	Passato prossimo	Imperativo	Imperfetto
1.	tradurre	traducendo	io traduco	io ho tradotto	——	io traducevo
2.		procendo	lui produce	prodotto		produceva
3.	componre	componendo	compoi	tu hai composto	compone	componevi
4.	ponrre	ponendo	ponète	avete posto	ponete	voi ponevate
5.	trarre	traendo	noi traiamo		traiamo	traevamo
6.			sottragano	loro hanno sottratto	sottragano	sottraevano
7.			lei seduce			

B. Ti piace fare l'interprete? Prova a dire le seguenti frasi in italiano. Usa il dizionario per le parole che non sai tradurre.

1. Even though I don't know English very well, I translated this recipe.
2. I used to deduce the meaning of the words by comparing them to Italian.
3. Eating rice is good for you.
4. Before eating it (**il riso**), put it into the oven.
5. And after having eaten it (**il riso**), let me know if you liked it.
6. While walking, I ate an ice cream.
7. Having read the recipe carefully, they were able to prepare a very good meal.
8. Having eaten too much, he was no longer hungry.
9. Even though they ate all of it (**la pizza**), they were still hungry.
10. Although I always get up early, I never have breakfast.

C. Tocca a te! Usa ciascuno dei seguenti verbi liberamente all'infinito (presente o passato) o al gerundio (presente o passato) in una frase che ne dimostri il suo uso.

1. sottrarre
2. porre
3. produrre
4. essere
5. stare
6. fare
7. dire

COMUNICAZIONE

Parlare di quantità

+ The partitive (**il partitivo**) renders quantitative concepts such as *some, any, a few, several*, etc., in English. There are several ways to express these concepts.

With count nouns (nouns that have plural forms)

+ The most commonly used partitive construction is the contracted form of **di** + *definite article* (**dei, degli,** ecc.):

Singular		Plural	
un pisello	*a pea*	dei piselli	*some peas*
un amico	*a friend*	degli amici	*some friends*
una carota	*a carrot*	delle carote	*some carrots*

+ **Alcuni (-e)** can also be used. But it renders more specifically the idea of *several, a few*:

Singular		Plural	
un pisello	*a pea*	alcuni piselli	*a few peas*
un amico	*a friend*	alcuni amici	*several friends*
una carota	*a carrot*	alcune carote	*several carrots*

♦ The pronoun **qualche** may also be used with count nouns. It must be followed by a singular noun:

Singular		Plural	
un pisello	*a pea*	qualche pisello	*some, a few peas*
un amico	*a friend*	qualche amico	*some, several friends*
una carota	*a carrot*	qualche carota	*some, several carrots*

♦ Make sure that the verb agrees with the number of the partitive used as a subject:

Solo alcune mele sono buone. *(pl)*	*Only a few apples are good.*
Solo qualche mela è buona. *(sing)*	*Only a few apples are good.*

♦ **Alcuni (-e)** is the only partitive that can be used as a pronoun:

Quante carote compri?	*How many carrots are you buying?*
Ne compro solo alcune.	*I'm buying only a few.*

♦ To express the negative with count nouns *(not . . . any, none)*, either omit the partitive altogether, or replace it with **non... nessuno** + *singular noun.* **Nessuno** is inflected like the indefinite article (see Chapter 2):

Affirmative	Negative
Sì, ho degli amici in Italia?	1. No, non ho amici in Italia.
Yes, I have some friends in Italy.	2. No, non ho nessun amico in Italia.
	No, I don't have any friends in Italy.
Ho comprato alcuni zaini *(backpacks).*	1. Non ho comprato zaini.
I bought some backpacks.	2. Non ho comprato nessuno zaino.
	I haven't bought any backpacks.
Ho fatto qualche domanda.	1. Non ho fatto domande.
I asked a few questions.	2. Non ho fatto nessuna domanda.
	I haven't asked any questions.

With noncount nouns (nouns that normally do not have a plural form)

♦ With noncount nouns the partitive is rendered by either **di** + *singular definite article* (in contracted form) or **un po' di,** which means *a bit of, a little.* No structure is used in the negative:

Affirmative	Negative
Voglio dello / un po' di zucchero.	Non voglio zucchero.
I want some sugar.	*I don't want any sugar.*
Voglio della / un po' di carne.	Non voglio carne.
I want some meat.	*I don't want any meat.*
Ho bevuto dell' / un po' di acqua.	Non ho bevuto acqua.
I drank some water.	*I didn't drink any water.*

♦ Note that **qualche** is not used with noncount nouns.

✦ The following also allow you to express various quantitative concepts:

molto / tanto	*much, many, a lot / (quite) much, many, a lot*
troppo	*too much*
poco	*little, a bit*
tutto	*all, everything*
parecchio	*several, a lot*
abbastanza	*enough*
assai	*quite, enough*
mezzo *(adj.)* / la metà *(noun)*	*half*

✦ **Abbastanza** and **assai** are invariable.

✦ **Molto, tanto, troppo, poco,** and **parecchio** can have different functions:

Adjective	Adverb
Lui ha mangiato molto pesce.	Lui ha mangiato molto lentamente.
He ate a lot of fish.	*He ate very slowly.*
Lei ha tanti amici.	I suoi amici sono tanto simpatici.
She has many friends.	*Her friends are rather nice.*
Io mangio troppa carne.	Lei è troppo bella.
I eat too much meat.	*She is too beautiful.*
Lei ha parecchie amiche.	Loro parlano sempre parecchio.
She has several friends.	*They always speak a lot.*

These words can also function as pronouns:

Adjective	Pronoun
Molti italiani non mangiano più la carne.	Molti non mangiano più la carne.
Many Italians don't eat meat anymore.	*Many don't eat meat anymore.*
Molta gente preferisce il pesce.	Molti preferiscono il pesce.
Many people prefer fish.	*Many prefer fish.*
Poche persone fanno quello.	Pochi fanno quello.
Few people do that.	*Few do that.*

Applicazione

A. Scriviamo delle frasi. Scrivi sei frasi usando le seguenti parole. Poi riscrivi ciascuna con **alcuni (-e)** e **qualche**. Infine, metti le frasi al negativo. Segui i modelli.

		dei	spinaci
Oggi	ho comprato solo	della	latte
		delle	pomodori
		dello	piselli
		dei	mele
		degli	carne
		del	zucchero

MODELLI   **Oggi ho comprato solo dei piselli.**
Domani voglio comprare degli spinaci.
ecc.

Oggi ho comprato solo alcuni piselli.
Domani voglio comprare alcuni spinaci.
ecc.

Oggi ho comprato qualche pisello.
Domani voglio comprare qualche spinacio.
ecc.

Oggi non ho comprato piselli / nessun pisello.
Domani non voglio comprare spinaci / nessuno spinacio.
ecc.

B. Completa le frasi. Completa le seguenti frasi usando la parola appropriata. Scegli fra le seguenti (alcune parole non dovranno essere usate).

~~nessuna~~   degli   ~~molti~~   ~~qualche~~   ~~nessuno~~
mezzo   ~~nessun~~   ~~troppa~~   poca   ~~molte~~
~~molto~~

1. Hai _qualche_ domanda?

2. No, non ho _nessuna_ domanda.

X Tu conosci _qualche_ formaggio svizzero?

4. No, non conosco _nessun_ formaggio svizzero.

5. Hai _degli_ zii in Italia?

6. No, non ho _nessuno_ zio in Italia.

7. No, non ho fame. Ho già mangiato _troppa_ pasta.

8. Lui mangia sempre _molto_ lentamente.

9. Ho comprato _molte_ fragole.

10. _molti_ non mangiano più la carne.

C. Botta e risposta. Combina domanda e risposta.

_D_ 1. Vuoi dello zucchero?
_F_ 2. Quanta pasta hai mangiato?
_E_ 3. Hai comprato tutti i libri?
_B_ 4. C'erano entrambi?
_C_ 5. Capisci tutte le parole?
_A_ 6. Hai bevuto tutto il latte?

a. No, soltanto mezzo bicchiere.
b. Sì, c'erano tutti e due.
c. No, solo alcune.
d. Sì, solo un po', per favore.
e. No, solo alcuni.
f. L'ho mangiata tutta.

Al ristorante

il menù	*menu*
l'antipasto	*appetizer*
il primo / secondo... piatto	*first/second . . . dish*
la pasta (al dente, al sugo)	*pasta (slightly firm, with sauce)*
la bistecca (ben cotta, al sangue)	*steak (well done, rare)*
il pesce (ai ferri, fritto, lesso)	*fish (grilled, fried, boiled)*
il pollo (arrosto, lesso)	*ckicken (charcoal broiled, boiled)*
il contorno	*side dish*
l'insalata	*salad*
le bevande	*drinks*
l'acqua	*water*
l'acqua minerale gassata / non gassata	*carbonated/noncarbonated mineral water*
il vino	*wine*
la birra (alla spina)	*(draft) beer*
la bibita	*soft drink*
il caffè	*coffee*
l'espresso	*espresso*
il cappuccino	*cappuccino*
ristretto	*strong*
lungo	*weak*
macchiato	*with a dash of milk*
il dolce / il dessert	*dessert*
la mancia	*tip*
dare la mancia	*to leave a tip*
il conto	*check, bill*

Applicazione

Al ristorante. Sei in un ristorante e stai ordinando. Svolgi i seguenti compiti comunicativi.

Modello   Ordina un antipasto.
Per antipasto prendo il melone e prosciutto.

1. Ordina un antipasto.
2. Per primo piatto ordina un piatto di pasta qualsiasi.
3. Per secondo piatto ordina o un piatto di carne o uno di pesce con contorno.
4. Ordina una bevanda qualsiasi.
5. Ordina un bicchiere di vino qualsiasi.
6. Ordina una bottiglia di acqua minerale (gassata / non gassata).
7. Ordina un caffè (ristretto, macchiato, ecc.).
8. Ordina qualsiasi tipo di dolce o frutta.
9. Chiedi il conto.
10. Da' una mancia appropriata.

Fare la spesa

fare la spesa	*to shop*
il fruttivendolo	*fruit stand, vendor*
la macelleria	*butcher shop*
il mercato	*market*
il panificio / la panetteria	*bakery*
la pasticceria	*pastry shop*
la pescheria	*fish market*
il supermercato	*supermarket*

✦ Note that **fare la spesa** means *to shop for food*, whereas **fare delle spese** means *to shop* in general.

✦ Note the following conceptualizations of *food:*

i generi alimentari	*food, as bought in a store*
il cibo	*food, the actual substance*
la cucina	*food, as prepared (cooking, cuisine)*

Applicazione

A. Andiamo a fare la spesa. Nomina alcune delle cose che puoi comprare...

1. in un panificio
2. da un fruttivendolo
3. in una pasticceria
4. in un supermercato
5. ad un mercato
6. in una pescheria
7. in una macelleria

B. Tocca a te! Usa le seguenti parole o espressioni in altrettante frasi che ne rendano chiaro il significato.

1. il cibo
2. la cucina
3. i generi alimentari
4. fare la spesa
5. fare delle spese

 ✦ IL MOMENTO CREATIVO

Con diversi compagni/compagne, crea un minidialogo, secondo i suggerimenti.

Il cameriere/La cameriera saluta i clienti e li invita ad ordinare. I clienti chiedono di vedere il menù e prima di ordinare chiedono al cameriere/alla cameriera dei consigli. Poi ordinano da mangiare e da bere. Mentre aspettano le portate, i due cominciano a litigare. Il dialogo finisce in modo inaspettato, ancora prima che i clienti comincino a mangiare.

✦ CULTURA ◇◇◇◇◇◇◇◇◇◇◇◇◇◇◇◇◇◇◇◇◇◇◇◇◇◇◇◇

La cucina italiana

La cucina italiana è conosciuta in tutto il mondo. Tuttavia non esiste veramente una cucina comune a tutti, ma molte cucine che riflettono le diverse tradizioni delle regioni italiane. I ristoranti, perciò, vengono indicati come toscani, lombardi, emiliani e così via.

Per esempio, tra molte altre cose, la Lombardia è famosa per il panettone (pane dolce con frutta candita e uva secca), la Liguria per la pasta al pesto (salsa a base di aglio, olio e basilico), l'Emilia Romagna per i tortellini, le tagliatelle e le lasagne, la Toscana per il castagnaccio (torta fatta con farina di castagne), la Campania per la pizza e la Sicilia per i cannoli.

Studi condotti sia negli Stati Uniti che in Italia durante gli ultimi vent'anni hanno dimostrato che una delle diete più «sane e corrette» è quella «mediterranea». Con l'espressione «dieta mediterranea» si vogliono indicare gli alimenti consumati tradizionalmente dagli italiani: pane, pasta, olio d'oliva, vino, legumi secchi, verdura e frutta fresca, pesce e piccole quantità di carne.

Oggi anche in Italia c'è il fast food e fra i locali più popolari tra i giovani si notano nomi come McDonald's e Wendy's. Oltre ai ristoranti e alle trattorie, ci sono anche locali come le paninoteche (dove si vendono i panini), le pizzerie, i self-service *(cafeterias)* e le rosticcerie *(take-out/rotisseries)*. ✦

Applicazione

A. Vero o falso? Correggi le frasi false in modo appropriato.

_____ 1. Chi segue la dieta mediterranea mangia molta carne.

_____ 2. McDonald's e Wendy's non sono popolari tra i giovani.

_____ 3. Nelle paninoteche si vendono panini.

_____ 4. Le rosticcerie sono ristoranti di lusso.

_____ 5. La Lombardia è famosa per i cannoli.

_____ 6. La Sicilia è famosa per il panettone.

_____ 7. La Toscana è famosa per il castagnaccio.

_____ 8. Il castagnaccio è una torta fatta con le mele.

_____ 9. La Liguria è famosa per la pasta al pesto.

_____ 10. Il pesto è una salsa a base di formaggio.

_____ 11. L'Emilia Romagna è famosa per la pizza.

_____ 12. In Italia, ogni regione ha la sua cucina.

B. Le ricette. Scegli uno dei seguenti piatti. Poi trova la ricetta e decrivila agli altri membri della classe.

1. gli spaghetti alla carbonara
2. gli spaghetti alla matriciana
3. le penne all'arrabbiata
4. il risotto alla milanese
5. un piatto che è caratteristico di una specifica regione e che a te piace molto

Stimolo alla lettura

Fai i tuoi pasti nelle migliori condizioni? Quali sono le regole che segui in fatto di cibo? Fa' il seguente test apparso qualche anno fa sulla rivista italiana *Oggi* e scoprirai se sai come mangiare.

1.	Al mattino di solito fai colazione a letto.	sì	(no)
2.	Mangi spesso in poltrona o sul divano perché pensi di digerire meglio.	sì	(no)
3.	Pranzo o cena sono ottime occasioni per affrontare problemi di lavoro.	sì	(no)
4.	A tavola non perdi tempo: più in fretta mangi, meglio è.	sì	(no)
5.	A tavola accetti animate discussioni perché un po' di eccitazione fa bene all'appetito e alla digestione.	sì	(no)
6.	Subito dopo mangiato fai un sonnellino.	(sì)	no
7.	Mentre mangi ti piace guardare la TV.	(sì)	no
8.	Mentre mangi leggi il giornale.	sì	(no)
9.	Tra una portata *(course)* e l'altra fumi una sigaretta.	sì	(no)
10.	Quando arrivi a casa dopo la scuola o il lavoro ti piace metterti subito a tavola.	(sì)	no

Risultati:

Se hai risposto **no** a tutte le domande sai perfettamente come mangiare. Per le domande a cui hai risposto **sì**, non sarebbe meglio cambiare queste abitudini?

Contro il logorio bevo tè

Nella seguente intervista l'attore italiano Ernesto Calindri ci parla della sua alimentazione e delle regole che segue in fatto di cibo. Leggila e paragona le tue abitudini alimentari con quelle dell'attore italiano.

"MISTER CARCIOFO" Milano. Ernesto Calindri 79 anni, «mister carciofo», al fianco del suo Cynar. Sui teleschermi per lunghissimo tempo, oggi è stato sostituito da un'altra «pantera grigia». Sandro Paternostro.

Ernesto Calindri ha settantanove anni. Lavora con incredibile vigore, conduce una tournée in giro per l'Italia: e si sa quanto sia faticoso fare del teatro. Sta benissimo in

CONTRO IL LOGORIO[1] BEVO TÈ

«Spesso anche la sera, con un po' di pane tostato[2], al posto della cena», dice Ernesto Calindri, settantanovenne in pieno vigore

salute. Lo deve al famoso Cynar[3] che reclamizzava[4] (e che avrà pur bevuto)? Lo deve alla fibra forte e robusta? Lo deve all'alimentazione corretta?

Quali sono i suoi piatti forti?

«Molte minestre, molte pastasciutte, molti risotti. Poi molto pesce e molta verdura. Da ben quarant'anni mangio carne solo ogni tanto.[5] E anche su questa poca carne bisogna fare dei distinguo: non mangio mai né capretto,[6] né agnello,[7] né coniglio,[8] perché sono bestiole che fanno tenerezza. Non mangio in particolar modo le bistecche, i pezzi di carne sanguinolenti mi fanno orrore».

Quali sono le verdure che ha mangiato di più?

«Le insalate, le carote, i carciofi,[9] le zucchine, i piselli conditi sempre con l'olio mai con il burro.»

Come mangia di preferenza le pastasciutte?

«Quasi sempre condite nello stesso modo: pomodoro, aglio (o cipolla[10]) e molto peperoncino[11]».

Come mangia il pesce?

«Un branzino[12] lo mangio bollito,[13] un sarago[14] o un orata[15] al forno.[16] Mi piace molto la frittura di pesce».

Le piacciono i dolci?

«Poco, preferisco i cibi salati.[17]»

Che cosa beve?

«Di giorno acqua minerale non gassata. La sera un po' di vino».

Fa pasti regolari?

«Di solito, sì. Anzi sto piuttosto attento. Se mi capita di fare un pasto robusto a mezzogiorno, la sera bevo un tè con pane abbrustolito[18] e basta. Il pane mi piace. È il mio alimento preferito».

Fa colazione al mattino?

«Bevo una spremuta di arancia.[19] Il caffè mi interessa poco. Il tè invece lo bevo spesso e volentieri, liscio o con una fettina[20] di limone. Senza zucchero. Latte mai».

[1]*strain* [2]**pane...** *toast* [3]*a digestive liqueur* [4]*promoted* [5]**ogni...** *once in a while* [6]*kid* [7]*lamb* [8]*rabbit* [9]*artichokes* [10]*onion* [11]*pepper* [12]*sea bass* [13]*boiled* [14]*white bream* [15]*gilthead* [16]*oven* [17]*salty* [18]*toasted* [19]**spremuta...** *orange juice* [20]*slice*

Dopo la lettura

A. **Ricordi quello che hai letto?** Rispondi alle seguenti domande con frasi complete.

1. Quali sono i piatti forti di Ernesto Calindri?
2. Quali sono le verdure che ha mangiato di più?
3. Come mangia di solito la pasta?
4. Come mangia il pesce?
5. A Ernesto Calindri piacciono i dolci?
6. Che cosa beve?
7. Ernesto Calindri fa pasti regolari?
8. Fa colazione al mattino?

B. Formiamo delle frasi. Con le seguenti parole, forma delle frasi che ne rendano chiaro il significato.

1. capretto
2. coniglio
3. carciofi
4. agnello
5. pane abbrustolito
6. una fettina di limone
7. spremuta di arancia
8. aglio

C. L'intruso. Cancella la parola che non c'entra in ciascuna colonna.

capretto	cipolla	zucchine	sarago
pasta	acqua minerale	piselli	pollo
agnello	tè	risotto	branzino
coniglio	caffè	carote	orata

D. Ora tocca a te! Scegli una persona che vuoi intervistare (un tuo compagno / una tua compagna di classe, un tuo / una tua insegnante, tuo padre, tua madre, ecc.) e prepara un'intervista simile a quella della lettura. Includi una breve presentazione della persona intervistata.

CON FANTASIA

A. Passato prossimo o imperfetto? Decidi quale tempo del verbo è appropriato.

1. mangiare
   a. Da bambino io _mangiavo_ sempre i cioccolatini.
   b. Da bambino io _ho mangiato_ gli spinaci una volta sola.

2. bere
   a. Ieri io _ho bevuto_ il vino per la prima volta in vita mia.
   b. Ieri, mentre io _bevevo_ una Coca-Cola al bar, ho visto Maria.

3. fare
   a. Quando mia sorella era piccola, ha _fatto_ un viaggio in Italia.
   b. Ieri mentre mia sorella _faceva_ da mangiare, ha telefonato Paolo.

4. essere
   a. Ieri quando sono ritornato a casa, _erano_ le dieci.
   b. L'anno scorso io e i miei genitori _siamo stati_ in Italia.

5. studiare
   a. Da ragazzino Claudio _studiava_ molto.
   b. Ieri sera Claudio _ha studiato_ fino alle undici.

6. piacere
   a. Da bambina mi _piaceva_ andare al parco tutti i giorni.
   b. Ieri sera ho visto un film che mi _ha piaciuto_ molto.

B. Che cos'è? Sei capace di indovinare che tipo di cibo è in base all'indizio?

MODELLO   __ a ___ ___ ___ n ___
               = un tipo di pesce
               il salmone

1. b u r r o
   = rende il pane più appetitoso

2. m e l a
   = una frutta che, secondo il detto, dovrebbe far bene se mangiata una volta al giorno

3. p o l l o
   = un tipo di carne di cui si può mangiare il petto e le cosce

4. p o m o d o r o
   = si usa per fare il sugo

5. l a s a g n a
   = un piatto di pasta «piatta» *(flat)*

C. Shopping su Internet. Adesso naviga Internet e cerca un negozio di alimentari in Italia. In base al sito (o ai siti) che troverai rispondi alle seguenti domande.

1. Quanto costano diversi tipi di pasta?
2. Quanto costa una bottiglia di vino?
3. Per quale tipo di cibo offre lo sconto?
4. Quanto costano diversi tipi di verdura?
5. Ci sono offerte? Se sì, quali e fino a quando sono valide?

D. Ricetta con pasta avanzata. Leggi la seguente ricetta (usa il dizionario per le parole che non conosci) e poi riassumila con parole tue.

Frittata di pasta

Che cosa mi serve
- pasta avanzata
- un po' di pangrattato
- olio extravergine di oliva
- 3 uova per 2 persone
- sale

Che cosa devo fare

Sbatto le uova con una forchetta, metto il sale e, se mi piace, aggiungo un po' di parmigiano grattugiato. Metto un po' di pangrattato sul fondo di una padella antiaderente e lo faccio tostare. Verso un po' d'olio e lo faccio scaldare. Quando l'olio è ben caldo, butto la pasta avanzata e la mescolo bene. Quando la pasta è ben ripassata nell'olio, aggiungo le uova sbattute e faccio cuocere come una frittata.

E. Tema. Svolgi liberamente uno dei seguenti temi.

1. Una sana e corretta alimentazione è alla base della buona salute.
2. La cucina americana.
3. È meglio pranzare in un fast food o in mensa *(cafeteria)*? Al ristorante o a casa? Discuti in base alle tue esperienze personali.

La comunicazione cellulare

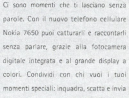

Studio del vocabolario

A. Paragona le parole usate in Italia con quelle usate in Nord America. Usa un dizionario se necessario. Nota che molte sono uguali. Spiega poi il loro significato.

In Italia	In Nord America	Significato
1. inquadrare	_____	_____
2. scattare	_____	_____
3. inviare	_____	_____
4. la fotocamera digitale	_____	_____
5. messaggi multimediali	_____	_____
6. creare on-line	_____	_____

Applicazione

B. Ricerche digitali. Svolgi i seguenti compiti e poi riporta alla classe quello che hai trovato.

1. Il manifesto sopra risale a qualche anno fa. Se esiste ancora il sito **www.club.nokia.it,** ricercalo e stampa quello che trovi. In tal modo puoi aggiornarlo per la classe.

2. Se non esiste più, cerca un sito simile e riporta quello che trovi.

NOMI

l'aceto	vinegar	il maiale	pork
l'acqua	water	la mancia	tip
l'affetto	affection	il manzo	beef
l'aglio	garlic	la marmellata	marmalade, jam
l'agnello	lamb	la mela	apple
l'alimentazione (f)	diet	il menù	menu
l'antipasto	appetizer	il mercato	market
l'arancia	orange	il merluzzo	cod
l'arrosto	roast	la metà	half
la banana	banana	l'olio	oil
la bevanda	drink	il pane	bread
la bibita	soft drink	il panificio /	bakery
la birra	beer	la panetteria	
il biscotto	biscuit	la pasta	pasta
la bistecca	steak	la pasticceria	pastry shop
il burro	butter	il pasto	meal
il caffè	coffee	la patata	potato
la carne	meat	il pepe	pepper
la carota	carrot	la pera	pear
la cena	dinner	la pesca	peach
il cibo	food, the actual substance	il pesce	fish
		la pescheria	fish market
la ciliegia	cherry	il peso	weight
la cipolla	onion	il piatto	dish
la colazione	breakfast	il pisello	pea
il conto	bill, check	il pollo	chicken, poultry
il contorno	side dish	il pomodoro	tomato
la cucina	food, as prepared (cooking, cuisine)	il pranzo	lunch
		il prosciutto	ham
la dieta	diet	il riso	rice
il dolce	dessert	il risotto	rice with vegetables or other foods
il fagiolino	string bean		
il fagiolo	bean	il sale	salt
il formaggio	cheese	il salmone	salmon
la fragola	strawberry	la sogliola	sole
la frutta	fruit	gli spinaci	spinach
il fruttivendolo	fruit stand, vendor	lo spuntino	snack
il gelato	ice cream	il succo di frutta	fruit juice
i generi alimentari	food, as bought in a store	il supermercato	supermarket
		la tabella	table, chart
il granoturco	corn	il tonno	tuna
il grissino	breadstick	la trota	trout
l'insalata	salad	l'uovo	egg
il latte	milk	l'uovo alla coque	soft-boiled egg
il latte intero	whole milk	l'uovo in camicia	poached egg
il latticino	dairy product	l'uovo sodo	hard-boiled egg
la lattuga	lettuce	l'uva	grapes
la macelleria	butcher shop	la verdura	vegetables

il vino	*wine*
il vitello	*veal*
lo zucchero	*sugar*
la zucchina	*zucchini*
(lo zucchino)	

AGGETTIVI

corretto	*correct*
equilibrato	*balanced*
fritto	*fried*
giornaliero	*daily*
lavorativo	*work-related*
lesso	*boiled*
mezzo	*half*
molto / tanto	*much, many, a lot of*
parecchio	*several, lots of*
poco	*little, not much*

VERBI

attrarre	*to attract*
cenare	*to have dinner*
comporre	*to compose*
condurre	*to drive, conduct, to lead*
dare la mancia	*to leave a tip*
dedurre	*to deduce*

fare colazione	*to have breakfast*
fare delle spese	*to shop in general*
fare la spesa	*to shop*
indurre	*to induce*
porre	*to put*
pranzare	*to have lunch*
produrre	*to produce*
ridurre	*to reduce*
sedurre	*to seduce*
sottoporre	*to submit*
sottrarre	*to subtract*
svolgere	*to carry on, carry out*
tradurre	*to translate*
trarre	*to draw, pull*

ALTRE ESPRESSIONI

abbastanza	*enough*
ai ferri	*grilled*
assai	*quite, enough*
entrambi	*both*
molto / tanto (adv., inv.)	*very, a lot*
parecchio (adv., inv.)	*rather/quite (a lot); very much*
poco (adv., inv.)	*a little, a bit*
troppo	*too much*
tutto	*all, everything*

Capitolo 9 Trasporto

QUANTO SAI GIÀ?

A. Conosci i segnali stradali? Fa' il seguente test. Rispondi alle domande e poi assegnati un punto per ogni risposta esatta. Le risposte e l'analisi del punteggio si troveranno alla fine del test.

1. Questo segnale vuol dire
   ____ a. vietato fermarsi.
   ____ b. fare lo stop.
   ✗ c. dare la precedenza ai pedoni *(pedestrians)*.

2. Questo segnale vuol dire
   ✗ a. è vietata la circolazione dei camion.
   ____ b. i camion possono circolare.
   ____ c. solo i camion possono circolare.

3. Questo segnale vuol dire
   ✗ a. vietato entrare.
   ____ b. vietato girare a destra.
   ____ c. procedere lentamente.

4. Se vedi questo segnale,
   ____ a. fai lo stop e giri a sinistra.
   ____ b. giri a sinistra.
   ✗ c. non giri a sinistra.

5. Questo segnale indica che il traffico è
   ✗ a. lento.
   ✗ b. a senso unico.
   ____ c. veloce.

6. Questo segnale indica che
   ____ a. la velocità minima è 50 km/h.
   ✗ b. la velocità massima è 50 km/h.
   ____ c. la sola velocità permessa è 50 km/h.

7. Questo segnale indica che
   ____ a. la strada ha molte curve.
   ____ b. si può correre ad alta velocità.
   ✗ c. la strada è sdrucciolevole *(slippery)*.

8. Questo segnale vuol dire che

_____ a. la strada diventa più larga.

__☒__ b. la strada diventa più stretta.

_____ c. più avanti c'è divieto di parcheggio.

9. Questo segnale indica che

_____ a. si può sorpassare solo a destra.

_____ b. le gare *(races)* di velocità tra due macchine sono vietate.

__☒__ c. il sorpasso è vietato.

10. Questo segnale indica che bisogna stare più attenti perché c'è

_____ a. un passaggio pedonale *(crosswalk)*.

__☒__ b. un incrocio ferroviario *(railroad crossing)*.

_____ c. una scuola.

Risposte: 1-c, 2-a, 3-a, 4-c, 5-b, 6-b, 7-c, 8-b, 9-c, 10-b

Punteggio:

10 punti: Bravo (-a)! Conosci il codice della strada e, se hai la patente, non rischi multe a sorpresa.

7–9 punti: È meglio ripassare il codice della strada, specialmente se hai la patente. Non lamentarti se ricevi qualche multa.

0–6 punti: Se hai la patente forse è meglio rifare l'esame di guida. Potresti essere pericoloso (-a) per te e per gli altri.

B. Te ne intendi di automobili? Scegli la risposta giusta.

1. Copertura che chiude il motore.
   a. il cofano
   b. la tettoia

2. Posto davanti al guidatore / alla guidatrice dove ci sono i comandi e gli strumenti di controllo.
   a. il cruscotto
   b. l'alzacristallo

3. Congegno che serve a rallentare o a fermare la macchina.
   a. la leva del cambio
   b. il freno

4. Una delle due stecche di metallo che serve a pulire il parabrezza.
   a. il tergicristallo
   b. la carrozzeria

5. Strumento che misura la velocità.
   a. la targa
   b. il tachimetro

6. Permette di aprire lo sportello.
   a. la maniglia
   b. il portabagaglio

C. Discussione in classe.

1. Racconta qualche tua esperienza di viaggio.
2. Qual è il tuo mezzo di trasporto preferito? Perché?
3. Hai la macchina? Se sì, descrivila? Sei un bravo / una brava automobilista?
4. Hai mai viaggiato con la nave? Se sì, racconta la tua esperienza.

Prima di leggere

La mia macchina preferita. Completa la seguente tabella e poi leggila in classe. Se non riconosci il significato di qualche parola, ricercalo in un vocabolario.

La mia macchina preferita

Nome	Prezzo	Motore	Cilindrata	Potenza massima	Velocità massima	Accele- razione	Consumo medio	Capacità serbatoio	Lunghezza	Bollo annuale

Carta d'identità

di Maurizio Maggi

CARTA D'IDENTITÀ

NOME
Fiat Ulysse 2.0 JTD
PREZZO 26.500 euro
MOTORE turbodiesel
common-rail
CILINDRATA 1.997 cc
POTENZA MASSIMA
109 cavalli
VELOCITÀ MASSIMA
174 km/ora
ACCELERAZIONE
da 0 a 100 km/ora
13,4 secondi
CONSUMO MEDIO
14,2 km/litro
CAPACITÀ SERBATOIO
80 litri
LUNGHEZZA 4,72 metri
BOLLO ANNUALE
206,40 euro

A sinistra: Ulysse, la nuova
monovolume della Fiat.
Dall'alto: su strada, il cruscotto e
lo spaccato con la disposizione
dei sedili.

Dopo la lettura

Discussione. Rispondi a piacere alle seguenti domande, discutendo le tue risposte con gli altri membri della classe.

1. Quali sono la macchine italiane che ti piacciono di più? Perché?
2. Di tutte le auto del mondo, qual è la tua preferita? Perché?
3. Ti piacerebbe lavorare presso un concessionario di automobili *(car dealership)*? Perché sì / no?
4. Qual è il tuo mezzo di viaggio preferito? Perché?
5. Descrivi le monovolumi attuali. Perché pensi che siano così popolari?

Stimolo linguistico

A. **Il *si* impersonale.** Ecco delle «generalizzazioni» che possono essere vere, false, o solo parzialmente vere. Ripetile usando il ***si* impersonale** (te lo ricordi?). Poi da' la tua vera opinione in proposito.

MODELLO   In Italia tutti guidano la FIAT.
            —In Italia si guida la FIAT.
            —Non è vero. C'è chi guida la Lamborghini, la Ferrari,
            ecc.; e c'è anche chi guida macchine straniere.

1. Oggi tutti credono che non si può fare a meno dell'automobile.
2. Tutti guidano troppo velocemente in Italia.
3. Negli Stati Uniti tutti viaggiano in macchina.
4. Nei night club nessuno può più fumare.
5. Oggi la gente viaggia frequentemente.

B. ***Ci* o *ne*?** Cosa useresti per sostituire le parole in corsivo: **ci** o **ne**? Metti un visto (✔) nella casella appropriata.

	ci	ne
1. Vado spesso *in Italia*.	❑	❑
2. Loro parlano sempre *di macchine*.	❑	❑
3. Noi abbiamo due *macchine*.	❑	❑
4. Hanno comprato tre *giornali*.	❑	❑
5. Credete *in Dio*?	❑	❑
6. Penso spesso *alla mia famiglia*.	❑	❑
7. Vengo anch'io *alla festa*.	❑	❑
8. Non ho voglia *di studiare*.	❑	❑

C. Ricordi il congiuntivo imperfetto? Completa le seguenti frasi con un verbo adatto al congiuntivo imperfetto. Te lo ricordi?

1. —Dove abitava Giorgio da giovane?

   —Penso che _____ in Italia.

2. —Lui andava a lavorare in macchina?

   —Sì, credo che _____ in macchina.

3. —Quanti anni aveva quando il padre gli comprò la prima bicicletta?

   —Mi pare che _____ cinque anni.

4. —Secondo te, lui e la sua famiglia volevano rimanere in Italia?

   —No, dubito che loro _____ rimanere in Italia.

5. —Loro litigavano spesso?

   —No, sembra che non _____ mai.

VOCABOLARIO

Vari mezzi di trasporto

l'aereo	*plane*
l'autobus / il pullman	*bus*
l'automobile / la macchina	*automobile/car*
la barca	*boat*
la bici(cletta)	*bicycle*
il camion	*truck*
la metropolitana	*subway*
la moto(cicletta)	*motorcycle*
il motorino	*scooter*
la nave	*ship*
il pulmino	*minivan, minibus*
la roulotte	*camper, trailer*
lo scuolabus	*schoolbus*
il taxi / il tassì	*taxi*
il tram	*streetcar, trolley*
il treno	*train*
il veicolo / la vettura	*vehicle*

Applicazione

A. Il gioco delle parole. Completa i seguenti annunci pubblicitari, scegliendo dalle parole elencate sopra, nelle loro forme appropriate.

1. Se viaggiate spesso in _____, la FIAT è per voi!

2. La _____ Honda: il più veloce veicolo a due ruote.

3. Una volta si andava in America con la _____. Oggi ci sono gli _____ dell'Alitalia!

4. Dovete uscire stasera? Non avete la macchina? Chiamate un nostro _____. I nostri autisti sono sempre a vostra disposizione!

5. Dovete andare a Firenze o a Milano? Non vi piace volare? Odiate le stazioni ferroviarie? Scegliete gli _____ della «Lanzi». Hanno tutti l'aria condizionata!

6. Non vi piace volare? C'è sempre il _____! I nostri vagoni letto *(sleeping cars)* sono veramente comodi!

7. Volete passare un weekend al campeggio, vicino a un lago o a un fiume? Le nostre _____ sono per voi!

8. Odiate il rumore dei motori? Desiderate un mezzo di trasporto che vi aiuti a stare in forma? Allora comprate le nostre _____.

B. Che cos'è? Indovina il mezzo o la vettura indicata.

1. Motocicletta di piccola cilindrata che non supera un certo limite di velocità.
2. Due tipi sono lo yacht e il panfilo.
3. Mezzo di trasporto sotterraneo.
4. Tipo di monovolume.
5. Pulmino che trasporta scolari.
6. Veicolo che circola su rotaie *(tracks)*.

C. Per la conversazione. Rispondi a piacere alle seguenti domande.

1. Racconta qualche tua esperienza di viaggio interessante o eccezionale.
2. Qual è il tuo mezzo di trasporto preferito? Perché?
3. Hai la macchina? Se sì, di che marca è? Sei un bravo / una brava automobilista?
4. Hai mai viaggiato in nave? Se sì, racconta la tua esperienza.

✦ GRAMMATICA ◇◇◇◇◇◇◇◇◇◇◇◇◇◇◇◇◇◇◇◇◇◇◇◇◇

STRUTTURA

9.1 Il congiuntivo imperfetto

✦ The imperfect subjunctive of regular verbs is formed by dropping the infinitive suffix and adding the following endings:

	mangiare	prendere	finire
io	mangi**assi**	prend**essi**	fin**issi**
tu	mangi**assi**	prend**essi**	fin**issi**
lui / lei	mangi**asse**	prend**esse**	fin**isse**
noi	mangi**assimo**	prend**essimo**	fin**issimo**
voi	mangi**aste**	prend**este**	fin**iste**
loro	mangi**assero**	prend**essero**	fin**issero**

- There are only a few verbs that have irregular imperfect subjunctive forms. They are the same ones that are irregular in the imperfect indicative:

bere	bevessi, bevessi, bevesse, bevessimo, beveste, bevessero
dare	dessi, dessi, desse, dessimo, deste, dessero
dire	dicessi, dicessi, dicesse, dicessimo, diceste, dicessero
fare	facessi, facessi, facesse, facessimo, faceste, facessero
essere	fossi, fossi, fosse, fossimo, foste, fossero
stare	stessi, stessi, stesse, stessimo, steste, stessero

- Note the imperfect subjunctive forms of verbs like **tradurre, porre,** and **trarre** (Chapter 8): **traducessi, ponessi, traessi,** etc.

- The **congiuntivo imperfetto** is the subjunctive counterpart of the **indicativo imperfetto:** that is, it is used in the same ways, but in situations that require the subjunctive (after nonfactual verbs, after certain conjunctions, etc.):

Indicative	Subjunctive
Da bambino **aveva** i capelli biondi. *As a child he had blond hair.*	Penso che da bambino **avesse** i capelli biondi. *I think that as a child he had blond hair.*
È chiaro che loro **stavano dormendo** quando gli ho telefonato. *It's clear that they were sleeping when I phoned them.*	È probabile che loro **stessero dormendo** quando gli ho telefonato. *It's probable that they were sleeping when I phoned them.*
Anche se **pioveva** sono uscito lo stesso. *Even though it was raining I went out just the same.*	Benché **piovesse** sono uscito lo stesso. *Although it was raining I went out just the same.*

- In general, the imperfect subjunctive is tied to a nonfactual main-clause verb in the past to convey an action that is simultaneous to it:

Present/Past Subjunctive	Imperfect Subjunctive
Penso che lui **abbia studiato** l'italiano. *I think he studied Italian.*	Pensavo che **studiasse** l'italiano. *I thought he was studying Italian.*
È l'unica persona che io **conosca.** *She's/He's the only person I know.*	Era l'unica persona che io **conoscessi.** *She/He was the only person whom I knew.*
Sebbene **piova,** esco lo stesso. *Although it is raining, I'm going out just the same.*	Sebbene **piovesse,** sono uscito lo stesso. *Although it was raining, I went out just the same.*

- There is a progressive form of the imperfect subjunctive that corresponds exactly to its indicative counterpart:

Pare che lei **stesse leggendo** quando l'abbiamo chiamata.
It seems that she was reading when we called.

Pensavo che tu **stessi guardando** la TV, quando ti ho telefonato.
I thought you were watching TV, when I phoned you.

Applicazione

A. Credevo che avesse una BMW. Rispondi iniziando con un'espressione come **Credevo che, Pensavo che, Mi sembrava che, Mi pareva che** seguita dal congiuntivo imperfetto.

MODELLO   Paolo ha una FIAT.
                Io credevo che avesse una BMW / Ford...

1. Quella macchina costa ventimila euro.
2. Quella moto è italiana.
3. Il treno arriva alle cinque e mezzo.
4. Le mie macchine preferite sono tutte italiane.
5. Quelle macchine non consumano molta benzina.
6. Oggi finisco di lavorare alle cinque.
7. Veniamo domani.
8. Oggi l'aereo parte in ritardo.
9. Lui beve solo acqua.
10. Per andare al lavoro prendo sempre l'autobus.

B. Come mai... ? Ultimamente non ne indovini una *(you've been doing everything wrong)*. Però ogni volta che qualcuno ti fa notare l'errore, trovi sempre una buona scusa. Rispondi alle domande, seguendo il modello.

MODELLO   Come mai hai perso il treno? / partire alle sei
                Credevo che partisse alle sei.

1. Come mai hai comprato questa macchina? / essere una buona macchina
2. Come mai hai preparato tutti questi panini? / anche voi avere fame
3. Come mai sei andato al cinema senza di me? / tu non volere venire
4. Come mai non hai portato il vino? / loro non bere vino
5. Come mai non hai portato il bambino dal dottore? / stare bene
6. Come mai sei passato con il semaforo rosso? / il semaforo essere verde

C. Che cosa faceva? Con un compagno / una compagna, svolgi i seguenti minidialoghi, seguendo il modello.

MODELLO   Marco / guardare la TV
                —**Che cosa faceva Marco quando ho telefonato?**
                —**Credo che guardasse la TV.**

1. Maria / leggere un libro
2. tua sorella e il suo ragazzo / studiare per un esame
3. i tuoi amici / stare per uscire
4. tua madre / preparare la cena
5. tuo fratello / non fare nulla

D. Completa le frasi. Completa liberamente le seguenti frasi.

1. Benché..., sono uscito lo stesso.
2. È stata la cosa più importante che... nella mia vita.
3. I miei amici volevano che io..., anche se costava molto!
4. Non sapevo che il nostro insegnante / la nostra insegnante... !

E. **Tocca a te!** Usa ciascuno dei seguenti verbi liberamente al congiuntivo imperfetto in una frase che ne dimostri il suo uso.

1. tradurre   3. trarre   5. bere   7. dire   9. stare
2. porre   4. stare   6. dare   8. essere 10. fare

9.2 Il *si* impersonale

✦ **Si** used as an «**impersonale**» replaces indefinite noun phrases such as **la gente, uno, tutti, le persone,** ecc. It thus conveys the meaning of *one, you, they,* and *people,* and sometimes *we.* Here are its main characteristics.

1. It replaces the subject of a sentence, but it requires a singular verb when the object of the sentence is singular, and a plural verb when the object is plural:

Qui la gente parla solo una lingua. *Here people speak only one language.*	Qui **si parla** solo **una lingua.** *Here one speaks only one language./Here only one language is spoken.*
Qui le persone parlano almeno due lingue. *Here people speak at least two languages.*	Qui **si parlano** almeno **due lingue.** *Here one speaks at least two languages./ Here, at least two languages are spoken.*
Tutti mangiano la pasta in Italia. *Everyone eats pasta in Italy.*	**Si mangia la pasta** in Italia. *One eats pasta in Italy./Pasta is eaten in Italy.*

2. When the *si* **impersonale** occurs in compound tenses, the auxiliary used is **essere:**

Qui la gente ha parlato sempre una lingua. *Here people have always spoken one language.*	Qui **si è** sempre **parlata una lingua.** *Here one has always spoken one language./ Here one language has always been spoken.*
Qui le persone hanno parlato sempre due lingue. *Here the people have always spoken two languages.*	Qui **si sono** parlate sempre **due lingue.** *Here everyone has always spoken two languages./Here two languages have always been spoken.*
In questa classe tutti hanno studiato molto. *In this class everyone has studied very hard.*	In questa classe **si è studiato** molto. *In this class one has studied very hard.*

3. When **si** is followed by a predicate adjective, the adjective is always in the plural, even if the verb is singular:

Quando uno è stanco, non dovrebbe guidare. *When one is tired, one should not drive.*	Quando **si è stanchi,** non si dovrebbe guidare. *When one is tired, one should not drive.*
Qui le persone sono sempre allegre. *Here people are always happy.*	Qui **si è** sempre **allegri.** *Here one is always happy.*

4. **Si** follows direct object pronouns:

Qui tutti parliamo bene l'italiano.
Here everyone speaks Italian well.
Qui tutti lo parliamo bene.
Here everyone speaks it well.

Qui si parla bene l'italiano.
Here one speaks Italian well.
Qui **lo si** parla bene.
Here one speaks it well.

Perché la gente non dice mai la verità?
Why do people never say the truth?
Perché la gente non la dice mai?
Why do people never say it?

Perché non si dice mai la verità?
Why does one never say the truth?
Perché non **la si** dice mai?
Why do people never say it?

5. In reflexive constructions containing the reflexive pronoun **si,** the *si* **impersonale** is not repeated, but is replaced by **ci:**

A casa mia la mattina tutti si alzano presto.
At my house, everyone gets up early in the morning.

A casa mia la mattina **ci si** alza presto.
At my house, one gets up early in the morning.

In quella discoteca tutti si divertono molto.
In that disco, everyone enjoys themselves a lot.

In quella discoteca **ci si** diverte molto.
In that disco, one enjoys oneself a lot.

Applicazione

A. Le generalizzazioni. Ecco delle generalizzazioni. Indica se tu sei d'accordo o no. Segui il modello.

MODELLO   Tutti viaggiano solo in macchina oggi.
        Sì, è proprio vero. Oggi si viaggia solo in macchina.
        No, non è affatto vero. Oggi non si viaggia solo in macchina.

1. Oggi la gente guida solo macchine di lusso.
2. In questa città nessuno prende più l'autobus.
3. Oggi la gente si annoia a guidare lentamente.
4. Oggi nessuno prende più la nave.
5. Oggi la gente preferisce viaggiare in aereo.
6. Nel passato tutti viaggiavano con la nave.
7. Un tempo la gente pensava che la terra fosse piatta.
8. Oggi tutti sanno che il mondo è tondo.
9. Con quell'aereo uno può viaggiare più comodamente.
10. La gente oggi è sempre troppo impegnata.
11. Tutti oggi sono troppo stressati.
12. Oggi la gente è molto impaziente.

B. Sempre le stesse cose. A casa tua la vita è monotona. Fate sempre le stesse cose. Fate sempre la stessa vita. Ecco alcune delle cose che tu e i membri della tua famiglia fate di solito. Ripeti le frasi usando il *si* **impersonale.** Segui il modello.

MODELLO   La mattina noi ci alziamo sempre alle sette.
                  La mattina ci si alza sempre alle sette.

1. Ci facciamo la doccia tutte le mattine.
2. Facciamo sempre colazione insieme.
3. Usciamo di casa sempre alla stessa ora.
4. Andiamo a lavorare sempre in autobus.
5. Lavoriamo dalle nove alle cinque.
6. Alle cinque ritorniamo a casa.
7. Alle sette ceniamo.
8. Guardiamo un po' di televisione.
9. Andiamo a letto sempre alla stessa ora.

C. La giornata di ieri. Ecco alcune delle cose che tu e i membri della tua famiglia avete fatto ieri. Ripeti le frasi usando il *si* **impersonale.** Segui il modello.

MODELLO   Ieri ci siamo alzati alle sette.
                  Ieri ci si è alzati alle sette.

1. Ci siamo fatti la doccia.
2. Ci siamo vestiti.
3. Abbiamo fatto colazione.
4. Siamo usciti di casa.
5. Abbiamo preso l'autobus per andare a lavorare.
6. Abbiamo lavorato dalle nove alle cinque.
7. Siamo ritornati a casa alle cinque.
8. Abbiamo cenato alle sette.
9. Abbiamo guardato un po' di televisione.
10. Siamo andati a letto.

D. La si dice sempre. Rispondi alle seguenti domande col *si* **impersonale,** sostituendo l'oggetto con la forma pronominale appropriata. Segui il modello.

MODELLO   Tutti dicono la verità a casa tua, no?
                  Sì, la si dice sempre.

1. La gente oggi guarda troppo la TV, no?
2. Tutti studiano le materie scientifiche a casa tua, no?
3. Le persone oggi vogliono soddisfazione, vero?
4. La gente oggi desidera le cose costose, no?

9.3 *Ci, ne*

Ci

◆ **Ci** is a locative particle, that is, it can replace phrases expressing location. It conveys the meaning of English *there:*

Non **ci** vado mai.	*I never go there.*
Non **ci** ho messo niente.	*I put nothing there.*

◆ Its "stressed" counterpart is **lì/là.**

Stressed	Unstressed
Quando sei andato in Italia?	Quando sei andato in Italia?
When did you go to Italy?	*When did you go to Italy?*
Sono andato **là** nel 2002.	**Ci** sono andato nel 2002.
I went there in 2002.	*I went there in 2002.*
Ti piacerebbe abitare in quella città?	Ti piacerebbe abitare in quella città?
Would you like to live in that city?	*Would you like to live in that city?*
Sì, abiterei volentieri **lì.**	Sì, **ci** abiterei volentieri.
Yes, I would gladly live there.	*Yes, I would gladly live there.*

◆ **Ci** is attached to the same verb forms to which object and reflexive pronouns are attached. It changes to **ce** before the direct object pronouns **lo, la, li, le:**

Hai messo la penna nel cassetto?	Sì, **ce** l'ho messa.
Did you put the pen in the drawer?	*Yes, I put it there.*
Hai portato i libri là?	Sì, **ce li** ho portati.
Did you bring the books there?	*Yes, I brought them there.*

◆ But it does not change when it follows other pronouns, such as reflexive ones.

Ti trovi bene in Italia?	Sì, **mi ci** trovo bene.
Do you like it in Italy?	*Yes, I like it there.*
Ti ci trovi bene?	
Do you like it there?	

◆ Note, however, that **ci** precedes the third-person reflexive pronoun (singular and plural):

Marco si trova bene in Italia?	Sì, **ci si** trova bene.
Does Marco like it in Italy?	*Yes, he likes it there.*

◆ **Ci** also replaces the construction **da** + *place,* which renders the idea of *at, to* someone's place: **Vado dal medico domani.** *I'm going to the doctor's tomorrow.* / **Ci vado domani.** *I'm going there tomorrow.*

◆ Note that it is part of verbs such as **pensarci** *to think about,* **crederci** *to believe in,* **sentirci** *to hear,* and **vederci** *to see:*

Pensi spesso all'estate scorsa?	*Do you think often of last summer?*
Sì, **ci penso** spesso.	*Yes, I think of it often.*
Credi in Dio?	*Do you believe in God?*
Sì, **ci credo.**	*Yes, I believe in Him.*

Ne

✦ The particle **ne** replaces partitive structures (see Chapter 8), conveying the meaning *some (of it/them)*. It too occurs, like all particles, just before inflected verbs. Note that to stress *some*, **alcuni (-e)** is used with count nouns and **un po' di** with noncount nouns:

Unstressed	Stressed
Noncount	
Vuoi della carne?	Vuoi della carne?
Do you want some meat?	*Do you want some meat?*
Sì, **ne** voglio.	Sì, **ne** voglio **un po'.**
Yes, I want some.	*Yes, I do want some.*
Count	
Vuoi delle mele?	Vuoi delle mele?
Do you want some apples?	*Do you want some apples?*
Sì, **ne** voglio.	Sì, **ne** voglio **alcune.**
Yes, I want some.	*Yes, I do want some.*

✦ **Ne** is attached to the same verb forms to which object and reflexive pronouns are attached: e.g., **Mangiane un po'!** *Eat some!*

✦ **Ne** also replaces numerical and indefinite quantitative expressions, in which case it means *of it/them*. Note that the numerical or indefinite modifier of the noun in the expression is retained:

Voglio comprare **tre pani.**	*I want to but three loaves of bread.*
Ne voglio comprare **tre.**	*I want to buy three (of them).*
Quanti **pani** vuoi?	*How many loaves of bread do you want?*
Ne voglio due.	*I want two (of them).*
Mangi molta **carne**?	*Do you eat a lot of meat?*
Sì, **ne** mangio molta.	*Yes, I eat a lot (of it).*

✦ **Ne** also replaces **di** + *person/thing*, in which case it means *of, about*:

Parla sempre di matematica.	*He/She always speaks about mathematics.*
Ne parla sempre.	*He/She always speaks about it.*
Ho bisogno di lui.	*I need him (I have need of him).*
Ne ho bisogno.	*I need him.*

- In compound tenses, the past participle agrees in gender and number with the noun that **ne** replaces. However, when **ne** replaces **di** + *person/thing* (meaning *of, about*), there is no agreement:

Ho mangiato tre mele.
I ate three apples.
Ne ho mangiat**e** tre.
I ate three.

Hanno parlato di matematica.
They talked about mathematics.
Ne hanno parlato.
They talked about it.

Ha comprato degli spaghetti.
He/She bought some spaghetti.
Ne ha comprat**i**.
He/She bought some.

Abbiamo parlato di loro.
We spoke about them.
Ne abbiamo parlato.

Ha mangiato troppe fragole.
He/She ate too many strawberries.
Ne ha mangiate troppe.
He/She ate too many.

Hai mai avuto bisogno di soldi?
Have you ever needed money?
Ne hai mai avuto bisogno?
Have you ever needed any?

- Be careful with the indefinite modifier **tutto.** It does not convey a partitive notion, so a direct object pronoun, not **ne,** must be used:

Voglio della carne.
I want some meat.
Ne voglio.
I want some.

Voglio tutta la carne.
I want all the meat.
La voglio tutta.
I want all of it.

Ho mangiato tre fragole.
I ate three starwberries.
Ne ho mangiate tre.
I ate three of them.

Ho mangiato tutte le fragole.
I ate all the strawberries.
Le ho mangiate tutte.
I ate them all.

- Like **ci, ne** can be used in combination with object and reflexive pronouns, including the **impersonal** *si:*

Gli ho dato tante fragole.
I gave him a lot of strawberries.

Gliene ho date tante.
I gave him lots.

In questa casa si mangia troppa carne.
In this house one eats too much meat.

In questa casa **se ne** mangia troppa.
In this house one eats too much of it.

Applicazione

A. Sì, ci sono andato l'anno scorso. Rispondi affermativamente alle seguenti domande, usando il pronome **ci.** Segui il modello.

MODELLO   Sei andato (-a) in Italia l'anno scorso?
              Sì, ci sono andato (-a).

1. Vai in Italia ogni due anni?
2. Ti trovi bene in Italia?
3. Andate a scuola in autobus?
4. Hai portato le bambine dal dottore ieri?
5. Avete messo i vestiti nella valigia?
6. Puoi accompagnarmi all'aeroporto?
7. Pensi spesso alla tua famiglia?
8. Tu ci vedi bene?

B. Ne ho scritte tre. Sostituisci le parole in corsivo con un pronome. Fa' i cambiamenti necessari.

MODELLI   Oggi ho scritto *tre lettere*.
Oggi ne ho scritte tre.

Quando sei andato *in Italia*?
Quando ci sei andato?

1. Ho portato solo *due riviste*.
2. Vado *al mare* tutti i giorni.
3. Mi dia un chilo *di mortadella*.
4. Dammi un chilo *di mortadella*.
5. Va' tu *a comprare il pane*!
6. Non parlare male *di lei*! Hai capito?
7. Io non ho mai parlato male *di lei*.
8. Ho fatto tutti *i compiti*.
9. Luigi ha mangiato tre piatti *di pasta*.
10. Luigi ha bevuto un litro *di vino*.
11. Alla riunione hanno parlato *di politica* per tre ore.
12. Io vado *a New York* tutti gli anni.

C. La funzione del pronome *ci*. Indica la funzione del pronome **ci** nelle seguenti frasi. Metti un visto (✔) nella casella appropriata.

	Pronome di luogo	Pronome riflessivo	Pronome oggetto diretto	Pronome oggetto indiretto
1. Ci telefoniamo ogni giorno.		X		
2. Ci svegliamo alle sette.		X		
3. Ci piacciono le macchine italiane.				X
4. Ci vieni anche tu?	X			
5. Ci lamentiamo sempre.		X		
6 Vacci tu!	X		X	
7. Io ci mangio sempre.	X			
8. Lui ci chiama tutte le sere.			X	

D. Che cosa ne pensi? Completa liberamente il seguente schema. Fa' attenzione al pronome **ne.**

	Domande	Risposte
1.	Che cosa ne pensi del Presidente?	
2.		Me ne sono dimenticato.
3.	Avete parlato dell'Italia oggi a scuola?	
4.	Quanta pasta ha cucinato tua madre?	
5.		Non ne abbiamo mai parlato.
6.	Quando ti sei innamorato di Maria?	
7.		Non ne ho mangiate affatto.
8.	Quanti ne abbiamo oggi?	

COMUNICAZIONE

In macchina

accelerare	*to speed up*
andare dritto	*to go straight ahead*
l'autogrill	*motorway restaurant and snack bar*
l'autostrada	*highway*
avere una gomma a terra	*to have a flat tire*
la benzina	*gas*
il benzinaio	*gas station attendant*
cambiare l'olio	*to change the oil*
il concessionario	*car dealer*
controllare i freni	*to check the brakes*
la corsia	*traffic lane*
fare il pieno	*to fill up*
fermare / fermarsi	*to stop*
frenare	*to brake*
girare (a destra, a sinistra)	*to turn (left, right)*
l'incrocio	*intersection*
il meccanico	*mechanic*
mettere in moto	*to start (the car)*
parcheggiare	*to park*
il parcheggio	*parking*
la patente di guida	*driver's licence*
rallentare	*to slow down*
rimorchiare l'auto	*to tow the car*
il semaforo	*traffic lights*
la stazione di servizio / di benzina	*gas station*
la strada	*road*

Applicazione

A. Crucipuzzle «stradale». Partendo dalla prima lettera del crucipuzzle, trova dieci parole elencate nel vocabolario precedente. Le parole sono una dopo l'altra. Non si può usare una lettera più di una volta. Tutte le lettere devono essere usate.

M	A	D	O	R	C	H	E	G
E	R	A	F	O	R	E	B	G
T	T	S	A	P	A	N	E	I
T	S	E	M	N	I	Z	G	O
E	E	N	I	A	T	O	A	C
R	T	C	C	I	U	S	R	O
E	N	R	O	O	A	T	A	R
I	E	T	A	P	A	R	G	S
N	M	O	T	O	D	A	A	I

B. Tocca a te! Usa ciascuna delle seguenti parole / espressioni in altrettante frasi che ne rendano chiaro il significato.

1. accelerare
2. andare dritto
3. girare
4. frenare
5. fermarsi
6. l'autogrill
7. la patente
8. il benzinaio
9. il meccanico

C. Dal meccanico. Indica le cose che si possono fare nei seguenti posti:

Sull'autostrada	Dal meccanico	Dal benzinaio	All'autogrill	Dal concessionario

All'aeroporto

l'accettazione / il check-in	*check-in*
l'arrivo	*arrival*
avere qualcosa da dichiarare	*to have something to declare*
il bagaglio (a mano)	*baggage (hand)*
il biglietto	*ticket*
cancellato	*canceled*
la carta d'imbarco	*boarding pass*
la dogana	*customs*
in anticipo	*early*
in orario	*on time*
in ritardo	*late*
la linea / la compagnia aerea	*airline*
il motivo del viaggio	*reason for trip*
la partenza	*departure*
il passaporto	*passport*
la prenotazione	*reservation*
il terminal	*terminal*
l'uscita	*gate*
la valigia	*suitcase*
il visto	*visa*
il volo	*flight*

Applicazione

A. Al banco dell'Alitalia. Ecco le risposte che ti sono state date dall'impiegato (-a) dell'Alitalia mentre facevi il check-in. Scrivi una domanda per ciascuna di esse.

MODELLO   Sì, questo è il banco d'accettazione dell'Alitalia.
  Scusi, è questo il banco d'accettazione dell'Alitalia?

1. È prevista *(It's expected)* tra un'ora.
2. Non importa. Possiamo fare il biglietto adesso.
3. Sì, questo è il terminal giusto.
4. Il numero AZ 345 per New York.
5. Vada qui a destra, uscita 90.
6. Sì, l'Alitalia è un'ottima compagnia aerea.
7. No, anzi è in arrivo tra qualche minuto.
8. No, è in orario.
9. Non si preoccupi! Gliela do appena ha compilato quel modulo. Buon viaggio!

B. Viaggi aerei! Completa la tabella in modo opportuno.

Dogana	Orario	Documenti	Terminal	Banco d'accettazione

Alla stazione ferroviaria

il biglietto di andata e ritorno	*round-trip ticket*
il biglietto di prima / seconda classe	*first-/second-class ticket*
il biglietto di sola andata	*one-way ticket*
il binario	*track*
la coincidenza	*connection*
la cuccetta	*couchette*
il facchino	*porter*
fare il biglietto	*to purchase a ticket*
l'orario	*schedule*
lo scompartimento	*compartment*
il vagone (letto)	*(sleeping) coach*

Applicazione

Alla stazione ferroviaria. Stai facendo il biglietto presso la biglietteria di una stazione ferroviaria. Con un compagno / una compagna, nel ruolo del bigliettaio / della bigliettaia, svolgi i seguenti compiti comunicativi.

MODELLO   Chiedi di fare il biglietto.
        —Scusi, vorrei fare un biglietto.
        —Per dove?
        —Per Firenze.
        —Di andata e ritorno?
        —No, sola andata.
        —Di prima classe?

Chiedi...

1. quando parte il treno
2. se c'è una coincidenza per Milano
3. un biglietto di prima classe
4. se c'è una cuccetta
5. se ci sono vagoni letto sul treno che va da Firenze a Milano
6. uno scompartimento per non fumatori
7. da quale binario parte il treno
8. se il treno ferma a Bologna

◆ IL MOMENTO CREATIVO

Con un compagno/una compagna, metti in scena la seguente situazione.

Due pendolari si incontrano sul treno Bologna-Milano e fanno conoscenza. Ad un certo punto il primo comincia a lamentarsi perché il treno è in ritardo e spiega all'altro che per andare a Milano preferisce la macchina perché si arriva più in fretta. L'altro pendolare invece dice che preferisce il treno perché è più comodo e rilassante. La discussione continua fino all'arrivo a Milano.

Le macchine e il traffico in Italia

Come in tutti i paesi industrializzati e urbanizzati, la congestione del traffico nelle città italiane è diventata un problema serio. Questo è dovuto al fatto che ci sono circa 58 milioni d'italiani, molti dei quali abitano in città. Attualmente il metodo più usato dagli italiani per spostarsi da un lugo all'altro è la macchina.

La macchina più «simbolica» dell'automobilismo italiano è la FIAT, le cui lettere stanno per Fabbrica Italiana Automobili Torino. Sono anche molto popolari le macchine di lusso (luxury) e sportive come la Lamborghini, la Ferrari, la Maserati, la Lancia, l'Alfa Romeo e così via. Si vedono per le strade anche molte macchine di lusso straniere, come la Mercedes e la BMW.

La benzina si trova a prezzo unico nelle stazioni di servizio. Molte sono le stazioni di servizio, inclusi i «self-service» lungo le autostrade. L'età minima per ottenere la patente di guida è 18 anni. Per conseguirla occorre sostenere un esame di teoria e uno di guida.

Per viaggiare sulle magnifiche autostrade italiane bisogna pagare il pedaggio (toll). Tutte le autostrade iniziano con la «A» (per «autostrada»): A1, A11, ecc. ✦

Applicazione

A. Test di verifica. Tutte le seguenti affermazioni sono false. Correggile in modo appropriato.

1. In Italia c'è poco traffico.
2. La maggioranza degli italiani abita in campagna.
3. Il modo più popolare di andare in giro è con i mezzi pubblici.
4. La FIAT è la macchina meno guidata in Italia.
5. La Lancia, la Maserati e la Ferrari sono macchine straniere.
6. Le stazioni di servizio si trovano solo nelle città.
7. L'età minima per ottenere la patente è sedici anni.

B. Indovina! Da' le risposte alle seguenti definizioni.

1. Fabbrica Italiana Automobili Torino
2. l'età minima per guidare in Italia
3. per ottenerla bisogna sostenere un esame di teoria e uno di guida
4. una macchina di lusso italiana
5. diventa spesso congestionato nei centri urbani

C. **Opinioni e paragoni.** Rispondi liberamente alle seguenti domande, discutendo le tue risposte con gli altri membri della classe.

Secondo te...

1. come si potrebbe risolvere il problema del traffico nelle grandi città?
2. le macchine italiane sono più belle o più brutte delle macchine americane?
3. 18 anni è l'età giusta per ottenere la patente di guida?
4. gli italiani guidano meglio o peggio degli americani?

Stimolo alla lettura

A. **Dov'è l'errore?** Quando si guida, ogni piccolo errore potrebbe essere fatale. Nel seguente esercizio sono presentate delle situazioni in cui ci sono degli errori fondamentali di infrazione del codice stradale. Sai identificare gli errori? Discuti le tue risposte con gli altri membri della classe.

1. È notte. Sei in città. Guidi a ottanta chilometri all'ora perché le strade sono deserte.
2. Sei sull'autostrada e squilla il telefono cellulare. Rallenti e rispondi al telefono.
3. Sei sull'autostrada e vai a 150 chilometri all'ora perché vuoi vedere quale velocità raggiunge la tua nuova macchina sportiva.
4. Sei sull'autostrada e c'è una fila lunghissima. Devi andare a lavorare ma sei in ritardo. Usi la corsia d'emergenza.
5. Sei ad una festa e un tuo amico, che ha bevuto troppo, vuole ritornare a casa con la sua macchina. Tu gli togli le chiavi della macchina e cerchi di convincere il tuo amico a prendere un tassì. Visto che non riesci a convincerlo, gli ridai le chiavi e lo lasci andare.
6. Hai appena preso dei tranquillanti o sedativi molto forti quando ti chiama un amico / un'amica che vuole un passaggio. Tu esci subito in macchina per andare dal tuo amico / dalla tua amica.
7. Devi andare a comprare il pane. Non ti va di camminare e perciò vai in macchina. Non ti metti la cintura di sicurezza perché il negozio è vicino.
8. Piove e sei sull'autostrada. Ti avvicini molto alla macchina che sta davanti a te per far capire all'autista che hai fretta e vuoi passare.
9. Devi andare ad un negozio per fare delle compere. Metti in moto la macchina e ti accorgi che hai dimenticato gli occhiali. Nonostante tu abbia bisogno degli occhiali per guidare, non ritorni a casa a riprenderli perché il negozio non è lontano.

B. **Che cosa vuol dire... ?** Conosci il significato delle seguenti parole / espressioni? Prova a spiegarlo alla classe.

1. un falegname
2. essere investito da una macchina
3. tagliare la strada a qualcuno
4. un processo (in tribunale)
5. vincere la causa
6. un eremita
7. un campione di automobilismo
8. andare in pensione

Storia di un falegname e d'un eremita

Leggi attentamente il seguente racconto di Gianni Celati. Mentre leggi, annota le caratteristiche di ogni mese.

C'era un uomo che abitava a Ficarolo, in provincia di Ferrara; era un falegname[1]. Una sera tornando a casa in bicicletta, in una stradina che immette[2] sulla piazza del paese, veniva investito[3] da una macchina di forestieri[4] perché pedalava troppo lentamente. Siccome nella macchina c'erano altri due passeggeri, e nessun testimone[5] aveva assistito all'incidente, è stato facile per il guidatore sostenere che il ciclista gli aveva tagliato la strada[6].

Dopo alcune settimane d'ospedale il falegname si rivolge a[7] un avvocato per essere assistito nel processo[8]. Questo avvocato propone un accordo con la parte avversa[9], mostrando di dubitare che la sola testimonianza del falegname sia sufficiente a vincere la causa[10]. Quanto al falegname, poiché da una parte non capisce neanche la metà delle obiezioni dell'avvocato, e dall'altra insiste sul buon diritto di essere risarcito[11], alla vigilia dell'udienza[12] licenzia[13] il legale e decide di affrontare il processo da solo.

Si presenta dunque da solo in tribunale, sostenendo che di avvocati non ce n'è bisogno in quanto lui ha ragione e deve essere risarcito.

Dopo varie obiezioni a procedere e la convocazione d'un difensore d'ufficio[14], finalmente viene il momento in cui i passeggeri della macchina sono chiamati a deporre[15]. E qui il falegname, accorgendosi che ogni parola dei testimoni è falsa, rimane così stupefatto[16] che non vuol neanche più parlare col suo difensore d'ufficio; e, quando infine è sollecitato[17] dal giudice ad esporre la sua versione dei fatti, dichiara di non aver niente da dire e che tutto va bene così.

È dunque condannato a pagare i danni dell'incidente, oltre alle spese del processo.

Pochi giorni dopo vende tutta l'attrezzatura[18] della falegnameria al suo aiutante[19], che da tempo desiderava mettersi in proprio[20], cedendogli[21] anche la bottega e la licenza d'esercizio[22]. Torna a casa e resta seduto su una sedia in cucina per una settimana, rispondendo sempre nello stesso modo alla moglie che gli fa domande: che ha caldo alla testa e non può parlare con lei.

---

[1]*carpenter* [2]*leads into* [3]*he got hit* [4]*foreigners* [5]*witness* [6]*cut him off* [7]*turns to* [8]*trial* [9]*other party* [10]*case, trial* [11]*right of being recompensated* [12]*the night before the hearing* [13]*he fires* [14]*court-appointed lawyer* [15]*are called to testify* [16]*stupefied* [17]*called upon* [18]*tools* [19]*helper* [20]*to go on his own* [21]*handing over to him* [22]*operating licence*

Per un'altra settimana resta seduto in un bar a guardare la gente che passa sulla piazza, e una sera, invece di tornare a casa si avvia[23], fuori del paese, dirigendosi a piedi verso l'argine[24] del Po; e dopo molto camminare, all'alba[25] arriva ad una capanna[26] dove abita un pescatore eremita[27].

Questo eremita è un ex campione di automobilismo[28] che, dopo essersi ritirato dalle corse, aveva aperto un'officina meccanica dove venivano «truccati», ossia potenziati[29], i motori di vetture sportive. Stancatosi[30] però di quel lavoro e dopo aver letto molti libri di psicologia, s'era deciso a diventare eremita pescatore e s'era ritirato a vivere in una capanna sulle rive del Po.

La capanna dell'eremita era fatta di vecchie lamiere[31] e altri materiali di recupero[32], sopra la porta un pannello[33] diceva «Gomme Michelin».

Il falegname sa che l'eremita s'è ritirato a vivere in quella capanna perché non vuole più parlare con nessuno. Dunque appena arrivato non gli rivolge la parola[34], si siede e si mette a guardare il fiume.

È estate, e per circa un mese i due vanno a pescare assieme e dormono nella stessa capanna sempre in silenzio.

Una mattina il falegname si sveglia e l'eremita non c'è più, perché è andato ad annegarsi[35] nel fiume, sotto il vecchio ponte di Stellata.

Quel giorno il falegname ha modo di assistere da lontano al salvataggio[36] dell'eremita, che peraltro[37] nuota benissimo e avvolto in una coperta[38] viene portato[39] via dalla moglie, a bordo d'una grossa macchina sportiva, concludendo la sua carriera di eremita.

Il falegname è tornato in paese e ha chiesto al suo aiutante di assumerlo come aiutante, nella sua vecchia bottega. Così è stato. Il falegname vive ancora e solo da poco è andato in pensione.

---

[23]*he sets out* [24]*riverbank* [25]*at dawn* [26]*shack* [27]*hermit fisherman* [28]*car racing* [29]*restored* [30]*having become tired* [31]*sheet metals* [32]*scrap metals* [33]*sign* [34]*doesn't say a word to him* [35]*to drown himself* [36]*rescue* [37]*by the way, as a matter of fact* [38]*wrapped in a blanket* [39]*he is taken away*

Dopo la lettura

A. Ricordi quello che hai letto? Completa le frasi scegliendo la risposta giusta. In alcuni casi tutte e due le risposte possono essere giuste.

1. C'era un uomo che abitava
   a. a Ficarolo.
   b. in provincia di Ferrara.

2. Quest'uomo era
   a. un professore.
   b. un falegname.

3. Una sera quest'uomo viene investito
   a. da una moto.
   b. da una macchina.

4. Dopo alcune settimane d'ospedale l'uomo si rivolge a
   a. un avvocato.
   b. un medico.

5. Secondo l'avvocato
   a. la sola testimonianza del falegname non basta a vincere la causa.
   b. la testimonianza del falegname è sufficiente per vincere la causa.

6. Il falegname decide allora
   a. di licenziare l'avvocato.
   b. di affrontare il processo da solo.

7. Il falegname si accorge che ogni parola dei testimoni è
   a. falsa.
   b. vera.

8. Il falegname è condannato
   a. a pagare i danni dell'incidente.
   b. a pagare le spese del processo.

9. Alcuni giorni dopo il falegname vende la falegnameria
   a. al suo aiutante.
   b. al suo avvocato.

10. Quando ritorna a casa risponde alle domande della moglie dicendo sempre
    a. che ha caldo alla testa.
    b. che non può parlare con lei.

11. Una sera invece di tornare a casa
    a. si avvia verso la piazza.
    b. si avvia fuori del paese.

12. Dopo molto camminare arriva ad una capanna dove abita
    a. un pescatore eremita.
    b. un ex campione di automobilismo.

13. Questo eremita aveva aperto
    a. un'officina meccanica.
    b. un rifornimento di benzina.

14. L'eremita s'era ritirato a vivere in quella capanna
    a. perché non voleva più parlare con nessuno.
    b. per guardare la gente che passava sulla piazza.

15. Per circa un mese l'eremita e il falegname
    a. vanno insieme a pescare.
    b. dormono nella stessa capanna sempre in silenzio.

16. Una mattina l'eremita non c'è più perché
    a. è andato ad annegarsi in un fiume.
    b. ha deciso di tornare in paese.

17. Infine il falegname
    a. ritorna a lavorare come aiutante nella sua vecchia bottega.
    b. viene portato via dalla moglie in una macchina sportiva.

B. Studio del vocabolario. Da' la parola che corrisponde a ciascuna definizione.

MODELLO   il giorno prima di Natale
la vigilia di Natale

1. lavora col legno
2. avviene in un tribunale davanti a un giudice
3. il luogo dove un giudice pronuncia la sentenza *(sentence)*
4. affermare con convinzione
5. chiamare in causa
6. rendersi conto
7. l'assistente
8. la prima luce del giorno
9. il complesso di strumenti o utensili
10. la parte di terra che limita le acque di un fiume
11. girarsi in una determinata direzione
12. viene da un paese diverso
13. uccidersi buttandosi in acqua
14. esercita «il mestiere dei pesci»
15. un sinonimo per «insegna»
16. un piccolo negozio
17. una casa misera *(poor)*
18. non resistere
19. il luogo dove lavora il falegname
20. mandare via dal lavoro
21. persona che vive da solo (-a)
22. lastra *(sheet)* di metallo

C. Discussione in classe. Rispondi liberamente alle seguenti domande e discuti le tue risposte con gli altri membri della classe.

1. Secondo te, qual è la morale di questo racconto?
2. Tu sei d'accordo con la decisione del falegname di affrontare il processo da solo, ignorando i consigli del suo avvocato? Perché sì / no?
3. Perché il falegname decide alla fine di ritornare a casa?

D. Un momento di riflessione. Quali sono, secondo te, le cause principali di incidenti stradali? Prepara una lista di dieci motivi e scrivili in ordine di importanza. Discuti il tuo elenco e il suo ordine con gli altri membri della classe. Usa il *si* **impersonale** per fare il tuo elenco.

MODELLO   **Se si guida in stato di ubriachezza.**

CON FANTASIA

A. Lavoro di gruppo. Con un compagno / una compagna, metti in scena la seguente situazione.

All'aeroporto un passeggero in partenza si presenta al banco dell'Alitalia. In principio il dialogo tra passeggero e impiegato (-a) si svolge in modo normale («Biglietto, per favore», «Il volo è in orario?», ecc.). Ad un certo punto il volo viene cancellato e l'impiegato (-a) spiega al passeggero cosa è successo e gli / le suggerisce delle alternative per farlo / la arrivare a destinazione.

B. I proverbi. Ecco tre proverbi italiani. Sai dire che cosa significano?

1. Chi va piano, va sano e va lontano.
2. Tutto il mondo è paese.
3. Tutte le strade conducono a Roma.

C. La vignetta. Per la seguente vignetta, inventa una didascalia appropriata.

D. Un incidente automobilistico. Leggi attentamente il seguente fumetto.

Ora spiega brevemente il motivo per cui, secondo te, il tenente Kiss non crede alla versione dei fatti fornitagli dall'autista. Discuti la tua risposta con gli altri membri della classe.

(In seguito alla brusca frenata le valige sarebbero dovute cadere in avanti e non all'indietro.)

E. Tema. Svolgi liberamente uno dei seguenti temi.

1. Vantaggi e svantaggi dei mezzi di viaggio moderni.
2. Oggi usiamo troppo la macchina e siamo diventati troppo pigri.
3. I mezzi di trasporto e il problema dell'inquinamento.

Lo stereo virtuale

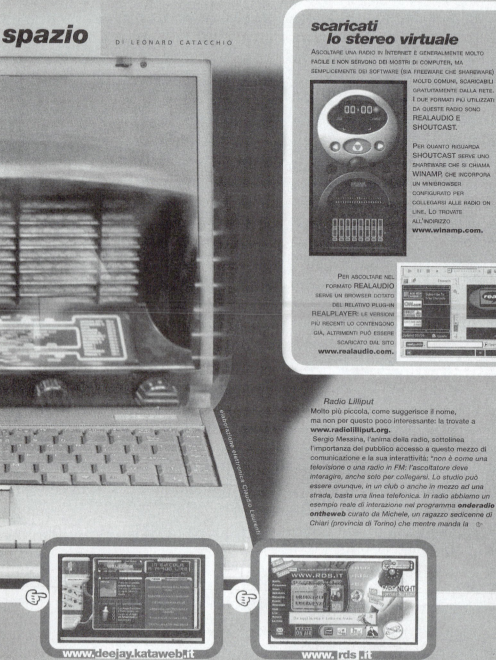

spazio

DI LEONARD CATACCHIO

elaborazione elettronica Claudio Laurenti

scaricati lo stereo virtuale

ASCOLTARE UNA RADIO IN INTERNET È GENERALMENTE MOLTO FACILE E NON SERVONO DEI MOSTRI DI COMPUTER, MA SEMPLICEMENTE DEI SOFTWARE (SIA FREEWARE CHE SHAREWARE) MOLTO COMUNI, SCARICABILI GRATUITAMENTE DALLA RETE. I DUE FORMATI PIÙ UTILIZZATI DA QUESTE RADIO SONO REALAUDIO E SHOUTCAST.

PER QUANTO RIGUARDA SHOUTCAST SERVE UNO SHAREWARE CHE SI CHIAMA WINAMP, CHE INCORPORA UN MINIBROWSER CONFIGURATO PER COLLEGARSI ALLE RADIO ON LINE. LO TROVATE ALL'INDIRIZZO **www.winamp.com.**

PER ASCOLTARE NEL FORMATO REALAUDIO SERVE UN BROWSER DOTATO DEL RELATIVO PLUG-IN REALPLAYER: LE VERSIONI PIÙ RECENTI LO CONTENGONO GIÀ, ALTRIMENTI PUÒ ESSERE SCARICATO DAL SITO **www.realaudio.com.**

Radio Lilliput
Molto più piccola, come suggerisce il nome, ma non per questo poco interessante: la trovate a **www.radiolilliput.org.**
Sergio Messina, l'anima della radio, sottolinea l'importanza del pubblico accesso a questo mezzo di comunicazione e la sua interattività: *"non è come una televisione o una radio in FM: l'ascoltatore deve interagire, anche solo per collegarsi. Lo studio può essere ovunque, in un club o anche in mezzo ad una strada, basta una linea telefonica. In radio abbiamo un esempio reale di interazione nel programma* **onderadio ontheweb** *curato da Michele, un ragazzo sedicenne di Chiari (provincia di Torino) che mentre manda la* ☞

www.deejay.kataweb.it

www.rds.it

Studio del vocabolario

A. Paragona le parole usate in Italia con quelle usate in Nord America. Usa un dizionario se necessario. Nota che molte sono uguali. Spiega poi il loro significato.

In Italia	In Nord America	Significato
1. scaricarsi	_____	_____
2. lo stereo virtuale	_____	_____
3. il software	_____	_____
4. il freeware	_____	_____
5. scaricabile	_____	_____
6. la rete	_____	_____
7. un minibrowser	_____	_____

B. Differenze. Sai spiegare le differenze tra le seguenti cose? Se sì, spiegale al resto della classe.

1. freeware e software
2. realaudio e shoutcast
3. minibrowser e radio online

Applicazione

C. Ricerche digitali. Svolgi i seguenti compiti e poi riporta alla classe quello che hai trovato.

1. Il manifesto sopra risale a qualche anno fa. Se esistono ancora i siti **www.winamp.com** e **www.realaudio.com,** ricercali e stampa quello che trovi. In tal modo puoi aggiornarli per la classe.

2. Se non esistono più, cerca siti simili e riporta quello che trovi.

NOMI

l'accelerazione (f)	acceleration
l'accettazione / il check-in	check-in
l'aereo	plane
l'arrivo	arrival
l'autobus / il pullman	bus
l'autogrill	motorway restaurant and snack bar
l'automobile / la macchina	automobile/car
l'autostrada	highway
il bagaglio (a mano)	(hand) baggage
la barca	boat
la benzina	gas
il benzinaio	gas station attendant
la bici(cletta)	bicycle
il biglietto	ticket
il binario	track
il bollo	permit
la bottega	shop
il camion	truck
la carta d'imbarco	boarding pass
la cilindrata	motor size
la coincidenza	connection
il concessionario	car dealer
il confine	border, boundary
la corsia	traffic lane
il cruscotto	panel
la cuccetta	couchette
il danno	damage
la dogana	customs
il facchino	porter
il falegname	carpenter
il forestiero	stranger, foreigner
l'incrocio	intersection
la linea / la compagnia aerea	airline
la lunghezza	length
il meccanico	mechanic
la metropolitana	subway
la monovolume (f)	van
il motivo del viaggio	reason for trip
la moto(cicletta)	motorcycle
il motore	motor
il motorino	scooter
la nave	ship
l'orario	schedule
il parcheggio	parking

la partenza	departure
il passaporto	passport
la patente di guida	driver's license
lo pneumatico	tire
il posto	seat
la potenza	power
la prenotazione	reservation
il prezzo	price
il pulmino	minivan
la roulotte	camper, trailer
lo scompartimento	compartment
lo scuolabus	schoolbus
il sedile	seat
il segnale	sign
il semaforo	traffic lights
il serbatoio	tank
la stazione di servizio / di benzina	gas station
la strada	road
il taxi / il tassì	taxi
il terminal	terminal
il tram	streetcar, trolley
il treno	train
l'uscita	gate
il vagone (letto)	(sleeping) coach
la valigia	suitcase
il veicolo / la vettura	vehicle
la velocità	velocity, speed
la vigilia	the day before
il visto	visa
il volo	flight

AGGETTIVI

cancellato	canceled

VERBI

accelerare	to speed up
accorgersi	to realize
avere qualcosa da dichiarare	to have something to declare
avere una gomma a terra	to have a flat tire
avviarsi	to set off, go
cambiare l'olio	to change the oil
cedere	to give up, hand over
controllare i freni	to check the brakes
crederci	to believe in

fare il biglietto	*to purchase a ticket*	rimorchiare l'auto	*to tow the car*
fare il pieno	*to fill up*	rivolgersi a	*to turn to*
fermare	*to stop*	sentirci	*to hear*
frenare	*to brake*	sostenere	*to maintain*
girare	*to turn*	vederci	*to see*
investire	*to hit someone (in a car accident)*		

ALTRE ESPRESSIONI

licenziare	*to fire*
mettere in moto	*to start (the car)*
parcheggiare	*to park*
pensarci	*to think about*
rallentare	*to slow down*

in anticipo	*early*
in orario	*on time*
in ritardo	*late*
poiché	*since*

Capitolo 10 Lo sport e il tempo

QUANTO SAI GIÀ?

A. Te ne intendi di calcio? Rispondi alle seguenti domande.

1. Sai quali sono gli attuali risultati delle partite di calcio in Italia e l'attuale classifica del campionato di calcio di Serie A? Se sì, riportali agli altri membri della classe.
2. Quante squadre di calcio conosci? Qual è la tua preferita? Perché?

B. Sport e passatempi a confronto. Metti a confronto le attività delle tre colonne e scrivi nell'apposita casella il numero della colonna in cui si trova l'attività da te preferita e / o che fai di più. Alla fine del test controlla l'analisi delle tue scelte.

	A	B	C	Colonna scelta
1.	nuotare	passeggiare sulla spiaggia	prendere il sole	_____
2.	fare ginnastica	fare un picnic	leggere	_____
3.	giocare a baseball	tagliare l'erba del giardino	dormire	_____
4.	giocare a calcio	lavare la macchina	guardare la televisione	_____
5.	giocare a pallacanestro	spalare la neve	parlare al telefono	_____
6.	andare in bicicletta	andare a cavallo	giocare a tombola *(bingo)*	_____
7.	giocare a hockey	andare a pesca	giocare a carte	_____
8.	giocare a football	fare del giardinaggio	fare un giro in macchina	_____
9.	andare a sciare	guardare le vetrine	giocare a scacchi *(chess)*	_____
10.	fare jogging	andare a pesca	andare al cinema	_____

Analisi delle scelte:

• Se hai scelto prevalentemente le attività della prima colonna, ti piace sicuramente praticare gli sport e ne sei appassionato (-a). Il detto che dice che «l'ozio *(idleness, sloth)* è il padre di tutti i vizi» sicuramente non fa per te.

• Se hai scelto prevalentemente le attività della seconda colonna, anche se non sei molto appassionato (-a) degli sport, ti piace comunque essere attivo (-a) e trascorrere tempo all'aria aperta. Ricordati che il mondo è delle persone attive.

• Se hai scelto prevalentemente le attività della terza colonna, non ti piace praticare gli sport e preferisci condurre una vita sedentaria. Ti muovi poco e trascorri gran parte del tuo tempo stando a sedere. Ricordati che «chi dorme non piglia pesci» e non sempre «chi va piano va lontano».

C. Sondaggio. La classe si divida in tre gruppi. Ciascun gruppo dovrà preparare un questionario contenente da 10 a 15 domande sul tema del tempo. I tre questionari dovranno poi essere compilati da un rappresentante della classe. La compilazione dovrà essere quindi discussa in classe.

Esempi di domande:

1. Quale tipo di clima ami di più?
2. Perché?
3. Quale stagione preferisci di più?
4. ecc.

Prima di leggere

Parole da sapere. Riconosci le seguenti parole? Se sì, spiega il loro significato. Se non le riconosci, ricercale in un dizionario.

1. confronto
2. vertice
3. fine settimana
4. capitare
5. oberato
6. impegno
7. carriera
8. sorprendente
9. vincitore
10. domare
11. tifoso
12. stadio
13. bugiardo
14. limpido
15. trasparente
16. arbitro
17. segnare

Calcio weekend con TIM

Calcio weekend con TIM

Inter Juventus e Roma all'esame matricole.

Nessun confronto al vertice nel fine settimana di Serie A TIM, come capita dopo le partite di Champions League e Coppa Uefa. Inter, Juve, Roma e Milan, oberati da questi impegni, si misurano con tre neo-promosse ed il Perugia. Cuper va a Reggio Calabria (dove si chiuse la carriera interista di Lippi), Capello riceve il Modena, la Juve visita l'Empoli, sorprendente vincitore a Como. Il Milan è partito assai forte, ma gli umbri di Cosmi sono difficili da domare. Si attendono conferme da Chievo, Bologna e Piacenza. Già delicata la trasferta della Lazio a Torino. In B due derbies appassionanti a Messina e Venezia.

SMS dal calcio

«La cessione di Davids ci stava». UMBERTO AGNELLI
«Se fossi tifoso della Lazio, dopo la cessione di Nesta non andrei più allo stadio». FRANCESCO TOTTI
«Totti è un bugiardo». SERGIO CRAGNOTTI
«La Fifa è l'organismo più limpido e trasparente del mondo». BYRON MORENO
«L'arbitro? Sembra di essere tornati ai tempi di Moreno». ATTILIO ROMERO
«Quando io segnavo, Totti faceva il raccattapalle». BEPPE SIGNORI

Le partite di SERIE A TIM

Milan - Perugia	sab. 18.00
Empoli - Juventus	sab. 20.30
Atalanta - Bologna	dom. 15.00
Chievo - Brescia	dom. 15.00
Parma - Como	dom. 15.00
Piacenza - Udinese	dom. 15.00
Reggina - Inter	dom. 15.00
Torino - Lazio	dom. 15.00
Roma - Modena	dom. 20.30

Le partite di SERIE B TIM

Ascoli - Sampdoria	sab. 20.30
Genoa - Bari	sab. 20.30
Lecce - Salernitana	sab. 20.30
Livorno - Triestina	sab. 20.30
Messina - Catania	sab. 20.30
Napoli - Cosenza	sab. 20.30
Palermo - Siena	sab. 20.30
Ternana - Cagliari	sab. 20.30
Venezia - Verona	sab. 20.30
Vicenza - Ancona	sab. 20.30

La Classifica

Milan	3	Brescia	0
Juventus	3	Lazio	0
Empoli	3	Roma	0
Perugia	3	Torino	0
Chievo	3	Reggina	0
Piacenza	3	Como	0
Bologna	3	Modena	0
Inter	3	Atalanta	0
Udinese	1		
Parma	1		

La Classifica

Ternana	3	Cagliari	1
Ancona	3	Genoa	0
Sampdoria	3	Vicenza	0
Bari	3	Triestina	0
Catania	3	Messina	0
Venezia	3	Verona	0
Cosenza	3	Lecce	0
Livorno	3	Palermo	0
Siena	3	Ascoli	0
Napoli	1	Salernitana	0

LA SCHEDINA DI TELÈ FONINHO PER DOMENICA

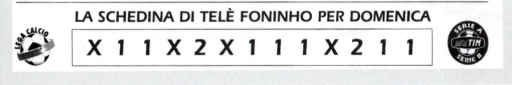

X 1 1 X 2 X 1 1 1 X 2 1 1

Dopo la lettura

A. Ricordi quello che hai letto? Indica se ciascuna delle seguenti affermazioni è vera (V) o falsa (F). Correggi quelle false in modo appropriato.

_____ 1. Nel fine settimana ci sarà un confronto al vertice di Serie A.

_____ 2. Dopo le partite del Champions League capita spesso un confronto al vertice.

_____ 3. Cuper va al Perugia.

_____ 4. Capello riceve il Modena.

_____ 5. La Juve visita Reggio Calabria.

_____ 6. L'Empoli è un sorprendente vincitore a Como.

_____ 7. Il Milan giocherà contro gli umbri di Cosmi.

_____ 8. Francesco Totti ha detto che se fosse tifoso della Lazio, lui non andrebbe più allo stadio dopo la cessione di Nesta.

_____ 9. Il Milan è il primo nella classifica di Serie A.

_____ 10. Il Napoli è l'ultimo nella classifica di Serie B.

_____ 11. Secondo Beppe Signori, quando lui segnava, Totti faceva il raccattapalle _(he who picked up soccer balls)_.

B. Discutiamo. Rispondi liberamente alle seguenti domande, discutendo le tue risposte con gli altri membri della classe.

1. Ti piace il calcio? Perché sì / no?
2. Qual è il tuo sport preferito? Perché? Lo pratichi regolarmente?
3. Tu pensi che gli atleti oggi siano troppo controllati da «interessi commerciali»? Se sì, come risolveresti il problema?
4. Secondo te, chi è, attualmente, lo sciatore / la sciatrice più bravo (-a), il / la pugile più bravo (-a), il giocatore / la giocatrice più bravo (-a) di baseball, football, tennis, hockey e pallacanestro?

Stimolo linguistico

A. Un gol importante. Ecco come un tifoso italiano ricorda il gol di Marco Tardelli nella finale Italia-Germania della Coppa del Mondo 1982. Nel racconto mancano dei verbi. Completalo in modo appropriato con i verbi all'imperfetto o al passato remoto, secondo il caso. Ti ricordi quest'ultimo?

_____ (Essere) una giornata molto calda. Lo stadio Barnabeu di Madrid _____ (essere) pieno. L'Italia e la Germania _____ (affrontarsi) per la finale della Coppa del Mondo. La partita _____ (iniziare) in perfetto orario. Gli Azzurri _____ (attaccare), ma i tedeschi _____ (difendersi) molto bene. Le due squadre _____ (giocare) da trenta minuti quando l'arbitro _____ (dare) un rigore agli Azzurri. Tardelli _____ (tirare) il rigore, ma clamorosamente _____ (sbagliare). Alcuni minuti più tardi Tardelli _____ (prendere) la palla a centrocampo e la _____ (passare) a Paolo Rossi. Arrivato nell'area di rigore Paolo Rossi _____ (tirare), ma il portiere tedesco _____ la palla (respingere). _____ (Intervenire) Tardelli, il quale _____ (segnare). Gol! Gol! Gol! In quel momento i tifosi italiani di tutto il mondo _____ (impazzire) e _____ (saltare) dalla gioia. L'Italia _____ (vincere) la partita per 3-1 e _____ (conquistare) la Coppa del Mondo per la terza volta.

B. La Coppa del Mondo 1934: Italia-Cecoslovacchia. Dalla cronaca di questa partita famosa e mitica mancano dei verbi. Completala in modo opportuno mettendo i verbi all'imperfetto o al passato prossimo, secondo il caso.

_____ (Essere) il 6 luglio 1934 e l'Italia e la Cecoslovacchia _____ (affrontarsi) nella partita finale della Coppa del Mondo. La gara _____ (giocarsi) a Parigi. Al 16° del primo tempo la Cecoslovacchia _____ (passare) in vantaggio, ma l'Italia _____ (pareggiare) al 33°. Il primo tempo _____ (finire) con il risultato di 1-1. Nel secondo tempo, al 58° Meazza _____ (segnare) il secondo gol per l'Italia. L'incontro _____ (finire) 2-1. L'Italia _____ (conquistare) la Coppa del Mondo. _____ (Essere) la prima volta che l'Italia la _____ (vincere).

VOCABOLARIO

Gli sport

l'alpinismo	*mountain climbing*
l'atletica leggera	*track and field*
l'automobilismo	*car racing*
il baseball *(invariable)*	*baseball*
il calcio	*soccer*
il ciclismo	*bicycle racing*
la corsa	*race*
il culturismo	*body-building*
la ginnastica	*gymnastics*
il golf *(invariable)*	*golf*
l'hockey *(m, invariable)*	*hockey*
l'ippica / l'equitazione *(f)*	*horse racing*
il judo	*judo*
il karatè	*karate*
la lotta	*wrestling*
il motociclismo	*motorcycling*
il nuoto	*swimming*
la pallacanestro / il basket	*basketball*
la pallanuoto	*water polo*
la pallavolo	*volleyball*
il pattinaggio	*skating*
il pugilato	*boxing*
lo sci	*skiing*
il sollevamento pesi	*weight-lifting*
il tennis	*tennis*

Parlare di sport

l'agonismo, la competizione	*competitiveness, competition*
l'allenatore / l'allenatrice	*trainer, coach*
l'arbitro / l'arbitra	*referee*
l'atleta *(m/f)*	*athlete*
il campionato	*playoffs, championship*
la classifica	*standings*
il / la concorrente, il / la rivale	*rival*
la coppa	*cup*
il giocatore / la giocatrice	*player*
il pareggio	*draw*
la partita	*game, match*
la perdita	*loss*
praticare uno sport	*to practice a sport*
il punteggio	*score*
il punto	*point*
il risultato	*result, (final) score*
la sconfitta	*defeat*
la squadra	*team*
lo stadio	*stadium*
il tifoso / la tifosa	*sports fan*
la vincita	*winning*
il vincitore / la vincitrice	*winner*
la vittoria	*victory*

Applicazione

A. Che sport è? Indovina lo sport. Poi rivela agli altri membri della classe se ti piace quello sport, se lo pratichi, se ti piace guardarlo, ecc. Segui il modello.

MODELLO   Lo sport delle sorelle Williams.
Il tennis. Mi piace molto, ma purtroppo non l'ho mai praticato.

1. Lo sport in cui si corre con le macchine.
2. Lo sport in cui si usano le biciclette.
3. Lo sport dei nuotatori.
4. Lo sport in cui si fa anche sollevamento dei pesi.
5. Uno sport tipico nordamericano in cui ci sono quattro «basi».
6. Lo sport che si pratica su un campo diviso da una rete e in cui si usano le racchette.
7. Lo sport con squadre di cinque giocatori in cui si deve mettere la palla in un canestro.
8. Lo sport nazionale degli italiani, il quale si gioca negli stadi.
9. Lo sport dei cento metri, del salto in alto, del salto in lungo, ecc.
10. Lo sport che si pratica sulla neve.
11. Lo sport in cui ci si dà pugni con dei guantoni.
12. Uno sport praticato su ghiaccio, consistente di due squadre di giocatori.

B. Lavoro di ricerca. Ogni sport ha bisogno della propria attrezzatura. Per lo sci servono, per esempio, gli scarponi, gli sci, i guanti, ecc. Con l'aiuto del dizionario indica l'attrezzatura usata per gli sport menzionati.

1. il tennis	7. la corsa
2. l'alpinismo	8. la ginnastica
3. il golf	9. il pattinaggio
4. il culturismo	10. l'ippica
5. il ciclismo	11. il karaté
6. il motociclismo	12. il judo

C. Parliamo di sport. Sai spiegare le differenze tra le seguenti cose sportive? Se sì, indica le differenze agli altri membri della classe.

1. la pallacanestro, la pallavolo e la pallanuoto
2. un allenatore / un'allenatrice e un arbitro / un'arbitra
3. un giocatore / una giocatrice e un / un'atleta
4. una vincita e una perdita
5. un pareggio e una sconfitta
6. l'agonismo e le partite vere e proprie
7. una squadra e i tifosi
8. il punteggio e i punti
9. il campionato e la classifica
10. il concorrente / il rivale e la coppa

D. Gioco dello sport. La classe si divide in due gruppi. A vicenda, i diversi membri di ciascun gruppo costruiranno domande riguardanti lo sport che i membri dell'altro gruppo dovranno indovinare.

MODELLO   È famosa nella storia del tennis. È di origine ceca...
Martina Navratilova

Il gruppo vincente sarà quello col numero superiore di risposte corrette (ciascuna delle quali si dovrà indovinare entro un determinato periodo di tempo).

✦ GRAMMATICA ◇◇◇◇◇◇◇◇◇◇◇◇◇◇◇◇◇◇◇◇◇◇◇

STRUTTURA

10.1 Il plurale dei nomi invariabili

✦ Nouns that end in a consonant do not change in the plural. These nouns are usually borrowed from English or some other language.

Singular	Plural	Singular	Plural
l'autobus	gli autobus	il gol	i gol
il bar	i bar	il record	i record
il camion (truck)	i camion	lo sponsor	gli sponsor
il club	i club	lo sport	gli sport
il computer	i computer	il tram (trolley)	i tram
il film	i film		

Applicazione

Le parole straniere. Anagramma le seguenti parole di origine straniera, poi riscrivile con l'articolo determinativo e volgi la frase al plurale.

1. micaon   <u>**il camion**</u>   <u>**i camion**</u>
2. psotr   _____   _____
3. lifm   _____   _____
4. utecormp   _____   _____
5. dekewen   _____   _____
6. bra   _____   _____
7. osbautu   _____   _____
8. ratm   _____   _____
9. ropsons   _____   _____
10. log   _____   _____
11. drerco   _____   _____

10.2 Il perfetto vs. l'imperfetto

✦ The **passato prossimo** and the **passato congiuntivo** are known, more generally, as *perfect tenses,* because they allow one to describe a finished ("perfected") action in the past:

> Ieri Luigi ha giocato a tennis per due ore (= action ended over the span of two hours).
> *Yesterday Luigi played tennis for two hours.*

> Credo che Luigi abbia giocato a tennis tutto il pomeriggio (= action ended over the span of an afternoon).
> *I think that Luigi played tennis all afternoon.*

✦ The **imperfetto indicativo** and the **imperfetto congiuntivo,** on the other hand, are *imperfect tenses,* that is, they allow one to express unfinished ("imperfect") and repeated actions in the past, as well as to describe past events, features, etc.

Da bambino (-a) Luigi giocava sempre a tennis. *As a child, Luigi always played tennis.*	Penso che Luigi giocasse a tennis da bambino. *I think that Luigi played tennis as a child.*
Mentre tu preparavi la cena, il telefono ha squillato. *While you were preparing dinner, the phone rang.*	Credo che mentre tu preparavi la cena, il telefono abbia squillato. *I believe that while you were preparing dinner, the phone rang.*

✦ Note that some verbs change their meaning accordingly. **Sapere,** for instance, means *to know something* in imperfect tenses, but *to find out* in perfect ones:

> Sapevo che veniva.
> *I knew that he was coming.*

> Ho saputo che veniva.
> *I found out that he was coming.*

Applicazione

A. Imperfetto o perfetto? Completa le seguenti frasi in modo opportuno, scegliendo tra l'imperfetto e il passato prossimo del verbo dato. Per i participi irregolari, vedi l'Appendice.

1. Nella Coppa del Mondo 1982, Paolo Rossi _____ (segnare) sei gol.
2. Nel 1982 Paolo Rossi _____ (giocare) per la Juventus.
3. Io non _____ (sapere) che il baseball fosse popolare in Italia.
4. L'arbitro _____ (dirigere) l'incontro molto bene.
5. Mentre Roberto Baggio _____ (stare) per tirare, un avversario lo _____ (spingere).
6. La partita _____ (cominciare) in ritardo.
7. La Stefanel Trieste _____ (vincere) l'incontro di pallacanestro contro la Benetton Treviso: il risultato _____ (essere) 102–88.
8. L'arbitro _____ (dare) un rigore all'Inter perché pare che un giocatore _____ (colpire) la palla con la mano.
9. «Cosa _____ (fare) l'Italia nella pallavolo?» «Non so, ma spero che _____ (vincere)».
10. Una volta Pete Sampras _____ (essere) tra i migliori tennisti del mondo.

B. Credevo che... Forma delle frasi usando le parole indicate. Segui il modello.

MODELLO   io / credere / che a te / non piacere / il baseball
           Io credevo che a te non piacesse il baseball.

1. io / non sapere / che tu / andare / in piscina spesso
2. lui / pensare / che io / giocare / per una squadra di pallacanestro
3. voi / credere / che noi / andare a sciare / ogni weekend
4. noi / sperare / che lui / giocare / bene al calcio
5. io / dubitare / che loro / correre / ogni mattina
6. loro / non potere immaginare / che tu stare guardando / la partita di baseball

10.3 Il trapassato

✦ The **trapassato** (**indicativo** and **congiuntivo**) corresponds to the English plu-perfect tense—*he had finished, she had come,* etc. The indicative form of the **trapassato** is more correctly named the **trapassato prossimo.** The **trapassato** indicates an action that occurred before another simple past action (**passato prossimo, passato congiuntivo, imperfetto indicativo, imperfetto congiuntivo).** Therefore, the **trapassato** is used generally in dependent clauses:

Il trapassato indicativo	Il trapassato congiuntivo
Quando sei venuto, avevo già mangiato. *When you came, I had already eaten.*	Non sapevo che tu avessi già mangiato. *I didn't know that you had already eaten.*
Quando mi hai chiamato, mi ero appena alzata. *When you called, I had just gotten up.*	Sebbene mi fossi alzata tardi, avevo ancora sonno. *Although I had gotten up late, I was still sleepy.*

✦ The **trapassato** is formed with the imperfect (indicative or subjunctive) of the auxiliary verb **essere** or **avere** (as the case may be) and the past participle. Both tenses follow the same grammatical rules as any compound tense (see Chapter 6):

Trapassato indicativo	Trapassato congiuntivo
Era ovvio che lui aveva già finito di giocare. *It was obvious that he had already finished playing.*	Nessuno sapeva se lui avesse già finito di giocare. *No one knew if he had already finished playing.*
Sapevano che era venuta ieri. *They found out that she had come yesterday.*	Pensavano che fosse venuta ieri. *They thought that she had come yesterday.*

Applicazione

A. Il trapassato. Rispondi alle seguenti domande, usando il trapassato prossimo oppure il trapassato congiuntivo, secondo il caso.

MODELLO   Lui non era mai andato allo stadio?
Sì, c'era già andato un'altra volta.

1. Tu non avevi mai visto quel giocatore?
2. Quel giocatore non aveva mai segnato prima?
3. Eravate già andati via quando Baggio ha fatto il gol?
4. Quelle squadre non avevano mai vinto, vero?
5. Tu non eri mai andato (-a) a pattinare *(to skate)*, no?
6. Ti è propio dispiaciuto che loro avessero giocato senza due giocatori?

B. Verbi. Completa gli spazi vuoti, usando la forma corretta dei seguenti verbi al trapassato prossimo o al trapassato congiuntivo, secondo il caso. Alcuni verbi possono essere usati più di una volta.

giocare	segnare	cominciare	andare
toccare	fare	vedere	finire

1. Finalmente ieri sera ho visto una partita di hockey. Non ne _____ mai _____ una!

2. Quando Totti ha segnato, molti spettatori _____ già _____ via.

3. Quando lui è arrivato, penso che la gara di tennis _____ già _____.

4. Prima che Nesta entrasse in campo, gli avversari _____ già _____ tre gol.

5. Gli facevano male le gambe perché _____ a pallone il giorno prima.

6. Quando sono arrivato alla palestra *(gym)*, voi _____ già _____ ad allenarvi *(to practice)*.

7. Domenica, Rivaldo ha finalmente segnato. Credo che dopo l'infortunio *(accident)* non _____ ancora _____ neanche un gol.

8. L'arbitro assegnò il rigore perché il difensore _____ il pallone con le mani.

10.4 Il passato remoto

✦ The **passato remoto** *(past absolute)* is formed by dropping the infinitive suffix and adding the following endings to the stem:

	nuotare	**dovere**	**capire**
io	nuot**ai**	dov**ei** / dov**etti**	cap**ii**
tu	nuot**asti**	dov**esti**	cap**isti**
lui / lei / Lei	nuot**ò**	dov**è** / dov**ette**	cap**ì**
noi	nuot**ammo**	dov**emmo**	cap**immo**
voi	nuot**aste**	dov**este**	cap**iste**
loro	nuot**arono**	dov**erono** / dov**ettero**	cap**irono**

◆ There are many irregular verbs in the **passato remoto.** Learning them can be simplified by following these guidelines:

1. Almost all of the irregular verbs are -**ere** verbs.

2. Most of these follow a 1-3-3 pattern; that is, they are irregular in the first-person singular and third-person singular and plural. Many irregular forms can be deduced as follows:

	avere	Pattern
io	ebbi	irregular stem + -**i**
tu	avesti	regular
lui/lei/Lei	ebbe	irregular stem + -**e**
noi	avemmo	regular
voi	aveste	regular
loro	ebbero	irregular stem + -**ero**

◆ Here are verbs that follow this pattern:

assumere	assunsi	**mettere**	misi
avere	ebbi	**nascere**	nacqui
bere	bevvi, bevesti,...	**piacere**	piacqui
cadere	caddi	**rimanere**	rimasi
chiedere	chiesi	**rispondere**	risposi
chiudere	chiusi	**rompere**	ruppi
conoscere	conobbi	**sapere**	seppi
correre	corsi	**scrivere**	scrissi
crescere	crebbi	**vedere**	vidi
discutere	discussi	**venire**	venni
leggere	lessi	**volere**	volli

3. Verbs like **tradurre** and **porre** (Chapter 8) have the following 1-3-3 patterns: **tradussi, traducesti, tradusse, traducemmo, traduceste, tradussero/posi, ponesti, pose, ponemmo, poneste, posero.**

4. Only a handful of irregular verbs do not follow the 1-3-3 pattern. Here are the most common ones:

dire (based on «dicere»)	dare	essere	fare (based on «facere»)	stare
dissi	diedi	fui	feci	stetti
dicesti	desti	fosti	facesti	stesti
disse	diede	fu	fece	stette
dicemmo	demmo	fummo	facemmo	stemmo
diceste	deste	foste	faceste	steste
dissero	diedero	furono	fecero	stettero

◆ The past absolute is *exactly* equivalent to the tense type that is also covered by the **passato prossimo:** *I swam, I enjoyed myself,* etc.

Passato prossimo or passato remoto	Only passato prossimo
L'anno scorso sono andato / andai in Italia. *Last year I went to Italy.*	Sono appena andato in farmacia. *I have just gone to the drugstore.*
L'anno scorso il Milan ha vinto / vinse lo scudetto. *Last year, Milan won the pennant.*	Non ho mai vinto a tennis contro mio fratello. *I have never won at tennis against my brother.*

◆ In general, the **passato remoto** cannot be used to describe an action that has taken place within less than the past twenty-four hours:

Lei è arrivata stamani.   *She arrived this morning.*
Io ho appena giocato a tennis.   *I've just played tennis.*
Alcuni minuti fa hanno chiamato.   *They called a few minutes ago.*

◆ Outside this time restriction, the past absolute can be used, generally, as an alternative:

Passato remoto	Passato prossimo
Lei arrivò la settimana scorsa. *She arrived last week.*	Lei è arrivata la settimana scorsa. *She arrived last week.*
Io giocai a tennis ieri. *I played tennis yesterday.*	Io ho giocato a tennis ieri. *I played tennis yesterday.*
Chiamarono alcuni giorni fa. *They called a few days ago.*	Hanno chiamato alcuni giorni fa. *They called a few days ago.*

◆ In certain regions of Italy, one or the other tense is preferred in conversational situations: for example, in northern Italy, the **passato prossimo** is more common, whereas in many parts of southern Italy the **passato remoto** is more widespread. The **passato remoto** is the preferred literary past tense throughout Italy: that is, it is the past tense used for the narration of historical events:

La seconda guerra mondiale finì nel 1945.
The Second World War ended in 1945.

Michelangelo nacque nel 1475.
Michelangelo was born in 1475.

◆ Use of the **passato remoto** is excluded, logically, by the presence of temporal adverbs such as *just, a few minutes ago,* etc.

Ho appena mangiato.
I have just eaten.

È andata via alcuni minuti fa.
She left a few minutes ago.

Applicazione

A. Il passato. Metti i verbi delle seguenti frasi prima al passato prossimo e poi al passato remoto.

> MODELLO   Giovanni guarda il suo programma preferito.
> **Giovanni ha guardato il suo programma preferito.**
> **Giovanni guardò il suo programma preferito.**

1. La partita comincia alle tre.
2. La partita finisce alle cinque.
3. I ragazzi vanno allo stadio.
4. Noi vendiamo gli scarponi e gli sci.
5. Tu ricevi sempre bellissimi regali.
6. Prima di andare allo stadio devo comprare il biglietto.

B. Personaggi famosi. Con un compagno / una compagna, crea un piccolo «quiz».

> MODELLO   inventare / la radio...
> **—Chi inventò la radio?**
> **—L'inventò Marconi.**

1. scrivere / la *Divina Commedia*
2. uccidere / Giulio Cesare
3. dipingere / *La Gioconda*
4. scolpire / il *Davide*
5. dire / «Essere o non essere»
6. vincere / la Coppa del Mondo di calcio nel 1934
7. essere / il primo uomo sulla luna

C. Sai completare le caselle? Completa le seguenti tabelle in modo opportuno con le forme adatte del passato remoto dei verbi indicati.

	avere	essere	bere	chiedere
1.		fummo		chiedemmo
2.	avesti			
3.			bevvero	chiese
4.	ebbe			
5.			beveste	
6.		fui		

	fare	dire	dare	leggere
7.		dicemmo		leggemmo
8.	facesti			
9.			diedero	
10.	fece			lesse
11.			deste	
12.		dissi		

D. Un articolo sportivo. Leggi il seguente articolo, in cui viene descritta una partita di calcio giocata negli anni sessanta tra le squadre del Milan e dell'Inter, cercando sul dizionario le parole che non conosci. Trasforma i verbi dal passato prossimo al passato remoto.

La partita ha avuto inizio in perfetto orario. Il Milan è passato subito in vantaggio con Rivera. Rivera ha scartato due avversari e ha messo la palla in rete dietro le spalle del portiere. Il pubblico ha esultato dalla gioia mentre sventolava le bandiere rossonere. Il miraggio della vittoria ha condizionato negativamente la squadra milanista che, dopo essere passata in vantaggio, aveva paura di fallire l'obiettivo. Il Milan ha cominciato a difendere il risultato. Tuttavia l'Inter, dopo aver attac-cato continuamente, ha raggiunto il pareggio a un minuto dal termine.

Facchetti dalla sinistra ha passato al centro per Mazzola che ha segnato indisturbato. Il pubblico è rimasto di stucco. Le squadre sono andate ai supplementari. L'Inter ha fatto subito tremare la squadra avversaria. Al quarto minuto Suarez ha colpito in pieno il palo destro della porta milanista. Ma il Milan è tornato subito in vantaggio.

Rivera ha preso la palla a centrocampo, ha scartato due giocatori, è arrivato nell'area di rigore dell'Inter, ma, mentre stava per tirare, è caduto a terra, spinto da un difensore. L'arbitro, che era a due passi, ha visto tutto e ha fischiato il rigore. Lo ha tirato lo stesso Rivera. Il portiere dell'Inter, nonostante il grosso sforzo, non è riuscito a fermare la palla. Il Milan in quell'occasione ha conquistato una vittoria molto importante. I tifosi milanisti sono stati molto soddisfatti del risultato.

COMUNICAZIONE

Parlare del tempo

il bollettino meteorologico / le previsioni del tempo	*weather forecast*
il ghiaccio	*ice*
il clima	*climate*
il gelo	*frost*
il temporale	*thunderstorm*
Che tempo fa?	*How's the weather?/What's the weather like?*
C'è umidità.	*It is humid.*
C'è il sole.	*It is sunny.*
Fa bel tempo.	*It is nice.*
Fa brutto / cattivo tempo.	*It is awful.*
Fa caldo.	*It is hot, warm.*
Fa freddo.	*It is cold.*
Fa fresco.	*It is cool.*
Il cielo è chiaro / sereno.	*The sky is clear.*
la nebbia / C'è nebbia.	*fog/It is foggy.*
la neve / nevicare	*snow/to snow*
la nuvola / Il tempo è nuvoloso.	*cloud/It is cloudy/overcast.*
la pioggia / piovere	*rain/to rain*
la temperatura	*temperature*
temperatura minima / massima	*minimum/maximun temperature*
gradi centigradi / Fahrenheit	*Centigrade/Fahrenheit degrees*
il lampo / lampeggiare	*lightning/to be lightning*
la grandine / grandinare	*hail/to hail*
il vento / tirare vento	*wind/to be windy*
il tuono / tuonare	*thunder/to thunder*

Applicazione

A. Come si dice?

1. Traduci in inglese le seguenti previsioni del tempo.

> **IL TEMPO**
>
> Oggi coperto con qualche schiarita. Massima 4. Sabato coperto con pioggia o pioggia ghiacciata. Minima 1 e massima 3. Domenica in prevalenza nuvoloso. Minima 0. Massima 3.

2. Ora traduci in italiano tutte le informazioni contenute nel seguente bollettino metereologico.

B. Le previsioni del tempo. Studia le seguenti previsioni metereologiche riportate da un giornale italiano. Scrivi un paragrafo in cui descrivi le condizioni del tempo in Italia (Che tempo fa? Qual è la temperatura minima e massima in centigradi nelle principali città italiane?). Usa il dizionario per le parole che non conosci.

TEMPERATURE

Ieri in Italia

Bolzano	15	23
Verona	17	30
Trieste	22	27
Venezia	19	29
Milano	15	27
Torino	15	26
Genova	19	22
Bologna	20	28
Firenze	21	28
Pisa	17	25
Perugia	17	25
Pescara	26	30
L'Aquila	16	25
Roma Urbe	28	19
Roma Fiumic.	21	26
Campobasso	19	24
Bari	20	36
Napoli	17	29
Potenza	18	27
S. M. di Leuca	20	23
R. Calabria	15	28
Messina	21	27
Palermo	22	28
Catania	13	33
Alghero	17	25
Cagliari	18	31

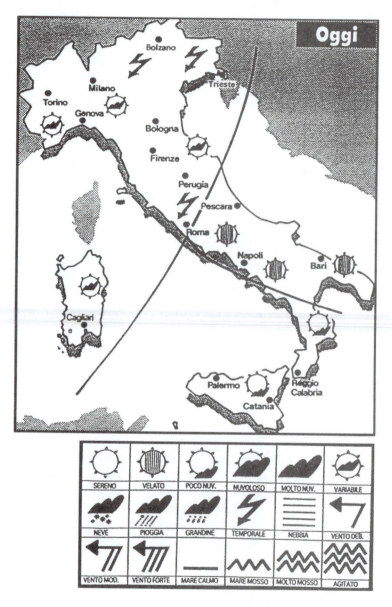

Oggi

SERENO	VELATO	POCO NUV.
NUVOLOSO	MOLTO NUV.	VARIABILE
NEVE	PIOGGIA	GRANDINE
TEMPORALE	NEBBIA	VENTO DEB.
VENTO MOD.	VENTO FORTE	MARE CALMO
MARE MOSSO	MOLTO MOSSO	AGITATO

C. Rispondi. Rispondi alle seguenti domande con frasi complete.

1. Com'è il tempo generalmente nella tua città?
2. Qual è la temperatura media nella tua città in inverno, in estate, in autunno e in primavera?
3. Descrivi il tempo che fa nella tua città durante ciascuna delle quattro stagioni.

Reagire al tempo

avere caldo / freddo	*to be hot/cold*
sudare	*to perspire*
amare il caldo / il freddo	*to love the heat/the cold*
odiare il caldo / il freddo	*to hate the heat/the cold*

✦ Note that the concepts of "coldness" and "hotness" are rendered by different verbs according to where they are "contained":

Location	Verb to be used	
in the weather	fare	
	Fa caldo oggi.	*It's hot today.*
	Fa freddo oggi.	*It's cold today.*
in an object	essere	
	La pizza è calda.	*The pizzza is hot.*
	La pizza è fredda.	*The pizza is cold.*
in a person	avere	
	Lui ha caldo.	*He's hot.*
	Lui ha freddo.	*He's cold.*

Applicazione

Rispondi. Rispondi alle seguenti domande con frasi complete.

1. Come reagisci quando fa molto caldo e c'è molta umidità?
2. Che tipo di tempo ami? Che tipo di tempo odi?
3. Quali cibi ti piacciono caldi? Quali preferisci freddi?

Parlare di sport

l'allenamento	*training*
allenarsi	*to train*
l'allenatore / l'allenatrice	*coach*
l'arbitro / l'arbitra	*referee*
l'atleta *(m/f)*	*athlete*
la classifica	*standings*
la corsa / la gara	*race*
fare ginnastica	*to do exercises, to work out*
fare / praticare uno sport	*to play a sports*
giocare a	*to play*
il giocatore / la giocatrice	*player*
il gol	*goal*
la partita	*game, match*
la squadra	*team*
il risultato	*score*
segnare	*to score*
perdere	*to lose*
vincere	*to win*
pareggiare	*to draw*
sconfiggere	*to defeat, to beat*
sciare	*to ski*
nuotare	*to swim*
pattinare	*to skate*
correre	*to run*
il campo da tennis / baseball	*tennis court / baseball field*
la palestra	*gym*
lo spogliatoio	*dressing room*
lo stadio	*stadium*

Applicazione

A. Definizioni. Risolvi le seguenti definizioni.

1. campo dove si giocano partite di calcio
2. il contrario di vincere
3. stanza in cui si spogliano *(undress)* gli atleti
4. allena una squadra di calcio / baseball / etc.
5. ottenere un pareggio in una partita
6. competizione fra due squadre o due giocatori (-trici)

B. Lavoro di ricerca. Cerca su un giornale italiano qualche articolo sportivo. Poi elenca nel tuo quaderno le parole o le espressioni sportive che non conosci e con l'aiuto del dizionario e dell'insegnante prova a definirle. Riporta le parole alla classe.

C. Chi è...?

MODELLO   Guida la macchina.
un automobilista

1. Corre.
2. Addestra gli atleti o le squadre.
3. Sorveglia le gare sportive.
4. L'antagonista di gioco.
5. Chi ha perso la partita.
6. Un gruppo di giocatori.
7. Sostenitore di una squadra.
8. Chi ha vinto una partita.
9. Nuota nelle gare di nuoto.
10. Pattina nelle gare di pattinaggio.
11. Pratica la ginnastica.
12. Salta nelle gare di salto.
13. Scia nelle gare di sci.
14. Gioca a tennis.
15. Si tuffa nelle gare di tuffo.

D. Discussione.
Rispondi liberamente alle seguenti domande, discutendo le tue risposte con gli altri membri della classe.

1. Qual è il tuo sport preferito? Perché? Lo pratichi regolarmente?
2. Vai spesso a vedere partite? Se sì, quali?
3. Guardi spesso i programmi sportivi in TV? Quali e perché?
4. Qual è, secondo te, la funzione sociale dello sport?
5. È importante il ruolo sociale che svolge lo sport oggi?

✦ **IL MOMENTO CREATIVO**

Con un compagno/una compagna, metti in scena la seguente situazione.

Un famoso/Una famosa atleta è intervistato (-a) da un/una giornalista. Gli/Le viene chiesto, per esempio, quanto guadagna, perché ha così tante sponsorizzazioni, ecc.

Lo sport in Italia

In Italia, come in tanti altri paesi, lo sport svolge un ruolo importante. Lo sport preferito degli italiani è il calcio, ma sono in continuo aumento i tifosi di altri sport, specialmente di quelli americani come il baseball, il football e l'hockey. Altri sport molto seguiti in Italia sono: l'automobilismo, il ciclismo, il tennis, il pugilato, lo sci e la pallacanestro.

Gli atleti che giocano nelle squadre nazionali italiane indossano una maglia azzurra e per questo vengono chiamati «azzurri» (per esempio: i calciatori azzurri, l'allenatore azzurro, ecc.). Le squadre di calcio portano, in generale, il nome della città che rappresentano: la Roma, il Napoli, il Torino, il Milan, ecc. La partita di calcio si gioca tradizionalmente di domenica—il giorno dedicato al tifo calcistico.

Nell'automobilismo la macchina italiana che ha regalato tante emozioni e tante vittorie agli sportivi di tutto il mondo è la Ferrari, chiamata anche il «Cavallino rampante».

Allo Sport sono dedicati interi quotidiani come il *Corriere dello Sport-Stadio* e la *Gazzetta dello Sport*.

La competizione ciclistica più importante è il Giro d'Italia, che ha luogo di solito nei mesi di maggio e giugno e a cui partecipano i più grandi ciclisti del mondo.

Ogni settimana numerosi sportivi giocano al totocalcio: un concorso pubblico settimanale a premi che consiste nell'indovinare i risultati di tredici partite di calcio che si giocano ogni domenica nei campionati italiani. ◆

Applicazione

A. Ricordi quello che hai letto? Risolvi le seguenti definizioni.

> Modello Si gioca tradizionalmente la domenica.
> **Il calcio**

1. È lo sport più popolare in Italia.
2. Il «colore» della maglia delle varie squadre nazionali italiane.
3. Il giorno generalmente dedicato al tifo calcistico.
4. Lo sono il Napoli e il Milan, per esempio.
5. È anche chiamata il «Cavallino rampante».
6. Un quotidiano dedicato interamente allo sport.
7. La competizione ciclistica più importante d'Italia.
8. Un concorso che consiste nell'indovinare i risultati di tredici partite di calcio.

B. Discussione. Rispondi liberamente alle seguenti domande e poi discuti le tue risposte con gli altri membri della classe.

1. Ti piace il calcio? Perché sì / no?
2. Hai mai visto una partita di calcio in Italia? Se sì, descrivi l'esperienza.
3. Perché secondo te, il calcio non ha mai raggiunto il livello di popolarità del baseball o del football in America?

Stimolo alla lettura

I segni del buono e del cattivo tempo. Nella poesia di Giacomo Leopardi, l'autore scrive che dopo la tempesta sente gli uccelli che fanno «festa», cantano e si divertono. Il canto degli uccelli o di altri animali (come anche altri segni della natura) può aiutarci a prevedere che tempo farà. Tu sai riconoscere questi segni di buono o cattivo tempo? Prova a fare il seguente test e lo scoprirai.

	Farà bel tempo	Farà cattivo tempo
1. Il cielo è rosso di sera.	_____	_____
2. Il cielo è rosso di mattina.	_____	_____
3. Ci sono pochi tuoni e molti lampi.	_____	_____
4. Il cielo è a pecorelle.	_____	_____
5. Il sale diventa umido.	_____	_____
6. Le rane gracidano.	_____	_____
7. I passeri cantano continuamente insieme.	_____	_____
8. Le rondini volano alto.	_____	_____
9. La nebbia al mattino è sui monti.	_____	_____
10. I gatti si passano le zampe dietro le orecchie.	_____	_____

Risposte:
1, 2, 6, 8   Farà bel tempo.
3, 4, 5, 7, 9, 10   Farà cattivo tempo.

La quiete dopo la tempesta

Leggi con attenzione la seguente poesia di Giacomo Leopardi, soffermandoti sulle parole, espressioni ed immagini che riguardano il tempo. Per le parole e espressioni difficili, usa il dizionario o chiedi al tuo insegnante/alla tua insegnante.

Passata è la tempesta;
odo[1] augelli[2] far festa, e la gallina,
tornata in su la via,
che ripete il suo verso. Ecco il sereno
rompe là da ponente[3], alla montagna;
sgombrasi[4] la campagna
e chiaro nella valle il fiume appare.

Ogni cor si rallegra, in ogni lato
risorge il romorio[5],
torna il lavoro usato.
L'artigiano a mirar[6] l'umido cielo,
con l'opra in man, cantando,
fassi in su l'uscio[7]; a prova
vien fuor la femminetta a cor dell'acqua
della novella piova;
e l'erbaiol rinnova
di sentiero[8] in sentiero
il grido giornaliero.

Ecco il sol che ritorna, ecco sorride
per li poggi[9] e le ville. Apre i balconi,
apre terrazzi e logge la famiglia;
e, dalla via corrente, odi lontano
tintinnio di sonagli[10]; il carro stride
del passegger che il suo cammin ripiglia.

Si rallegra ogni core.
Sì dolce, sì gradita
quand'è, com'or, la vita?
Quando con tanto amore
l'uomo a' suoi studi intende?
o torna all'opre? o cosa nova imprende?

---

[1]*hear* [2]*birds* [3]**da...** *from the west* [4]*become empty* [5]*noise* [6]*look at* [7]*door* [8]*paths* [9]*hills*
[10]*ringing of bells*

Quando de' mali suoi men si ricorda?
Piacer figlio d'affanno[11];
gioia vana, ch'è frutto
del passato timor, onde si scosse
e paventò la morte
chi la vita abborria;
onde in lungo tormento,
fredde, tacite[12], smorte[13],
sudar le genti e palpitar, vedendo
mossi alle nostre offese
folgori[14], nembi[15] e vento.

    O natura cortese,
son questi i doni tuoi,
questi i diletti[16] sono
che tu porgi ai mortali. Uscir di pena
è diletto fra noi.
Pene tu spargi a larga mano; il duolo
spontaneo sorge; e di piacer, quel tanto
che per mostro e miracol talvolta
nasce d'affanno, è gran guadagno. Umana
prole[17] cara agli eterni! assai felice
se respirar ti lice
d'alcun dolor; beata
se te d'ogni dolor morte risana[18].

[11]*worry, breathlessness*   [12]*quiet*   [13]*lifeless*   [14]*thunderbolts*   [15]*clouds*   [16]*pleasures*   [17]*progeny*
[18]*heal*

Dopo la lettura

A. Troviamo le parole corrispondenti. Trova nella poesia le parole corrispondenti ai seguenti vocaboli.

MODELLO   porta
             uscio

1. sentire	6. piacere	11. collina
2. odiare	7. rumore	12. dolore
3. paura	8. regalo	13. temere
4. quieto, silenzioso	9. figli	14. nuvola
5. uccelli	10. occidente, ovest	15. lampo

B. Ricordi quello che hai letto? Rispondi alle seguenti domande sulla poesia.

1. Che cosa è appena passata?
2. Chi torna sulla via?
3. Che cosa appare nella valle?
4. Che cosa si rallegra?
5. Che fa l'artigiano?
6. Che fa l'erbaiolo?
7. Che fa il sole?
8. Com'è la gioia?
9. Quali sono i doni della natura?
10. Che cosa sparge la natura?

C. Discussione. Rispondi alle seguenti domande e discuti le tue risposte con gli altri membri della classe.

1. Qual è, secondo te, il tema di questa poesia?
2. Quali sono, secondo te, i versi più difficili da capire nella poesia? Discuti con gli altri il loro significato.
3. Quali sono nella poesia le immagini che più ti piacciono? Perché?
4. È vero che dopo una tempesta diventiamo più felici? Perché sì / no?

D. Giochiamo con le parole. Scrivi la forma completa delle seguenti parole.

MODELLO   far (forma incompleta)
          fare

1. su la	5. fuor	8. a'
2. mirar	6. sol	9. de'
3. man	7. cammin	10. miracol
4. vien		

E. Ricordi i versi della poesia? Riporta i versi in cui il poeta...

1. riflette sulla condizione umana.
2. riflette sulla vanità del piacere.
3. riflette sullo stato infelice dell'umanità.

F. Lavoro di gruppo: Intervista storica a Leopardi. Metti in scena con un tuo compagno / una tua compagna la seguente intervista.

Giacomo Leopardi (1798–1837) era uno dei più grandi poeti italiani. La sua poesia evoca sempre immagini di solitudine e di pena. Era un pessimista. Nell'ambito del programma televisivo intitolato *Tornare indietro nel tempo!* l'intervistatore / l'intervistatrice (interpretato da uno studente / una studentessa) intervisterà Leopardi (interpretato da un altro studente) e gli chiederà di commentare la sua poesia. Cercherà poi di convincerlo che il mondo è cambiato. Ma Leopardi non ci crede. L'intervista termina quando Leopardi dice qualcosa di veramente inaspettato *(unexpected)*.

A. Il gioco delle forme verbali. Nel seguente crucipuzzle sono nascoste alcune forme verbali di sedici dei seguenti verbi.

alzarsi	andare	chiamare
dare	essere	fare
finire	giocare	mangiare
nevicare	pareggiare	perdere
sapere	sciare	segnare
stare	tirare	tornare
venire	vincere	

Le forme verbali (che possono essere coniugate in qualsiasi genere e numero) sono così suddivise:

due all'imperfetto indicativo,

quattro al passato prossimo,

quattro al passato remoto,

due al trapassato remoto,

due al congiuntivo imperfetto,

due al congiuntivo trapassato.

Se la soluzione è corretta, le lettere rimaste, lette nell'ordine, daranno alcune forme verbali dei quattro verbi non utilizzati.

B. Ridiamo insieme. Inventa una didascalia appropriata per ciascuna delle seguenti vignette.

C. Il campionato di Serie A. Studia i risultati e la classifica del campionato italiano di calcio di Serie A e rispondi alla seguenti domande.

Ecco alcune chiarificazioni per capire lo schema.

G = partite giocate
V = partite vinte
N = partite pareggiate (neutre)
P = partite perse
Gf = gol fatti
Gs = gol subiti
In casa = *games played at home*
Fuori (casa) = *games played away (from home)*

1. Quale squadra è prima in classifica? Quanti punti ha?
2. Chi ha vinto l'incontro Milan-Torino?
3. Cosa hanno fatto il Foggia e l'Udinese?
4. Cosa ha fatto il Parma?
5. Qual è stato il risultato di Juventus-Napoli?
6. Quanti gol ha segnato Baggio?
7. Quanti gol ha fatto la Sampdoria in totale?
8. Quanti gol ha subito il Milan in totale?
9. Quante partite ha vinto il Lecce in casa?
10. Quante partite ha perso la Lazio fuori casa?
11. Quante partite ha pareggiato la Cremonese fuori casa?
12. Chi ha arbitrato la partita Atalanta-Lazio?

SERIE A

Atalanta-Lazio 1-1
Arbitro: Amendolia
Marcatori: 15 p.t. Di Matteo, 2 s.t. Orlandini

Cremonese-Piacenza 4-0
Arbitro: Cardona
Marcatori: 19 p.t. Tentoni, 45 p.t. Dezotti (rigore), 9 s.t. Tentoni, 36 s.t. Fiorjancic

Foggia-Udinese 2-2
Arbitro: Pairetto
Marcatori: 7 p.t. Pizzi, 40 p.t. Roy, 15 s.t. Stroppa, 33 s.t. Branca (rigore)

Genoa-Sampdoria 1-1
Arbitro: Beschin
Marcatori: 1 p.t. Ruotolo, 43 p.t. Platt

Juventus-Napoli 1-0
Arbitro: Luci
Marcatore: 28 p.t. Ferrara (autorete)

Lecce-Inter 1-3
Arbitro: Braschi
Marcatori: 34 p.t. Bergkamp, 39 s.t. e 42 s.t. Shalimov, 45 s.t. Notaristefano

Milan-Torino 1-0
Arbitro: Stafoggia
Marcatore: 28 p.t. Raducioiu

Reggiana-Cagliari 3-1
Arbitro: Rodomonti
Marcatore: 20 p.t. Mateut, 24 p.t. (rigore) e 24 s.t. Padovano, 32 s.t. Matteoli (rigore)

Roma-Parma 2-0
Arbitro: Baldas
Marcatori: 19 p.t. Comi, 29 s.t. Cappioli

Squadre	Punti	Totale						In casa						Fuori						Media inglese
		G	V	N	P	Gf	Gs	G	V	N	P	Gf	Gs	G	V	N	P	Gf	Gs	
MILAN	21	14	8	5	1	17	7	7	5	2	0	9	2	7	3	3	1	8	5	0
SAMPDORIA	20	14	9	2	3	27	18	7	4	1	2	12	9	7	5	1	1	15	9	− 1
PARMA	19	14	8	3	3	19	9	7	6	1	0	12	1	7	2	2	3	7	8	− 2
JUVENTUS	19	14	7	5	2	25	14	8	7	1	0	19	5	6	0	4	2	6	9	− 2
INTER	17	14	6	5	3	17	12	7	4	2	1	12	8	7	2	3	2	5	4	− 4
TORINO	16	14	7	2	5	20	14	6	5	0	1	12	4	8	2	2	4	8	10	− 4
LAZIO	16	14	5	6	3	15	12	7	4	2	1	10	4	7	1	4	2	5	8	− 5
CREMONESE	15	14	6	3	5	17	14	7	5	1	1	12	4	7	1	2	4	5	10	− 6
ROMA	15	14	5	5	4	14	13	7	3	2	2	10	8	7	2	3	2	4	5	− 6
CAGLIARI	14	14	5	4	5	20	22	6	3	1	2	10	7	8	2	3	3	10	15	− 6
NAPOLI	14	14	5	4	5	19	15	7	3	2	2	12	6	7	2	2	3	7	9	− 7
PIACENZA	12	14	3	6	5	12	20	7	2	4	1	9	10	7	1	2	4	3	10	− 9
FOGGIA	11	14	1	9	4	14	16	7	0	5	2	7	9	7	1	4	2	7	9	− 10
GENOA	11	14	3	5	6	10	16	7	2	4	1	5	3	7	1	1	5	5	13	− 10
REGGIANA	10	14	2	6	6	9	19	7	2	5	0	7	3	7	0	1	6	2	16	− 11
UDINESE	9	14	2	5	7	9	18	7	1	2	4	2	9	7	1	3	3	7	9	− 12
ATALANTA	9	14	2	5	7	14	24	8	2	4	2	10	11	6	0	1	5	4	13	− 13
LECCE	4	14	1	2	11	12	25	7	1	2	4	7	10	7	0	0	7	5	15	− 17

PROSSIMO TURNO
12-12-93
15ᵃgiornata

CAGLIARI-PARMA
GENOA-FOGGIA
INTER-SAMPDORIA
LAZIO-JUVENTUS
NAPOLI-ATALANTA
PIACENZA-ROMA
REGGIANA-LECCE
TORINO-CREMONESE
UDINESE-MILAN

MARCATORI

11 reti: Silenzi (Torino, 2 rig.);
9 reti: R. Baggio (Juventus, 5 rig.), Gullit (Sampdoria, 1 rig.);
8 reti: Moeller (Juventus);
7 reti: Ganz (Atalanta), Dely Valdes (Cagliari), Tentoni (Cremonese), Roy (Foggia), Sosa (Inter, 1 rig.), Fonseca (Napoli), Zola (Parma, 1 rig.), Branca (Udinese, 2 rig.);
6 reti: Signori (Lazio, 3 rig.), Platt (Sampdoria);

5 reti: Dezotti (Cremonese, 2 rig.);
4 reti: Oliveira (Cagliari), Bergkamp (Inter, 2 rig.), Papin (Milan), Asprilla (Parma), Turrini (Piacenza), Padovano (Reggiana, 1 rig.), Balbo (Roma), Cappioli (1 Roma/3 Cagliari), Mancini (Sampdoria, 2 rig.);
3 reti: Allegri (1 rig.), Matteoli (3 rig.), Nappi, Schillaci, Baldieri (1 rig.), Russo, Albertini

Questi risultati risalgono a partite giocate diversi anni fa. Se conosci la situazione calcistica italiana attuale, rispondi alle seguenti domande.

1. Quali dei giocatori menzionati giocano ancora?
2. Se sì, con quali squadre giocano?
3. Se no, dove sono?
4. Chi sono i calciatori più famosi oggi?
5. Quali sono le squadre vincenti?
6. Quali delle squadre menzionate sono ancora in Serie A?
7. Quali sono invece in altre serie?

D. Champion U.S.A. Leggi il seguente annuncio. Usa il dizionario per conoscere le parole che non sai già.

Ora completa le seguenti frasi.

1. Secondo l'annuncio, tutti gli sport hanno un elemento fondamentale in comune: l'_____.

2. L'allenamento è un momento _____ e _____.

3. Nell'allenamento sono assolutamente necessari la capacità di _____, la _____ e la _____ di se stessi.

4. L'allenamento è un momento che accomuna atleti _____ e _____ nella ricerca della _____ ottimale.

5. Champion è da sempre simbolo dell'_____.

E. Momento creativo. Continua il seguente dialogo tra Charlie Brown e la sua amica Violet.

La navigazione su Internet

Tenere sempre le FINESTRE chiuse

Si chiamano pop-up. Sono quegli spazi pubblicitari che si aprono improvvisamente durante la navigazione. Ora alcuni giganti del Web hanno deciso di eliminarli.

Ingombranti, inopportuni, quasi sempre inutili. I banner pop-up, cioè quelle finestre pubblicitarie che si aprono sullo schermo quando ci si collega a una pagina web, sono la tortura dei navigatori. Diffusissimi, visto che garantiscono a chi li pubblica un altissimo impatto visivo potrebbero presto sparire. Spinti dalle innumerevoli proteste degli utenti, alcuni grandi provider americani hanno deciso di eliminare questa forma pubblicitaria dai propri siti. E vista la loro importanza (due pesi massimi come Msn e Aol) è probabile che l'esempio verrà presto seguito da molti altri siti.

Uno dei primi provider a Stelle e Strisce, Earthlink (www.earthlink.com) ha lanciato un

Alcuni esempi di pop-up che compaiono durante la navigazione.

abbonamento speciale dedicato espressamente ai navigatori che non vogliono banner. Esistono già sistemi per proteggere il computer dalle finestre inopportune. Due browser alternativi, come Opera (www.opera.com) e Mozilla (www.mozilla.org), dispongono di funzioni speciali per ini-

bire la comparsa delle famigerate finestre. Chi invece usa Internet Explorer e Netscape Navigator può scaricare gratuitamente su www.download.com) uno dei tanti programmini che bloccano i pop-up.

Studio del vocabolario

A. Paragona le parole usate in Italia con quelle usate in Nord America. Usa un dizionario se necessario. Nota che molte sono uguali. Spiega poi il loro significato.

In Italia	In Nord America	Significato
1. pop-up	_____	_____
2. i banner	_____	_____
3. la pagina web	_____	_____
4. i navigatori	_____	_____
5. i provider	_____	_____
6. forma pubblicitaria	_____	_____
7. Earthlink	_____	_____
8. le finestre inopportune	_____	_____
9. Internet Explorer	_____	_____
10. Netscape Navigator	_____	_____
11. i programmini	_____	_____

Applicazione

B. Ricerche digitali! Svolgi i seguenti compiti e poi riporta alla classe quello che hai trovato.

1. Naviga su Internet i siti menzionati nell'articolo.
2. Copia quello che trovi interessante e poi stampalo.
3. Trova siti di sport in Italia. Copia le cose interessanti e poi stampale.
4. Trova i siti «meteorologici» in Italia. Copiali e poi stampali.

NOMI

l'agonismo	competition (in general)
l'allenatore / l'allenatrice	trainer, coach
l'alpinismo	mountain climbing
l'arbitro / l'arbitra	referee
l'atleta (m/f)	athlete
l'atletica leggera	track and field
l'automobilismo	car racing
l'autobus	bus
il baseball	baseball
il bollettino meteorologico	weather forecast
il bugiardo	liar
il calcio	soccer
il camion	truck
il campionato	playoffs, championship
la carriera	career
il ciclismo	bicycle racing
la cifra	figure, number
la classifica	standings
il / la concorrente / rivale	rival
la conferma	confirmation
il confronto	comparison
la coppa	cup
la corsa	racing
il culturismo	body-building
il / la dilettante	amateur
il diletto	pleasure, delight
il dono	gift
il fine settimana	weekend
il fiume	river
la ginnastica	gymnastics
il giocatore / la giocatrice	player
il gol	goal, score
il golf	golf
l'hockey (m)	hockey
l'impegno	obligation, duty, thing-to-do
l'ippica / l'equitazione (f)	horse racing
il judo	judo
il karatè	karate
la lotta	wrestling
il motociclismo	motorcycling
la nebbia	fog
la neve	snow

il nuoto	swimming
la pallacanestro / il basket	basketball
la pallanuoto	water polo
la pallavolo	volleyball
il pareggio	draw
la partita	game, match
il pattinaggio	skating
la perdita	loss
la pioggia	rain
la pista	track
il premio	prize
il pugilato	boxing
il punteggio	score
il punto	point
il risultato	result, (final) score
lo sci	skiing
la sconfitta	defeat
il sollevamento pesi	weight-lifting
la squadra	team
lo stadio	stadium
il tennis	tennis
il tifoso / la tifosa	sports fan
il tram	trolley, street car
la trasferta	transfer
il tuono	thunder
il vertice	top, summit
la vincita	win, winning
il vincitore / la vincitrice	winner
la vittoria	victory

AGGETTIVI

limpido	clear
nuvoloso	cloudy
oberato	pressed, obligated
promosso	moved forward
secco / umido	dry/humid
sorprendente	surprising
trasparente	transparent

VERBI

capitare	to happen, occur
domare	to tame
esserci il sole	to be sunny
fare bel tempo	to be nice
fare brutto / cattivo tempo	to be awful

fare caldo	to be hot, warm	perdere	to lose
fare freddo	to be cold	piovere	to rain
fare fresco	to be cool	praticare uno sport	to practice a sport
fare ginnastica	to exercise, work out	sciare	to ski
fare / praticare lo sport	to practice sports	segnare	to score
giocare a	to play	sudare	to perspire
guadagnare	to earn	tirare vento /	to be windy
lampeggiare	to be lightning	esserci vento	
nevicare	to snow	tuonare	to thunder
nuotare	to swim	versare	to deposit
pareggiare	to draw	vincere	to win
pattinare	to skate		

Capitolo 11 Incontri

QUANTO SAI GIÀ?

A. **Conosci la parola che indica la qualità o la nozione contraria?** Se sì, indicala al resto della classe.

1. antipatico
2. energico
3. ricco
4. piccolo
5. brutto
6. avaro
7. bravo
8. furbo
9. basso

B. Identifica un artista del cinema o della televisione che ha, secondo te, la qualità indicata.

MODELLO   intelligente
Sean Connery / Vanessa Redgrave / ecc.

1. erotico (-a)
2. socievole
3. sexy
4. sensuale
5. lunatico (-a)
6. schietto (-a)
7. quieto (-a)

C. **Conosci il mondo delle superstizioni?** Scopri questo mondo, facendo il seguente test. Non dimenticare di controllare l'analisi delle tue risposte alla fine del test.

1. Quando si sente parlare di disgrazie o di morte...
   a. bisogna toccare ferro o legno.
   b. bisogna incominciare a ridere per allontanare la cattiva fortuna.

2. Il ferro di cavallo *(horseshoe)* porta fortuna perché...
   a. è simbolo di «ricchezza».
   b. ha la forma della lettera C, la prima lettera del nome di Cristo.

3. Se si incontra un gatto nero mentre si cammina...
   a. non bisogna spaventarlo perché se si spaventa non porterà sfortuna.
   b. bisogna cambiare strada.

4. Il gatto nero porta sfortuna perché...
   a. il colore nero è simbolo di lutto *(mourning)*.
   b. il gatto è un animale imprevedibile.

5. Aprire un ombrello in casa...
   a. porta fortuna.
   b. porta sfortuna.

6. Passare sotto una scala...
   a. porta bene.
   b. porta male.

7. Quando cade del sale per terra...
   a. bisogna raccoglierlo immediatamente.
   b. bisogna buttarsene un po' dietro le spalle.

8. Per gli Italiani il numero diciassette porta sfortuna perché...
   a. per gli antichi romani il numero «XVII» era l'anagramma della parola «VIXI», e cioè «ho vissuto, sono morto».
   b. perché Giulio Cesare fu ucciso il 17 marzo.

9. In molte nazioni il numero tredici è considerato un numero sfortunato perché...
   a. è il giorno in cui è scoppiata la seconda guerra mondiale.
   b. è il numero delle persone presenti all'Ultima Cena, dopo la quale Cristo fu crocifisso.

10. Per gli Italiani il tredici è un numero fortunato perché...
    a. fare tredici vuol dire vincere al totocalcio.
    b. il tredici dicembre si celebra la festa di Santa Lucia.

Le risposte corrette: 1-a, 2-b, 3-b, 4-a, 5-b, 6-b, 7-b, 8-a, 9-b, 10-a

Analisi delle risposte:

8–10 risposte corrette: Hai un'ottima conoscenza del mondo delle superstizioni. Questa conoscenza è dovuta al fatto che sei superstizioso (-a)?

5–7 risposte corrette: Hai una discreta conoscenza del mondo delle superstizioni.

1–4 risposte corrette: Hai una scarsa conoscenza del mondo della superstizione.

Prima di leggere

Conosci l'oroscopo? Se sì, completa la seguente tabella e poi leggila in classe.

	Le sue date	Caratteristiche generali
Ariete		
Toro		
Gemelli		
Cancro		
Leone		
Vergine		
Bilancia		
Scorpione		
Sagittario		
Capricorno		
Acquario		
Pesci		

Oroscopo della settimana

Leggi attentamente l'oroscopo della settimana, soffermandoti in particolare sulla lettura del tuo segno. Mentre leggi, fa' attenzione anche ai verbi al futuro.

ARIETE
dal 21-3 al 20-4

Persona e lavoro: la situazione si presenta abbastanza tranquilla anche se il vostro temperamento impaziente continua a giudicarla più preoccupante di quanto non sia. Se la cosa vi può tranquillizzare consultate un esperto fidato.[1] **Affetti:** le tensioni in amore troveranno una soluzione soddisfacente durante questa settimana ma non basterà ancora a rendervi del tutto[2] sereni. **Salute:** abbastanza buona. **Giorno favorevole:** martedì.

TORO
dal 21-4 al 20-5

Persona e lavoro: riceverete inaspettatamente delle proposte di lavoro in un settore che è affine[3] al vostro. Esaminate la faccenda con calma prima di rifiutare e se la cosa vi interessa lasciate uno spiraglio[5] aperto. Occorre diplomazia. **Affetti:** non esitate ad andare fino in fondo in una faccenda così delicata. In amore non sono accettabili i compromessi. Agite di conseguenza. **Salute:** pericolo di intossicazione. **Giorno favorevole:** sabato.

GEMELLI
dal 21-5 al 21-6

Persona e lavoro: per incrementare il vostro lavoro non potete contare sulle vostre sole forze ma non perdete mai il totale controllo della situazione che vi riguarda. Riceverete da una persona amica degli ottimi consigli. Cautela.[6] **Affetti:** non è il momento di prendere delle decisioni importanti in questo settore. Gli astri[7] dicono di aspettare ancora. Presto le stelle vi sorrideranno. **Salute:** frequenti emicranie.[8] **Giorno favorevole:** giovedì.

CANCRO
dal 22-6 al 22-7

Persona e lavoro: gli scatti[9] di nervi sono da evitare specie nell'ambiente di lavoro. Sostenere con calore le proprie opinioni non significa dimenticare le regole della buona creanza.[10] Cercate la compagnia di pochi vecchi amici. **Affetti:** la persona che amate vi sarà vicino con tutta la comprensione di cui è capace. Ricambiatela con molta tenerezza. Cenette a lume di candela.[11] **Salute:** state molte ore all'aperto. **Giorno favorevole:** venerdì.

LEONE
dal 23-7 al 23-8

Persona e lavoro: il lavoro in sé non presenta difficoltà particolari ma al momento delle decisioni tenete gli occhi bene aperti perché da queste dipendono i futuri sviluppi. Sentite il parere di un esperto di fiducia. Prudenza. **Affetti:** non sono previste novità di rilievo[12] in questo settore. Evitate di imbarcarvi[13] in situazioni di scarso[14] valore e dedicatevi di più alla vostra famiglia. **Salute:** leggeri reumatismi. **Giorno favorevole:** domenica.

VERGINE
dal 24-8 al 22-9

Persona e lavoro: le contrarietà che vi hanno tenuto in apprensione recentemente sono terminate o almeno avviate[15] a una soluzione rapida e soddisfacente. Riprenderete con entusiasmo il lavoro per agevolare[16] e accelerare le cose. **Affetti:** nessuna ombra[17] turba[18] il vostro orizzonte sentimentale. Lasciatevi guidare soltanto dai consigli del cuore. Organizzate teneri *weekend*. **Salute:** lievi disturbi epatici.[19] **Giorno favorevole:** lunedì.

BILANCIA
dal 23-9 al 22-10

Persona e lavoro: piccole contrarietà e lievi contrasti che metteranno a dura prova la vostra pazienza. Non perdete tempo in chiacchiere[20] e affrontate la settimana con la certezza che non vi saranno complicazioni. Diplomazia. **Affetti:** non dovete avere fretta. La vostra attesa di novità in amore si prolungherà ancora per qualche tempo. Attendete: presto vedrete i risultati. **Salute:** discreta. Riposatevi di più. **Giorno favorevole:** venerdì.

SCORPIONE
dal 23-10 al 22-11

Persona e lavoro: mettete un po' di ordine nel lavoro: le cose procedono abbastanza bene ma una migliore organizzazione potrebbe cambiare sensibilmente le cose con un notevole incremento dei vantaggi. Riducete molto le spese. **Affetti:** in questo settore muovetevi con cautela. Secondo gli astri è molto facile commettere un passo falso. Prudenza nell'intavolare[21] discussioni. **Salute:** riposate di più. **Giorno favorevole:** mercoledì.

SAGITTARIO
dal 23-11 al 21-12

Persona e lavoro: siate obiettivi nel giudicare la situazione del vostro lavoro, più di quanto non lo siate stati finora e vedrete che ogni cosa assumerà un diverso rilievo. Sarà più facile trovare le soluzioni adatte allo scopo.[22] **Affetti:** un nuovo incontro a metà settimana potrebbe provocare in voi un notevole turbamento. Non lasciatevi coinvolgere e rimanete accanto al vostro *partner*. **Salute:** prudenza nei cibi. **Giorno favorevole:** lunedì.

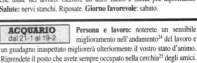

CAPRICORNO
dal 22-12 al 20-1

Persona e lavoro: il momento è decisamente favorevole e ne dovreste approfittare sia pure[23] con moderazione. Riesaminate tutte le faccende rimaste in sospeso e anche per queste troverete una soluzione soddisfacente. Impegnatevi. **Affetti:** non cercate di risolvere i problemi amorosi con gli stessi metodi che usate nel lavoro. Occorre un altro metro e molta più diplomazia. **Salute:** nervi stanchi. Riposate. **Giorno favorevole:** sabato.

ACQUARIO
dal 21-1 al 19-2

Persona e lavoro: noterete un sensibile miglioramento nell'andamento[24] del lavoro e un guadagno inaspettato migliorerà ulteriormente il vostro stato d'animo. Riprendete il posto che avete sempre occupato nella cerchia[25] degli amici. **Affetti:** abbiate maggiore fiducia nella persona che amate o almeno non assillatela[26] con le vostre infondate[27] gelosie. Dovete darle più fiducia. **Salute:** in generale molto buona. **Giorno favorevole:** domenica.

PESCI
dal 20-2 al 20-3

Persona e lavoro: non sono previste novità importanti nel lavoro della settimana e quindi affrontatelo[28] senza affaticarvi[29] troppo convogliando le energie in altri settori della vostra vita. Abbiate maggiore premure[30] per la famiglia. **Affetti:** una battuta[31] maligna sul conto della persona che amate vi farà capire fino a che punto ne siete presi. Reagite con molta più prudenza. **Salute:** abbastanza buona. **Giorno favorevole:** giovedì.

Dopo la lettura

A. Ricordi quello che hai letto? Completa le frasi scegliendo la risposta giusta.

1. Per i nati sotto il segno dell'Ariete il giorno migliore sarà...
   a. il sabato.
   b. il martedì.

2. I nati sotto il segno del Toro...
   a. riceveranno inaspettatamente delle proposte di lavoro.
   b. perderanno il loro attuale lavoro.

3. I nati sotto il segno dei Gemelli...
   a. avranno leggeri dolori reumatici.
   b. avranno frequenti emicranie.

4. Per i nati sotto il segno del Cancro...
   a. ci saranno piccole cene a lume di candela.
   b. non sono previste grandi novità nel campo amoroso.

5. Nel settore del lavoro, ai nati sotto il segno del Leone si consiglia di...
   a. riesaminare tutte le faccende rimaste in sospeso.
   b. sentire l'opinione di un esperto di fiducia.

6. I nati sotto il segno della Vergine...
   a. dovranno evitare scatti di nervi nell'ambiente del lavoro.
   b. dovranno riprendere con entusiasmo il lavoro.

7. Nell'ambiente del lavoro, ai nati sotto il segno della Bilancia si consiglia di...
   a. essere diplomatici.
   b. ridurre le spese.

8. I nati sotto il segno dello Scorpione dovranno...
   a. riposare di più.
   b. stare molte ore all'aperto.

9. Ai nati sotto il segno del Sagittario si consiglia di...
   a. non prendere decisioni importanti nel campo amoroso.
   b. rimanere vicino al/alla loro partner.

10. Per i nati sotto il segno del Capricorno l'oroscopo consiglia di...
    a. non cercar di risolvere i problemi amorosi con gli stessi metodi usati nel lavoro.
    b. non dimenticare le regole della buona creanza.

11. Il giorno migliore per i nati sotto il segno dell'Acquario sarà...
    a. la domenica.
    b. il venerdì.

12. Per i nati sotto il segno dei Pesci la salute...
    a. non sarà molto buona.
    b. sarà abbastanza buona.

B. Il mio oroscopo d'oggi. Riassumi brevemente ciò che il tuo oroscopo di oggi dice su di te. Cos'è previsto per te nel lavoro? E nell'amore? Come sarà la tua salute? Cosa ti viene consigliato nell'oroscopo? Quale sarà il tuo giorno favorevole?

C. Parliamone. Rispondi liberamente alle seguenti domande. Discuti le tue risposte con gli altri membri della classe.

1. Leggi regolarmente l'oroscopo? Ci credi? Perché sì / no?
2. Perché, secondo te, gli oroscopi sono tanto popolari?
3. Sei mai stato (-a) da un / una chiromante? Se sì, spiega il perché e racconta l'esperienza che hai avuto.
4. Si è mai avverata *(come true)* una previsione zodiacale nei tuoi riguardi? Se sì, racconta la situazione.
5. Sei superstizioso (-a)? C'è qualche superstizione che temi più delle altre?

Stimolo linguistico

A. Alla ricerca del futuro. Nell'oroscopo che hai letto sopra ci sono diversi verbi al futuro. Identificali, dandone l'infinito.

MODELLO (Ariete) troveranno
trovare

B. L'angolo dei buoni propositi *(intentions).* All'inizio di ogni anno si fanno dei buoni propositi per l'anno nuovo. Indica i propositi delle seguenti persone, usando il verbo al futuro. Segui il modello.

MODELLO io / smettere di guardare la TV
Smetterò di guardare la TV.

1. Carlo e Luisa / studiare di più
2. Salvatore / cercare di essere meno aggressivo
3. il bambino / mangiare meno dolci
4. noi / essere più sinceri
5. tu / arrabbiarsi di meno
6. loro / litigare di meno
7. il professore / essere meno severo
8. loro / dovere essere più pazienti

C. I buoni propositi in classe. Chiedi a un tuo compagno / una tua compagna di fare un buon proposito per la settimana prossima. Poi, indica il proposito agli altri membri della classe.

MODELLO **Carlo ha detto che starà più attento alle spiegazioni dell'insegnante.**

VOCABOLARIO

Attributi fisici, sociali e personali

alto	*tall*	basso	*short*
altruista	*altruistic*	egoista	*egoistic*
avaro	*greedy, stingy*	generoso	*generous*
bello	*beautiful, handsome*	brutto	*ugly*
bravo	*good (at something)*	incompetente	*incompetent*
buono	*good (in character)*	cattivo	*bad*
debole	*weak*	forte	*strong*
educato	*well-mannered, polite*	maleducato	*ill-mannered*
furbo	*cunning*	ingenuo	*ingenuous, naive*
gentile	*gentle, kind*	rozzo	*rough, crude*
grande	*big*	piccolo	*small*
intelligente	*intelligent*	stupido	*stupid*
introverso	*introverted*	estroverso	*extroverted*
magro	*skinny*	grasso	*fat*
onesto	*honest*	disonesto	*dishonest*
ottimista	*optimistic*	pessimista	*pessimistic*
paziente	*patient*	impaziente	*impatient*
pigro	*lazy*	energico	*energetic*
ricco	*rich*	povero	*poor*
sensibile	*sensitive*	insensibile	*insensitive*
simpatico	*nice, pleasant*	antipatico	*not nice*

(See **Capitolo 2** for a review of descriptive adjectives.)

Applicazione

A. **Prepariamo l'oroscopo.** Prepara l'oroscopo di due compagni di classe. I due oroscopi devono essere completamente opposti. Segui il modello.

MODELLO conoscere / donna / alta
Tu conoscerai una donna alta. Tu invece conoscerai una donna bassa.

1. incontrare / amici / simpatici
2. conoscere / ragazza / povera
3. sposare / una persona / pigra
4. diventare / uomo / avaro
5. amare / donna / paziente

B. Il gioco dei contrari. Sei appena andato (-a) da una chiromante e sei ancora tutto confuso (-a) perché alcune delle sue risposte sono state molto sibilline *(incomprehensible)*. Prima di finire però lei ti ha dato la chiave delle sue risposte: (1) anagrammare le parole in corsivo, (2) sostituire alle parole anagrammate il loro contrario, (3) leggere le frasi a partire dall'ultima parola. Segui l'esempio.

MODELLO   *ccria* è moglie tua
              (1) anagramma di *ccria* = ricca
              (2) contrario di *ricca* = povera
              (3) frase finale = Tua moglie è povera.

1. *cttvaio* ma *pcciool* è amici tuoi dei figlio il
2. *tturba* e *pgiar* è Giovanni di moglie la
3. *zozro* e *cinaotiotap* è casa di vicino tuo il
4. *garam* e *tala* è sorella tua
5. *camaduleti* sono fratello tuo di figli i

C. Al contrario! Indovina il tratto e poi indicane il contrario.

MODELLO   Persona disponibile ad aiutare gli altri.
              un altruista
              (contrario) **un egoista**

1. Persona abile e capace.
2. Persona atta a dimostrare molto sentimento.
3. Persona molto calma e tranquilla.
4. Persona atta a giudicare le cose molto positivamente.
5. Persona dotata di abilità intellettuali.
6. Persona che tende a chiudersi in sé stesso (-a).
7. Persona corretta.
8. Persona che manca di vigore o di forza.
9. Persona astuta come una volpe.

✦ GRAMMATICA ◇◇◇◇◇◇◇◇◇◇◇◇◇◇◇◇◇◇◇◇◇◇◇◇

STRUTTURA

11.1 Superlativi

✦ The suffix **-issimo** can be added to any adjective or adverb to express *very*, and thus to add emphasis. The final vowel of the adjective is dropped before adding **-issimo**:

Carlo è molto intelligente.
Carlo is very intelligent.

Carlo è intelligentissimo.
Carlo is very intelligent.

Maria è molto buona.
Mary is very good (kind-hearted).

Maria è buonissima.
Mary is very good (kind-hearted).

Gli studenti sono molto furbi.
The students are very cunning.

Gli studenti sono furbissimi.
The students are very cunning.

Le sue amiche sono molto generose.
His/Her friends are very generous.

Le sue amiche sono generosissime.
His/Her friends are very generous.

✦ For an adjective ending in **-co,** the emphatic superlative is derived from the masculine plural form **(-ci / -chi):**

molto simpatico (simpatici)
molto ricco (ricchi)

simpaticissimo (-a)
ricchissimo (-a)

Applicazione

Marina sta sognando! Marina si confida con un suo amico e gli dice che finalmente ha incontrato il suo «Principe Azzurro». L'amico vuole sapere tutto su di lui. Svolgi con un compagno / una compagna i seguenti minidialoghi. Seguite il modello.

MODELLO   bello
              —**Questo Principe Azzurro è bello?**
              —**Oh, è bellissimo!**
              —**E sua sorella?**
              —**È bellissima.**
              —**E i suoi amici?**
              —**Sono bellissimi.**
              —**E le sue amiche?**
              —**Anche loro sono bellissime.**

1. alto
2. intelligente
3. bravo
4. simpatico
5. ricco

6. gentile
7. buono
8. elegante
9. forte

11.2 Il futuro

+ Like English, Italian has two future tenses, the **futuro semplice** *(simple future)* and the **futuro anteriore** *(future perfect)*.

Il futuro semplice

+ The simple future allows one to express an action that will occur in the future (*I will love, you will receive, he will finish,* etc.). It is formed by dropping the final **-e** of the infinitive of all three conjugations and adding the endings **-ò, -ai, -à, -emo, -ete, -anno.** The **-a-** of the infinitive of first-conjugation verbs, moreover, is changed to **-e-:**

	amare → amer-	ricevere → ricever-	finire → finir-
io	amer**ò**	ricever**ò**	finir**ò**
tu	amer**ai**	ricever**ai**	finir**ai**
lui / lei	amer**à**	ricever**à**	finir**à**
noi	amer**emo**	ricever**emo**	finir**emo**
voi	amer**ete**	ricever**ete**	finir**ete**
loro	amer**anno**	ricever**anno**	finir**anno**

+ This formation pattern applies as well to verbs like **tradurre** (**tradurrò, tradurrai,** ecc.) and **porre** (**porrò, porrai,** ecc.).

+ Verbs ending in **-care** and **-gare** require the addition of an **h,** indicating that the hard **c** and **g** sounds are retained:

cercare	→	cercher-	pagare	→	pagher-
cercher**ò**	cercher**emo**		pagher**ò**	pagher**emo**	
cercher**ai**	cercher**ete**		pagher**ai**	pagher**ete**	
cercher**à**	cercher**anno**		pagher**à**	pagher**anno**	

+ The **-i-** of the infinitive of verbs in **-ciare** and **-giare** is dropped:

cominciare	→	comincer-	mangiare	→	manger-
comincer**ò**	comincer**emo**		manger**ò**	manger**emo**	
comincer**ai**	comincer**ete**		manger**ai**	manger**ete**	
comincer**à**	comincer**anno**		manger**à**	manger**anno**	

+ Most irregular verbs in the future are formed by dropping the vowels of the infinitive suffix from the stem and adding the future endings. For example, the future of the verb **andare** is formed by first dropping the **-e (andar-)**, then the **-a- (andr-)**, and adding the regular endings (**andrò, andrai, andrà, ecc.**). The main verbs conjugated this way are:

andare	(andr-)	andrò, andrai, andrà, andremo, andrete, andranno
avere	(avr-)	avrò, avrai, avrà, avremo, avrete, avranno
cadere	(cadr-)	cadrò, cadrai, cadrà, cadremo, cadrete, cadranno
dovere	(dovr-)	dovrò, dovrai, dovrà, dovremo, dovrete, dovranno
godere	(godr-)	godrò, godrai, godrà, godremo, godrete, godranno
potere	(potr-)	potrò, potrai, potrà, potremo, potrete, potranno
sapere	(sapr-)	saprò, saprai, saprà, sapremo, saprete, sapranno
vedere	(vedr-)	vedrò, vedrai, vedrà, vedremo, vedrete, vedranno
vivere	(vivr-)	vivrò, vivrai, vivrà, vivremo, vivrete, vivranno

+ Note the future forms of the following verbs:

bere	(berr-)	berrò, berrai, berrà, berremo, berrete, berranno
dare	(dar-)	darò, darai, darà, daremo, darete, daranno
dire	(dir-)	dirò, dirai, dirà, diremo, direte, diranno
essere	(sar-)	sarò, sarai, sarà, saremo, sarete, saranno
fare	(far-)	farò, farai, farà, faremo, farete, faranno
rimanere	(rimarr-)	rimarrò, rimarrai, rimarrà, rimarremo, rimarrete, rimarranno
stare	(star-)	starò, starai, starà, staremo, starete, staranno
tenere	(terr-)	terrò, terrai, terrà, terremo, terrete, terranno
venire	(verr-)	verrò, verrai, verrà, verremo, verrete, verranno
volere	(vorr-)	vorrò, vorrai, vorrà, vorremo, vorrete, vorranno

+ For verbs such as **considerare** *(to consider)*, **desiderare** *(to desire)*, **laurearsi** *(to graduate)*, and **creare** *(to create)*, be sure *not* to drop part of the stem: **considererò, desidererò, mi laureerò, creerò.**

Il futuro anteriore

+ The future perfect (*I will have eaten, I will have gone,* etc.) is formed with the future of the auxiliary verb, **avere** or **essere,** and the past participle of the verb:

	mangiare	andare
io	avrò mangiato	sarò andato (-a)
tu	avrai mangiato	sarai andato (-a)
lui/lei	avrà mangiato	sarà andato (-a)
noi	avremo mangiato	saremo andati (-e)
voi	avrete mangiato	sarete andati (-e)
loro	avranno mangiato	saranno andati (-e)

Usi del futuro

✦ The **futuro semplice** is used to express simple future actions. It can be rendered in English in three ways:

Fra un mese andrò a Roma.	*In a week I will go to Rome.*
	In a week, I will be going to Rome.
	In a week, I am going to Rome.
Presto riceverai una proposta di lavoro.	*Soon you will receive a job offer.*
	Soon you will be receiving a job offer.
	Soon you are going to receive a job offer.

✦ The **futuro anteriore** is used to express an action that will be completed before a simple future action:

Quando leggerai l'oroscopo, la situazione sarà già migliorata.
When you read the horoscope, the situation will have already improved.

Quando arriverai a New York, io sarò già partito per le vacanze.
When you arrive in New York, I will have already left for my holidays.

✦ In clauses introduced by **se** *(if)*, **quando** *(when)*, **appena** *(as soon as)*, **dopo che** *(after)*, and other temporal conjunctions, the future is implied and can be expressed in two ways:

1. If the main verb is in the present, the verb in the dependent clause is preferred in the present: **Se Mario va alla festa, ci vado anch'io.** *If Mario goes to the party, I'll go too.*

2. If the main verb is in the future, the verb in the dependent clause is preferred in the future: **Se Mario andrà alla festa, ci andrò anch'io.** *If Mario goes to the party, I'll go too.*

✦ In conversational Italian, the two tenses can be mixed: **Se Mario va alla festa, ci andrò anch'io. / Se Mario andrà alla festa, ci vado anch'io.**

✦ The future is used to express probability or supposition. It often renders the English modal verb *must / must have:*

Quanto costa?	Costerà 100 euro.
How much does it cost?	*It must cost 100 euro.*
Quanto è costato?	Sarà costato 100 euro.
How much did it cost?	*It must have cost 100 euro.*
A che ora arriveranno?	Arriveranno alle cinque.
At what time are they arriving?	*They are probably arriving at five.*
A che ora sono arrivati?	Saranno arrivati alle cinque.
At what time did they arrive?	*They must have arrived at five.*

Applicazione

A. Il futuro semplice. Metti al futuro semplice i verbi fra parentesi del seguente oroscopo.

1. *Ariete:* Per voi questo mese (cominciare) molto male.
2. *Toro:* La fortuna vi (sorridere) e finalmente (pagare) un vecchio debito.
3. *Gemelli:* I vostri impegni di lavoro o di studio (risultare) molto faticosi; la situazione economica vi (potere) costare qualche sacrificio.
4. *Cancro:* Tu (fare) un lungo viaggio, (fare) molte cose nuove, (avere) molte nuove opportunità e (cercare) di fare nuove amicizie.
5. *Leone:* Alcune novità importanti vi (fare) capire quanto sia importante la vita.
6. *Vergine:* (essere) un anno proficuo: non (mancare) le occasioni per migliorare la vostra posizione economica.
7. *Bilancia:* Voi (ricevere) delle ottime proposte di lavoro.
8. *Scorpione:* Un importante incontro (potere) cambiare sensibilmente la vostra vita.
9. *Sagittario:* La tua compagna (essere) molto gentile con te questo mese, (venire) spesso a trovarti, (rimanere) a lungo con te, e insieme (divertirsi) a non finire!
10. *Capricorno:* La tua attesa di novità in amore (prolungarsi) ancora per molto tempo.
11. *Acquario:* Cambiate atteggiamento e (vedere) che ogni cosa (assumere) un diverso rilievo.
12. *Pesci:* Il momento è favorevole e ne (tu, dovere) approfittare.

B. La catena magica. Continua la catena fino ad arrivare al punto di partenza.

MODELLO   1. svegliarsi
              2. fare colazione
              3. uscire
            Dopo che mi sarò svegliato, farò colazione.
            Dopo che avrò fatto colazione, uscirò.

C. **Chissà dove sarà!** Giovanni ha un appuntamento con i suoi amici ma non è ancora arrivato. Come mai? Ecco cosa pensano i suoi amici. Segui il modello usando il futuro semplice o il futuro anteriore a seconda della situazione.

MODELLO   stare ancora dormendo
            Starà ancora dormendo.

1. arrivare in ritardo
2. fermarsi per un caffé al bar
3. stare male
4. svegliarsi tardi
5. dimenticarsi
6. fermarsi per fare benzina
7. avere un incidente
8. esserci molto traffico *ci sarà stata molto traffico*
9. avere altri impegni *Avrà avuto altri impegni.*

D. **Non lo so...?** Rispondi liberamente alle seguenti domande usando il futuro di probabilità. Segui il modello.

MODELLO   Quanti anni ha il fidanzato di Paola?
            Non lo so... Avrà venticinque anni.

1. Che ore sono?
2. Dov'è Maria?
3. Perché Paolo non mangia?
4. Quante persone c'erano alla festa ieri sera? *Ci saranno stati .....*
5. Chi ha telefonato a Marcello? *Avrà telefonato Gianluca.*
6. Quanto costa quel diamante?

E. **Tocca a te.** Usa ciascuno dei seguenti verbi in una frase che illustri il suo uso al futuro semplice o al futuro anteriore.

1. dare
2. dire
3. fare
4. stare
5. volere
6. venire
7. tenere
8. dovere
9. rimanere
10. essere
11. bere *Quando sarò arrivato a casa, berrò un bichiere d'Aqua*
12. sapere
13. vedere
14. potere
15. godere

11.3 Particolarità del nome

✦ As discussed in previous chapters, many nouns referring to people have corresponding masculine and feminine forms (**ragazzo / ragazza, studente / studentessa,** etc.).

✦ Usually, it is not possible to determine the gender of nouns referring to objects and ideas. Some even change their meaning according to their gender:

la tavola	*eating table, diagrammatic table (e.g., mathematical)*
il tavolo	*any other kind of table*
la casa	*house, home*
il caso	*case, chance*
la colla	*glue*
il collo	*neck*
la colpa	*fault, guilt*
il colpo	*blow, shot, push*
la foglia	*leaf*
il foglio	*sheet (of paper)*
la mostra	*exhibit*
il mostro	*monster*
la pianta	*plant*
il pianto	*weeping, cry*
la sala	*hall (banquet)*
il sale	*salt*
la pala	*shovel*
il palo	*pole*
la salute	*health*
il saluto	*greeting*
la fine	*end (of something)*
il fine	*goal, objective*

✦ However, one can often tell the gender of a noun from its suffix. Nouns ending in **-zione, -gione, -sione,** and **-tà** are feminine; those ending in **-one** and **-ore** are masculine:

-zione / -gione / -sione	-tà	-one	-ore
la conversazione *conversation*	la verità *truth*	il fannullone *good-for-nothing, idler*	il rumore *noise*
la carnagione *complexion*	l'abilità *ability*	il portone *main entrance door*	il dolore *pain*
la tensione *stress*	l'università *university*	il torrone *nougat candy*	l'editore *publisher*

11.4 Nomi alterati

✦ Suffixes can be added to Italian nouns and adjectives to alter or modify their meanings.

✦ The suffixes **-ino, -etto, -ello, -icino, -uccio, -olino,** and **-ellino** and their corresponding feminine forms can be added to some nouns to add the connotation of *small* or *cute* to the meaning. These are known as diminutives:

Nome	Nome alterato
il ragazzo	il ragazzino / il ragazzetto / il ragazzuccio
la ragazza	la ragazzina / la ragazzetta / la ragazzuccia
la casa	la casina / la casetta / la casuccia
il libro	il libricino
l'albero	l'alberello / l'alberetto
il pesce	il pesciolino
il cuore	il cuoricino
la mano	la manina

✦ The suffix **-one/-ona (-oni/-one)** is used with some nouns to emphasize the physical qualities of *bigness* or *largeness:*

Nome	Nome alterato
il ragazzo	il ragazzone
la ragazza	la ragazzona
la casa	la casona
il libro	il librone
la mano	la manona

✦ The suffixes **-accio, -astro,** and **-ucolo** are used with some nouns to convey the qualities of *badness* or *ugliness:*

Nome	Nome alterato
il ragazzo	il ragazzaccio
la ragazza	la ragazzaccia
la casa	la casaccia
il libro	il libraccio
il poeta	il poetastro
il maestro	il maestraccio / il maestrucolo
la maestra	la maestraccia / la maestrucola

✦ Keep in mind that these are only guidelines. Suffixes cannot be attached to nouns and adjectives indiscriminately. In some cases, they do not work. For example, **il nasello** is not *a small nose* but a type of fish *(hake);* **il mulino** is not a *small mule* but a *mill;* **il tacchino** is not a *small heel* but a *turkey.*

✦ Adjectives and proper nouns can also be altered by adding suffixes such as **-ino (bello–bellino; Marcello–Marcellino; Giuseppa–Giuseppina), -uccio (caro–caruccio; Michele–Micheluccio), -one (stupido–stupidone; Peppe–Peppone), -astro (bianco–biancastro); -ello (cattivo–cattivello; Antonio–Antonello),** etc.

Applicazione

A. Le forme alterate. Da' tutte le forme alterate possibili dei seguenti nomi. Poi scrivi una frase con una delle forme alterate.

MODELLO   casa
**casaccia, caserella, caserellina, casetta, casettina, casettuccia, casina, casona, casuccia, casucola
Mi piace molto la tua casettina. È piccola e simpatica.**

1. libro	4. strada	7. fratello	10. zio
2. ragazzo	5. naso	8. scarpa	
3. piede	6. tempo	9. professore	

B. Nomi. Forma delle frasi con i seguenti nomi e aggettivi.

1. casona	6. ragazzaccio	11. tacchino
2. stupidone	7. cavalluccio	12. la fine
3. piattone	8. mulino	13. il mostro
4. piccolino	9. carino	14. il collo
5. gattino	10. venticello	15. la colla

C. Differenze. Spiega la differenza tra le seguenti cose.

1. tavola e tavolo	6. mostra e mostro
2. casa e caso	7. pianta e pianto
3. colla e collo	8. sala e sale
4. colpa e colpo	9. pala e palo
5. foglia e foglio	10. salute e saluto

COMUNICAZIONE

Parlare di sé e degli altri

Stato civile

essere vedovo (-a)	*to be a widower/widow*
essere scapolo / celibe / single	*to be single (for men)*
essere nubile / single	*to be single (for women)*
essere divorziato (-a)	*to be divorced*
essere separato (-a)	*to be separated*
essere sposato (-a)	*to be married*

Capelli

castani	*brown*
neri	*black*
biondi	*blond*
lunghi	*long*
corti	*short*
rossi	*red*
grigi	*gray*
bianchi	*white*

Carattere

dolce	*sweet*
romantico	*romantic*
buono	*good*
debole	*weak*
forte	*strong*
cattivo	*bad*
serio	*serious*
sensibile	*sensitive*
ecc.	*etc.*

Occhi

celesti	*blue*
castani	*brown*
verdi	*green*

Applicazione

A. Cercasi anima gemella. Leggi i seguenti annunci di persone che cercano la loro anima gemella *(soul mate)* e rispondi alle domande che seguono con frasi complete.

1.
> *Mi chiamo Gianni, ho vent'anni, sono single, sensibile e romantico, ho occhi celesti e capelli biondi; cerco ragazza sincera, amante della natura e dei viaggi, possibilmente laureata.*

  a. Quanti anni ha Gianni?
  b. Gianni è sposato?
  c. Di che colore sono gli occhi di Gianni? E i capelli?
  d. Che tipo di ragazza cerca Gianni?

2.
> *Sono Francesca, ho 34 anni, sono nubile, carina, molto dolce, studentessa di economia e commercio. Cerco un ragazzo massimo quarantenne, alto, affettuoso, serio e di buon carattere.*

  a. Come si chiama la ragazza?
  b. Quanti anni ha?
  c. Com'è di carattere?
  d. Cosa studia?
  e. Che tipo di ragazzo cerca?

3.

> *Ho 50 anni. Mi chiamo Pietro. Sono del segno dei Pesci, separato, timido, allegro ed ottimista; ho occhi e capelli castani. Cerco vedova o divorziata, riservata e colta, scopo matrimonio.*

   a. Di che segno è Pietro?
   b. Pietro è sposato?
   c. Com'è di carattere Pietro?
   d. Di che colore sono i suoi capelli?
   e. E gli occhi?
   f. Che tipo di donna cerca?

B. Chi sono e chi cerco? Ora scrivi tu un annuncio su un giornale, simile a quelli precedenti, dicendo chi sei e chi cerchi.

Reagire a diverse situazioni

Meraviglioso! Fantastico! Magnifico!	*Wonderful! Marvellous! Great!*
Caspita! Wow!	*Good heavens!*
Mio Dio!	*My God!*
Per amor di Dio!	*For God's sake!*
Grazie a Dio!	*Thank God!*
Maledizione!	*Damn (it)!*
Che guaio!	*It's a real problem!*
Povero (-a) me!	*Poor me!*
Che peccato!	*What a pity (shame)!*
Bene!	*Good!*
Bravo (-a)!	*Well done!*
Non importa!	*It doesn't matter!*
Magari!	*I wish!*
Smettila! Basta!	*Stop it! That's enough!*
Silenzio!	*Quiet! Be (keep) quiet!*
Sta' / Stai zitto (-a)!	*(Be) quiet! Shut up!*
Sta' / Stai fermo (-a)!	*Stay still!*
Ahi!	*Ouch!*
Che seccatura!	*What a nuisance (bore, drag)!*
Che barba!	*What a bore!*
Non dire sciocchezze!	*Don't talk nonsense!*
Ma sei pazzo (-a)?	*Are you crazy?!*
Non fare lo stupido / la stupida!	*Don't be stupid/silly!*
Attenzione!	*Attention!*
Che sciocco (-a)!	*What a fool!*

Applicazione

A. Sai cosa dire? Scegli tra le esclamazioni sopra elencate quella adatta ad ogni situazione.

Ma sei pazzo? Che barba! Silenzio! Ahi! Sta' fermo! Bravo!

1. I bambini parlano troppo e ti disturbano.
2. Il tuo amico ha appena detto che ha intenzione di andare a nuotare nell'acqua gelata di un lago.
3. Stai guardando un film che consideri molto noioso.
4. Un bambino continua a muoversi e ti dà fastidio.
5. Il tuo amico ha ottenuto un bel voto all'esame.
6. Ti sei appena bruciato *(you just burned yourself)* con una sigaretta.

B. Sai perché? Leggi la seguente striscia e spiega perché la bambina dice «caspita».

¹ *basket, lunchbox*   ² *stupid person*

C. Tocca a te! Usa liberamente dieci delle espressioni sopraelencate in frasi che ne rendano chiaro il significato.

 ✦ IL MOMENTO CREATIVO

Con un tuo compagno/una tua compagna, metti in scena la seguente situazione.

Un ragazzo innamorato di una compagna di scuola decide di andare da una chiromante per «conoscere il suo futuro». La chiromante chiede informazioni sulle caratteristiche fisiche e sociali della ragazza. La scena termina quando la chiromante si rende conto che il giovane è innamorato di sua figlia.

Le formule di cortesia

L a cortesia comprende vari tipi di comportamento, dal vestire ai gesti, ma il linguaggio è tra i codici di cortesia più importanti e viene usato regolarmente per il vivere sociale.

Gli elementi verbali di cortesia usati in italiano sono la scelta tra il tu e il Lei, l'uso abbondante di titoli (professore, avvocato, signora, ecc.), l'uso di formule come «Buon giorno, per piacere, per favore, per cortesia, se non ti / Le dispiace, mi dispiace, prego, grazie,» ecc., e la scelta del tono di voce che può essere asciutto, cortese, neutro, rispettoso, sarcastico, secco, ironico, ecc. ◆

Alcune espressioni particolarmente utili sono:

Scusi. *(form.)* / Scusa. *(inf.)*	*Excuse me.*
Permesso.	*Excuse me. (making your way through people)*
Prego.	*You're welcome. / Go ahead.*
Auguri.	*Good luck. / Best wishes.*
Mi dispiace.	*I'm sorry.*
Si figuri. *(form.)* / Figurati. *(inf.)*	*Don't mention it.*
È permesso. / Posso? / Si può?	*May I?*
Congratulazioni! / Complimenti!	*Congratulations!*
Si accomodi!	*Come in!*
Se non ti dispiace. *(inf.)* / Se non Le dispiace. *(form.)*	*If you don't mind. / If you please.*
Grazie, molto gentile.	*Thank you. It's very kind of you.*
Lo farò con piacere.	*I'll be glad / happy to do it.*
Avanti. / Prego.	*Come in.*

Infine, per indicare cortesia e per attenuare una richiesta, gli Italiani in luogo del presente indicativo usano il condizionale (che sarà descritto nel capitolo prossimo) o l'imperfetto indicativo.

Potresti / Potrebbe... ?	*Could you . . . ?*
Ti / Le dispiacerebbe... ?	*Would you mind . . . ?*
Saresti / Sarebbe così gentile da... ?	*Would you be kind enough to . . . ?*
Sapresti / Saprebbe dirmi... ?	*Could you tell me . . . ?*
Vorrei...	*I would like . . .*
Signorina, volevo vedere quelle scarpe.	*Miss, may I see those shoes, please?*

Applicazione

A. La cortesia. Per ciascuna espressione indica una situazione in cui potrebbe essere usata.

MODELLO   Vorrei un caffè.
                   Si usa in un bar per ordinare un caffè.

1. Vorrei un caffè.
2. Mi potrebbe aiutare?
3. Saresti così gentile da darmi una mano?
4. È permesso?
5. Volevo vedere quel vestito.
6. Lo farò con piacere...
7. Se non Le dispiace.
8. Avanti.
9. Complimenti.

B. Trova le forme di cortesia. Leggi il seguente dialogo e individua le forme di cortesia.

—Buongiorno. Permesso?
—Sì, sì... Si accomodi.
—Mi scusi! Cercavo l'ufficio del Dottor Rossi.
—Come? Che cosa ha detto?
—Saprebbe dirmi dov'è l'ufficio del Dottor Rossi, per favore?
—Mi dispiace. Non saprei.
—Ci sono altri uffici in questo piano?
—Sì, provi in fondo al corridoio. Ce n'è un altro laggiù.
—Sì, grazie. Molto gentile.
—Prego. Buongiorno.
—Buongiorno.

C. Opinioni e paragoni. Rispondi liberamente alle seguenti domande, discutendo le tue risposte con gli altri membri della classe.

1. Quali sono in inglese le formule di cortesia simili all'italiano?
2. Quali sono differenti?
3. Pensi che sia necessario usare le formule di cortesia? Perché sì / no?

Stimolo alla lettura

Chi sei? Cosa vuoi dalla vita? Alcuni nostri atteggiamenti, alcune nostre preferenze / opinioni, ecc., ci aiutano a capire chi siamo e cosa vogliamo dalla vita. Nella lettura l'autrice scrive che, siccome perdeva «un tempo infinito oziando e fantasticando», era dunque stata «sempre molto pigra». Vuoi scoprire anche tu chi sei e cosa vuoi dalla vita? Fa' il seguente test e lo scoprirai.

Se tu potessi all'improvviso partire per il viaggio dei tuoi sogni, a quale mezzo di trasporto ti affideresti (*would you rely on*)? Discuti la tua scelta con gli altri membri della classe.

LA ZATTERA - Sei una persona che ama l'avventura per l'avventura.

L'AUTO SCOPERTA - Non ami tanto l'avventura in sé quanto la possibilità che essa ti può offrire di attirare gli sguardi altrui e mettere in risalto il tuo lato più estroso. Nascondi un pizzico di vanità.

IL PALLONE - Sei decisamente esibizionista.

LA NAVE - Sei un tipo un po' contraddittorio.

L'AEREO - Sei un tipo pratico, deciso e anche un po' impaziente.

IL SOMMERGIBILE - Sei una persona che non ama affatto mettersi in mostra e che è un po' gelosa della propria intimità.

LA ROULOTTE - Sei attivo, dinamico ma un po' introverso.

IL TRENO - Sei una persona sentimentale e un po' romantica.

La pigrizia

Leggi attentamente il seguente brano di Natalia Ginzburg, soffermandoti in particolare sui tratti morali e comportamentali dell'autrice.

Nel '44, nel mese di ottobre, venni a Roma per trovare lavoro. Mio marito era morto nell'inverno. A Roma aveva sede[1] una casa editrice[2], dove mio marito aveva lavorato per anni. L'editore si trovava allora in Svizzera; ma la casa editrice, subito dopo la liberazione di Roma, aveva ripreso la sua attività. Pensavo che se avessi chiesto di lavorare in quella casa editrice, m'avrebbero dato lavoro; e tuttavia[3] il chiederlo mi pesava[4], perché pensavo che mi sarebbe stato dato un posto per compassione, essendo io vedova, e con figli da mantenere; avrei voluto che qualcuno mi desse un posto senza conoscermi e per mie competenze.

Il male era che io competenze non ne avevo. Avevo intrattenuto questi pensieri[5] nei mesi dell'occupazione tedesca. Ero allora con i miei bambini nella campagna toscana. Di là era passata la guerra, poi era sopravvenuto il silenzio che succede alla guerra, e infine, nella campagna immota[6] e sui villaggi sconvolti[7] erano arrivati gli americani. Noi ci trasferimmo a Firenze; lasciai i bambini a Firenze con i miei genitori e venni a Roma. Volevo lavorare perché non avevo soldi; tuttavia, se fossi rimasta con i miei genitori, avrei ugualmente potuto vivere. Ma l'idea d'essere mantenuta dai miei genitori mi pesava moltissimo; inoltre volevo che i miei bambini riavessero una casa con me.

Da tempo, noi non avevamo più casa. Avevamo vissuto in quei mesi di guerra o da parenti o da amici, o in conventi o alberghi. Viaggiando verso Roma in una macchina che ogni mezz'ora si fermava, carezzavo sogni[8] di lavori avventurosi, come fare la bambinaia[9], o fare la cronaca nera[10] in un quotidiano. L'ostacolo principale ai miei propositi di lavoro, consisteva nel fatto che non sapevo far niente. Non avevo mai preso la laurea[11], essendomi fermata davanti a una bocciatura[12] in latino (materia in cui, in quegli anni, non veniva mai bocciato nessuno). Non sapevo lingue straniere, a parte un po' il francese, e non sapevo scrivere a macchina. Nella mia vita, salvo[13] allevare i miei propri bambini, fare le faccende domestiche con estrema lentezza e inettitudine[14] e scrivere dei romanzi, non avevo mai fatto niente.

Inoltre ero stata sempre molto pigra. La mia pigrizia non consisteva nel dormire tardi al mattino (mi sono sempre svegliata all'alba[15] e alzarmi non m'è mai costato nulla) ma nel perdere un tempo infinito oziando[16] e fantasticando[17]. Questo aveva fatto sì che io non riuscissi a portare a termine alcuno studio o fatica. Mi dissi che era venuta l'ora per me di strapparmi a questo difetto[18]. L'idea di rivolgermi a quella casa editrice, dove mi avrebbero accolto per pietà e comprensione, mi parve a un tratto la più logica e attuabile, benché mi fossero pesanti i motivi per cui mi avrebbero ascoltata.

---

[1]*main office* [2]*publishing house* [3]*however* [4]*was weighing on me* [5]*entertained such thoughts* [6]*motionless* [7]*upside-down* [8]*I entertained dreams* [9]*nanny* [10]*crime news* [11]*university degree* [12]*failure* [13]*except* [14]*ineptitude* [15]*at dawn* [16]*being idle* [17]*day-dreaming* [18]*tear myself away from this flaw*

Dopo la lettura

A. Giochiamo. Abbina le parole della colonna A con quelle della colonna B. Usa il dizionario se necessario. Nella colonna B ci sono due parole in più. Poi forma cinque frasi con cinque parole di tua scelta.

<table>
<tr><td>A</td><td>B</td></tr>
<tr><td>1. morto</td><td>a. all'improvviso</td></tr>
<tr><td>2. chiedere</td><td>b. proprio</td></tr>
<tr><td>3. posto</td><td>c. deceduto</td></tr>
<tr><td>4. compassione</td><td>d. castigo</td></tr>
<tr><td>5. trasferirsi</td><td>e. per di più</td></tr>
<tr><td>6. inoltre</td><td>f. domandare</td></tr>
<tr><td>7. hotel</td><td>g. completare</td></tr>
<tr><td>8. niente</td><td>h. mi sembrò</td></tr>
<tr><td>9. portare a termine</td><td>i. pietà</td></tr>
<tr><td>10. mi parve</td><td>j. cambiare residenza</td></tr>
<tr><td>11. a un tratto</td><td>k. nulla</td></tr>
<tr><td></td><td>l. impiego</td></tr>
<tr><td></td><td>n. albergo</td></tr>
</table>

B. Vero o falso? Correggi tutte le frasi false in modo appropriato.

_____ 1. Nel '44 l'autrice andò a cercare lavoro a Roma.

_____ 2. Suo marito era a Roma e lavorava per una casa editrice.

_____ 3. La casa editrice le avrebbe dato lavoro perché la conosceva molto bene.

_____ 4. Dopo la guerra si era trasferita con i figli a Firenze.

_____ 5. Non aveva bisogno di soldi.

_____ 6. Era contenta che i genitori la mantenessero.

_____ 7. Mentre viaggiava verso Roma spesso immaginava di fare lavori avventurosi, come la bambinaia oppure la giornalista.

_____ 8. Aveva preso la laurea in latino.

_____ 9. Non sapeva parlare il francese.

_____ 10. Non aveva mai scritto un romanzo.

C. Parliamone! Rispondi alle seguenti domande, discutendo le tue risposte con gli altri membri della classe.

1. Pensi che la Ginzburg fosse veramente pigra? Perché sì / no?
2. Quali sono, secondo te, le caratteristiche di una persona pigra?
3. Quali sono, secondo te, le competenze che potrebbero essere utili quando si va in cerca di un lavoro?
4. Qual è, secondo te, il tema di questo brano?
5. Che tipo di persona è l'autrice? Com'è di carattere? Che tipo di personalità possiede (forte, decisa, volitiva)? Sai descriverla?

D. Lavoro di gruppo. Con un tuo compagno / una tua compagna, metti in scena la seguente situazione.

L'autrice del brano appena letto viene intervistata dal direttore della casa editrice, presso la quale ha fatto domanda. L'intervistatore fa le solite domande. L'intervista però prende improvvisamente una piega inaspettata *(takes an unexpected turn)*.

CON FANTASIA

A. Secondo la tua opinione. Secondo te, quali caratteristiche dovrebbero avere i professori, i politici, gli avvocati, gli attori / le attrici, i medici, i genitori, gli studenti? Discuti le tue risposte con gli altri membri della classe.

B. Dalla chiromante. Con un tuo compagno / una tua compagna, metti in scena la seguente situazione.

Un / Una cliente desidera sapere dalla sua chiromante chi sarà (e come sarà) la donna / l'uomo che sposerà. La chiromante, purtroppo, fornisce una descrizione di questa persona del tutto contraria alle aspettative *(expectations)* del / della cliente.

C. Sai prevedere il futuro? Chiedi ad un compagno / una compagna, il suo segno. Poi, inventa il suo oroscopo. Leggilo in classe.

MODELLO	Persona	**Dan**
	Segno	**Cancro**
	Caratteristiche	**romantico, sensibile, gentile**
	Oroscopo del mese	**Riceverai inaspettatamente una notizia incredibile...**

Eccoti delle espressioni che ti potranno essere utili:

influssi astrali difficili	*troublesome astral influences*
buone prospettive	*good prospects*
influenze positive / negative	*positive/negative influences*
dare retta a	*to heed*
momento opportuno / inopportuno	*opportune/inopportune moment*
rapporti romantici / affettivi	*love affairs*
intraprendere	*to undertake*

D. Oroscopi a confronto. Ritaglia da un giornale di lingua italiana il tuo oroscopo e confrontalo con quello dei tuoi compagni.

E. Proverbi. Ecco dei proverbi che riguardano caratteristiche personali e sociali. Spiega con parole tue quello che secondo te essi significano.

MODELLO   Volere è potere.
                Chi vuole far qualcosa, prima o poi ci riesce.
                (succeeds in doing it sooner or later)

1. Chi si contenta, gode.
2. Dal «dire» al «fare» c'è di mezzo il mare.
3. Chi cerca, trova.
4. Sbagliando, s'impara.
5. Non bisogna fare il passo più lungo della gamba.

F. Ora racconta una storia, successa a te oppure a qualche tuo amico / tua amica, che illustra uno dei proverbi sopramenzionati.

Studio del vocabolario

A. Paragona le parole usate in Italia con quelle usate in Nord America. Usa un dizionario se necessario. Nota che molte sono uguali. Spiega poi il loro significato.

In Italia	In Nord America	Significato
1. il tasto	_____	_____
2. collegare	_____	_____
3. in diretta	_____	_____
4. una gamma infinita	_____	_____
5. giochi divertentissimi	_____	_____
6. Flowboarding	_____	_____

Applicazione

B. Ricerche digitali. Svolgi i seguenti compiti e poi riporta alla classe quello che hai trovato.

1. Il manifesto sopra risale a qualche anno fa. Se esiste ancora il sito **www.my-siemens.it,** ricercalo e stampa quello che trovi. In tal modo puoi aggiornarlo per la classe.

2. Se non esiste più, cerca un sito simile e riporta quello che trovi.

C. Domande.

1. Come usi il tuo cellulare?
2. Descrivi le funzioni che ha.
3. Come pensi saranno i cellulari del futuro?

✦ LESSICO UTILE ◇◇◇◇◇◇◇◇◇◇◇◇◇◇◇◇◇◇◇◇◇◇◇

NOMI

l'abilità (f)	ability
l'alba	dawn
l'andamento	progress
l'astro	star
la battuta	remark
la buona creanza	good manners
i capelli	hair
il carattere	character
la carnagione	complexion
la casa	house
il caso	case, chance
la cautela	caution
la cerchia	circle
le chiacchiere	chitchat, gossip
la colla	glue
la colpa	fault, guilt
il colpo	blow, shot
il consiglio	advice
la conversazione	conversation
la cronaca nera	crime news
la delusione	disappointment
il difetto	flaw, defect
il dolore	pain
l'editore (m)	publisher
l'emicrania	migraine headache
la faccenda	matter
il fannullone	good-for-nothing
la fine	end
la foglia	leaf
il foglio	sheet
l'inganno	deception, trap
l'intuito	intuition
la laurea	university degree
il lume di candela	candlelight
il malinteso	misunderstanding
la mostra	exhibition
il mostro	monster
gli occhi	eyes
l'ombra	shadow
la pala	shovel
il palo	pole
il parere	opinion
il / la paziente	patient
la personalità	personality
il pettegolezzo	gossip, rumor
la pianta	plant
il pianto	weeping
la pigrizia	laziness

la premura	care
il rumore	noise
la sala	hall
il sale	salt
la salute	health
il saluto	greeting
lo scatto	outburst
la sede	main office
lo spiraglio	glimmer
lo stato civile	civil status
la tavola	eating table, diagrammatic table
il tavolo	table in general
il temperamento	temperament
la tensione	stress
il torrone	nougat candy
l'umore (m)	mood
il vedovo / la vedova	widower/widow
la verità	truth
la zizzania	gossip, rumor

AGGETTIVI

affettivo	emotional
affine	similar
alto	tall
altruista	altruistic
amichevole	friendly
antipatico	not nice
avaro	greedy, stingy
basso	short
bello	beautiful, handsome
bisbetico	fussy
bravo	good (at something)
brillante	brilliant
brutto	ugly
buono	good (in character)
caro	dear
cattivo	bad
debole	weak
disonesto	dishonest
divorziato	divorced
dolce	sweet (in character)
educato	courteous
egoista	egoistic
elegante	elegant
energico	energetic
epatico	of the liver
estroverso	extroverted

fidato	*trusted*
forte	*strong*
furbo	*cunning*
generoso	*generous*
gentile	*kind, gentle*
grande	*big*
grasso	*fat*
impaziente	*impatient*
incompetente	*incompetent*
infondato	*groundless, unfounded*
ingenuo	*ingenuous, naive*
inquinato	*polluted*
insensibile	*insensitive*
intelligente	*intelligent*
introverso	*introverted*
lieve	*slight*
magro	*skinny*
maleducato	*ill-mannered*
noioso	*boring*
nubile / single	*single (for women)*
onesto	*honest*
ottimista	*optimistic*
pessimista	*pessimistic*
piccolo	*small*
pigro	*lazy*
povero	*poor*
preoccupante	*worrisome*
ricco	*rich*
romantico	*romantic*
rozzo	*rough, scruffy*
scapolo / celibe / single	*single (for men)*
scarso	*little, meaningless*
scontroso	*touchy*
scorbutico	*cranky*
sensibile	*sensitive*
separato	*separate*
simpatico	*nice, pleasant*
socievole	*sociable*

soddisfacente	*satisfying*
sposato	*married*
stupido	*stupid*
tranquillo	*calm, tranquil*

VERBI

affaticarsi	*to overwork oneself*
affrontare	*to face, deal with*
agevolare	*to facilitate*
agire	*to act*
assillare	*to harass, torment, assail*
avviare	*to head toward*
chiacchierare	*to chat*
colmare la lacuna	*to fill the gap*
concorrere	*to compete*
dire una bugia / mentire (isc)	*to tell a lie/to lie*
evitare	*to avoid*
giudicare	*to judge*
imbarcare	*to embark (upon)*
ingannare	*to deceive*
intavolare	*to enter into, put on the table*
seminare zizzania	*to spread gossip, rumor*
spettegolare	*to gossip*
spifferare	*to spill the beans*
turbare	*to upset*

ALTRE ESPRESSIONI

a disposizione	*available*
appena	*as soon as*
di rilievo	*noteworthy*
dopo che	*after*
quando	*when*
se	*if*
tuttavia	*however*

Capitolo 12 Al lavoro

QUANTO SAI GIÀ?

A. Offerta di lavoro. La classe si divide in coppie. Ciascuna di esse dovrà preparare un'intervista di lavoro basata sul seguente annuncio. In seguito, ciascuna coppia dovrà mettere in scena l'intervista davanti alla classe.

Segretaria/Segretario
cercasi

Minimo 3 anni di esperienza. Ottima conoscenza inglese e italiano. Disposta a lavorare in gruppo. Persona ambiziosa e capace di lavorare sotto pressione. Ottima conoscenza di Windows.

Telefonare a Claudio
(06) 33 43 458

B. Sai in che modo sono differenti le seguenti nozioni bancarie? Se sì, indicale agli altri membri della classe.

1. un credito e un debito
2. aprire un conto e chiudere un conto
3. una cassaforte e una cassetta di sicurezza
4. un direttore e un impiegato di banca
5. un investimento e un prestito

C. La sequenza dei colmi. Il colmo è un gioco di parole basato sul doppio significato (metaforico, scherzoso, ironico, ecc.) di alcune espressioni, con cui si cerca di definire la cosa peggiore o migliore (il colmo, appunto: lit., *the peak, the highest point*) che possa succedere ad una persona, ad un animale o ad una cosa. Ecco un esempio:

—**Qual è il colmo per un idraulico** *(plumber)*?
—**Avere la goccia al naso.** = *To have a runny nose.*
(*The plumber who fixes leaking faucets cannot fix his "leaking" nose.*)

Ora scrivi a lato di ciascuno dei colmi qui sotto elencati le lettere inserite nella vignetta alla quale si riferisce il colmo. Queste lettere formeranno un detto *(saying)* italiano popolare. Se hai difficoltà a capire il gioco di parole consulta il dizionario o chiedi aiuto al tuo / alla tua insegnante.

Qual è il colmo per...

un dentista?	un imbianchino?	un vigile urbano?
un fotografo?	un vigile del fuoco?	un gioielliere?
un chirurgo?	uno scultore?	un muratore?
un elettricista?	un pescatore?	un postino?
un astronauta?		

	1. Venire ai ferri corti con un paziente.
	2. Bere un espresso.
	3. Non raggiungere l'obiettivo.
	4. Andare al cinema e vedere un mattone.
	5. Sposare una vecchia fiamma.
É	6. Dirigere un traffico illecito.
	7. Essere continuamente in tensione mentre lavora.
	8. Scolpirsi bene le parole nella mente.
	9. Non sapere quali pesci pigliare.
AD	10. Mettere i denti a cinquant'anni.
AP	11. Tornare a casa con la luna.
AR	12. Passare una notte in bianco.
	13. Essere triste fra tante gioie.

Soluzione: Impara l'arte e mettila da parte. *(Learn a trade/an art, it will stand you in good stead.)*

D. Qual è il colmo per... ?

1. Spiega ai tuoi compagni il significato di due dei colmi dell'esercizio precedente.
2. Identifica i tredici mestieri o professioni dei colmi.

Prima di leggere

Parole da sapere. Se riconosci le seguenti parole / espressioni, spiegale agli altri membri della classe. Altrimenti cerca di indovinare il loro significato.

1. una rivista
2. un istante
3. un briciolo
4. la sofferenza
5. l'orgoglio
6. franare
7. interrompere
8. un attimo
9. il sorriso
10. una proposta
11. un ruggito di collera
12. prendere male qualcosa
13. un maschio ferito
14. un tono garbato
15. un saldo punto di riferimento

Una proposta di lavoro?

Leggi attentamente il seguente fotoromanzo tratto da una rivista italiana.

¹**ruggito...** *lit., with a roar of anger*   ²*grain*   ³*pride*   ⁴*collapses*   ⁵*kind, courteous*   ⁶*smile*   ⁷*solid*

Dopo la lettura

A. Ricordi quello che hai letto? Indica se ciascuna delle seguenti affermazioni è vera (V) o falsa (F). Correggi tutte le frasi false.

_____ 1. Cecilia si trova nella trattoria per una cena di lavoro.

_____ 2. Cecilia chiede il conto al cameriere.

_____ 3. Cecilia chiede lavoro al padrone della trattoria.

_____ 4. Cecilia è soddisfatta del suo lavoro.

_____ 5. Il dottor Poli interrompe Cecilia per un attimo.

_____ 6. Il dottor Poli ha un tono garbato.

_____ 7. Il dottor Poli ha una proposta da fare a Cecilia.

B. Quale proposta? Immagina la proposta del dottor Poli. Indicala agli altri membri della classe. Confrontate *(Compare)* le vostre proposte.

C. Aggiorna la scena! Il fotoromanzo è stato creato negli anni ottanta. In esso ci sono diversi aspetti che ormai sono antiquati. Altre cose invece non cambiano mai. Indica le cose antiquate (oggetti, stili di abbigliamento, ecc.) e le cose che sono uguali (modi di parlare, ecc.).

MODELLO   **Cecilia usa una macchina da scrivere. Oggi, invece, in tutti gli uffici si usano i computer.**

D. Parliamone! Rispondi liberamente alle seguenti domande. Discuti le tue risposte con gli altri membri della classe.

1. Hai un lavoro? Se sì, descrivi cosa fai.
2. Che mestiere o professione vorresti esercitare nel futuro?
3. Secondo te, qual è il mestiere o la professione ideale? Perché?
4. Ti piacerebbe lavorare in Italia? Perché sì / no?

Stimolo linguistico

A. Ricordi il condizionale? Di' che faresti le seguenti cose, ma che, purtroppo, per qualche motivo, non puoi. Usa le forme appropriate del condizionale. Te le ricordi?

MODELLO   andare a studiare in Italia
                 Andrei a studiare in Italia, ma purtroppo non posso perché prima devo mettere da parte più soldi / perché devo studiare di più la lingua / ecc.

1. cercare un altro lavoro
2. fare il medico
3. lavorare in banca
4. studiare altre lingue
5. vivere in Italia

B. Se potessi, lo farei. Ti ricordi la frase ipotetica dell'irrealtà? Se sì, svolgi il seguente esercizio, seguendo il modello. Se no, fra poco la studierai.

MODELLO   fare l'ingegnere
            Se potessi, farei l'ingegnere.

1. risparmiare più soldi
2. chiedere l'aumento
3. lavorare in una banca
4. fare il medico
5. studiare in Italia

VOCABOLARIO

Mestieri e professioni

l'architetto	architect
l'avvocato / l'avvocatessa	lawyer
il barbiere	barber
il / la barista	bartender
il cameriere / la cameriera	waiter/waitress
il chirurgo / la chirurga	surgeon
il / la chitarrista	guitarist
il / la commercialista	public accountant
il commesso / la commessa	salesperson
il / la contabile	accountant
il cuoco / la cuoca	cook
il / la dentista	dentist
il direttore / la direttrice d'orchestra	orchestra conductor
il / la dirigente	manager
il / la docente / l'insegnante	teacher
l'elettricista	electrician
il falegname	carpenter
il / la farmacista	pharmacist
il / la giornalista	journalist
l'idraulico	plumber
l'impiegato (-a)	employee (white collar)
l'infermiere (-a)	nurse
l'informatico (-a)	computer scientist
l'ingegnere	engineer
il meccanico / la meccanica	mechanic
il medico / il dottore / la dottoressa	doctor
il muratore	bricklayer
il / la musicista	musician
l'operaio (-a)	employee (blue collar)
il parrucchiere / la parrucchiera	hairdresser
il / la pianista	pianist
il / la pilota	pilot
il poliziotto / la poliziotta	policeman/policewoman
il professore / la professoressa	professor, high school teacher
lo psicologo / la psicologa	psychologist
il sarto / la sarta	tailor
lo scienziato / la scienziata	scientist
il segretario / la segretaria	secretary
il / la tassista	taxi driver

♦ Note that the definite article is not used in the construction **essere** + *job/profession:* **Lui è avvocato / Lui è un avvocato; Lei è medico / Lei è un medico;** etc. The definite article is however used in the construction **fare** + *definite article* + *job/profession:* **Lei fa il medico / Lui fa l'avvocato.**

Applicazione

A. Che mestiere / professione fa? Identifica i seguenti professionisti o lavoratori usando un'espressione opportuna. Segui il modello.

MODELLO   Difende i clienti.
            Fa l'avvocato.
            È avvocato.

WKB 89
A

1. Insegna al liceo o all'università.
2. Dirige un'orchestra.
3. Suona il pianoforte.
4. Lavora con le macchine.
5. Fa abiti su misura.
6. Lavora in un ristorante.
7. È la dottoressa «dei denti».
8. Lavora con il legno.
9. Disegna la costruzione di una casa.
10. Va spesso in tribunale.
11. Visita i pazienti.
12. Una donna che lavora in un negozio di abbigliamento.
13. Lavora in un bar.
14. Lavora in una farmacia.
15. Scrive per i giornali.

B. Gli attrezzi del mestiere. Con l'aiuto del dizionario completa il seguente schema, trovando almeno cinque arnesi per ogni mestiere.

1. infermiere (-a)   __siringa_____
2. sarto (-a)   __ago_____
3. parrucchiere (-a)   __forbici_____
4. elettricista   _____
5. idraulico   _____
6. muratore   _____
7. falegname   _____
8. barbiere   _____
9. cuoco (-a)   _____

C. Differenze professionali. Spiega le differenze tra le seguenti professioni o i seguenti mestieri.

1. un barista e un cameriere
2. un chirurgo e un infermiere
3. un contabile e un informatico
4. un operaio, un impiegato e un dirigente
5. un commercialista e un contabile
6. un chitarrista e un violinista
7. un docente e uno studente
8. un ingegnere e uno scienziato
9. un musicista e uno psicologo
10. un pilota e un poliziotto
11. una segretaria e un tassista

D. Parliamone! Rispondi liberamente alle seguenti domande, discutendo le tue risposte con gli altri membri della classe.

1. Secondo te, qual è la professione più prestigiosa? Perché?
2. Spiega a parole tue il detto *(saying)* italiano «Impara l'arte e mettila da parte!» Sei d'accordo? Perché sì / no?
3. Che mestiere o professione fanno i diversi membri della tua famiglia?

✦ GRAMMATICA ◇◇◇◇◇◇◇◇◇◇◇◇◇◇◇◇◇◇◇◇◇◇◇◇

STRUTTURA

12.1 I numeri ordinali

1st	primo	5th	quinto	8th	ottavo
2nd	secondo	6th	sesto	9th	nono
3rd	terzo	7th	settimo	10th	decimo
4th	quarto				

✦ After **decimo,** ordinals are formed by dropping the final vowel of the corresponding cardinal number and adding **-esimo.**

11th	undici	→	→	undic**esimo**
24th	ventiquattro	→		ventiquattr**esimo**

✦ For numbers ending in **-tré,** the accent mark is removed, but the **e** remains. For those ending in **-sei,** the **i** is dropped:

23rd	ventitrè	→	ventitreesimo
33rd	trentatrè	→	trentatreesimo
46th	quarantasei	→	quarantaseesimo
56th	cinquantasei	→	cinquantaseesimo

- Ordinal numbers, unlike cardinals, are adjectives and thus agree in gender and number with the noun they modify. They generally precede the noun. When expressed as figures, the ordinals are followed by a superscript indicating masculine ($^{o/i}$) and feminine ($^{a/e}$) gender and number.

il terzo piano (il 3° piano)	*the third floor*
la sesta pagina (la 6^a pagina)	*the sixth page*
i quinti piani (i 5^i piani)	*the fifth floors*

- The definite article is not used before an ordinal number and a proper noun:

Papa Giovanni Ventitreesimo	*Pope John the 23rd*
Luigi Quattordicesimo	*Louis the XIV*

- The pronoun forms of ordinals correspond exactly to the adjectival ones. They are, so to say, ordinal adjectives "without the nouns" they modify:

Adjectives	Pronouns
Sono le prime cose che hai fatto?	Sì, sono le prime.
Are they the first things you did?	*Yes, they're the first.*
È la seconda volta che vai in Italia?	No, è la quinta.
Is it the second time that you go to Italy?	*No, it's the fifth.*

- Fractions are formed with the cardinal number as the numerator and the ordinal number as the denominator, just as in English:

1/4 = un quarto	1/3 = un terzo	3/8 = tre ottavi
11/35 = undici trentacinquesimi		

- Note that the ordinal is in the masculine plural (unmarked) form when the numerator is more than one.

Applicazione

A. Un viaggio lunghissimo. Marco ha appena finito un viaggio lunghissimo di 1.200 chilometri. Durante il suo viaggio si è fermato dieci volte. Accanto ad ogni fermata troverai i chilometri già percorsi da Marco. Servendoti di frazioni, indica per ogni fermata la parte del percorso già fatto da Marco. Segui il modello.

MODELLO   1^a; 100 km
Alla prima fermata, Marco aveva già percorso un dodicesimo del viaggio.

1. 2^a; 200 km
2. 3^a; 300 km
3. 4^a; 400 km
4. 5^a; 500 km
5. 6^a; 600 km

6. 7^a; 700 km
7. 8^a; 800 km
8. 9^a; 900 km
9. 10^a; 1.000 km

B. Personaggi storici. Sei capace di identificare i seguenti personaggi storici? Rispondi secondo il modello.

MODELLO   Luigi 14º
Luigi Quattordicesimo? Era un famoso re francese.

1. Giovanni 23º
2. Enrico 8º
3. Elisabetta 2ª
4. Enrico 4º
5. Giovanni Paolo 2º
6. Vittorio Emanuele 3º
7. Napoleone 1º

12.2 Plurale dei nomi in -*ista*

✦ Nouns ending in **-ista** can be either masculine or feminine. They are "regularized" in the plural, that is, if they refer to females they have a feminine plural form and if they refer to males they have a masculine plural form:

Masculine		Feminine	
il dentista	i dentisti	la dentista	le dentiste
il pianista	i pianisti	la pianista	le pianiste
l'artista	gli artisti	l'artista	le artiste

Applicazione

A. Nomi in -*ista*. Da' il significato dei seguenti nomi, servendoti del dizionario, se necessario. Poi forma delle frasi con ciascuna parola.

MODELLO   ciclista
chi va in bicicletta / chi pratica lo sport della bicicletta / chi ripara biciclette
Fausto Coppi è stato un grandissimo ciclista.

1. pianista
2. statista
3. regista
4. tassista
5. batterista

B. Maschile o femminile? Indica il genere delle seguenti parole. Poi forma delle frasi con ciascuna parola. Segui i modelli.

MODELLI   professore, *maschile*
Il professore d'italiano è molto bravo.

musicista, *maschile e femminile*
Marcello è un bravo musicista.
Lucia è una brava musicista.

1. violoncellista
2. professoressa
3. psicanalista
4. infermiere
5. esibizionista
6. giornalista
7. cameriera
8. poeta
9. attivista
10. pianista

12.3 Il condizionale

✦ The conditional mood allows one to express a condition *(I would go, if . . . You could do it, but . . .)*. It corresponds to the English conditional *(I would work/I would be working . . .)*. And, also like English, Italian has two conditional tenses, the **condizionale semplice** and the **condizionale anteriore.**

Il condizionale semplice

✦ The **condizionale semplice,** like the **futuro semplice,** is formed by dropping the **-e** of the infinitive ending and adding the following endings (first-conjugation verbs change **-a-** to **-e-** in the stem):

	amare → amer-	ricevere → ricever-	finire → finir-
io	amerei	riceverei	finirei
tu	ameresti	riceveresti	finiresti
lui / lei	amerebbe	riceverebbe	finirebbe
noi	ameremmo	riceveremmo	finiremmo
voi	amereste	ricevereste	finireste
loro	amerebbero	riceverebbero	finirebbero

✦ Verbs ending in **-care, -gare, -ciare,** and **-giare** reveal the same spelling patterns that apply to these verbs in the future tense (see Chapter 11): **cercherei, comincerei,** ecc. Similarly, those verbs with irregular stems in the future have the same irregular stems in the conditional: **andare → andrei, essere → sarei,** ecc.

Il condizionale passato

✦ The **condizionale passato** is formed with the present conditional of the auxiliary verb **avere** or **essere,** as the case may be, and the past participle. It corresponds in meaning and function to the English past conditional *(I would have worked, I would have gone,* etc.).

	lavorare	andare
io	avrei lavorato	sarei andato (-a)
tu	avresti lavorato	saresti andato (-a)
lui / lei	avrebbe lavorato	sarebbe andato (-a)
noi	avremmo lavorato	saremmo andati (-e)
voi	avreste lavorato	sareste andati (-e)
loro	avrebbero lavorato	sarebbero andati (-e)

Usi del condizionale

✦ The conditional is used to:

1. express a condition:

Andrei a lavorare, ma non sto bene.	*I would go to work, but I don't feel well.*
Compreremmo questo, ma non abbiamo abbastanza soldi.	*We would buy this, but we don't have enough money.*
Sarei andato a lavorare, ma non stavo bene.	*I would have gone to work, but I wasn't feeling well.*
Avremmo comprato questo, ma non avevamo abbastanza soldi.	*We would have bought this, but we didn't have enough money.*

2. convey politeness:

Potrei fare questo?	*May I do this?*
Vorrei un caffè.	*I would like a coffee.*

3. convey opinion and probability:

Secondo la polizia, lui sarebbe colpevole.	*According to the police, he is (probably) guilty.*
Secondo me, tu dovresti lavorare di meno.	*In my view (According to me), you should be working less.*
Secondo la polizia, lui sarebbe stato colpevole.	*According to the police, he was (probably) guilty.*
Secondo me, tu avresti dovuto lavorare di meno.	*In my view, you should have been working less.*

✦ Note that the past conditional is used mainly in dependent clauses with the main clause in the past tense:

Ha detto che sarebbe venuto anche lui.	*He said that he would come too/would have come.*
Pensavo che lo avresti fatto.	*I thought you would do it/would have done it.*

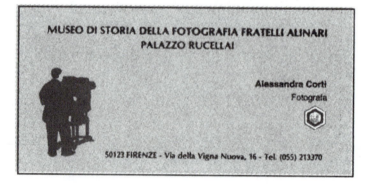

MUSEO DI STORIA DELLA FOTOGRAFIA FRATELLI ALINARI
PALAZZO RUCELLAI

Alessandra Corti
Fotografa

50123 FIRENZE - Via della Vigna Nuova, 16 - Tel. (055) 213370

Applicazione

A. Amore da fotoromanzo. Metti i verbi indicati al condizionale semplice.

Cecilia va dal dottor Poli e gli chiede: «_potrei_ (Potere) chiederLe un favore? Oggi _vorrei_ (volere) andare via prima». Il dottor Poli le risponde: «Va bene, può andare, ma prima _avrei_ (avere) un consiglio da darLe. Lei _dovrebbe_ (dovere) lasciare il Suo ragazzo. La fa soffrire molto, La vedo sempre triste. Perché non accetta la mia proposta?» Cecilia, un po' seccata, gli dice: «_preferirei_ (Preferire) non parlarne in questo momento». Il dottor Poli, comunque, continua: «Cecilia, ma io L'amo veramente e _saprei_ (sapere) come renderLa felice. Con me Lei _comincerebbe_ (cominciare) ad apprezzare di nuovo la vita, _sorriderebbe_ (sorridere) di più. Io La _amerei_ (amare) con tutto il mio cuore, La _tratterei_ (trattare) e La _farei_ (fare) sentire come una regina, La _servirei_ (servire) come uno schiavo. Insieme _viaggeremmo_ (viaggiare) e _gireremmo_ (girare) tutto il mondo. Io la _porterei_ (portare) nei luoghi più romantici e più belli... A poco a poco anche Lei _riuscirebbe_ (riuscire) ad amarmi.»

B. Il fotoromanzo continua. Metti al posto degli infiniti fra parentesi le forme corrette del condizionale semplice o passato, secondo la necessità.

Il giorno dopo, Cecilia _____ (dovere) chiamare il suo fidanzato, ma non l'ha fatto. Lui la incontra in un bar: «Mi _____ (potere) dire perché non hai chiamato?» Lei gli risponde, sorpresa: «_____ (Dovere) telefonare prima tu, se non sbaglio!» In quel momento arriva il dottor Poli e dice al fidanzato di Cecilia: «Sapevo che Lei _____ (venire) qui ad incontrare Cecilia. Lei deve lasciarla in pace. In questo momento Cecilia _____ (dovere) essere al lavoro!» Il fidanzato risponde: «Sapevo che Lei _____ (dire) questo! Perché Lei, segretamente, _____ (volere) uscire con la mia fidanzata, non è vero?»

C. Tocca a te! Usa ciascuno dei seguenti verbi in altrettante frasi che ne rendano chiaro il loro uso al condizionale semplice.

1. mangiare	7. dire
2. cominciare	8. fare
3. lasciare	9. sapere
4. indicare	10. conoscere
5. pagare	11. dormire
6. andare	12. partire

D. Tocca ancora a te! Adesso usa ciascuno dei verbi elencati sopra in altrettante frasi che ne rendano chiaro il loro uso al condizionale passato.

1. mangiare	5. pagare	9. sapere
2. cominciare	6. andare	10. conoscere
3. lasciare	7. dire	11. dormire
4. indicare	8. fare	12. partire

12.4 La frase ipotetica

✦ The **frase ipotetica** is composed of a dependent clause introduced by **se** expressing a condition, and of an independent clause that indicates the realization of that condition.

✦ When the condition is considered real or probable, the indicative, in an appropriate tense, is used in both the main and the dependent clauses:

Se tu **vai** alla festa, ci **vado** anch'io.
If you go to the party, I'll go too.

Se non **è venuto,** significa che **è andato** al lavoro.
If he didn't come, it means that he went to work.

Se tu **andrai** alla festa, ci **andrò** anch'io.
If you go to the party, I'll go too.

Solo se **avrò finito** i compiti, ti **telefonerò.**
Only if I will have finished my homework, will I call you.

✦ When the condition is considered improbable, uncertain, or unreal, the imperfect or pluperfect subjunctive is used in the **se** clause, and the simple or past conditional in the main clause:

Condizionale semplice	Condizionale passato
Se tu **andassi** alla festa, ci **andrei** anch'io. *If you were to go to the party, I would go too.*	Se tu **fossi andato** alla festa, ci sarei andato anch'io. *If you had gone to the party, I would have gone too.*
Se io **avessi avuto** il raffreddore, oggi non **sarei** qui. *If I had had a cold, today I wouldn't be here.*	Se io **avessi avuto** il raffreddore ieri, oggi non **sarei venuto.** *If I had had a cold yesterday, today I wouldn't have come.*

✦ In most speech situations, the imperfect subjunctive after **se** is used in conjunction with the present conditional:

Se tu **andassi** alla festa, ci **andrei** anch'io.
Se **dovessi** farlo, lo **farei.**

If you were to go to the party, I would go too.
If I had to do it, I would do it.

✦ And the pluperfect subjunctive is used in conjunction with the perfect conditional:

Se tu **fossi andato (-a)** alla festa, ci **sarei andato (-a)** anch'io.
Se **avessi dovuto farlo,** lo **avrei fatto.**

If you had gone to the party, I would have gone too.
If I had to have done it, I would have.

Applicazione

A. Il fotoromanzo finisce! Metti i verbi indicati al condizionale (semplice o passato) o al congiuntivo (imperfetto o trapassato) secondo il caso.

Se ieri Cecilia *avesse chiamato* (chiamare) il suo fidanzato, oggi lui sarebbe venuto. Se il dottor Poli lo *avesse saputo* (sapere), l'avrebbe licenziata. Se il suo fidanzato potesse, la *porterebbe* (portare) in un posto lontano. Cecilia *andrebbe* (andare) subito via con il suo fidanzato, se potesse. Anzi, se *fosse partita* (partire) con lui, oggi non sarebbe nei guai col dottor Poli. Il dottor Poli le dice: «Se io *avessi saputo* (sapere) questo, non L'avrei assunta!» Cecilia gli risponde: «Se Lei potesse, sono sicura che mi *manderebbe* (mandare) via subito, vero?» A questo punto interviene il fidanzato: «Se *avessi avuto* (avere) la possibilità, io me ne sarei già andato da questa città». L'ultima parola è di Cecilia: «Se avessi saputo tutto quello che so ora, non *avrei fatto* (fare) mai quello che ho fatto!»

B. Congiuntivo o condizionale? Completa gli spazi vuoti con il congiuntivo o il condizionale, usando i seguenti verbi. Alcuni verbi devono essere usati più di una volta.

andare	~~avere~~	chiedere	comprare
costare	~~divertirsi~~	essere	~~fare~~
mangiare	potere	seguire	~~vedere~~

1. Se io *avessi* soldi, farei un viaggio in Italia.
2. Se andaste a quella festa, *vi divertireste* di sicuro.
3. Li *avremmo visti*, se fossimo arrivati prima.
4. Io *avrei* la stessa cosa, se mi fossi trovato al tuo posto.
5. Se *potessi*, andrei subito in vacanza.
6. Se tu *facessi* ginnastica tutte le sere, ti sentiresti meglio.
7. Se noi *mangiassimo* di meno, non *saremmo* così grassi.
8. Se quel vestito nero non *costasse* così tanto, io lo *comprerei* subito.
9. Se ci *fosse* un bel film, loro *andrebbero* al cinema.
10. Vi trovereste meglio, se *seguiste* i nostri consigli.

C. Se avessi il tempo! Completa liberamente le frasi.

1. Se avessi il tempo,...
2. Andrei in Italia immediatamente, se...
3. Se fossi una stella del cinema,...
4. Se fossi famoso (-a),...
5. Potrei fare molto di più, se...
6. Se andassi a Roma,...
7. Se avessi lavorato di più,...
8. Se facesse bel tempo,...
9. Se fossi più giovane,...
10. Se avessi saputo quello che so ora,...
11. Se fossi ricco (-a),...
12. Se...

COMUNICAZIONE

In banca

l'assegno	*check*
l'assegno turistico / il traveler's check	*traveler's check*
il biglietto / la banconota	*bill*
cambiare un assegno	*to cash a check*
il cambio	*exchange rate*
il cassiere / la cassiera	*teller*
il conto	*account*
depositare / versare	*to deposit*
il deposito / il versamento	*deposit*
di taglio grosso / piccolo	*large / small (bill)*
il direttore / la direttrice	*manager*
il dollaro	*dollar*
l'euro	*Euro*
la firma	*signature*
firmare	*to sign*
il libretto bancario	*bankbook*
il libretto degli assegni	*checkbook*
il prelevamento	*withdrawal*
prelevare	*to withdraw*
il prestito	*loan*
i soldi / il denaro	*money*
gli spiccioli	*small change*
lo sportello	*counter / window*
la sterlina	*pound*
il tasso d'interesse	*interest rate*
l'ufficio di cambio	*exchange office*

Applicazione

A. In banca. Con un compagno/una compagna, svolgi liberamente dei mini-dialoghi basati sulle seguenti situazioni.

MODELLO   fare un deposito
          Cliente: **Vorrei fare un deposito.**
          Impiegato (-a):   **Di quanto?**
          Cliente: **Di cento euro.**
          Impiegato (-a):   **Compili questo modulo.**
          ecc.

1. fare un deposito
2. fare un prelevamento
3. cambiare un traveler's check in contanti *(cash)*
4. chiedere un prestito
5. aprire un conto in banca
6. chiudere un conto in banca

B. Come si dice? Svolgi i seguenti compiti comunicativi. Segui il modello.

MODELLO   Say that you would like to change 100 dollars into euros.
          Vorrei cambiare cento dollari in euro.

1. Ask at what time banks open in Italy.
2. Say that you would like a loan.
3. Say that you would like to go to the bank.
4. Say that you would like to cash a check.
5. Say that you would like to open an account.
6. Ask where the currency exchange is.
7. Say that you would like small bills.
8. Ask where the cashier's window is.
9. Say that you would like to withdraw three hundred euros.
10. Ask where you must sign.

Al lavoro

l'abilità	*skill*
l'agenzia di collocamento	*employment agency*
assumere	*to hire*
l'aumento di stipendio / paga	*salary raise/wage increase*
il datore / la datrice di lavoro	*employer*
dimettersi / dare le dimissioni	*to quit, to leave a position*
il / la dipendente	*employee*
disoccupato (-a)	*without work, unemployed*
la ditta / l'azienda	*firm, company*
l'esperienza	*experience*
la fabbrica	*factory*
le ferie	*holidays*
guadagnare	*to earn*
l'impiegato (-a)	*white collar worker*
il lavoro	*work, job*
il lavoro a orario pieno	*full-time job*
il lavoro a orario ridotto / part-time	*part-time work/job*
il lavoro a turni	*shift work*
licenziare	*to fire*
l'operaio (-a)	*blue collar worker*
l'orario di lavoro	*working hours*
le qualifiche	*qualifications*
lo stipendio	*salary, pay*
lo stipendio fisso	*fixed salary*
lo stipendio iniziale	*starting salary/pay*
lo stipendio lordo	*gross salary*
lo straordinario	*overtime*
il titolo di studio	*education (title)*

Applicazione

A. In cerca di lavoro. Con due tuoi compagni, metti in scena la seguente situazione.

Una tua amica italiana, che è appena emigrata nel tuo paese, cerca lavoro a orario ridotto presso McDonald's. La accompagni ad un'intervista di assunzione per farle da interprete, perché conosce poco l'inglese. Traducile quello che l'intervistatore le chiede. Seguite il modello.

MODELLO   What kind of experience do you have?
—**Vorrebbe sapere che tipo di esperienza hai.**
—**Veramente non ho nessuna esperienza ma sono disposta ad imparare. / L'anno scorso ho lavorato per Wendy's a Milano.**

1. Do you have any experience in this type of work?
2. We would be able to hire you only if you learned English better.
3. Has anyone ever fired you?
4. How much would you like to earn?
5. Have you worked before? In a factory? For a company?
6. Do you know any of our employees?
7. What kind of skills do you have?
8. What are your qualifications for the job?
9. What education do you have?
10. Did you hear about the job through *(tramite)* an employment agency?

B. L'intervista continua. Adesso la tua amica ha delle domande per l'intervistatore. Aiutala di nuovo. Preparate insieme una serie di domande da fare all'intervistatore. Seguite il modello.

MODELLO   —**Quanto pagano all'ora?**
—**What is the hourly wage?**
—**Fifteen dollars.**
—**Quindici dollari.**

C. Tocca a te! Adesso spiega la differenza tra le seguenti nozioni.

1. un'agenzia di collocamento e un'azienda
2. lo stipendio fisso e lo stipendio lordo
3. un impiegato / un'impiegata e un operaio / un'operaia
4. un / una dipendente e un datore / una datrice di lavoro
5. l'orario di lavoro e le ferie
6. assumere e licenziare
7. cercare lavoro e dare le dimissioni
8. lavorare a tempo pieno e lavorare a orario ridotto

In ufficio

l'agenda	*appointment book*	la matita	*pencil*
il bianchetto	*liquid paper*	il mouse	*mouse*
il / la capoufficio	*office manager*	la penna	*pen*
la cartella	*briefcase, folder*	il pennarello	*marker*
il cestino	*waste basket*	lo scanner	*scanner*
il computer	*computer*	la scheda / l'archivio	*file*
la cucitrice	*stapler*	lo schermo	*monitor*
il dischetto	*disk*	la scrivania	*desk*
l'evidenziatore *(m)*	*highlighter*	la stampante	*printer*
le forbici	*scissors*	il taccuino	*notepad*
la fotocopiatrice	*photocopier*	la tastiera	*keyboard*

Applicazione

A. In ufficio. Dalle seguenti affermazioni mancano delle parole. Inseriscile opportunamente negli spazi vuoti, scegliendo tra le parole elencate sopra.

1. Aspetta un attimo. Prendo la mia _____ per vedere se sono libera domani.

2. Dove hai messo la _____ che contiene tutte le informazioni?

3. Dov'è la _____? Devo appuntare questi fogli di carta.

4. Dov'è andato il nostro _____? Deve firmare questo modulo.

5. Gianna, hai visto la mia _____? È importante che la trovi perché dentro ci sono tanti documenti importanti.

6. Non trovo la mia _____ per scrivere questo appunto. Forse potrei usare una _____.

7. Penso di aver gettato quel foglio nel _____! Ne avevi bisogno?

8. Oggi il mio _____ non funziona! Dovrò scrivere questa lettera a mano!

9. Prima taglia questo foglio con le _____, e poi fanne una copia alla _____.

B. Differenze. Spiega le differenze tra le cose seguenti.

1. il bianchetto e il pennarello
2. la penna e la matita
3. la cucitrice e l'evidenziatore
4. il mouse e il dischetto
5. lo scanner e la tastiera
6. lo schermo e la stampante
7. una scheda e una cartella

C. Domande. Rispondi alle seguenti domande con frasi complete.

1. Hai mai lavorato in un ufficio? Se sì, per quale azienda / ditta? Ti è piaciuta l'esperienza? Perché sì / no?
2. Preferiresti lavorare in un ufficio o in una fabbrica in futuro? Perché?
3. C'è qualcuno nella tua famiglia che lavora in un ufficio? Se sì, di' chi è, e che tipo di lavoro fa.

♦ CULTURA

Le banche in Italia

Di solito le banche in Italia sono aperte dalle 8:00 / 8:30 fino al tardo pomeriggio. Sono generalmente chiuse il sabato e la domenica.

Il sistema bancario italiano è diviso in banche normali (istituti di credito ordinario), dove si possono ottenere prestiti e svolgere attività bancarie comuni, e in istituti di credito speciale, dove si possono ottenere mutui *(mortgages)*.

In Italia, come pure nel Nord America, i bancomat *(ATMs)* sono usati con grande frequenza. Nei maggiori centri turistici italiani, sono anche molto popolari i bancomat specializzati in operazioni di cambio: basta inserire delle banconote straniere per ottenere la corrispondente somma in euro. Di solito, per le operazioni di cambio, le banche fanno pagare una commissione *(service charge)*.

Le banche possono essere controllate sia da interessi privati che dallo Stato. Le più popolari sono:

Banca Commerciale Italiana
Banca Nazionale del Lavoro
Credito Italiano
Banco di Roma
Monte dei Paschi di Siena (la banca più vecchia del mondo)
Banca Nazionale dell'Agricoltura

Molte banche italiane hanno filiali *(branches)* in diversi paesi del mondo. ♦

Applicazione

A. Ricordi quello che hai letto? Indica se ciascuna delle seguenti affermazioni è vera (V) o falsa (F). Correggi quelle false.

____ 1. La Banca Nazionale del Lavoro è una delle banche più popolari.

____ 2. Il Monte dei Paschi di Siena è un museo.

____ 3. Le banche si chiamano anche «casse di risparmio» e «monti di credito».

____ 4. Negli istituti di credito speciale si possono ottenere mutui.

____ 5. Le banche sono aperte anche il sabato e la domenica.

____ 6. Le banche italiane non hanno filiali fuori d'Italia.

____ 7. La Banca Commerciale Italiana è la banca più vecchia del mondo.

____ 8. I bancomat non sono popolari in Italia.

____ 9. Per le operazioni di cambio le banche italiane non fanno pagare niente.

B. Parliamone!

1. Paragona *(Compare)* il sistema bancario italiano con quello nordamericano.
2. Sei mai stato (-a) in una banca italiana? Se sì, racconta la tua esperienza.
3. Hai dei soldi italiani? Se sì, descrivi i diversi biglietti o le diverse monete.

Stimolo alla lettura

Il decalogo *(commandments)* **del vero lavoratore.** Il protagonista del brano seguente dello scrittore italiano Giovanni Verga è Mazzarò, un uomo che ha dedicato tutta la sua vita al lavoro. Con il suo lavoro assiduo, Mazzarò ha messo da parte un'ingente *(large)* fortuna, che però non è mai riuscito a godersi appunto perché stava sempre a lavorare. Il sopraggiungere *(arrival)* della vecchiaia lo preoccupa, così come gli dà fastidio *(bothers)* il dover lasciare dietro di sé, dopo la morte, tutti i suoi beni *(goods)*. Prima di leggere il brano di Verga, leggi il *Decalogo del vero lavoratore*, un decalogo (ovviamente ironico) che non farebbe per Mazzarò, e discuti ogni norma con gli altri membri della classe. Sei d'accordo con queste norme? Queste norme fanno per te?

DECALOGO DEL VERO LAVORATORE

1. Si nasce stanchi e si vive per riposare.
2. Ama il tuo letto come te stesso.
3. Riposa il giorno per dormire la notte.
4. Se vedi chi riposa, aiutalo.
5. Il lavoro è fatica.
6. Non fare oggi quello che puoi fare domani.
7. Fai meno che puoi e quello che devi fare fallo fare agli altri.
8. Di troppo riposo non è mai morto nessuno.
9. Quando ti vien voglia di lavorare siediti: aspetta che ti passi.
10. Se il lavoro è salute, evviva la malattia.

La roba

Leggi attentamente il seguente racconto di Giovanni Verga. Mentre leggi, soffermati sulle osservazioni che Verga fa sul carattere di Mazzarò.

«Questa è una bella cosa d'avere la fortuna che ha Mazzarò!» diceva la gente; e non sapeva quel che ci era voluto ad acchiappare[1] quella fortuna: quanti pensieri, quante fatiche, quante menzogne[2], quanti pericoli di andare in galera[3], e come quella testa che era un brillante avesse lavorato giorno e notte, meglio di una macina da mulino[4], per far la roba[5]; e se il proprietario[6] di una chiusa[7] limitrofa[8] si ostinava[9] a non cedergliela[10], e voleva prendere pel (per il) collo Mazzarò, dover trovare uno strategemma per costringerlo[11] a vendere e farcelo cascare[12], malgrado la differenza contadinesca[13].

«Lo vedete quel che mangio?» rispondeva lui: «pane e cipolla! e sì che ho i magazzini pieni zeppi[14], e sono il padrone di tutta questa roba.» E se gli domandavano un pugno di fave, di tutta quella roba, ei (egli) diceva: «Che vi pare che l'abbia rubate?» Non sapete quanto costano per seminarle[15], e zapparle[16], e raccoglierle[17]?» E se gli domandavano un soldo rispondeva che non l'aveva.

E non l'aveva davvero. Ché in tasca non teneva mai dodici tarì[18] tanti ce ne volevano per far fruttare tutta quella roba, e il denaro entrava e usciva come un fiume dalla sua casa. Del resto a lui non gliene importava del denaro; diceva che non era roba, e appena metteva insieme una certa somma, comprava subito un pezzo di terra; perché voleva arrivare ad avere della terra quanta ne ha il re, ed esser meglio del re, ché[19] il re non può né venderla, né dire ch'è sua.

Di una sola cosa gli doleva[20], che cominciasse a farsi vecchio, e la terra doveva lasciarla là dov'era. Questa è una ingiustizia di Dio, che dopo essersi logorata[21] la vita ad acquistare della roba, quando arrivate ad averla che ne vorreste ancora, dovete lasciarla! E stava delle ore seduto sul corbello[22], col mento nelle mani, a guardare le sue vigne[23] che gli verdeggiavano sotto gli occhi, e i campi che ondeggiavano di spighe[24] come un mare, e gli oliveti[25] che velavano[26] la montagna come una nebbia, e se un ragazzo seminudo gli passava dinanzi, curvo sotto il peso come un asino stanco, gli lanciava il suo bastone[27] fra le gambe, per invidia, e borbottava[28]: «Guardate chi ha i giorni lunghi! Costui che non ha niente!»

Sicché[29] quando gli dissero che era tempo di lasciare la sua roba, per pensare all'anima, uscì nel cortile come un pazzo, barcollando[30], e andava ammazzando[31] a colpi di bastone le sue anitre[32] e i suoi tacchini[33], e strillava[34]: «Roba mia, vientene con me!»

---

[1]*amass* [2]*lies* [3]*jail* [4]*windmill* [5]*things, material possessions* [6]*owner* [7]*enclosure* [8]*nearby*
[9]*persisted* [10]*give it up* [11]*force him* [12]*fall* [13]*of rural people* [14]*all filled up* [15]*sow them*
[16]*plough them* [17]*gather them* [18]*old Sicilian currency* [19]*because* [20]*hurt* [21]*to become worn out*
[22]*basket* [23]*vineyards* [24]*ears of corn* [25]*olive groves* [26]*enshrouded* [27]*stick* [28]*mumbled* [29]*therefore* [30]*wobbling* [31]*killing* [32]*ducks* [33]*turkeys* [34]*yelled*

Dopo la lettura

A. Ricordi quello che hai letto? Tutte le seguenti frasi sono false. Correggile in modo appropriato.

1. La gente pensava che ~~non~~ fosse una bella cosa avere la roba che aveva Mazzarò.
2. Secondo Mazzarò, per acquistare la roba non ci voleva ~~niente.~~ *sacrifici*
3. Mazzarò mangiava pane e ~~cioccolata.~~ *cipolla*
4. I suoi magazzini erano ~~vuoti.~~ *pieni*
5. Mazzarò era molto ~~generoso.~~ *avaro*
6. Mazzarò riusciva ~~facilmente~~ *difficile* ad accumulare il denaro.
7. Mazzarò pensava ancora di essere ~~giovane.~~ *vecchio*
8. Mazzarò non era invidioso di nessuno.
9. Alla fine Mazzarò decide di ~~buttare via~~ tutta la sua roba.

B. Mazzarò. Descrivi Mazzarò e quello che faceva e pensava (e.g., «non soppor-tava la gente», «cercava sempre uno stratagemma per convincere un pro-prietario a cedergli la sua chiusa», ecc.).

C. Parliamone. Rispondi alle seguenti domande, discutendo le tue risposte con gli altri membri della classe.

1. Secondo te, qual è il tema del racconto?
2. Sei d'accordo con l'affermazione che «è una ingiustizia di Dio» dover la-sciare tutta la roba che accumuliamo durante la vita? Perché sì / no?
3. Secondo te, l'attaccamento eccessivo alla roba può portare alla pazzia? Perché sì / no?

D. Riassunto. Prova a narrare con le tue parole il racconto di Verga.

E. Lavoro di gruppo. Con un tuo compagno / una tua compagna, scrivi una sto-riella, simile a quella raccontata da Verga, basata sul seguente tema: «Il pro-prietario di una grande azienda lascia tutta la sua roba per amore di una donna.» Poi leggete il vostro racconto in classe e spiegatene il messaggio.

CON FANTASIA

A. **Un artista distratto.** Il nostro artista deve creare delle vignette sui mestieri. Per questo ha preparato uno schema in cui accanto al mestiere ha scritto i «ferri» che si usano. Purtroppo, come puoi vedere dalla prima vignetta, qualcosa non quadra. Sapresti aiutarlo a rimettere in ordine le sue idee, accoppiando i «ferri» con il mestiere?

1. contadino
2. calzolaio
3. barbiere
4. boscaiolo
5. pescatore
6. cuoco
7. meccanico

a. accetta, sega
b. canna, lenza
c. lesina, martello
d. chiave inglese, cricco
e. rasoio, spazzola
f. falce, rastrello
g. pentola, tagliere

B. **Lavoro, lavoro, lavoro...** Rispondi liberamente alle seguenti domande.

1. Quale sarebbe per te il lavoro più piacevole? più noioso? Perché?
2. Se tu avessi tantissimi soldi, lavoreresti ancora? Perché sì / no?

C. **Se io avessi...** Completa liberamente le seguenti frasi.

1. Se io avessi tanto tempo libero...
2. Se i miei genitori andassero via per qualche mese...
3. Se il mio ragazzo / la mia ragazza mi lasciasse...
4. Se potessi diventare quello che voglio...
5. Se un mago mi desse la possibilità di avere tre cose o di soddisfare tre desideri...

D. **Al lavoro.**

1. Descrivi il tuo lavoro ideale.
2. Se tu dovessi intervistare qualcuno per un lavoro, quali sarebbero tre domande che faresti?
3. Se tu fossi un capoufficio, che cosa faresti per mantenere un'atmosfera amichevole nel tuo ufficio?

E. Offerte di lavoro. Con un compagno / una compagna, prepara un'intervista di lavoro basata sul seguente annuncio. Poi metti in scena l'intervista davanti alla classe.

SEGRETARIO/SEGRETARIA
cercasi

Minimo 3 anni di esperienza. Ottima conoscenza inglese e italiano. Disposta a lavorare in gruppo. Persona ambiziosa e capace di lavorare sotto pressione. Ottima conoscenza di tecnologie informatiche moderne.

Telefonare a Claudio
(06) 33 43 458

F. Richieste di lavoro. Prepara una richiesta di lavoro e leggila alla classe. Segui il modello.

MODELLO

IDRAULICO

Avete bisogno di un idraulico?
Per qualsiasi problema idraulico
chiamate Luigi.

(02) 45 64 782
Prezzi bassissimi
Sconti a pensionati

Ora abbina le definizioni con le attività menzionate nell'annuncio.

1. Vende cucine, frigoriferi, ecc., per la Mareno. __**l'agente Mareno**__
2. È il proprietario di un hotel. _____
3. Cucina in un ristorante. _____
4. Svolge un'attività di vendita per conto di una casa produttrice. _____
5. Si occupa professionalmente di *design*. _____
6. Gestisce un ristorante. _____
7. Medico specialista in dietetica. _____
8. Suora che dirige una casa, una comunità, un ordine di religiose. _____
9. Estingue gli incendi. _____
10. Progetta e dirige la realizzazione di opere edilizie, stradali, meccaniche, industriali, ecc. _____

H. Le barzellette. Per ciascuno dei seguenti professionisti «strambi» *(strange, bizarre)*, prova a scrivere una barzelletta appropriata. Poi leggi le tue barzellette in classe.

MODELLO   un noto pittore «astratto»

In una sala in cui sono esposti i più recenti quadri di un noto pittore di quadri «astratti» che nessuno capisce, un visitatore si ferma davanti a uno dei quadri e chiede alla sua compagna... «Secondo te, si tratta di un'alba *(dawn)* o di un tramonto *(sunset)*?» «Indubbiamente di un tramonto!» dice la compagna. «Ma come fai a capirlo? Dal colore forse?» «Macché! Io conosco il pittore. È un amico. Non si è mai alzato prima di mezzogiorno!»

1. un / una pianista con un tic nervoso *(nervous tick)*
2. un direttore d'orchestra che porta la parrucca *(wig)*
3. un / una dentista a cui tremano *(tremble)* le mani

✦ Il mondo digitale ◇◇◇◇◇◇◇◇◇◇◇◇◇◇

Internet e lavoro

job: 👉 dal curriculum allo stipendio

👉 guida ai siti

www.jobline.it ★★★
ANCHE QUESTO FA PARTE DI UN NETWORK INTERNAZIONALE. OFFRE LA POSSIBILITÀ DI DISATTIVARE TEMPORANEAMENTE LA CONSULTAZIONE DEL CURRICULUM, SENZA CANCELLARLO. RICCO DI BUONI CONSIGLI SU COME COMPILARE IL CURRICULUM E AFFRONTARE I COLLOQUI. CONTIENE UN CAREER CENTER CHE INFORMA SUI SETTORI E LE FIGURE PROFESSIONALI EMERGENTI, I PROFILI PIÙ PAGATI E QUELLI PIÙ RICERCATI DALLE AZIENDE E TUTTE LE TENDENZE DEL MERCATO DEL FUTURO.

http://www.carriera.com/ ★★★
OLTRE AI SOLITI SERVIZI DI INSERIMENTO CURRICULUM E CONSULTAZIONE ANNUNCI OFFRE LA POSSIBILITÀ DI SAPERE QUANTE AZIENDE HANNO LETTO IL VOSTRO C.V. E CON QUALI PAROLE CHIAVE VI HANNO TROVATO. UTILE IL SERVIZIO DI "PRIVACY ESTESA", CHE VI CONSENTE DI CELARE IL CURRICULUM ALLA VOSTRA AZIENDA E ALLE SUE CONSOCIATE, E SE VOLETE ANCHE A TUTTE LE AZIENDE DI UN DETERMINATO SETTORE.

http://www.jobpilot.it/ ★★★★
OTTIMO SITO RICCHISSIMO DI OFFERTE E DI INFORMAZIONI. BEN FATTA LA MASCHERA DI CONSULTAZIONE CHE PRIVILEGIA IL TIPO DI COMPETENZA OFFERTA PIUTTOSTO CHE IL SETTORE MER-

CEOLOGICO DELLE AZIENDE. OFFRE IL SERVIZIO MAILING LIST E UN DATA BASE PER GLI STAGE OLTRE A BUONI LINK CON AGENZIE REGIONALI DI LAVORO, ASSOCIAZIONI PRIVATE, ENTI PUBBLICI E ISTITUZIONI.

www.okkupati.lavori.net ★★★
ANOMALO SITO LEGATO ALLA TRASMISSIONE TELEVISIVA DELLA RAI DEDICATO AL MONDO DEL LAVORO. RICCO DI LINK DI OGNI GENERE, PUÒ ESSERE UN BUON PORTO DI PARTENZA PER SCOPRIRE L'UNIVERSO LAVORO IN RETE. INTERESSANTE LA SEZIONE DEDICATA AI CONCORSI, POI QUELLE DEDICATE AL LAVORO NO-PROFIT E VOLONTARIATO, COOPERAZIONE INTERNAZIONALE E ORDINI PROFESSIONALI.

👉 Altri siti di offerte e informazioni sul mondo del lavoro:

www.lavoro.com/
www.lavoro.kosmomarket.com/
www.informatica.jackson.it/jobworld/index.asp
www.rcl.it/lavoro/
www.cercalavoro.it
www.zonalavoro.com
www.virgilio.it/canali/lavoro/index.html

I siti delle pagine lavoro dei principali quotidiani:

www.corriere.it/lavoro.htm

www.ilsole24ore.it/lavoro
www.jobletter.it/

👉 anche le aziende lo fanno

NELL'ERA PRE-INTERNET L'ASPIRANTE IMPIEGATO, OLTRE A RISPONDERE AGLI ANNUNCI SUI GIORNALI, SI TUFFAVA NELLE PAGINE GIALLE, SCOVAVA IL SETTORE INTERESSATO E INIZIAVA A SPEDIRE LETTERE AI DIRETTORI DEL PERSONALE DELLE AZIENDE. OGGI È POSSIBILE TROVARE DIRETTAMENTE IN RETE I RIFERIMENTI DELLE SOCIETÀ CHE VI INTERESSANO UTILIZZANDO I MOTORI DI RICERCA CON DIRECTORY CHE LE CLASSIFICANO X CATEGORIA MERCEOLOGICA.

Tra i principali:

http://directory.virgilio.it/dir/cgi/index_dir.cgi?ccat=3

http://it.dir.yahoo.com/Affari_e_economia/Aziende/

http://arianna.iol.it/catalogoAutomatico/Raaf/Paginedelleaziende_1.html

http://www.excite.it/aziende/

LA MAGGIOR PARTE DEI SITI UFFICIALI DELLE AZIENDE OFFRE SEMPRE UNA PAGINA IN CUI SI INFORMA SULLE RICERCHE DI PERSONALE IN ATTO. ANDATE PURE A CERCARE QUELLI DELLE SOCIETÀ CHE VI INTERESSANO (SEMPRE USANDO I MOTORI DI RICERCA O LE URL SEGNALATE SEMPRE PIÙ SPESSO NEGLI ANNUNCI PUBBLICITARI) E CONTROLLATE SE C'È QUALCOSA PER VOI. COMUNQUE, I NOSTALGICI DELLE PAGINE GIALLE NON DEVONO RATTRISTARSI: LA VERSIONE ON LINE.

www.paginegialle.it/pg/index.html

È PIÙ COMPLETA, AGGIORNATA ED EFFICIENTE DI QUELLA CARTACEA. BUONA CACCIA!

Studio del vocabolario

A. Paragona le parole usate in Italia con quelle usate in Nord America. Usa un dizionario se necessario. Nota che molte sono uguali. Spiega poi il loro significato.

In Italia	*In Nord America*	*Significato*
1. le figure professionali emergenti	_____	_____
2. i profili più pagati	_____	_____
3. i profili più ricercati	_____	_____
4. la maschera di consultazione	_____	_____
5. lo stage	_____	_____
6. il link	_____	_____
7. il quotidiano	_____	_____

B. Riassumi con parole tue quello che ogni sito offre per chi cerca lavoro.

Applicazione

C. Ricerche digitali. Svolgi i seguenti compiti e poi riporta alla classe quello che hai trovato.

1. Il manifesto sopra risale a qualche anno fa. Se esistono ancora i siti menzionati, ricercali e stampa quello che trovi. In tal modo puoi aggiornarli per la classe.
2. Se non esistono più, cerca siti simili e riporta quello che trovi.

D. Domande.

1. Hai mai usato Internet per motivi di lavoro? Se sì, spiega quello che hai fatto.
2. Tu pensi che ci sia abbastanza privacy su Internet?

NOMI

l'abilità (f)	skill	la ditta / l'azienda	company
l'agenda	appointment book	il / la docente /	teacher
l'agenzia di	employment agency	l'insegnante	
collocamento		il dollaro	dollar
l'architetto	architect	l'elettricista	electrician
l'assegno	check	l'esperienza	experience
l'assegno turistico /	traveler's check	l'euro	Euro
il traveler's check		l'evidenziatore (m)	highlighter
l'attimo	instant, second	la fabbrica	factory
l'aumento di	salary raise /	il falegname	carpenter
stipendio / paga	wage increase	il / la farmacista	pharmacist
l'avvocato /	lawyer	le ferie	holidays
l'avvocatessa		la firma	signature
il barbiere	barber	le forbici	scissors
il / la barista	bartender	la fotocopiatrice	photocopier
il bianchetto	liquid paper	il / la giornalista	journalist
il biglietto /	bill	l'idraulico	plumber
la banconota		l'impiegato (-a)	white collar worker
il briciolo	grain, shred	l'infermiere (-a)	nurse
il cambio	exchange rate	l'informatico (-a)	computer scientist
il cameriere /	waiter / waitress	l'ingegnere	engineer
la cameriera		l'istante	instant
il / la capoufficio	office manager	il lavoro	work, job
la cartella	briefcase, folder	il lavoro a orario pieno	full-time job
il cassiere / la cassiera	teller	il lavoro a orario	part-time work / job
il cestino	waste basket	ridotto / part-time	
il chirurgo / la chirurga	surgeon	il lavoro a turni	shift work
il / la chitarrista	guitarist	il libretto bancario	bank book
il / la commercialista	public accountant	il libretto degli assegni	checkbook
il commesso /	salesperson	la matita	pencil
la commessa		il meccanico /	mechanic
la compassione	compassion	la meccanica	
il computer	computer	il medico / il dottore /	doctor
il / la contabile	accountant	la dottoressa	
il conto	account	il mouse	mouse
la cucitrice	stapler	il muratore	bricklayer
il cuoco / la cuoca	cook	il / la musicista	musician
il datore / la datrice	employer	l'operaio (-a)	blue collar worker
di lavoro		l'orario di lavoro	working hours
il / la dentista	dentist	l'orgoglio	pride
il deposito /	deposit	il parrucchiere /	hairdresser
il versamento		la parrucchiera	
il / la dipendente	employee	la pazienza	patience
il direttore / la direttrice	manager	la penna	pen
il direttore / la	orchestra conductor	il pennarello	marker
direttrice d'orchestra		il / la pianista	pianist
il / la dirigente	manager	il / la pilota	pilot
il dischetto	disk		

il poliziotto / la poliziotta	policeman / policewoman
il prelevamento	withdrawal
il prestito	loan
il / la professionista	professional
il professore / la professoressa	professor, high school teacher
la proposta	proposal
lo psicologo / la psicologa	psychologist
il punto metallico	staple
le qualifiche	qualifications
il ruggito di collera	roar of anger
il sarto / la sarta	tailor
lo scanner	scanner
la scheda / l'archivio	file
lo schermo	monitor
la scienziato / la scienziata	scientist
la scrivania	desk
il segretario / la segretaria	secretary
la sofferenza	suffering
i soldi / il denaro	money
il sorriso	smile
gli spiccioli	small change
lo sportello	counter / window
la stampante	printer
la sterlina	pound
lo stipendio	salary, pay
lo stipendio fisso	fixed salary
lo stipendio iniziale	starting salary / pay
lo stipendio lordo	gross salary
lo straordinario	overtime
il taccuino	notepad
il / la tassista	taxi driver
il tasso d'interesse	interest rate
la tastiera	keyboard
il titolo di studio	education (title)
il tono	tone
l'ufficio di cambio	exchange office
il / la violinista	violinist

AGGETTIVI

disoccupato (-a)	without work, unemployed
garbato	kind, courteous
saldo	solid

VERBI

assumere	to hire
cambiare un assegno	to cash a check
depositare / versare	to deposit
dimettersi / dare le dimissioni	to quit, to leave a position
firmare	to sign
franare	to collapse
guadagnare	to earn
interrompere	to interrupt
licenziare	to fire
prelevare	to withdraw
prendersela a male	to take it badly

ALTRE ESPRESSIONI

di taglio grosso / piccolo	large / small (bill)

Capitolo 13 Il mondo degli animali

QUANTO SAI GIÀ?

A. Sai in che modo sono differenti i seguenti animali? Se sì, indica le differenze agli altri membri della classe. Se no, ricerca ciascun animale in un dizionario o in un'enciclopedia.

1. la mosca e la zanzara
2. un animale domestico e un animale selvatico
3. l'asino e il mulo
4. l'orso e il panda
5. la volpe e il lupo
6. il gallo e la gallina

B. Il cinema e il mondo degli animali. Il mondo del cinema si è spesso servito di animali per molti dei suoi film. Numerosissimi sono i film o i cartoni animati di Walt Disney che hanno come protagonisti, o come personaggi, degli animali. Metti alla prova la tua conoscenza dei film di Walt Disney in cui figurano degli animali, facendo il seguente test. Controlla i risultati dopo il test.

1. Il film che ha come protagonista un elefante che vola s'intitola...
   a. *Dumbo.*
   b. *La bella addormentata.*
   c. *La sirenetta.*

2. Timothy, l'amico di Dumbo, è...
   a. un topo.
   b. un leone.
   c. un cervo.

3. Nel film *Pinocchio*, Jiminy, che rappresenta la coscienza di Pinocchio, è...
   a. un topo.
   b. un grillo.
   c. un gatto.

4. I due animali cattivi che convincono Pinocchio a non andare a scuola sono...
   a. il gatto e il lupo.
   b. il gatto e la volpe.
   c. la volpe e il cane.

5. Nel Paese dei Balocchi *(Pleasure Island)* Pinocchio viene trasformato in...
   a. un mulo.
   b. una pecora.
   c. un asino.

6. Geppetto e Pinocchio sono inghiottiti da...
   a. un rinoceronte.
   b. un coccodrillo.
   c. una balena.

7. Il film in cui tre fratellini costruiscono tre case s'intitola...
   a. *I tre topolini.*
   b. *I tre gattini.*
   c. *I tre porcellini.*

8. In *I tre porcellini* l'animale cattivo è...
    a. un lupo.
    b. un leopardo.
    c. un serpente.

9. Trova l'accoppiamento sbagliato per i seguenti personaggi del *Libro della giungla.*
    a. Baloo = orso
    b. Shere khan = giraffa
    c. Baghera = pantera
    d. King Louie = scimmia

10. Trova l'accoppiamento sbagliato per i seguenti personaggi di *Robin Hood:*
    a. Robin Hood = volpe
    b. King Richard = leone
    c. Sir Hiss = ippopotamo
    d. Little John = orso
    e. Narratore = gallo
    f. Madam Cluck = gallina

11. Trova l'accoppiamento sbagliato per i seguenti personaggi di *Aladdin:*
    a. Iago = pappagallo
    b. Abu = scimmia
    c. Rajah = zebra
    d. Jafar = serpente

12. Bambi è...
    a. un pesce.
    b. un cervo.
    c. uno scoiattolo.

13. In *Alice nel paese delle meraviglie,* il primo animale che la protagonista incontra è...
    a. un'oca.
    b. uno scoiattolo.
    c. un coniglio.

14. I protagonisti di *Lady and the Tramp* sono...
    a. dei cani.
    b. dei gatti.
    c. dei topi.

15. Gli animali che preparano un abito da sera a Cenerentola per andare alla festa da ballo sono dei topolini e...
    a. degli uccelli.
    b. dei gatti.
    c. dei cani.

Risposte: 1-a, 2-a, 3-b, 4-b, 5-c, 6-c, 7-c, 8-a, 9-b, 10-c, 11-c, 12-b, 13-c, 14-a, 15-a

13–15 risposte corrette: Bravissimo.
8–12 risposte corrette: Bravo.
1–7 risposte corrette: Non prendertela: si tratta solo di un gioco.

Prima di leggere

Animali. Rispondi alle seguenti domande liberamente. Poi leggi *Charlie Brown* e metti a confronto le tue risposte con il contenuto del fumetto.

1. Tu pensi che gli animali domestici siano importanti? Perché sì / no?
2. Ti piacciono i pesci rossi? Perché sì / no?
3. Per quali motivi pensi che la gente compri gli animali?
4. Conosci Snoopy? Se sì, descrivilo. Che cosa simboleggia secondo te?
5. Tu pensi che i cani siano veramente degli «amici»? Perché sì / no?
6. Come sarebbe il mondo, secondo te, se non ci fossero i cani?

Cane vendesi

Leggi attentamente le seguenti strisce di Charlie Brown. Mentre leggi, fa'
particolare attenzione alla problematica degli animali domestici.

¹ **pesci...** *goldfish*   ² *pail*   ³ **allevamento...** name of a farm

Dopo la lettura

A. Ricordi quello che hai letto? Indica se ciascuna delle seguenti affermazioni è vera (V) o falsa (F). Correggi quelle false.

F   1. Per Charlie Brown gli animali domestici non sono importanti.

F   2. Un suo compagno di scuola ha ricevuto per il suo compleanno un canarino.

___   3. Il compagno di Linus desiderava veramente dei pesci rossi.

V   4. Quando Charlie Brown ha ricevuto Snoopy, era piuttosto piccolo.

V   5. Ai giardini Charlie Brown stava giocando con dei bambini.

V   6. Un bambino rovesciò un secchiello di sabbia in testa a Charlie.

F   7. Charlie Brown ha ricevuto Snoopy dai nonni.

F   8. Secondo Violet, i cani sono intelligenti.

V   9. Secondo Charlie, il mondo sarebbe peggiore se non ci fossero i cani.

B. Parliamone! Rispondi liberamente alle seguenti domande. Discuti le tue risposte con gli altri membri della classe.

1. Prima di comprare un animale domestico, è importante «desiderarlo veramente»? Perché sì / no?
2. Charlie Brown afferma che la gente compra gli animali per strane ragioni. Quali sono, secondo te, alcune di queste ragioni?
3. Hai un animale domestico? Se sì, per quale motivo hai deciso di averne uno? Se no, per quale motivo non ne hai uno?
4. Charlie Brown afferma che siamo fortunati a godere della compagnia dei cani. Sei d'accordo? Giustifica la tua risposta.

Stimolo linguistico

A. Ricordi gli avverbi? Prima trasforma i seguenti aggettivi in avverbi e poi usa ciascuno di essi in altrettante frasi che ne rendano chiaro il significato.

MODELLO   chiaro
               chiaramente
               Quell'insegnante spiega tutto chiaramente.

1. strano	5. fortunato	8. regolare
2. intero	6. vero	9. facile
3. stupido	7. certo	10. difficile
4. intelligente		

B. Caccia... all'errore. Le seguenti frasi presentano alcuni errori. Sai correggerli? Spiega ai compagni la regola grammaticale «offesa» *(broken)*.

1. Cani sono animali domestici.
2. Oggi sto ancora male. Anzi sto peggiore di ieri.
3. I cani sono più migliori dei gatti.
4. Carlo ha comprato delle uve.

VOCABOLARIO

Gli animali

l'animale selvatico	*wild animal*	la mucca / il bue	*cow/ox*
l'animale domestico	*domestic animal, pet*	il mulo	*mule*
l'ape *(f)*	*bee*	l'orso	*bear*
l'asino	*donkey*	il pappagallo	*parrot*
il cane / la cagna	*dog*	la pecora /	*sheep/ram*
il castoro	*beaver*	il montone	
il cavallo	*horse*	il pesce	*fish*
il coniglio	*rabbit*	la scimmia	*monkey*
l'elefante / l'elefantessa	*elephant*	lo scoiattolo	*squirrel*
la formica	*ant*	il serpente	*snake*
il gallo / la gallina	*rooster/chicken*	il tacchino	*turkey*
il gatto / la gatta	*cat*	la tartaruga	*turtle*
la giraffa	*giraffe*	la tigre	*tiger*
il leone / la leonessa	*lion*	il topo	*mouse*
il lupo / la lupa	*wolf*	l'uccello	*bird*
il maiale (il porco) /	*pig*	la volpe	*fox*
la scrofa		la zanzara	*mosquito*
la mosca	*fly*		

✦ Many animal words have only one form to indicate both masculine and feminine gender. For example, **il topo** *(mouse)* is used to refer both to a female or male mouse. This is true also for **la volpe** *(fox)*, which has no masculine form. In such cases sexual gender is specified typically as follows:

il topo maschio (or il maschio del topo)
il topo femmina (or la femmina del topo)
la volpe maschio (or il maschio della volpe)
la volpe femmina (or la femmina della volpe)

Il verso degli animali *(Animal sounds)*

abbaiare	*to bark*
belare	*to bleat*
cantare/cinguettare	*to sing/to chirp*
fare chicchirichì	*to cock-a-doodle-do*
garrire *(isc)*	*to shrill*
miagolare	*to meow*
muggire	*to moo*
nitrire *(isc)*	*to neigh*
ragliare	*to bray*
ruggire *(isc)*	*to roar*
ululare	*to howl*

Applicazione

A. Il verso degli animali. Accoppia gli animali con i verbi indicanti il loro verso.

1. il gallo	a. muggisce
2. il cavallo	b. garrisce o cinguetta
3. il cane	c. ruggisce
4. il gatto	d. bela
5. il leone	e. fa chicchirichì
6. il lupo	f. cinguetta
7. la mucca	g. nitrisce
8. l'uccello	h. raglia
9. la pecora	i. miagola
10. l'asino	j. ulula
11. l'elefante	k. abbaia

B. I paragoni. Spesso per indicare delle qualità umane, si fa il paragone con un animale. Per esempio, per dire che una persona è molto testarda, si dirà: «È testardo come un mulo». Sapresti completare i seguenti paragoni scegliendo dalla seguente lista di animali? Nella lista figurano tre animali in più. Usa il dizionario, se necessario.

lupo	coniglio	formica	pesce	~~mosca~~	asino
tartaruga	~~orso~~	~~scimmia~~	~~cane~~	~~uccello~~	cavallo
serpente	~~tigre~~	~~leone~~	~~volpe~~	pecora	gatto

1. È timido come un _____.

2. È scontroso come un _____.

3. È feroce come una _____.

4. È fedele come un _____.

5. È furbo come una _____.

6. È muto come un _____.

7. È tentatore come un _____.

8. È coraggioso come un _____.

9. È noioso come una _____.

10. È ignorante come un _____.

11. È affamato *(famished)* come un _____.

12. È melodioso come un _____.

13. È parsimonioso e attivo come una _____.

14. Si arrampica *(climbs)* come una _____.

15. È lento come una _____.

C. Animali! Sai descrivere i seguenti animali? Se sì, descrivili al resto della classe.

1. l'animale selvatico
2. l'animale domestico
3. l'ape *(f)*
4. il castoro
5. la gallina
6. la giraffa
7. il maiale
8. il mulo
9. il pappagallo
10. lo scoiattolo
11. il tacchino
12. il topo
13. la zanzara

✦ GRAMMATICA ◇◇◇◇◇◇◇◇◇◇◇◇◇◇◇◇◇◇◇◇◇◇◇◇◇ ◇

STRUTTURA

13.1 Il nome: caratteristiche particolari

Nomi numerabili e non numerabili

✦ Count nouns refer to things that can be counted. Therefore, they have both singular and plural forms, and can be used with the indefinite article: **un gatto – tanti gatti.** Noncount nouns refer to things that are considered "noncountable." Consequently, they have only a singular form and cannot be used with the indefinite article: **il riso, la carne,** etc.

✦ Note that there are contrasts in the ways in which languages assign countability. For example, **l'uva** *(grapes)* is noncountable in Italian, but countable in English. Also, some words are used in Italian as countable and noncountable:

Noncountable usage	Countable usage
l'informazione *information (in general)*	le informazioni *items of information*
la verdura *vegetables (in general)*	le verdure *types of vegetables*
il pesce *fish (in general)*	i pesci *types of fish*
la gente *people (in general)*	le genti *specific kinds of people*

✦ When noncount nouns begin a sentence, they must always have the definite article, as do count nouns used in a general sense:

L'acqua è essenziale per la vita.	*Water is essential for life.*
Il latte ti fa bene.	*Milk is good for you.*
Gli Italiani mangiano bene.	*Italians eat well.*

✦ In the case of object noun phrases, the article can be dropped: **Studio l'italiano. / Studio italiano.** This is a stylistic feature that is acquired as one listens to and reads Italian.

Nomi composti

✦ Some nouns are made up of two parts (*noun + noun, verb + noun*, etc.). These are called compound nouns. Although there are no fixed rules for pluralizing such nouns, here are some general guidelines:

In most cases (*noun + noun, noun + adjective,* etc.), the compound noun is pluralized as if it were a regular "single" noun:

l' arcobaleno *rainbow*	gli arcobaleni
la banconota *bank note*	le banconote
la ferrovia *railroad*	le ferrovie
il francobollo *stamp*	i francobolli
il gentiluomo *gentleman*	i gentiluomini
il palcoscenico *stage*	i palcoscenici

If a verb is part of the compound noun (*verb + noun* or *verb + verb*), then the noun is masculine in gender and it is invariable:

il portalettere *letter carrier*	i portalettere
il cavatappi *bottle opener*	i cavatappi
il toccasana *cure-all*	i toccasana

If the compound noun is formed by *verb + singular noun,* then it is masculine and is pluralized in the normal way:

l'asciugamano *towel*	gli asciugamani
il portafoglio *wallet*	i portafogli
il parafango *fender*	i parafanghi

If **capo** is an element in the compound construction, then, by convention, one or both parts of the construction are pluralized. You will have to look up nouns of this type in a dictionary to be sure:

il capofabbrica *plant manager*	i capifabbrica
il capofamiglia *head of the family*	i capifamiglia
il capogiro *dizziness*	i capogiri
il capogruppo *group leader*	i capigruppo
il capolavoro *masterpiece*	i capolavori
il caporeparto *foreman*	i capireparti
il capotecnico *technical director*	i capitecnici/capotecnici
il capoufficio *office manager*	i capiufficio

Applicazione

A. La vita quotidiana del gatto! Completa con la forma appropriata dell'articolo determinativo o delle preposizioni articolate (**al, nello,** ecc.).

La vita di un gatto!

_____ informazioni usate in questo articolo sono tutte basate _____ mie esperienze personali, non _____ antropologia etologica. _____ gatti sono animali veramente «strani» e «misteriosi». _____ mio gatto, per esempio, a cui non piace generalmente _____ verdura, ha invece mangiato _____ verdure che gli ho dato alcuni giorni fa. _____ cibo preferito _____ gatti è _____ pesce, ma _____ mio gatto non piace _____ pesce. Odia _____ pesci! Però mangia volentieri _____ uva, anche se _____ gente non mi crede.

Sì, _____ vita di un gatto, anzi _____ molte vite di un gatto, sono interessanti. _____ animali domestici sono tutti simpatici, ma _____ gatti hanno un fascino particolare!

B. Il mondo degli yuppies. Questo articolo ironico sugli «yuppies» presenta parole composte. Completa in modo opportuno con le vocali mancanti.

Il mondo degli yuppies

Oggi gli yuppies vivono letteralmente alla giornata. Secondo una ricerca, i cap_i_ uffic_o_ giovani escono quasi ogni sera. Gli yuppies di oggi sono quasi dei cap_o_comic_i_ che vivono su dei palc_o_ scenic_i_ di «glitz». Gli yuppies non sono affatto tagliati per essere dei cap_i_famigli_a_.

Sono quasi come i port_a_letter_e_, che vanno e vengono con i messaggi degli altri, ma con niente di «proprio»! Vivono per guidare macchine con par_a_fang_hi_ d'oro! Indossano vestiti che sono dei cap_o_lavor_i_ di moda, anche se non hanno le banc_o_not_e_ per permetterseli! E non sempre gli yuppies sono dei gent_i_luom_ini_.

C. Tocca a te. Usa ciascuno dei seguenti nomi nella loro forma plurale in altrettante frasi che ne rendano chiaro il significato.

1. capogiro
2. capotecnico
3. asciugamano
4. portafoglio
5. capofabbrica
6. capogruppo
7. caporeparto
8. arcobaleno
9. ferrovia
10. francobollo
11. cavatappi
12. toccasana

13.2 I comparativi

◆ Adjectives, adverbs, and other parts of speech can be compared according to degree:

Uguaglianza *(Equality/Positive)*

◆ In this case **così... come** or **tanto... quanto** *as . . . as* are used, alternatively, with any adjective comparing two nouns. In both cases, the first word is optional:

Il mio gatto è (così) intelligente come il tuo.	*My cat is as intelligent as yours.*
Il nostro cane è (tanto) simpatico quanto il suo.	*Our dog is as beautiful as his/hers.*

◆ With any other structure (noun, adverb, etc.), or when two adjectives are used to compare the same noun, only **tanto... quanto** can be used. In this case agreement patterns apply as shown:

With nouns (agreement is made with the nouns):

Maria ha **tanta** audacia **quanto** senso.	*Mary has as much audaciousness as she has good sense.*

With adjectives referring to the same noun (no agreement):

Maria è **tanto** bella **quanto** simpatica.	*Mary is as beautiful as she is nice.*

With other structures (no agreement):

Studiare è **tanto** difficile **quanto** lavorare.	*Studying is as difficult as working.*
Io studio **tanto quanto** te.	*I study as much as you do.*

Maggioranza e minoranza *(Majority and minority comparatives)*

◆ For the comparative of majority and minority, **più** *more* and **meno** *less* are used. When one adjective compares two nouns then **più** and **meno** are followed by **di** *(than)*. If two nouns are compared by one adjective, then **che** follows:

Two nouns:

Maria è **più** simpatica **di** Elena.	*Mary is nicer than Helen.*
Maria è **meno** furba **della** sua amica.	*Mary is less wily than her friend.*

Two adjectives:

Maria è **più** simpatica **che** intelligente.	*Mary is nicer than she is intelligent.*
Maria è **più** furba **che** sincera.	*Mary is wilier than she is sincere.*

◆ This same pattern applies to other structures:

La musica mi piace **più della** pittura.	*I like music more than painting.*
Lui ha scritto **più** lettere **di** me.	*He wrote more letters than I.*
Mi piace **più** leggere **che** scrivere.	*I like reading more than writing.*
Lui ha mangiato **meno** carne **che** pesce.	*He ate less meat than fish.*

✦ The expression *than what* is rendered by **di quello che / di ciò che / di quanto**
+ *subjunctive:*

Maria è **meno** intelligente **di quel** | *Mary is less intelligent than what you think.*
che voi pensiate.
Gli ho dato **più di quanto** volesse. | *I gave him more than what he wanted.*

Superlativo *(Superlative)*

✦ For the superlative form of comparison, **più** and **meno** are used preceded by
the definite article. Note that in superlative constructions **di** renders the idea
of *in/of* and **tra/fra** of *between/among:*

Maria è **la più** brava **della** classe. | *Mary is the best in the class.*
Questo è **il** corso **più** interessante | *This is the most interesting course in the*
del mondo. | *world.*
Giorgio è **il meno** simpatico **tra** i | *George is the least nice among his friends.*
suoi amici.

✦ Be careful not to repeat the definite article in superlative constructions:

Maria è la più brava della classe. / Maria è la ragazza più brava della classe.
Not: Maria è la ragazza la più brava della classe.

Superlativi irregolari

Adjective	Comparative Form	Superlative Form
buono	migliore	il migliore
good	(più buono)	(il più buono)
	better	*best*
cattivo	peggiore	il peggiore
bad	(più cattivo)	(il più cattivo)
	worse	*the worst*
grande	maggiore	il maggiore
big	(più grande)	(il più grande)
	bigger	*the biggest*
piccolo	minore	il minore
small (little)	(più piccolo)	(il più piccolo)
	smaller	*the smallest*

Adverb	Comparative Form	Superlative Form
bene	meglio	il meglio
well	*better*	*the best*
male	peggio	il peggio
bad(ly)	*worse*	*the worst*

✦ If you have difficulty deciding whether to use **migliore** or **meglio, peggiore** or **peggio** go back to the noncompared form. This will tell you if the form is **buono** or **bene, cattivo** or **male**:

Sentence to be Formed	Noncompared Form	Italian Form
That CD is *better.*	That CD is *good.* = **buono** (adjective)	Quel CD è **migliore.**
She's feeling *better.*	She's feeling *well.* = **bene** (adverb)	Lei sta **meglio.**
That is a *worse* situation.	That is a *bad* situation. = **cattiva** (adjective)	Quella è una situazione **peggiore.**
That watch works *worse* than this one.	That watch works *badly.* = **male** (adverb)	Quell'orologio funziona **peggio** di quello.

✦ The final **-e** of **migliore** and **peggiore** may be dropped before a singular noun:
È il miglior libro che abbia mai letto. *It's the best book I have ever read.*

Pronomi e aggettivi utili

Form	Adjective	Pronoun
alcuno *some*	Ci sono **alcuni** errori. *There are some errors.*	**Alcuni** pensano di saper tutto. *Some think they know it all.*
altro *other*	Ci sono **altri** due gatti qui. *There are two other cats here.*	**Alcuni** dicevano una cosa, **altri** un'altra. *Some said one thing, others something else.*
certo *certain*	**Certe** persone odiano gli animali. *Certain people hate animals.*	**Certi** pensano che io odi i gatti. *Some (people) think that I hate cats.*
molto / tanto *much, a lot*	Lei ha **tanta** pazienza. *She has a lot of patience.*	**Tanti** hanno un gatto in casa. *Many have a cat in their home.*
parecchio *several*	Io ho **parecchi** gatti. *I have several cats.*	**Parecchi** preferiscono i cani. *Some prefer dogs.*
poco *little, few*	Lui ha **poca** pazienza. *He has little patience.*	**Pochi** oggi vanno a caccia. *Few today go hunting.*
stesso *same*	È la **stessa** cosa. *It's the same thing.*	Sono sempre gli **stessi** a lamentarsi. *It's always the same ones who complain.*
tutto *everything, everyone*	Ho mangiato **tutta** la carne. *I ate all the meat.*	**Tutti** amano i gatti. *Everyone loves cats.*

Applicazione

A. **La comparazione.** Completa ogni frase con le diverse strutture comparative e sostituendo agli infiniti dei verbi il tempo e il modo appropriati.

1. La mia gatta è bella, ma la tua è più bella. La tua è _più_ bella _della_ mia, è la gatta _____ che io _____ (vedere).
2. Il tuo cane è intelligente, come lo è il suo. Il tuo è _tanto_ intelligente _quanto_ suo.
3. Mi piace camminare col cane e mi piace anche guardare la TV la sera. Mi piace _____ camminare col cane _____ guardare la TV la sera.
4. Ho comprato la stessa quantità di carne e di latte per il mio gatto. Ho comprato _____ carne _____ latte.
5. La mia gatta è simpatica, ma non è poi così tanto simpatica. La mia gatta è _____ simpatica di _____ si _____ (credere).
6. La mia gatta è intelligente; ma è meno furba. La mia gatta è _____ furba _____ intelligente.
7. Il mio cane è il cane _____ bello _____ tutti i cani del quartiere.
8. Il mio cane è molto pigro: gli piace _____ dormire _____ correre.

B. **Ancora i comparativi.** Adesso parla di te stesso (-a). Segui i modelli.

MODELLI intelligente / tuo fratello
Sono più intelligente di mio fratello.
Sono meno intelligente di mio fratello.
Sono tanto intelligente quanto mio fratello.

alto / basso
Sono più alto (-a) che basso (-a).
Sono più basso (-a) che alto (-a).

studiare / lavorare
Mi piace più studiare che lavorare.
Mi piace meno studiare che lavorare.
Mi piace studiare quanto lavorare.

1. simpatico / tua sorella
2. energico / i tuoi amici
3. ricco / povero
4. paziente / impaziente
5. la città / la campagna
6. le vacanze / il lavoro
7. generoso / i tuoi amici
8. sensibile / duro
9. viaggiare / rimanere a casa

C. Migliore, maggiore, meglio, peggio... Sostituisci le parole fra parentesi con un'altra forma comparativa.

1. Questo caffè è (più buono) _____ di quell'altro.
2. Carmine è il fratello (più grande) _____.
3. Teresa è la sorella (più piccola) _____.
4. Gianfranco è il figlio (più piccolo) _____.
5. Questa frutta è (più cattiva) _____ di quella dell'altro giorno.
6. È la (più buona) _____ cosa che lui possa fare.

D. Traduciamo! Ora traduci le parole fra parentesi.

1. Michele, scrivi un po' (better) ~~migliore~~! _meglio_
2. Oggi la macchina va (better) ~~migliore~~ _meglio_
3. Oggi non mi sento (well) _bene_.
4. Lui cucina molto (badly) ~~peggiore~~ _male_
5. Oggi mi sento (worse) _peggio_.
6. Noi temiamo (the worst) _il peggio_

E. Completa! Adesso completa il seguente articolo sugli animali selvatici inserendovi opportunamente **alcuno, altro, certo, tanto, parecchio, poco, stesso, tanto, tutto, ultimo** nelle loro forme appropriate.

Gli animali selvatici

Secondo me, _tutti_ gli animali selvatici sono belli. Ma _alcuni_ sono più belli di _altri_, anche se tali percezioni variano da società a società. Però, _alcune_ persone sono d'accordo sul fatto che bisogna proteggere _tutti_ gli animali, non solamente _alcuni_. _Altri_, invece, sostengono che negli _ultimi_ anni siamo diventati un po' troppo «fanatici» verso gli animali. Ma gli _stessi_ che dicono questo, sono purtroppo quelli che permettono a _alcuni_ meno sensibili di uccidere inutilmente _tanti_ animali.

Parecchie persone sono molto insensibili. Fortunatamente ce ne sono _tanti_ che capiscono _____ di più. La sopravvivenza degli animali dipenderà da ciò che faranno questi _ultimi_!

13.3 Gli avverbi

✦ Adverbs of manner are used to answer the question **Come?** Generally they are formed by adding the suffix -**mente** in the following ways:

If the descriptive adjective ends in -**o,** the ending is changed to -**a** and -**mente** is then added:

raro	→	rara	→	raramente	*rarely*
vero	→	vera	→	veramente	*really*

The suffix -**mente** is added directly to an adjective that ends in -**e:**

felice	→	felicemente	*happily*
enorme	→	enormemente	*enormously*

The -**e** is dropped, however, if the adjective ends in -**le** or -**re:**

difficile	→	difficilmente	*with difficulty*
facile	→	facilmente	*easily*
popolare	→	popolarmente	*popularly*
regolare	→	regolarmente	*regularly*

Exceptions to the above rules are:

benevolo	→	benevolmente	*benevolently*
leggero	→	leggermente	*lightly*
violento	→	violentemente	*violently*

Applicazione

A. Avverbi. Dal seguente articolo mancano alcuni avverbi. Completalo in modo opportuno, trasformando i seguenti aggettivi in avverbi.

brutale	difficile	aggressivo	felice	benevolo
violento	erroneo	gentile	raro	

> *Gli animali*
>
> _____ *gli animali sono pericolosi. Anzi,* _____ *si trovano animali che aggrediscono le persone. Spesso pare che si comportino* _____*; invece, se vengono lasciati in pace si comportano quasi sempre* _____*.*
>
> *Spesso interpretiamo* _____ *le loro azioni. Tutte le specie di questo mondo desiderano vivere* _____*.*
>
> *Gli animali spesso si comportano* _____*. Siamo noi esseri umani che, invece, spesso ci comportiamo* _____ *e* _____*.*

B. Tocca a te! Adesso trasforma ciascuno dei seguenti aggettivi in avverbi e poi usa ciascun avverbio in una frase che ne renda chiaro il significato.

1. felice
2. vero
3. popolare
4. benevolo
5. raro
6. enorme
7. facile

COMUNICAZIONE

Uscire per divertirsi

andare a trovare gli amici, i parenti...	*to visit friends, relatives ...*
andare in un locale notturno	*to go to a nightclub*
in discoteca	*to the disco*
al bar	*to the bar*
al cinema	*to the movies*
al concerto	*to the concert*
al museo / alla galleria d'arte	*to the museum/the art gallery*
al teatro	*to the theater*
ad una festa	*to a party*
in biblioteca	*to the library*
preferire la musica moderna	*to prefer modern music*
la musica classica	*classical music*
il jazz	*jazz*
la musica folcloristica	*folk music*
lo spettacolo	*show, performance*
la commedia	*comedy*
il dramma	*drama*
la tragedia	*tragedy*
chiamare il taxi/il tassì	*to call a taxi*
uscire con gli amici	*to go out with friends*
da solo (-a)	*alone*
in compagnia	*in the company of friends*

Applicazione

A. Differenze. Spiega le differenze tra le seguenti cose.

1. una commedia e una tragedia
2. uno spettacolo e un dramma
3. da solo e in compagnia
4. musica classica e musica moderna
5. jazz e musica folcloristica
6. una discoteca e un museo
7. una biblioteca e un bar
8. il cinema e il teatro

B. **Tocca a te!** Rispondi alle domande con frasi complete.

1. Vai spesso o di rado in biblioteca? Perché?
2. Di solito quando prendi il taxi?
3. Vai spesso alle feste? Ti piacciono? Perché sì / no?
4. Vai spesso in discoteca? Ti piace? Perché sì / no?
5. Ti piace il teatro? Nomina la tua commedia preferita, il tuo dramma preferito e la tua tragedia preferita.
6. Sei mai stato (-a) in un museo italiano? Se sì, racconta la tua esperienza.
7. Vai spesso ai concerti? Ti piacciono? Perché sì / no?

Organizzare una festa

gli affettati	*cold cuts*
apparecchiare la tavola	*to set the table*
ballare	*to dance*
la bibita	*soft drink*
il bicchiere	*drinking glass*
il coltello	*knife*
il cucchiaino	*teaspoon*
il cucchiaio	*spoon*
la forchetta	*fork*
l'invitato	*invited guest*
la lattina (di Coca, Pepsi…)	*(Coke, Pepsi . . .) can*
il panino	*bun sandwich*
il piatto	*plate*
raccontare barzellette	*to tell jokes*
la tazza	*cup*
il tovagliolo	*napkin*
il tramezzino	*flat sandwich*

Applicazione

A. **La festa.** Prepara una lista per una festa che organizzerai, poi leggila in classe. Includici:
1. le cose da comprare (cibo, bibite, ecc.)
2. le cose da preparare (musica, giochi, ecc.)
3. le persone da invitare
4. le attività da programmare

B. **Indovinello.** Che cosa è?
1. Si usa per affettare la carne.
2. Il contenitore del caffè.
3. Si usa per mangiare la minestra.
4. Si usa per mangiare la pasta.
5. Un sinonimo di «preparare» la tavola.
6. Un tipo di carne che si usa nei panini.
7. Una bevanda analcolica.
8. Si usa per pulirsi la bocca.
9. Il contenitore della Coca, della Pepsi, ecc.
10. Ci si mangia la pasta, la minestra, la carne, ecc.

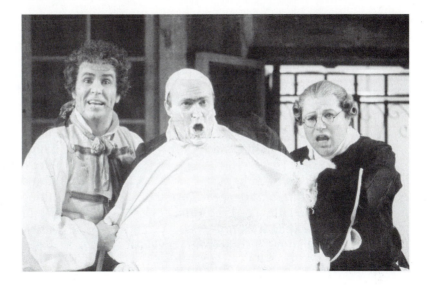

Al cinema

l'attore / l'attrice	*actor/actress*
il botteghino	*ticketbooth*
la colonna sonora	*soundtrack*
il corridoio	*corridor*
la fila	*aisle, row*
fare la fila / la coda	*to line up*
il posto / la poltrona di prima fila	*front-row seat*
la platea	*ground floor*
la galleria	*balcony*
il film / la pellicola	*movie, film*
di spionaggio	*spy*
di fantascienza	*science fiction*
d'amore	*love*
d'avventura	*adventure*
giallo	*detective, thriller*
western	*Western*
dell'orrore	*horror*
a colori	*color*
in bianco e nero	*black and white*
di prima visione	*premiere*
doppiato	*dubbed*
girare un film	*to make a movie*
i sottotitoli	*subtitles*
il / la regista	*movie director*
vietato ai minorenni	*forbidden to minors (restricted)*

Applicazione

A. Al cinema. Abbina le definizioni della colonna A con le parole della colonna B.

A	B
1. Film presentato al pubblico per la prima volta	a. Film di spionaggio
2. Persona che dirige un film	b. Il botteghino
3. Recita in un film	c. Un film di prima visione
4. Lo sono i film di James Bond	d. Film d'avventura
5. Lo è *Star Trek*	e. Il regista
6. Lo è *Ghost*	f. Film di fantascienza
7. Lo è il fim *Raiders of the Lost Ark*	g. Film d'amore
8. Lo sono i film di Alfred Hitchcock	h. Film gialli
9. *To line up* in italiano	i. L'attore / l'attrice
10. Il posto dove si comprano i biglietti	j. Fare la fila

B. Differenze. Spiega la differenza tra le seguenti cose.

1. il corridoio e il botteghino
2. un posto in prima fila e un posto in fondo
3. la platea e la galleria
4. un film a colori e un film in bianco e nero
5. un film con i sottotitoli e un film doppiato
6. un film vietato ai minorenni e un film per la famiglia

C. Tocca a te! Rispondi alle domande con frasi complete.

1. Conosci qualche regista italiano (-a)? Chi? Quale dei suoi film ti piace di più? Perché?
2. Chi sono oggi le stelle del cinema americano?
3. Preferisci un posto in platea o in galleria? Perché?
4. Chi è il tuo attore / la tua attrice preferito (-a)? Perché?
5. Chi è l'attore / l'attrice che non sopporti? Perché?
6. Qual è il tuo film preferito? Perché?
7. Che genere di film ti piace? Perché?

 ✦ IL MOMENTO CREATIVO

Con un tuo compagno/una tua compagna, metti in scena la seguente situazione.

Uno studente/Una studentessa telefona ad una sua compagna/un suo compagno di scuola per invitarla/lo ad uscire insieme («Andiamo al cinema?» «Vuoi venire con me in discoteca?» ecc.). Però alla compagna/al compagno non è simpatico (-a) la persona che lo/la invita. Non volendolo/la offendere, troverà una «scusa plausibile e delicata» per respingere (turn down) *l'invito.*

Musica e cinema

Durante il Medioevo, l'Italia svolse un ruolo primario nel campo della musica sacra (da chiesa) col cosiddetto «canto gregoriano» attribuito a Papa Gregorio il Grande (540–604 d.C. circa). Tra i musicisti più noti del Rinascimento e del Barocco sono da menzionare Palestrina, Gabrieli, Monteverdi, Frescobaldi, Corelli, Vivaldi e Scarlatti.

L'Opera è sempre stata per gli italiani una delle forme artistiche più importanti. Rossini, Bellini, Donizetti, Verdi, Mascagni, Leoncavallo e Puccini sono popolarissimi. Le loro opere—*Il Barbiere di Siviglia, la Traviata, Tosca*, ecc.— vengono messe in scena frequentemente in tutto il mondo.

Molto popolare in Italia è il Festival di Sanremo, una delle più famose gare canore del mondo. Il festival, iniziato nel 1951, ha luogo nella città ligure nel mese di febbraio e ad esso partecipano non solo i cantanti più famosi del Paese, ma anche quelli alle prime armi, i futuri idoli della musica leggera italiana.

L'Italia ha anche una ricca tradizione di canto folcloristico. Particolarmente conosciute sono le canzoni napoletane tradizionali come *Santa Lucia, O sole mio, Torna a Sorriento,* ecc. Ogni regione ha i suoi canti. Tra i giovani oggi va molto di moda la musica popolare americana, come il rap e l'hip-hop, da essi ascoltata regolarmente attraverso trasmissioni che raggiungono l'Italia giornalmente.

Nel campo del cinema l'Italia ha sempre avuto una grande reputazione a livello internazionale. Registi come Fellini, De Sica, Wertmüller, Visconti, Rossellini, Antonioni, Pasolini, Bertolucci, Tornatore e Taviani sono tra i più grandi di questo secolo. Nelle sale cinematografiche si proiettano spesso film americani, i quali sono doppiati. ✦

Applicazione

A. Ricordi quello che hai letto? Completa le frasi in modo opportuno.

1. Il canto gregoriano è attribuito a...
2. Tra i compositori più conosciuti del Rinascimento e del Barocco sono da menzionare...
3. Il Festival di Sanremo è...
4. Il Festival di Sanremo ha luogo nel mese di...
5. A questo festival partecipano...
6. Fellini e Antonioni sono due... italiani.
7. *O sole mio* e *Torna a Sorriento* sono due... napoletane tradizionali.
8. L'... è sempre stata per gli italiani una delle forme artistiche più importanti.

B. **Ricerche da svolgere.** Rispondi alle seguenti domande.

1. Chi è il compositore delle seguenti opere: *Il Barbiere di Siviglia, La Gazza Ladra, Guglielmo Tell*?
2. Chi è il compositore delle seguenti opere: *Rigoletto, Il Trovatore, La Traviata, Aida*?
3. Chi è il compositore delle seguenti opere: *La Bohème, Tosca, Madame Butterfly*?
4. Quali film importanti ha diretto Fellini? Wertmüller? Antonioni? Visconti? Bertolucci?
5. Conosci qualche attore / attrice del cinema italiano? Chi conosci? Ti piacciono?

Stimolo alla lettura

Quiz cinematografico. Sei un esperto / un'esperta di cinema italiano? In alcuni casi tutte e due le risposte possono essere corrette.

1. Roberto Rossellini è il regista del film...
   a. *La dolce vita.*
   b. *Roma città aperta.*
2. Il nome del regista italiano De Sica era...
   a. Giuseppe.
   b. Vittorio.
3. Il regista del film *La terra trema* è...
   a. Luchino Visconti.
   b. Franco Zeffirelli.
4. Franco Zeffirelli ha fatto un film sulla vita di...
   a. Gesù di Nazareth.
   b. San Francesco.
5. Michelangelo Antonioni è il regista del film...
   a. *Ben Hur.*
   b. *Blow Up.*
6. Pier Paolo Pasolini è il regista del film...
   a. *Il Vangelo secondo Matteo.*
   b. *8 1/2.*
7. Il nome del regista italiano Fellini era...
   a. Federico.
   b. Marcello.
8. Fellini è il regista del film...
   a. *La strada.*
   b. *Ginger e Fred.*
9. Sofia Loren e Marcello Mastroianni recitarono insieme nel film...
   a. *Matrimonio all'italiana.*
   b. *I girasoli.*
10. Giuseppe Tornatore vinse l'Oscar con il film...
    a. *Stanno tutti bene.*
    b. *Nuovo cinema paradiso.*

Risposte: 1-b, 2-b, 3-a, 4-a, 5-b, 6-a, 7-a, 8-a, 9-a, 10-b

Matrimonio all'italiana

Leggi attentamente la trama del seguente film, facendo particolare attenzione allo svolgimento della vicenda.

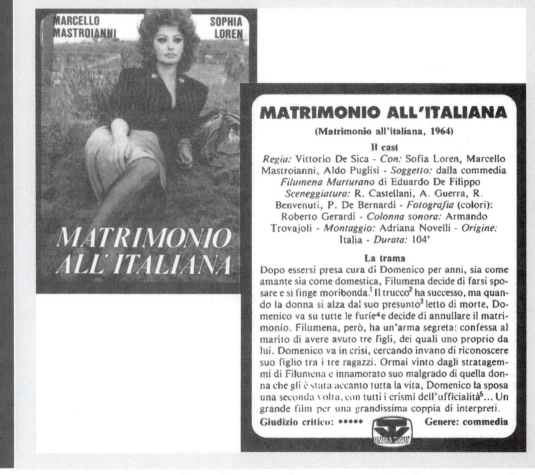

MATRIMONIO ALL'ITALIANA

(Matrimonio all'italiana, 1964)

Il cast

Regia: Vittorio De Sica - *Con:* Sofia Loren, Marcello Mastroianni, Aldo Puglisi - *Soggetto:* dalla commedia *Filumena Marturano* di Eduardo De Filippo *Sceneggiatura:* R. Castellani, A. Guerra, R. Benvenuti, P. De Bernardi - *Fotografia* (colori): Roberto Gerardi - *Colonna sonora:* Armando Trovajoli - *Montaggio:* Adriana Novelli - *Origine:* Italia - *Durata:* 104'

La trama

Dopo essersi presa cura di Domenico per anni, sia come amante sia come domestica, Filumena decide di farsi sposare e si finge moribonda.[1] Il trucco[2] ha successo, ma quando la donna si alza dal suo presunto[3] letto di morte, Domenico va su tutte le furie[4] e decide di annullare il matrimonio. Filumena, però, ha un'arma segreta: confessa al marito di avere avuto tre figli, dei quali uno proprio da lui. Domenico va in crisi, cercando invano di riconoscere suo figlio tra i tre ragazzi. Ormai vinto dagli stratagemmi di Filumena e innamorato suo malgrado di quella donna che gli è stata accanto tutta la vita, Domenico la sposa una seconda volta, con tutti i crismi dell'ufficialità[5]... Un grande film per una grandissima coppia di interpreti.

Giudizio critico: ◆◆◆◆◆   **Genere: commedia**

---

[1]**si...** *pretends she is dying*   [2]*trick*   [3]*presumed*   [4]**va...** *becomes enraged*   [5]**con...** *in strict (religious) accordance*

Dopo la lettura

A. Ricordi quello che hai letto? Dopo aver letto la scheda del film *Matrimonio all'italiana,* rispondi alle seguenti domande.

1. Di quale anno è *Matrimonio all'italiana*?
2. Chi è il regista del film?
3. Chi sono gli interpreti principali?
4. Da quale commedia italiana è tratto il film?
5. Chi ha curato la sceneggiatura del film?
6. Quanto tempo dura il film?
7. Che genere di film è?

B. Ora riassumi con parole tue la trama del film.

C. Metti al posto delle parole in corsivo altre parole con lo stesso significato.

1. Filomena *si è occupata* di Domenico per anni.
2. Filomena è stata *la donna di servizio* di Domenico.
3. Domenico decide di *dichiarare invalido* il matrimonio.
4. Domenico cerca *inutilmente* di riconoscere suo figlio tra i tre ragazzi.
5. Domenico, vinto dalle *astuzie* di Filomena, la *prende in moglie* una seconda volta.
6. Sofia Loren e Marcello Mastroianni sono una grandissima coppia di *interpreti*.

CON FANTASIA

A. Giochiamo con gli animali. Nel seguente puzzle troverai nove animali. Le parole si possono leggere da sinistra a destra, da destra a sinistra e da su in giù. Quando li hai trovati, di' che tipo di «comunicazione» si associa ad ognuno.

MODELLO   cane
               Il cane abbaia.

U	C	A	N	E	T	L	N	M	N	M	C
C	W	E	Y	B	G	E	B	N	M	N	O
C	S	D	U	L	E	O	N	E	K	M	N
E	D	C	K	N	N	M	M	J	K	K	I
L	V	S	J	M	M	E	K	J	Y	J	G
L	G	T	N	I	K	S	L	U	T	H	L
O	B	H	E	O	R	S	O	K	N	N	I
D	N	N	D	L	C	A	V	A	L	L	O
A	N	G	A	C	L	F	E	H	J	M	M
C	M	M	V	M	M	O	P	U	L	K	N

B. Film animaleschi. Completa la seguente tabella nel modo indicato.

Film animalesco	Personaggi animaleschi	Trama

C. L'ultimo film che hai visto. Prepara una scheda basata sull'ultimo film che hai visto o su un film che ti è particolarmente caro.

Titolo:
Anno:
Regia:
Interpreti:
Durata:
Trama:

D. Compiti. Svolgi i seguenti compiti.

1. Fa' una lista delle cose necessarie per una festa.
2. Indica tutti i posti nei quali si può andare con gli amici.
3. Fa' un elenco dei tuoi CD preferiti, indicando il perché.

E. Ricerche. Fa' una ricerca su uno dei seguenti temi e poi indica alla classe quello che hai trovato.

1. la musica di Giuseppe Verdi
2. la musica di Gioacchino Rossini
3. la musica di Giacomo Puccini
4. il cinema di Federico Fellini
5. il cinema di Lina Wertmüller

F. Tema. Da' un tuo giudizio su un film che hai visto di recente.

Il cinema

Clicca il CINEMA

> Le anteprime e i trailer, gli spazi per le recensioni degli appassionati, i cineracconti. E le sviste più eclatanti.

■ di Marinella Caocci
(mcaocci@publicomnet.it)

---

www.cinemavvenire.it ★★★★

IL PUNTO DI VISTA DEI GIOVANI. Ogni anno, dal 1992, l'associazione Cinemavvenire offre a 200 ragazzi tra i 18 e i 25 anni ospitalità alla Mostra internazionale d'arte cinematografica di Venezia, con inviti a seminari di lettura di film, incontri con registi e attori e altri momenti di aggregazione. Da queste esperienze è nato il sito, dove i giovani redattori hanno realizzato una comunità virtuale per cinefili, senza essere critici di professione. All'interno: recensioni, eventi, interviste, libri, spazio per i corti, osservatorio concorsi, chat, sondaggi. Nuovi talenti. ⟫ ⟲ ⤳

www.bloopers.it ★★★

MA CHE CANTONATA! Si scrive blooper e si legge papera. Un errore, insomma, dal quale neanche la produzione cinematografica più costosa riesce a scappare. Su queste pagine si trova una esaustiva guida ai blooper di centinaia di film segnalati dai navigatori e organizzati in ordine alfabetico. Una sezione è dedicata a quelli più comuni (microfoni di scena ripresi nelle inquadrature, problemi di sincronia tra luci e rumori...), mentre su: *Easter eggs dvd*, si scoprono le «uova di Pasqua» nascoste nei contenuti speciali dei dvd. Non c'è kolossal che tenga. ⟫ ⟲ ⤳

www.comingsoon.it ★★★★

IN ARRIVO SUL GRANDE SCHERMO. Che film proiettano nel cinema vicino a casa il prossimo weekend? Il motore di ricerca di ComingSoon, organizzato per regioni, titoli e sale, si mette all'opera per fornire al navigatore le informazioni di cui ha bisogno. Schede complete e commenti per ciascuna pellicola, trailer in anteprima, interviste agli attori, news dal mondo della celluloide, anche in versione streaming tv.

Su *Coming soon live* gli utenti registrati possono esprimere la propria opinione sull'argomento del giorno e partecipare in diretta all'omonimo programma che va in onda tutti i giorni dalle 18 alle 20. Tra web e tv. ⟫ ⟲ ▦ ⤳

www.cinecitta.com ★★★★★

MADE IN ITALY. 22 teatri di posa, due strutture tensostatiche, 280 tra camerini e uffici, 21 sale trucco e piscina di 7 mila metri quadrati: sono i numeri di Cinecittà, la più importante struttura industriale cinematografica europea. Che dispone di un sito Internet all'altezza, ricco di contributi interessanti. Tra questi, i cineracconti online - per «vedere», per esempio, *La Dolce Vita* di Fellini scorrendo i fotogrammi più significativi accompagnati dalle didascalie -, la visita virtuale all'interno degli studios romani, le scuole di regia in Italia e nel mondo, le locandine di migliaia di film. Cinema di casa nostra. ⟫ ⟲ ▦ ⤳

DURI a morire

Mondi governati da macchine e battaglie a colpi di armi cibernetiche. Lavori in corso per due cult del fantastico d'azione.

www.thematrix.com ★★★★

RITORNA L'HACKER EROE. Diretto da Larry e Andy Wachowski, debutterà a maggio 2003 *Matrix Reloaded*, il sequel del film cult tra le pellicole costruite sugli effetti speciali. Nell'attesa, i fan possono rifarsi con il sito ufficiale. Notizie dal set, i fumetti dei grandi disegnatori (come quelli di Kaare Andrews che ha lavorato per *Spider-man*), photogallery e anticipazioni del terzo film della trilogia, *Matrix Revolutions*, la cui uscita è prevista per agosto 2003. ⟫ ⟲ ▦

www.terminator3.com ★★★★

ARNOLD È DI NUOVO IL CYBORG. Estate 2003, arriva *Terminator 3, Rise of the machines*. Ingaggio record (30 milioni di dollari) per il veterano Schwarzenegger, che vestirà di nuovo i panni del T-800. Per conoscere la biografia del nuovo regista Jonathan Mostow (e degli altri protagonisti) basta visitare il sito web. Qui si scaricano il trailer e le foto dal set, si scoprono le curiosità dal backstage. In attesa di *Terminator 4*. ⟫ ⟲ ▦

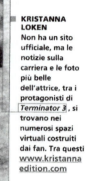

■ **KRISTANNA LOKEN**
Non ha un sito ufficiale, ma le notizie sulla carriera e le foto più belle dell'attrice, tra i protagonisti di *Terminator 3*, si trovano nei numerosi spazi virtuali costruiti dai fan. Tra questi www.kristanna edition.com

Studio del vocabolario

A. Paragona le parole usate in Italia con quelle usate in Nord America. Usa un dizionario se necessario. Nota che molte sono uguali. Spiega poi il loro significato.

In Italia	*In Nord America*	*Significato*
1. le anteprime	_____	_____
2. i trailer	_____	_____
3. le sviste	_____	_____
4. il cinefilo	_____	_____
5. la papera	_____	_____
6. il motore di ricerca	_____	_____
7. la scheda	_____	_____
8. il mondo della celluloide	_____	_____
9. la locandina	_____	_____

B. Riassumi con parole tue quello che ogni sito offre per chi è «cinefilo».

Applicazione

C. Ricerche digitali. Svolgi i seguenti compiti e poi riporta alla classe quello che hai trovato.

1. Il manifesto sopra risale a qualche anno fa. Se esistono ancora i siti menzionati, ricercali e stampa quello che trovi. In tal modo puoi aggiornarli per la classe.
2. Se non esistono più, cerca siti simili e riporta quello che trovi.

D. Domande.

1. Tu usi Internet per ricercare informazioni sui film? Se sì, come lo usi?
2. Descrivi come si fa per cliccare informazioni sui film che sono attualmente in visione...
3. Come pensi saranno i film del futuro?

✦ LESSICO UTILE ◇◇◇◇◇◇◇◇◇◇◇◇◇◇◇◇◇◇◇◇◇◇

NOMI

l'affettato	cold cut	il francobollo	stamp
il museo	museum	la galleria	balcony
l'animale domestico	domestic animal, pet	il gallo / la gallina	rooster/chicken
l'animale selvatico	wild animal	il gatto / la gatta	cat
l'ape (f)	bee	il gentiluomo	gentleman
l'arcobaleno	rainbow	il giallo	detective, thriller
l'asciugamano	towel	la giraffa	giraffe
l'asino	donkey	l'invitato	invited guest
l'attore / l'attrice	actor/actress	la lattina	can
l'avventura	adventure	il leone / la leonessa	lion
la banconota	bank note	il locale notturno	nightclub
il bar	sports bar	il lupo / la lupa	wolf
la bibita	soft drink	il maiale (il porco) /	pig
la biblioteca	library	la scrofa	
il bicchiere	drinking glass	la mosca	fly
il botteghino	ticket booth	la mucca / il bue	cow/ox (bull)
la caccia	hunting	il mulo	mule
il cane / la cagna	dog	il museo / la galleria	museum/art gallery
il capofabbrica	plant manager	d'arte	
il capofamiglia	head of the family	la musica	music
il capogiro	dizziness	l'orso	bear
il capogruppo	group leader	il palcoscenico	stage
il capolavoro	masterpiece	il panino	bun sandwich
il caporeparto	foreman	il pappagallo	parrot
il capotecnico	technical director	il parafango	fender
il capoufficio	office manager	la pecora / il montone	sheep
il castoro	beaver	il pesce	fish
il cavallo	horse	il pesce rosso	goldfish
il cavatappi	bottle opener	il piatto	plate
il cinema	movies	la platea	ground floor
la colonna sonora	soundtrack	il portafoglio	wallet
il coltello	knife	il / la portalettere	letter carrier
la commedia	comedy	il posto	seat
il concerto	concert	la prima visione	premiere
il coniglio / la coniglia	rabbit	il / la regista	movie director
il corridoio	corridor	la sabbia	dirt, sand
il cucchiaino	teaspoon	la scimmia	monkey
il cucchiaio	spoon	lo scoiattolo	squirrel
la discoteca	disco	il secchiello	pail
il dramma	drama	il serpente	snake
l'elefante /	elephant	il sottotitolo	subtitle
l'elefantessa		lo spettacolo	show, performance
la fantascienza	science fiction	lo spionaggio	espionage
la ferrovia	railroad	il tacchino	turkey
la festa	party	la tartaruga	turtle
la fila	aisle, row	la tazza	cup
la forchetta	fork	il teatro	theater
la formica	ant	la tigre	tiger

il toccasana	*cure-all*
il topo	*mouse*
il tovagliolo	*napkin*
la tragedia	*tragedy*
il tramezzino	*flat sandwich*
l'uccello	*bird*
la volpe	*fox*
la zanzara	*mosquito*
lo zoo / il giardino zoologico	*zoo*

AGGETTIVI

alcuno	*some*
altro	*other*
benevolo	*benevolent*
certo	*certain*
doppiato	*dubbed*
enorme	*enormous*
facile	*easy*
felice	*happy*
imbarazzante	*embarrassing*
leggero	*light*
parecchio	*several*
poco	*little, few*
popolare	*popular*
raro	*rare*
regolare	*regular*
stesso	*same*
tutto	*all*
vero	*true*

VERBI

abbaiare	*to bark*
andare a caccia	*to go hunting, hunt*
apparecchiare la tavola	*to set the table*
ballare	*to dance*
belare	*to bleat*
cantare / cinguettare	*to sing / to chirp*
fare chicchirichì	*to cock-a-doodle-do*
fare la fila, la coda	*to line up*
garrire *(isc)*	*to shrill*
girare un film	*to make a movie*
godere	*to enjoy*
miagolare	*to meow*
muggire	*to moo*
nitrire *(isc)*	*to neigh*
raccontare (dire le) barzellette	*to tell jokes*
ragliare	*to bray*
rovesciare	*to empty*
ruggire *(isc)*	*to roar*
ululare	*to howl*

ALTRE ESPRESSIONI

comunque	*however, then*
davvero	*really*
molto / tanto	*much, a lot*
piuttosto	*rather*

Capitolo 14 Donne e uomini

QUANTO SAI GIÀ?

A. Sai in che modo sono differenti le seguenti cose? Se sì, indica le differenze agli altri membri della classe.

1. il lavandino e il rubinetto
2. una cucina e un forno
3. un comodino e una credenza
4. una porta e una finestra
5. la sala da pranzo e il salotto

B. Sondaggio. La classe si divide in gruppi diversi consistenti o di soli maschi o di sole femmine rispettivamente. Poi, ciascun gruppo dovrà fare le seguenti cose:

1. preparare un questionario per determinare quali sono le qualità ideali di un sesso o dell'altro (qualità fisiche, sociali, morali, ecc.);
2. distribuire il questionario a tutta la classe (e tutti i membri della classe dovranno rispondere onestamente ai diversi questionari);
3. compilare i risultati del proprio questionario;
4. paragonare i risultati con quelli degli altri;
5. determinare, assieme a tutta la classe, se ci sono degli «atteggiamenti generali» e poi discuterli insieme.

Prima di leggere

A. Te ne intendi di mobili? Nella seguente tabella elenca i mobili che, secondo te, dovrebbero avere le stanze indicate. Presenta le tue scelte al resto della classe.

Sala da pranzo	Salotto	Camera da letto	Studio

B. Casa e mobili! Adesso descrivi...

1. la tua casa / il tuo appartamento.
2. i mobili della tua casa.
3. la tua casa ideale.

Classici. Ovunque.

Dopo la lettura

A. Classici, ovunque. Descrivi l'arredamento che vedi nelle immagini del manifesto.

1. a Trieste
2. a Sorrento
3. a Collodi
4. In Sardegna
5. A Vinci

B. Adesso paragona *(compare)* l'arredamento di queste immagini con le scelte che hai fatto tu nella tabella sopra.

Stimolo linguistico

A. Un'inchiesta. Ecco le risposte date da circa tremila uomini. Da queste risposte mancano i pronomi relativi (te li ricordi?). Forniscili.

MODELLO   La cosa... si preoccupa il 60% è il fatto che le donne sono troppo arriviste.
La cosa di cui si preoccupa il 60% è il fatto che le donne sono troppo arriviste.

Secondo l'indagine...

1. Gli uomini... sono stati intervistati hanno dichiarato... preferivano essere sposati.
2. Le donne... non volevano uscire erano quelle che frequentavano i club per «single».
3. ... aveva una carriera professionale preferiva una donna che fosse altrettanto professionista.
4. ... ha rivelato l'indagine soprattutto è... gli uomini oggi preferiscono donne indipendenti.

B. Un'inchiesta in classe. Indica con un visto (✓) le affermazioni che condividi *(you share)*. Poi paragona le tue opinioni con quelle degli altri membri della classe.

_____ 1. Gli uomini oggi sono meschini e prepotenti come sempre.

_____ 2. Gli uomini sono ossessionati dal sesso.

_____ 3. Gli uomini di oggi sono più gentili, affettuosi e solleciti degli uomini di una volta.

_____ 4. Le donne oggi sono carrieriste.

_____ 5. I bar per «single» sono posti ideali per incontrare un / una partner.

VOCABOLARIO

La casa

l'aria condizionata	*air conditioning*
l'armadio a muro	*wall cupboard/walk-in closet*
l'arredamento	*decoration*
l'ascensore *(m)*	*lift, elevator*
il bagno	*bathroom*
il balcone	*balcony*
il battente	*shutter*
la camera da letto	*bedroom*
il camino	*chimney*
il campanello	*doorbell*
la cantina	*cellar*
la cassetta delle lettere	*mailbox*
il corridoio	*corridor*
la cucina	*kitchen; stove*
il davanzale	*window sill*
la doccia	*shower*
l'elettricità *(f)*	*electricity*
l'entrata / l'ingresso	*entrance*
la finestra	*window*
il garage / l'autorimessa	*garage*
il gas	*gas (for heating)*
il gradino	*step*
l'impianto elettrico	*wiring*
l'interruttore *(m)*	*switch (light)*
il lavandino	*wash basin*
il lavello	*sink*
la luce	*light, power*
il muro	*wall*
la parete	*internal wall, partition*
il pavimento	*floor*
il pianerottolo	*landing*
il piano	*floor level*
la porta	*door*
il portone	*main door of a building*
il ripostiglio	*storeroom, closet*
il riscaldamento	*heating*
la sala da pranzo	*dining room*
la scala	*stairs*
la soffitta	*attic*
il soffitto	*ceiling*
il soggiorno / il salotto	*living room*
il tappeto	*carpet*
la tenda	*curtain*
il tetto	*roof*
l'uscita	*exit*

◆ Note the following distinctions:

l'appartamento	*apartment*
la casa	*house, home*
il palazzo	*apartment building*
la villa / il villino	*country home*

◆ Note the difference between **il muro** *wall in general* and **la parete** *internal wall, partition.* In the plural, **i muri** refers to walls in general, whereas the feminine form **le mura** refers to the walls of a city.

Mobilia / Mobili

la credenza	*hutch, sideboard*
il divano	*sofa*
il letto	*bed*
la poltrona	*armchair, easy chair*
la sedia	*chair*
il tavolo	*table*

Elettrodomestici

l'asciugatrice *(f)*	*clothes dryer*
l'aspirapolvere *(m, invariable)*	*vacuum cleaner*
il congelatore	*freezer*
la cucina	*stove*
il frigorifero	*refrigerator*
la lavapiatti / lavastoviglie *(invariable)*	*dishwasher*
la lavatrice	*washing machine*

Espressioni utili

affittare	*to rent*
l'affitto	*rent*
arredare la casa	*to decorate the house*
cambiare casa / traslocare	*to move*
la casa in affitto	*house for rent*
la casa in vendita	*house for sale*
le faccende di casa	*house chores*
l'inquilino (-a)	*tenant*
la pensione	*boarding house*
rifare il letto	*to make the bed*
la stanza	*room*
la terrazza	*patio*

Applicazione

A. Giochiamo. Abbina le definizioni con le parole.

Parole:

il davanzale, il divano, il ripostiglio, il tetto, l'arredamento, l'autorimessa, la cucina, la parete, le faccende di casa

Definizioni:
1. Dove si fa da mangiare.
2. Ci si mette la macchina.
3. Ci si mettono, per esempio, le cose che non usiamo.
4. La struttura che copre la casa.
5. Il mobile su cui ci si può sedere più di una persona.
6. La sistemazione estetica, per esempio, della mobilia.
7. La struttura davanti alla finestra.
8. Le cose che si devono fare per tenere la casa pulita e a posto.
9. Un muro interno.

B. La casa. Identifica le parti della casa e gli oggetti. Poi usa ogni parola in una frase che ne illustri il significato.

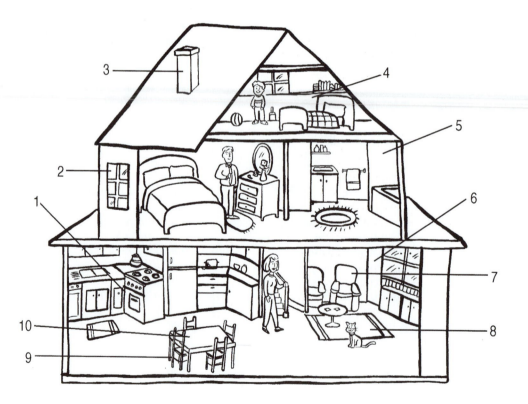

C. Differenze. Sai spiegare in che modo sono differenti le seguenti cose? Se sì, indica le differenze al resto della classe.

1. l'ingresso e l'uscita
2. la porta e il portone
3. una stanza e il corridoio
4. la terrazza e il balcone
5. l'ascensore, la scala e il gradino
6. la soffitta e il soffitto
7. il pavimento, il pianerottolo e il piano
8. le mura e i muri
9. la luce, l'impianto elettrico e l'interruttore
10. il lavandino e il lavello
11. il gas e l'elettricità
12. la sala da pranzo e la cantina
13. una casa, un appartamento e una villa
14. una lavatrice, una lavastoviglie e un'asciugatrice
15. il frigorifero e il congelatore
16. la pensione e l'affitto
17. affittare e traslocare
18. una casa in affitto e una casa in vendita

D. Parole. Usa ciascuna delle seguenti parole o espressioni in altrettante frasi che ne rendano chiaro il significato.

1. l'aria condizionata
2. l'armadio a muro
3. la doccia
4. il riscaldamento
5. la tenda
6. il campanello
7. il battente
8. la cassetta delle lettere
9. la credenza
10. il letto
11. il palazzo
12. l'aspirapolvere
13. l'inquilino
14. rifare il letto
15. arredare la casa

STRUTTURA

14.1 Il causativo

✦ The construction **fare** + *infinitive* is used to render the idea of *to make/have/get someone to do something* or *to have something done by someone.* This is known as a causative construction:

My father makes me wash the dishes.

Subject	fare	infinitive	object(s)
↓	↓	↓	↓
Mio padre	fa	lavare	i piatti a me

Or: Mio padre mi fa lavare i piatti.

✦ Note the use of object pronouns with this construction. These are never attached to the infinitive following **fare:**

Mia sorella ha fatto lavare i piatti al suo amico.	*My sister had her friend wash the dishes.*
Mia sorella glieli ha fatti lavare.	*My sister had him wash them.*
Fa' lavare i piatti a lui!	*Have him wash the dishes!*
Faglieli lavare!	*Have him wash them!*
Non farglieli lavare! / Non glieli far lavare!	*Don't have him wash them!*
Pensavo che mi facesse guidare la sua macchina.	*I thought that he would have me drive his car.*
Pensavo che me la facesse guidare.	*I thought he would have me drive it.*

✦ Reflexive verbs used in causative constructions require the auxiliary **avere,** instead of the usual **essere,** in compound tenses; and the reflexive pronouns are not required:

Mi hanno fatto divertire.	*They made me enjoy myself.*
L'hanno fatto alzare presto.	*They had him wake up early.*

Applicazione

A. Far fare. Metti gli infiniti tra parentesi nel tempo e nel modo corretti.

MODELLO   Ieri Pierino mi (far fare) una brutta figura.
Ieri Pierino mi ha fatto fare una brutta figura.

1. Non provare a convincermi. Qualsiasi cosa tu mi dica non mi (far cambiare) idea.
2. Ieri sera, perché Mario ti (fare arrabbiare)?
3. Ieri Antonio ci (fare aspettare) più di un'ora e poi non è nemmeno venuto.
4. Gianni, (far parlare) anche loro! Parli sempre tu!
5. Ragazzi, (far rispondere) anche a loro! Rispondete sempre voi!

B. Il piacere di delegare. Molte persone spesso delegano i lavori. Fa' il seguente esercizio, seguendo i modelli.

MODELLI   Chi laverà la macchina? (Luigi)
noi
(Noi) la faremo lavare a Luigi.

loro
(Loro) la faranno lavare a Luigi.

1. Chi ha preparato la cena oggi? (la nonna)
   a. noi
   b. voi

2. Chi ha pulito la cucina? (papà)
   a. io
   b. loro

3. Chi taglierà l'erba? (il vicino di casa)
   a. tu
   b. lui

4. Chi aggiusterà la macchina? (il meccanico)
   a. lei
   b. loro

5. Chi ha lavato i piatti? (mio fratello)
   a. noi
   b. voi

6. Chi guiderà la macchina? (lo studente più bravo)
   a. tu
   b. lui

7. Chi ha portato il bambino dal dottore? (mia sorella)
   a. io
   b. loro

14.2 Verbi modali

◆ The verbs **potere, dovere,** and **volere** are known as modal verbs because they allow one to express a modality (manner, condition, and so on). They are normally followed by an infinitive:

Posso venire anch'io?	*May I come too?*
Avrei dovuto farlo ieri.	*I should have done it yesterday.*
Pare che nessuno volesse uscire.	*It seems that no one wanted to go out.*

◆ Modal verbs have the following characteristics:

In compound tenses, the auxiliary is determined by the infinitive:

Lei	ha	voluto	scrivere.	*She wanted to write.*
Le	è	voluta	uscire.	*She wanted to go out.*
Lei	si è	voluta	divertire.	*She wanted to enjoy herself.*

In ordinary conversational Italian, however, there is a tendency to use only **avere** as the auxiliary: **Lei ha voluto uscire.**

Pronouns and particles can be put before the modal verb or attached to the infinitive:

Glielo vogliono dare.	Vogliono darglielo.
They want to give it to him.	*They want to give it to him.*
Me ne hanno volute dare tre.	Hanno voluto darmene tre.
They wanted to give me three of them.	*They wanted to give me three of them.*

Note that the past participle agrees with the direct object pronoun (or **ne**) only if it precedes the participle:

Me ne hanno dovute dare due.	Hanno dovuto darmene due.
They had to give two to me.	*They had to give two to me.*
Penso che te le abbiano volute dare.	Penso che abbiano voluto dartele.
I think they wanted to give them to you.	*I think they wanted to give them to you.*

With reflexive verbs, if the pronoun precedes, then the usual agreement is maintained; if it is attached to the infinitive, then there is no agreement and **avere** is used as the auxiliary:

Maria non si è potuta divertire.	Maria non ha potuto divertirsi.
Mary couldn't enjoy herself.	*Mary couldn't enjoy herself.*
Voi vi siete dovuti alzare presto.	Voi avete dovuto alzarvi presto.
You had to get up early.	*You had to get up early.*

When used in conditional tenses, these verbs are translated as *could, should, would like* (present conditional) and *could have, should have, would have liked* (perfect conditional):

Potrei farlo io.	*I could do it.*
Dovrei farlo io.	*I should do it.*
Vorrei farlo io.	*I would like to do it.*
Avrei potuto farlo io.	*I could have done it.*
Avrei dovuto farlo io.	*I should have done it.*
Avrei voluto farlo io.	*I would have liked to do it.*

Applicazione

A. Verbi. Dal seguente articolo mancano i verbi modali. Inseriscili opportunamente negli spazi usando le forme appropriate.

L'uguaglianza!

Si dice che oggi tutti (dovere) essere uguali, o meglio che tutti (volere) essere uguali. Ma è tutt'altro che vero. Nel passato le donne (dovere) fare, in generale, le faccende di casa. Oggi c'è più uguaglianza in questo settore, o almeno ci (dovere) essere.

Prendiamo l'esempio di mia madre. Lei (dovere) sempre fare le faccende quando era giovane, anche se non le (volere) mai fare. Oggi, lei (potere) anche non farle, ma per via di abitudine, (volere) continuare ad essere lei la faccendiera di casa. Se io (dovere) fare quello che ha fatto mia madre, sarei scappata via di casa! Oggi io (potere), (volere) e (dovere) fare molto di più, se avessi più tempo. Ma anche mia madre (potere), (volere) e (dovere) fare molto di più nella sua vita, se avesse avuto più opportunità.

B. Tocca a te! Usa le seguenti costruzioni in altrettante frasi che ne rendano chiaro il loro uso.

1. poter venire
2. dover studiare
3. voler divertirsi
4. dover fare
5. poter andare

C. Crisi matrimoniale. Dalla lettera che Luigi ha scritto a «Cara Stella» per avere consigli mancano alcuni verbi. Completala con i verbi appropriati nelle loro forme corrette. Ogni verbo può essere usato più di una volta.

Cara Stella,

il mio matrimonio per molti anni _____ felice. Adesso attraversa un periodo di crisi. Non so che cosa _____ successo a me e a mia moglie. Lei mi _____ sempre arrabbiare e uno di questi giorni mi _____ anche morire dalla rabbia. Recentemente _____ di parlarne con lei, ma lei non _____ ascoltarmi. Lei _____ sempre a modo suo e io _____ fare solo ciò che dice lei. In casa, non _____ più fare tutto quello che _____. L'altro giorno, mi ha accusato perfino di tradirla. Come _____ pensare una cosa simile? Ho anche cercato di organizzare una vacanza soltanto per noi due, ma il risultato è stato zero: lei non _____ venire. Non _____ più che cosa fare. Lei _____ fare sempre di testa sua. Io _____ piuttosto morire che vivere in questo modo. Che cosa mi consiglia?

Luigi

14.3 Pronomi relativi

◆ A relative clause is introduced into a sentence by means of a pronoun that functions as a subject or an object in the relative clause. The relative pronouns of Italian are:

che = *that, which, who, whom*

> L'articolo che ho letto ieri è molto interessante.
> *The article that I read yesterday is very interesting.*

> La persona che ha detto quello, ha ragione.
> *The person who said that is right.*

cui = *which, whom* after a preposition

> L'articolo di cui ti ho parlato è molto interessante.
> *The article of which I spoke to you is very interesting.*

> La persona a cui ho parlato ha ragione.
> *The person to whom I spoke is right.*

Both **che** and **cui** can be replaced by **il quale** if there is an antecedent. This form agrees in gender and number with the noun it refers to:

> I fiori che (= i quali) ho comprato sono bellissimi.
> *The flowers that I bought are very beautiful.*

> Quella è la ragazza con cui (= con la quale) sono uscito.
> *That is the girl with whom I went out.*

chi = *he/she/they who, anyone who, whoever, some people*, etc.

> Chi ha detto quello, ha mentito.
> *Whoever said that, lied.*

> Chi parla bene le lingue, ha buone possibilità di lavoro.
> *Anyone who speaks languages well has good job prospects.*

> C'è chi preferisce il lavoro alle vacanze.
> *There are some who prefer work to vacationing.*

quello / quel / ciò che = *what* (literally, *that which*)

> Quello che dici è assolutamente vero.
> *What you are saying is absolutely right.*

> Quel che vuoi fare non è possibile.
> *What you want to do is not possible.*

> Ciò che hai fatto ieri è sbagliato.
> *What you did yesterday is wrong.*

il cui = *whose* (Note that the article agrees in gender and number with the noun referred to):

> Ecco la ragazza la cui intelligenza è ben nota.
> *Here's the girl whose intelligence is well known.*

> Quello è il regista il cui film ha vinto l'Oscar.
> *That is the director whose movie won the Oscar.*

Applicazione

A. L'amore nel 2030. Ecco un altro articolo da cui mancano i pronomi relativi. Completalo in modo opportuno.

L'amore nel 2030

La cosa _____ tutti noi desideriamo, e per _____ facciamo tante cose strane, continua ad essere l'amore. La ragione principale, per la _____ tutti lottiamo (fight), è di mantenere forti legami amorosi nella nostra società. _____ non capisce questo, non sa proprio niente! L'amore è _____ ci rende veramente umani!

Ma come sarà questo nostro amore nel 2030? Vediamo _____ dicono gli esperti, _____ opinioni sono generalmente discutibili (questionable). C'è _____ crede che nel futuro il rapporto _____ esiste oggi tra i sessi cambierà. La cosa di _____ parlano spesso tali esperti, e alla _____ dedicano molta attenzione, è la mancanza di sensibilità tra gli esseri umani moderni. _____ sostengono altri esperti, invece, è _____ il mondo non cambierà affatto. Questi esperti, _____ tesi di lavoro sono meno discutibili di quelle degli altri, pensano _____ l'umanità cambierà poco. Secondo loro il mondo nel _____ vivevano gli antichi, non era poi tanto diverso dal nostro. Questi esperti, a _____ si riferiscono tanti psicologi oggi, prevedono un mondo in _____ l'amore continuerà ad essere la cosa più importante.

B. Tocca a te! Usa ciascuna delle seguenti forme o costruzioni in frasi che ne rendano chiaro il loro uso.

1. che
2. il cui
3. i cui
4. la cui
5. le cui
6. il quale
7. la quale
8. i quali
9. le quali
10. chi
11. quello che
12. quel che
13. ciò che

COMUNICAZIONE

Esprimere vari sentimenti

abbracciarsi	*to hug, embrace*	irritarsi	*to become irritated*
amarsi	*to love one another*	litigare	*to argue*
arrabbiarsi	*to become angry*	non essere	*to disagree*
baciare	*to kiss*	d'accordo	
bisticciare	*to bicker, scuffle*	odiare	*to hate*
con affetto	*with affection*	offendersi	*to become offended/*
detestare	*to detest*		*hurt*
di buon umore	*in a good mood*	piangere	*to cry*
di mal / cattivo	*in a bad mood*	prendere in giro	*to take in, take for*
umore			*a ride*
essere depresso (-a)	*to be depressed*	ridere	*to laugh*
essere disperato (-a)	*to be desperate*	scusarsi	*to say one is sorry*
essere triste	*to be sad*	seccarsi	*to get on one's nerves*
fare la pace	*to make up*	l'umore *(m)*	*mood*
la gioia	*joy*	voler bene a /	*to love*
innamorarsi di	*to fall in love with*	amare	
innamorato	*madly in love*		
cotto (-a)			

Applicazione

A. Differenze. Spiega con parole tue la differenza tra le seguenti cose.

1. amare e odiare
2. seccarsi e litigare
3. scusarsi e offendersi
4. piangere e ridere
5. prendere in giro e voler bene a
6. non essere d'accordo e fare la pace
7. gioia e affetto
8. abbracciarsi e bisticciare
9. amarsi e arrabbiarsi
10. baciare e irritarsi
11. di buon umore e di cattivo umore

B. Tocca a te! Rispondi alle seguenti domande, discutendo le tue risposte con gli altri membri della classe.

1. Quali sono le caratteristiche che odi o che detesti in una persona del sesso opposto? Perché?
2. Per quali ragioni bisticci con il tuo ragazzo / la tua ragazza?
3. Per quali motivi ti arrabbi con il tuo ragazzo / la tua ragazza?
4. Sei sempre d'accordo con quello che fa e dice il tuo ragazzo / la tua ragazza? Perché sì / no?

◆ CULTURA

Uomini e donne

I rapporti tra uomini e donne in Italia non sono molto diversi da quelli esistenti tra le persone che vivono in altri paesi industrializzati.

Ecco alcuni fatti cruciali nella storia di questi rapporti:

- Nel 1945 la donna italiana conquista il diritto di voto.
- Nel 1964 entra nella magistratura.
- Tra il 1966 e il 1968, sull'onda dei movimenti studenteschi, nasce il femminismo italiano, grazie al quale entrano in vigore durante questi anni molte leggi che tutelano i diritti delle donne.
- Nel 1977 lo Stato italiano riconosce la parità di trattamento tra donne e uomini nel campo lavorativo. In questo anno, per la prima volta, una donna, Tina Anselmi, diventa ministro.
- Nel 1978 è approvata la legge sull'aborto.
- Nel 1979 una donna, Nilde Jotti, diventa presidente della Camera.
- Nel 1989 le donne entrano nella magistratura militare.
- Nel 1991 viene approvata la legge sulla parità tra uomo e donna. Lo Stato italiano offre incentivi a quelle imprese che favoriscono la donna.
- Nel 1992 la legge stabilisce che il 30% dei candidati nelle liste per le elezioni amministrative siano donne.
- Dalla fine degli anni novanta ad oggi le tradizionali differenze tra uomini e donne continuano a diminuire, portando, in pratica, alla loro eliminazione. ◆

Applicazione

A. Ricordi quello che hai letto? Indica quali delle seguenti affermazioni sono corrette. Correggi quelle false in modo appropriato.

_____ 1. Negli ultimi anni la situazione della donna italiana è cambiata radicalmente.

_____ 2. La donna italiana ha conquistato il diritto di voto oltre 90 anni fa.

_____ 3. Il femminismo italiano è nato negli anni settanta.

_____ 4. La parità di trattamento tra donne e uomini in ambito lavorativo è stata riconosciuta nel 1977.

_____ 5. Nel 1977 per la prima volta una donna viene nominata ministro.

_____ 6. In Italia la legge sull'aborto non è stata ancora approvata.

_____ 7. Nilde Jotti è stata la prima donna italiana ad essere nominata ministro.

_____ 8. Lo Stato italiano non ha mai dato incentivi a quelle imprese che favoriscono le donne.

_____ 9. La donna italiana si è assicurata oggi uno spazio rilevante nelle istituzioni.

B. Opinioni e paragoni. Rispondi alle seguenti domande, discutendo le tue risposte con gli altri membri della classe.

1. Secondo te, esistono ancora delle «discrepanze» sociopolitiche e socioeconomiche tra uomini e donne nella nostra società? (Se sì, quali?)
2. Esistono ancora degli stereotipi comuni riguardo alle donne? (Se sì, quali?)

Stimolo alla lettura

Il più grande amore. Discuti con gli altri membri della classe le seguenti «storie d'amore». Quale di questi amori è stato, secondo te, il più grande?

1. Giulietta e Romeo
2. Antonio e Cleopatra
3. Adamo ed Eva

Si parva licet

Ora leggi con attenzione *Si parva licet* di Cesare Pavese, soffermandoti sul modo in cui lo scrittore italiano immagina ii rapporto tra il primo uomo (Adamo) e la prima donna (Eva).

É alto mattino. Adamo, giovane aitante[1], di gambe pelose[2] e petto largo. Esce dalla grotta in fondo a destra e si china[3] a raccogliere una manciata[4] di ciottoli[5]. Li getta a uno a uno con cura contro il tronco di una palma a sinistra. Qualche volta sbaglia la mira[6].

ADAMO	*(dice a un tratto[7] riscuotendosi[8])* Io vado a pescare[9].
LA VOCE DI EVA	*(dalla grotta)* Vacci. Che bisogno hai di dirlo?
ADAMO	Il fatto è che non ho voglia di andare a pescare.
LA VOCE DI EVA	Stupido.
ADAMO	*(guarda intorno, con aria svagata)* Questa la metto con tutte le altre, Eva. *(silenzio)* Che cosa hai guadagnato quando m'hai detto stupido? *(silenzio)*
	(fremente) Il fatto è che se continui a trattarmi in questo modo, un bel giorno me ne vado e non mi vedi mai più. Non si può dirti una parola, che tu scatti[10]. È un bisogno, no, che abbiamo, tutti e due, di parlare? Tu non sai quel che voglia dire esser solo. Non sei mai stata sola. E dimentichi troppo sovente che sei stata fatta per tenermi compagnia...
LA VOCE DI EVA	Sì, caro, ma perché dirmi che vai a pescare?
ADAMO	*(si china a raccogliere ciottoli e storce[11] la bocca sorridendo)* Ho detto per dire[12], Eva.
LA VOCE DI EVA	Sei più caro quando non dici per dire.
ADAMO	*(scaglia con rabbia i ciottoli)* Ebbene, vado a pescare.
	Si sente una risatina di Eva. Adamo se ne va. Nella radura[13] si diffonde la fresca calma del mattino. Passa un capriolo[14] che saltella[15] e annusa[16] i petali di varie piante, poi schizza via a sinistra. Rientra Adamo, con la solita aria e, ciondolato[17] un po' a sinistra, si siede nel centro sopra a un sasso[18], volgendo le spalle al fondo. Parla guardando innanzi a sé[19].

[1]*robust, strapping* [2]*hairy* [3]*bends, stoops* [4]*handful* [5]*pebbles* [6]*aim* [7]**a...** *all of a sudden* [8]*shaking himself* [9]*fishing* [10]*lose your temper, snap* [11]*twists* [12]**Ho...** *I said it as a manner of speaking* [13]*clearing* [14]*roe deer* [15]*jumps* [16]*smells* [17]*staggered* [18]*rock* [19]**innanzi...** *in front of him*

Questa foresta è tutto, Eva. Se potesse parlare, mi tratterebbe come lei. Tronchi e tronchi, foglie e foglie, angoli scuri[20] che asciugano[21] al sole, altri che non asciugano piena di vita, piena di voci, ma di me, Adamo, s'infischia[22]. È la verità. Mi dà l'ombra[23], mi dà il riparo[24], mi dà il cibo e l'aria buona, ma confidenza nessuna[25]. Ah, Signore. Signore, mi domando se capisci che cosa vuol dire esser solo.

Eva si è fatta sulla soglia[26] della grotta e il sole giallo la illumina dai piedi fino al collo. È bruna e muscolosa, e la faccia appare seminascosta dall'ombra e dai rametti[27] di convolvolo[28] che pendono sull'ingresso. Adamo si volta e la guarda rasserenato. Pausa.

EVA	Son queste adesso le tue orazioni?
ADAMO	Non pregavo, parlavo tra me.
EVA	*(sospettosa)* Però chiedevi qualcosa al Signore.
ADAMO	Non oso[29] più parlare al Signore. I suoi benefici sono a doppio taglio[30].
EVA	*(avanzando: porta dei fiori infilati nei capelli)* Come sarebbe a dire?
ADAMO	*(con forzata gaiezza)* L'ultima volta che mi sono lagnato[31] ch'ero solo, mi ha mandato te. *(Fa per abbracciarla e sedersela sulle ginocchia).*
EVA	*(si scosta e dice seccamente)* Diventi volgare.
ADAMO	E tu impertinente.
EVA	Tutto perché al mattino non esco fuori come una bestia dalla tana[32], e mi pettino[33] invece di scrollarmi[34] come fai tu.
ADAMO	Non hai da piacere che a me.
EVA	Per quel che te ne intendi...
ADAMO	*(con voce mutata)* Oh, Eva, perché non smettiamo quest'ostilità che a me mi fa ammattire[35], e a te serve a che cosa? Siamo soli a questo mondo e una mala parola nessuno ce la può risarcire[36]. Che bisogno abbiamo di maltrattarci a questo modo? Se ci fossero un'altra Eva o un altro Adamo, capirei.
EVA	Ci pensi troppo a quest'altra Eva. Me ne parli sempre. *(beffarda)* Te l'ha forse promessa il Signore?
ADAMO	Sciocca. Lo sai bene che siamo soli.
EVA	Un'altra Eva... Siamo soli... Capisco. Dimmi una cosa, unico uomo: se invece di me il Signore avesse creato un'altra Eva, con gli stessi capelli, con lo stesso corpo, con la stessa voce,

[20]*dark* [21]*dry* [22]*she doesn't give a damn* [23]*shade* [24]*shelter* [25]*does not treat me with warmth*
[26]*threshold* [27]*branches* [28]*twining herb with large flowers* [29]*dare* [30]**a...** *two-edged* [31]*complained*
[32]*den, lair* [33]*I comb my hair* [34]*shaking my head* [35]**mi...** *is driving me crazy* [36]*make up*

tu l'avresti accettata come hai fatto con me? E ti vanteresti[37] di volerle lo stesso bene e faresti le stesse smorfie[38], e andresti a pescare per lei, insomma sarebbe la tua Eva? Sì o no?

ADAMO Come... un'altra come te? Con gli stessi capelli? Che si chiamasse Eva? Ma saresti tu.

EVA Ecco. Sarei io. E poi ti lamenti[39]. Buffone.

ADAMO Ma no, non hai capito. Se fosse un'altra, non saresti tu. Ma allora anch'io non sarei Adamo. *(Si ferma sorridendo.)* Sciocchezze[40], io sono Adamo e tu sei Eva.

EVA *(lo guarda commiserando)* E se il Signore ne avesse fatte due di Eve e ti avesse dato la scelta, quale avresti scelto?

ADAMO Due?... Non so... Ma te, certo... Due Eve?

EVA E perché me?

ADAMO Perché... Così... Ma ragiona, Eva...

EVA Te lo dico io quello che avresti fatto: ci avresti prese tutte e due e costrette a stare nella stessa grotta. E poi ti lamenti che non ti do confidenza. Ci mancherebbe altro. Tu non mi capisci e non mi meriti. Ti sono caduta addosso[41] come una mela matura e hai creduto di raccogliermi senza fatica. E te la prendi ancora col[42] Signore. Ma stai fresco[43]. E può star fresco anche il Signore, se crede che abbia bisogno di te, o di lui *(esce a sinistra, lasciando Adamo esterrefatto)*.

ADAMO *(balza in piedi)* Basta! Hai sentito, Signore? *(Tende l'orecchio)* Silenzio.

Non ha sentito. Non sente mai. *(Si riabbandona sul sasso, col capo tra le mani)*.

---

[37]*you would brag* [38]**faresti...** *you would make the same faces* [39]*you complain* [40]*nonsense* [41]*on top of* (here: *into your arms*) [42]**te...** *you are still angry with* [43]**stai...** *you're in for it / in a nice fix*

Dopo la lettura

A. Vero o falso? Indica se le seguenti affermazioni sono vere o false. Correggi le affermazioni false.

_____ 1. La scena ha luogo di notte.

_____ 2. Adamo ha voglia di andare a pescare.

_____ 3. Adamo minaccia di andarsene via un giorno, se Eva continuerà a criticarlo.

_____ 4. Secondo Adamo, Eva è stata fatta per tenergli compagnia.

_____ 5. Adamo decide di non andare a pescare.

_____ 6. Nella foresta ci sono tanti alberi.

_____ 7. Adamo pensa di essere solo.

_____ 8. Secondo Adamo, i benefici del Signore sono a doppio taglio.

_____ 9. Eva pensa che Adamo voglia solo lei.

_____ 10. Adamo pensa che il Signore lo ascolti.

B. Descrivi...

1. le caratteristiche fisiche di Adamo.
2. le caratteristiche fisiche di Eva.
3. il carattere e il temperamento di Adamo.
4. il carattere e il temperamento di Eva.
5. il «Paradiso terrestre».

C. Elenca le seguenti cose:

1. le frasi che indicano amore, anche se ironiche (es. «E ti vanteresti di volerle lo stesso bene?»)
2. le frasi che indicano dispiacere o irritazione (es. «Che bisogno hai di dirlo?»)
3. le frasi che vengono espresse mentre due amanti bisticciano (es. «Che cosa hai guadagnato quando m'hai detto stupido?»)
4. le frasi che sono prettamente ironiche o sarcastiche (es. «Diventi volgare.»)
5. le frasi che indicano il desiderio di fare la pace (es. «Che bisogno abbiamo di maltrattarci a questo modo?»)

D. Discussione in classe.

1. Che cosa significa il titolo? In che lingua è? Perché pensi che Pavese abbia usato un titolo così? Sapresti dare alla commedia un titolo italiano?
2. Che tipo di «rapporto» hanno «il primo uomo e la prima donna»? Ti pare tipico o no? Perché?
3. Qual è, secondo te, il tema della commedia?
4. Adamo rappresenta simbolicamente gli uomini moderni ed Eva le donne moderne? Perché sì / no?

E. Lavoro di gruppo. Con un compagno / una compagna, metti in scena...

1. il dialogo tra Adamo ed Eva.
2. una continuazione al dialogo.

CON FANTASIA

A. Cruciverba.

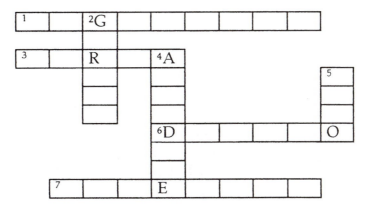

Orizzontali

1. salotto
3. apertura attraverso cui si entra in casa

6. sofà
7. permette di vedere fuori

Verticali

2. autorimessa
4. cambiare la casa esteticamente
5. parete

B. La parola *casa* può avere significati diversi. Come spiegheresti il significato della parola nelle seguenti frasi?

MODELLO   Il Milan, domenica, gioca in casa.
            La squadra di calcio che si chiama Milan gioca a Milano,
            sul proprio campo.

1. I miei vicini hanno sempre la casa aperta.
2. Fa' come se fossi a casa tua.
3. Mi sento veramente a casa in questa città.
4. Giorgio si trova in una casa di cura.
5. Maria lavora per una casa farmaceutica.
6. Come farò a mandare avanti la casa senza lavoro?

C. Lavoro di gruppo. Lavorando in gruppi diversi consistenti di soli studenti e di sole studentesse rispettivamente, ogni gruppo dovrà fare le seguenti cose:

1. preparare un questionario per determinare quali sono gli atteggiamenti di un sesso verso l'altro (qualità fisiche, sociali, ecc.)
2. distribuire il questionario a tutta la classe, al quale tutti dovranno rispondere onestamente
3. compilare i risultati
4. paragonare i risultati del proprio questionario con quelli degli altri
5. determinare, assieme a tutta la classe, se ci sono degli «atteggiamenti generali» e poi discuterli a piacere

Banche online

Banche online

Metta qui una firma, ma che sia digitale

Molti vantaggi (e qualche dubbio) sul nuovo sistema per autenticare i documenti spediti dalla Rete.

di Ramon Alessandro Selim
(staff@osservatoriofinanziario.com)

La firma digitale è attesa con ansia da banche e clienti, perché permetterà di certificare l'autenticità di un documento inviato dal computer come se si trattasse di un testo cartaceo. Ma dubbi sulla sicurezza del procedimento non mancano. «Come fa la mia banca a essere sicura che l'operazione online non è stata modificata da malintenzionati?», chiede Franca all'Osservatorio Finanziario di *Panorama web*. Gli risponde indirettamente Sarosa su ciao.com, il portale che raccoglie i commenti online. «Opero quasi quotidianamente tramite il servizio home banking. Il maggior punto di forza della mia banca è senza dubbio la sicurezza attraverso il certificato e la firma digitale». (www.it. ciao.com/opinioni/101361.html).
Ma davvero la firma digitale è una garanzia in più nell'home banking? «L'unico vero vantaggio per il cliente è la possibilità di risparmiare tempo, evitando la continua conferma delle operazioni ordinate su Internet», spiega Giulio Siciliano, consulente per i sistemi informatici di alcuni istituti di credito. «Maggiori sono i benefici per

COSÌ SI VALUTA LA SICUREZZA
Ancora cinque istituti che offrono servizi online all'esame dell'Osservatorio Finanziario. Con ottimi risultati: quattro su cinque passano l'esame-scurezza a pieni voti. Per valutare la sicurezza complessiva dei servizi di banche online in questo caso si considerano il grado di protezione nel collegamento, durante
l'accesso, nelle operazioni e sul server. I servizi più efficienti chiedono di cambiare la password dopo il primo accesso. Un metodo di controllo aggiuntivo riguarda la necessità di un nuovo login per diversi tipi di attività (come il Trade). Per quanto riguarda le operazioni, le migliori banche online richiedono una password specifica per alcune disposizioni come il bonifico. C'è poi il controllo sul numero di volte che un utente si collega e sbaglia a digitare i propri dati, come nell'uso del bancomat (di solito sono consentiti al massimo tre errori).

CLASSIFICA DI AFFIDABILITÀ		
1	Fineco **FINECO**	crittografia 128-bit con certificato e controllo password; sistema aggiuntivo d'identificazione
1	Banca Mediolanum **BANCA MEDIOLANUM**	crittografia 128-bit con certificato e controllo password; sistema aggiuntivo d'identificazione
1	Banca 121 **banca121**	crittografia 128-bit con certificato e controllo password; sistema aggiuntivo d'identificazione
1	Banca Generali	crittografia 128-bit con certificato e controllo password; sistema aggiuntivo d'identificazione.
2	Onbanca **Banca**	crittografia 128-bit con certificato di controllo password.

Quanto è protetto il mio COLLEGAMENTO?

Per compiere in tranquillità operazioni sul conto corrente online è necessario controllare i sistemi antintrusione e aggiornare il browser.

La mia banca mi ha detto di utilizzare un sistema di rilevamento antintrusione 24 ore. E poi mi ha anche consigliato di aggiornare il browser con il cosiddetto timeout di 24 ore. Ma non ho capito bene a cosa serve tutto ciò e soprattutto non so se, collegandomi più volte al giorno al mio conto online, potrei avere problemi.
Sono due sistemi di protezione diversi. Il sistema di rilevamento antintrusione 24 ore serve a chiudere l'accesso al conto online dopo tre errori nella digitazione del codice. È un po' quello che avviene per i pin del bancomat e del cellulare. In questo modo s'impediscono tentativi di forzatura da parte di malintenzionati. Il

«timeout», invece, è il tempo della connessione tra il computer del cliente e quello della banca on line. È molto importante. Il collegamento con la banca andrebbe sempre concluso con il cosiddetto «log out». Se si esce dal sito chiudendo semplicemente il browser, oppure la linea cade per inattività, il collegamento rimane latente per almeno 10 minuti. In questo periodo la password può essere intercettata. Un browser con un periodo di «timeout» di 24 ore, garantisce la protezione dei dati per una intera giornata anche in caso di chiusura sbagliata del collegamento. (Per saperne di più e per scaricare la patch del timeout di 24 ore aiutoooo.com/aiuto/come_si_fa/e-banking.asp).

Studio del vocabolario

A. Paragona le parole usate in Italia con quelle usate in Nord America. Usa un dizionario se necessario. Nota che molte sono uguali. Spiega poi il loro significato.

In Italia	*In Nord America*	*Significato*
1. firma digitale	_____	_____
2. un testo cartaceo	_____	_____
3. crittografia	_____	_____
4. il portale	_____	_____
5. i sistemi informatici	_____	_____
6. servizio online	_____	_____
7. il collegamento	_____	_____
8. metodo di controllo aggiuntivo	_____	_____
9. il bancomat	_____	_____

Applicazione

B. Ricerche digitali. Svolgi i seguenti compiti e poi riporta alla classe quello che hai trovato.

1. Il manifesto sopra risale a qualche anno fa. Se esiste ancora il sito **www.it.ciao.om/opinioni/101361.html,** ricercalo e stampa quello che trovi. In tal modo puoi aggiornarlo per la classe.

2. Se non esiste più, cerca un sito simile e riporta quello che trovi.

C. Domande.

1. Tu useresti la banca online? Perché sì / no?
2. Quali servizi usi attualmente?
3. Come pensi saranno i servizi bancari del futuro?

✦ LESSICO UTILE

NOMI

l'affetto	*affection*
l'affitto	*rent*
l'alloggio	*housing*
l'appartamento	*apartment*
l'aria condizionata	*air conditioning*
l'armadio a muro	*wall cupboard/*
	walk-in closet
l'arredamento	*decoration, furnishing*
l'ascensore *(m)*	*lift, elevator*
l'asciugatrice *(f)*	*clothes dryer*
l'aspettativa	*expectation*
l'aspirapolvere	*vacuum cleaner*
(m, inv)	
il bagno	*bathroom*
il balcone	*balcony*
la barzelletta	*joke*
il battente	*shutter*
la camera da letto	*bedroom*
il camino	*chimney*
il campanello	*doorbell*
la cantina	*cellar*
la casa	*house, home*
la casa in affitto	*house for rent*
la casa in vendita	*house for sale*
la cassetta delle lettere	*mailbox*
il congelatore	*freezer*
il corridoio	*corridor*
la credenza	*hutch, sideboard*
la cucina	*kitchen, stove*
il davanzale	*window sill*
il divano	*sofa*
la doccia	*shower*
l'elettricità *(f)*	*electricity*
l'elettrodomestico	*appliance*
l'entrata / l'ingresso	*entrance*
la faccenda	*chore*
la finestra	*window*
il frigorifero	*refrigerator*
il garage /	*garage*
l'autorimessa	
il gas	*gas (for heating)*
la gioia	*joy*
il gradino	*step*
l'impianto elettrico	*wiring*
l'inchiesta	*research study*
l'indagine *(f)*	*survey, study*
l'inquilino (-a)	*tenant*
l'interruttore *(m)*	*(light) switch*

il lavandino	*wash basin*
la lavapiatti /	*dishwasher*
lavastoviglie	
(inv)	
la lavatrice	*washing machine*
il lavello	*sink*
il letto	*bed*
la luce	*light, power*
il mobile / la mobilia	*piece of furniture/*
	furniture
il muro	*wall*
il palazzo	*apartment building*
la parete	*internal wall, partition*
il pavimento	*floor*
la pensione	*boarding house*
il pianerottolo	*landing*
il piano	*floor level*
la poltrona	*armchair, easy chair*
la porta	*door*
il portone	*main door of a building*
il riscaldamento	*heating*
il ripostiglio	*storeroom, closet*
la sala da pranzo	*dining room*
la scala	*stairs*
la sedia	*chair*
la soffitta	*attic*
il soffitto	*ceiling*
il soggiorno / il salotto	*living room*
la stanza	*room*
il tappeto	*carpet*
il tavolo	*table*
la tenda	*curtain*
la terrazza	*patio*
il tetto	*roof*
l'umore *(m)*	*mood*
l'uscita	*exit*
la villa / il villino	*country home*

AGGETTIVI

affettuoso	*affectionate*
allegro	*happy*
appassionato	*passionate*
breve	*brief*
contento	*happy*
debole	*weak*
depresso	*depressed*
disperato	*desperate*

forte	*strong*
innamorato cotto (-a)	*madly in love*
insoddisfatto	*unsatisfied*
lungo	*long*
prepotente	*arrogant, bullyish*
romantico	*romantic*
scontento	*unhappy*
soddisfatto	*satisfied*
tenero	*tender*
triste	*sad*
vivace	*lively*

VERBI

affittare	*to rent*
amarsi	*to love one another*
arrabbiarsi	*to become angry*
arredare	*to decorate*
baciare	*to kiss*
bisticciare	*to bicker, scuffle*
cambiare casa / traslocare	*to move*
chiedere scusa, scusarsi	*to say one is sorry, apologize*

comportarsi	*to behave, act*
confrontare	*to compare*
detestare	*to detest*
fare la pace	*to make up*
innamorarsi (di)	*to fall in love (with)*
irritarsi	*to become irritated*
lamentarsi	*to complain*
litigare	*to argue*
(non) essere d'accordo	*to (dis)agree*
odiare	*to hate*
offendersi	*to become offended / hurt*
piangere	*to cry*
prendere in giro	*to take in, pull one's leg*
ridere	*to laugh*
rifare il letto	*to make the bed*
seccarsi	*to get on one's nerves*
voler bene a / amare	*to love*

ALTRE ESPRESSIONI

nonostante	*notwithstanding*

Capitolo 15 La moda

✦ Avvio ◇◇◇◇◇◇◇◇◇◇◇◇◇◇◇◇◇◇◇◇◇◇◇◇◇

Quanto sai già?

A. Sai in che modo sono differenti gli indumenti e le calzature indicati? Se sì, spiega le differenze agli altri membri della classe.

1. una camicia da notte e una vestaglia
2. le calze e il collant
3. i calzoni e le mutande
4. le scarpe e gli stivali
5. una stringa e una suola
6. una gonna e i pantaloni
7. un impermeabile e una giacca

B. Il piacere di saperlo! Servendoti di un dizionario etimologico o di un'enciclopedia, prova a rispondere alle seguenti domande.

1. Perché i «blue jeans» si chiamano così?
2. Perché la cravatta si chiama così?
3. Perché d'estate si preferiscono i tessuti bianchi?
4. Perché le pantofole hanno questo nome?
5. Perché nell'antica Grecia era considerato cosa volgare portare il cappello?
6. Perché i fazzoletti sono quadrati?
7. Perché gli uomini portano i pantaloni e tante donne le sottane?
8. Perché le maglie di lana «cardigan» si chiamano così?

C. Dibattito. Diverse coppie di studenti dovranno mettere in scena un dibattito in cui si discuterà la seguente questione:

«Per essere accettati socialmente nel mondo di oggi è necessario vestirsi sempre alla moda.»

Prima di leggere

Moda. Rispondi alle seguenti domande liberamente. Poi leggi il manifesto che seguirà e metti a confronto le tue risposte con il contenuto del manifesto.

1. Tu pensi che Milano sia il centro mondiale della moda? Perché sì / no?
2. Pensi che le sfilate di moda oggi siano più spettacolo che esibizione di abbigliamento?
3. Secondo te, la moda non ha età? Perché sì / no?
4. Secondo te, chi sta più di fronte allo specchio, gli uomini o le donne?
5. Secondo te, la moda dei giovani di oggi è strana? Perché sì / no?

Milano incontra la moda

Milano
incontra la moda
E ne parla, all'Ottagono

Milano | **Comune
di Milano**
Assessorato Turismo
Moda e Grandi Eventi

&
GRAZIA

ti invitano agli incontri che si terranno
in occasione della nuova edizione di Milano Moda Donna.

Grandi personaggi della moda, della cultura
e dello spettacolo si alterneranno sul palco dell'Ottagono,
dal 26 settembre al 2 ottobre, per discutere anche con te di:

MA LA MODA NON HA ETÀ?
MADRI E FIGLIE A CONFRONTO.
•
LEI E LUI:
CHI STA PIÙ TEMPO DAVANTI ALLO SPECCHIO?
GLI UOMINI, I NUOVI NARCISI.
•
VESTIRSI-TRAVESTIRSI:
LA MODA È DEI GIOVANI?
•
SPORT È MODA: CAMPIONI DA PASSERELLA
•
MILANO TEATRO DELLA MODA

Sul numero di Grazia in edicola dal 25 settembre,
tutti i dettagli. Ti aspettiamo.

Ottagono - Galleria Vittorio Emanuele - Milano

In collaborazione con SHISEIDO

Dopo la lettura

Te ne intendi? Rispondi alle seguenti domande e / o svolgi i seguenti compiti.

1. Trova un numero della rivista *Grazia*. Portalo in classe e discuti i manifesti pubblicitari di moda in essa contenuti con gli altri membri della classe.
2. Conosci dei «grandi personaggi» della moda? Se sì, indicali agli altri membri della classe.
3. Pensi che le madri e le figlie si vestano oggi in modo assai simile? Perché sì / no?
4. Pensi che i nuovi «narcisi» siano gli uomini di oggi? Se sì, giustifica la tua risposta.

Stimolo linguistico

La forma passiva. Trasforma ciascuna frase nella sua corrispondente forma passiva. Te la ricordi?

MODELLO   Tua sorella usa molto il rossetto.
    Il rossetto è usato molto da tua sorella.

1. Gli Italiani usano il giaccone Parka d'inverno.
2. La UPIM offre il 10% di sconto questa settimana.
3. Quel cliente ha acquistato l'ultima cravatta rossa.
4. Anche i meno giovani oggi portano i blue jeans.
5. Molte donne oggi non usano più il trucco *(makeup)*.
6. La Standa ha regalato uno sconto speciale ai lettori.
7. La cliente ha presentato il tagliando *(coupon)*.

VOCABOLARIO

L'abbigliamento

Capi di abbigliamento

la camicetta

la borsa

la gonna

l'ombrello

il cappello

la sciarpa

l'impermeabile *(m.)*

i guanti

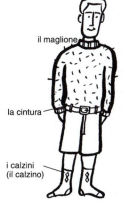

il maglione

la cintura

i calzini
(il calzino)

Altri capi di abbigliamento

l'abito da sera	evening gown	il numero (di scarpa)	shoe size
il berretto	cap	i pantaloncini	shorts
la biancheria intima	underclothing	la pantofola	slipper
la calzatura	footwear	portare, indossare	to wear
il calzolaio	shoemaker	il sandalo	sandal
la calzoleria	shoe shop	la sottoveste	slip
la camicia da notte	nightgown	spogliarsi	to get undressed
la cappa, la mantella	cape, cloak	lo stivale	boot
il collant / i collant	pantyhose/tights	la suola	sole
il costume da bagno	swim suit	la taglia	clothing size
la maglietta	T-shirt	il tacco	heel
mettersi	to put on (clothes)	la tuta	tracksuit
le mutande	underpants (underwear)	la vestaglia	dressing gown, bathrobe
le mutandine	panties	vestirsi	to get dressed

Applicazione

A. Capi di abbigliamento. Spiega la differenza tra i seguenti capi.

1. la camicetta e la camicia
2. la borsa, l'ombrello e la cintura
3. la gonna, i pantaloni e i pantaloncini
4. il cappello e il berretto
5. l'abito da sera e il costume da bagno
6. la biancheria intima e le mutande
7. le calzature, i calzolai e le calzolerie
8. una giacca e una cappa
9. le calze, i calzini e il collant
10. la sciarpa e la cravatta
11. la giacca, il cappotto, l'impermeabile e la tuta
12. le scarpe, gli stivali, le pantofole e i sandali
13. il maglione e la maglietta
14. mettersi le scarpe e indossare un vestito
15. il numero di scarpa e la taglia
16. la sottoveste e la vestaglia
17. vestirsi e spogliarsi
18. la suola e il tacco

B. **Per l'occasione!** Cosa ti metteresti per le seguenti occasioni?

> MODELLO   Cosa ti metteresti per una festa da ballo?
> **Mi metterei un vestito rosso, una camicetta bianca,**
> **scarpe nere, ecc.**

Cosa ti metteresti per...

1. un'intervista di lavoro?
2. andare a sciare?
3. uno sposalizio?
4. andare al lavoro in una giornata molto fredda?
5. andare al lavoro in una giornata molto calda?
6. una cena in un ristorante con la tua ragazza / il tuo ragazzo?

C. **Il vestiario ideale.** Completa le seguenti tabelle. Poi presenta le tue liste alla classe e discutetele insieme.

Il vestiario femminile formale ideale

Capi _____   Colori e stile _____

Il vestiario femminile informale ideale

Capi _____   Colori e stile _____

Il vestiario maschile formale ideale

Capi _____   Colori e stile _____

Il vestiario maschile informale ideale

Capi _____   Colori e stile _____

D. **Descrizioni.** Descrivi alla classe quello che indossa un altro studente / un'altra studentessa. Poi lascia indovinare ai tuoi compagni la persona che stai descrivendo.

✦ GRAMMATICA ◇◇◇◇◇◇◇◇◇◇◇◇◇◇◇◇◇◇◇◇◇◇◇

STRUTTURA

15.1 La forma passiva

- ✦ Italian verbs, like English verbs, have both active and passive voice forms. In an active sentence the subject performs the action; in a passive construction, the subject of the verb is acted upon.

- ✦ In a passive sentence, the auxiliary **essere** is used, and it takes on the tense and mood of the corresponding active sentence. The agent (performer of the action) is preceded by the preposition **da** *(by)*:

Active

L'insegnante	interroga	lo studente.	*The teacher*	*questions the student.*
	interrogherà			*will question*
	ha interrogato			*has questioned*
	interrogava			*was questioning*
	ecc.			*etc.*

Corresponding Passive

Lo studente	è interrogato	dall'insegnante.	*The student*	*is questioned by the teacher.*
	sarà interrogato			*will be questioned*
	è stato interrogato			*has been questioned*
	era interrogato			*was questioned*
	ecc.			*etc.*

- ✦ Note that the past participle of the passive verb agrees with the new subject, because the auxiliary is **essere:**

I blue jeans sono portati da tutti.	*Blue jeans are worn by everyone.*
Questa camicetta è stata disegnata da Armani.	*This blouse was designed by Armani.*

- ✦ The passive is used to emphasize an action or to highlight the object of the action. It is often used in print media style and in academic writing style. In such usages the agent (**da** + *noun*) is generally omitted:

L'inchiesta fu condotta per diversi motivi.	*The survey was conducted for various reasons.*

- ✦ The verb **venire** can be used in place of **essere** as auxiliary in present tenses:

I blue jeans sono portati da tutti.	I blue jeans vengono portati da tutti.
Blue jeans are worn by everyone.	*Blue jeans are worn by everyone.*

✦ **Andare** can also be used as the auxiliary. It replaces the construction **dover essere:**

> Quel vestito deve essere lavato. = Quel vestito va lavato.
> *That dress has to be washed.*

> La domanda di lavoro deve essere presentata in doppia copia. = La domanda di lavoro va presentata in doppia copia.
> *The job application must be presented in duplicate.*

Applicazione

A. Dall'attivo al passivo. Trasforma le seguenti frasi nelle loro forme passive corrispondenti.

> MODELLO   Molte persone indossano i vestiti Armani.
> **I vestiti Armani sono indossati da molte persone.**
> **(I vestiti Armani vengono indossati da molte persone.)**

1. Nel film *Nuovo Cinema Paradiso*, Philippe Noiret ha interpretato il ruolo principale.
2. Il Milan ha vinto l'incontro di calcio.
3. Secondo la leggenda, Romolo e Remo avrebbero fondato Roma.
4. Cristoforo Colombo scoprì il Nuovo Mondo (dal punto di vista europeo).
5. Un infermiere aiuterà la dottoressa durante le visite.
6. Credo che Marconi abbia inventato la radio.
7. Gli studenti organizzeranno una sfilata di moda per la fine dell'anno.
8. Bruto uccise Giulio Cesare.
9. Tutti ammiravano i suoi vestiti.

B. Saggi. Stai scrivendo un saggio *(essay)* per un corso di psicologia. Alcune delle frasi che hai scritto sono nella forma attiva. Adesso riscrivile in forma passiva per rendere lo stile della versione finale del saggio più «scientifico».

> MODELLO   Piaget studiò attentamente i soggetti.
> **I soggetti furono studiati attentamente da Piaget.**
> **I soggetti vennero studiati attentamente da Piaget.**

1. Hanno tradotto le sue opere in inglese.
2. Skinner formulò quelle ipotesi.
3. Gli psicologi della scuola «Gestalt» credevano che la percezione influenzasse il pensiero.
4. Ripeterono l'esperimento due volte.
5. I ricercatori condurranno una nuova indagine sull'effetto degli stereotipi.
6. Gli scienziati ripeteranno quell'esperimento.
7. La psicologia cognitiva degli anni settanta cambiò l'indirizzo della psicologia.

C. I consigli dell'esperto (-a). Reagisci ad ogni affermazione seguendo il modello.

MODELLO   Noi non stiriamo le camicie regolarmente.
Ma le camicie devono essere stirate regolarmente.
Ma le camicie vanno stirate regolarmente.

1. Io non lavo i vestiti di seta a mano.
2. L'università dovrebbe abolire gli esami.
3. I figli non rispettano i genitori.
4. Molti non cucinano gli spaghetti al dente.
5. Non abbiamo tempo per analizzare con calma la situazione.

15.2 Costruzioni verbali particolari

✦ When a verb is followed by an infinitive, it behaves according to one of the following three constructions:

Verb + Infinitive	Verb + *a* + Infinitive	Verb + *di* + Infinitive
Voglio lavorare.	Comincio a lavorare.	Finisco di lavorare.
I want to work.	*I am starting to work.*	*I am finishing work.*

✦ Here's a list of common verbs that fall into the different categories:

Verb + Infinitive	Verb + *a* + Infinitive	Verb + *di* + Infinitive
volere	cominciare	finire
dovere	riuscire	pensare
lasciare	insegnare	cercare
preferire	provare	chiedere
amare	aiutare	sperare
potere	constringere *to force*	decidere

✦ When a noun follows, the verb **pensare** is followed by a: **Penso sempre a lui. / Penso sempre al lavoro.** / etc. The verb **pensarne** *to think of* is followed by **di: Cosa ne pensi di quell'ipotesi?** *What do you think of that hypothesis?* Note that the verb **pensarci** means *to think about, to take care of:*

Ti vuoi mettere questo vestito?	Ci sto pensando.
Do you want to put on this dress?	*I'm thinking about it.*
Mi puoi aiutare?	Sì, ci penso io!
Can you help me?	*Yes, I'll take care of it!*

✦ The verb **sentire** means *to hear something,* while **sentirci** means *to (be able to) hear:*

| Sento una bella melodia. | *I hear a beautiful melody.* |
| Non ci sento bene. | *I can't hear well.* |

✦ The same distinction applies to seeing: **vedere** *to see something;* **vederci** *to (be able to) see.*

Applicazione

A. Simona, Simona! Completa il seguente dialogo tra Monica e Simona, usando **pensarne, pensarci, vederci** e **sentirci.**

MONICA: Simona! Simona! Sto chiamando te! Ma non _____?

SIMONA: Scusa, ero un po' distratta.

MONICA: Hai notato qualcosa di nuovo?

SIMONA: No.

MONICA: Ma ora nemmeno _____! Non hai notato il mio nuovo vestito?

SIMONA: Sì, infatti...

MONICA: Allora, cosa _____? Ti piace? Mi sta bene?

SIMONA: Bellissimo! Stupendo!

MONICA: È un po' largo. Dovrei farlo restringere.

SIMONA: Non c'è problema _____ io! So fare io.

MONICA: Grazie.

B. Tocca a te. Adesso usa ciascuna delle seguenti costruzioni in altrettante frasi (e in forme appropriate) che ne rendano chiaro il loro uso.

1. voler fare
2. cominciare a
3. riuscire a
4. cercare di
5. decidere di
6. provare a
7. costringere a
8. insegnare a
9. amare fare

15.3 Discorso diretto e indiretto

◆ Direct discourse becomes indirect when something said by someone else is restated or reported.

Discorso diretto	Discorso indiretto
«Maria è simpatica.» *"Mary is nice."*	Claudio ha detto che Maria è simpatica. *Claudio said that Mary is nice.*
«Maria, vuoi uscire?» *"Mary, do you want to go out?"*	Claudio chiede a Maria se vuole uscire. *Claudio asks Mary if she wants to go out.*
«Mi piace essere onesto.» *"I like to be honest."*	Claudio dice che gli piace essere onesto. *Claudio says that he likes to be honest.*
«Chi sono?» *"Who are they?"*	Claudio vuole sapere chi sono quelle persone. *Claudio wants to know who those persons are.*

◆ Articles, demonstratives, possessives, and pronouns must be changed accordingly.

Discorso diretto	Discorso indiretto
«Quel vestito è **mio**.»	Nora dice che quel vestito è **suo**.
"That dress is mine."	*Nora says that that dress is hers.*
«**Queste** scarpe saranno nuove.»	Nora pensa che **quelle** scarpe siano nuove.
"These shoes must be new."	*Nora thinks that those shoes are new.*
«**Ragazzi**, fate quello che dico.»	Nora dice **ai ragazzi** di fare quello che dice.
"Guys, do what I say."	*Nora tells the guys to do what she says.*

◆ Note, finally, that the tense and mood of the verb in the two forms of speech must make logical sense in terms of time references and contexts.

Discorso diretto	Discorso indiretto
«Mi piace quel vestito.»	Nora dice che le piace quel vestito.
	Nora ha detto ieri che le piaceva quel vestito.
	Nora dirà che le piace quel vestito quando lo vedrà.
	ecc.
"I like that dress."	*Nora says that she likes that dress.*
	Nora said yesterday that she liked that dress.
	Nora will say that she likes that dress when she sees it.
	etc.

Applicazione

Discorso diretto e indiretto. Trasforma le seguenti frasi dal discorso diretto al discorso indiretto.

MODELLO Claudia: Non mi sono messa la mia solita camicetta.
Claudia ha detto che non si è messa la sua solita camicetta.

CLAUDIA:
1. Non mi sono messa il mio solito vestito.
2. Domani, però, me lo metterò.
3. L'altro giorno mi ero messa la gonna a pieghe, ma poi me la sono tolta.

BARBARA:
4. Neanche a me piace quel cappello.
5. Questa maglietta è bellissima.
6. Stasera voglio uscire con una persona speciale.

DANIELA:
7. Il vestito rosso ti sta veramente bene, Barbara.
8. Non voglio mettermi quella giacca perché penso che mi stia male.
9. Mia sorella non è venuta oggi perché aveva molto da fare.

In un negozio di abbigliamento

alla moda	*in style/fashion*
in svendita	*on sale*
in vendita	*for sale*
indossare / portare	*to wear*
levarsi / togliersi	*to take off*
mettersi	*to put on*
provare / provarsi	*to try on*
il saldo	*sale*
lo sconto	*discount*
spogliarsi	*to get undressed*
stare bene / male in	*to look good/bad in*
la taglia / la misura	*size*
la vendita	*sale*
la vetrina	*store window*

✦ Note the use of **da** and **di** with nouns used as modifiers:

da = *function*		**di** = *material made of*	
abito da sera	*evening dress*	abito di lana	*wool dress*
camicia da notte	*nightshirt*	camicia di seta	*silk shirt*
scarpe da ballo	*dancing shoes*	scarpe di pelle	*leather shoes*

Applicazione

A. In un negozio di abbigliamento. Dal seguente dialogo tra un commesso e una cliente mancano alcune parole. Inseriscile negli spazi in modo opportuno.

COMMESSO: Buon giorno. In che cosa posso servirLa, signora?

CLIENTE: Cerco un _____. Qualcosa di elegante. Forse un _____ da sera.

COMMESSO: Lasci fare a me signora! Che _____ porta?

CLIENTE: Non sono sicura.

COMMESSO: Si accomodi in cabina e si _____ questo vestito.

CLIENTE: Va bene.

COMMESSO: Ah, Le sta proprio _____! Molto elegante.

CLIENTE: Ha ragione. Non mi _____ affatto male! Però non mi piacciono i vestiti _____ lana.

COMMESSO: Non si preoccupi. Si _____ questo e gliene porterò un altro.

CLIENTE: Ne ho visto uno _____ pelle in _____. Mi piacerebbe provare anche quello.

B. Differenze. Spiega con parole tue la differenza tra le seguenti cose:

1. un abito da sera e una camicia da notte
2. le scarpe da ballo e le scarpe di pelle
3. una vetrina, una finestra e un finestrino
4. in svendita e in vendita
5. indossare e togliersi
6. vestirsi e spogliarsi
7. un saldo e uno sconto

In una calzoleria

la borsa	*purse*
la calza	*stocking*
il calzino	*sock*
la calzoleria	*shoe store*
il laccio	*shoestring/shoelace*
il numero	*shoe size*
il paio (*pl* le paia)	*pair*
la pantofola	*slipper*
il portafoglio	*wallet*
il sandalo	*sandal*
la scarpa	*shoe*
lo stivale	*boot*
il tacco	*heel*

Applicazione

A. In un negozio di scarpe. Con un compagno / una compagna, crea dei mini-dialoghi tra un commesso / una commessa e un / una cliente. Segui il modello.

MODELLO   scarpe / donna / 38 / borsa
—**Desidera, signora?**
—**Vorrei delle scarpe da donna.**
—**Che numero porta?**
—**Il trentotto.**
—**Altro?**
—**Potrei vedere quella borsa, per piacere?**
—**Certamente!**

1. scarpe / uomo / 43 / calzini
2. stivali / bambina / 33 / lacci
3. pantofole / donna / 37 / calze
4. stivali / uomo / 41 / calzini
5. pantofole / donna / 38 / borsa

B. Indovina. Sai di che cosa si tratta?

1. Coprono il piede.
2. Scarpe che arrivano fino al ginocchio.
3. Negozio in cui si vendono scarpe.
4. Calzatura che si porta in casa.
5. Servono per allacciare le scarpe.
6. Possono essere alti, bassi o anche a spillo.

✦ CULTURA ◇◇◇◇◇◇◇◇◇◇◇◇◇◇◇◇◇◇◇◇◇◇◇◇◇◇◇◇◇

La moda in Italia

Chi non conosce i nomi di Benetton, Armani, Ferrè, Krizia, Fendi, Valentino, Gucci, Versace e molti altri? Gli stilisti italiani sono tra i più rinomati e ricercati del mondo. Questo settore è economicamente cruciale per l'Italia: garantisce milioni di posti di lavoro e ha un ruolo importante nelle esportazioni. Il «*made in Italy*» è desiderato in tutto il mondo.

È interessante notare che: Napoli vanta antiche tradizioni per l'industria dei guanti; i bottoni di Bergamo sono famosi; Treviso è rinomata per la sua maglieria; e Varese è conosciuta per le scarpe. Non parliamo poi di Milano, che è un centro di moda veramente internazionale. ✦

Applicazione

A. Ricordi quello che hai letto?

1. È famosa per la sua maglieria.
2. È famosa per le sue scarpe.
3. È famosa per i bottoni.
4. È famosa per i suoi guanti.
5. Otto stilisti italiani famosi.
6. Garantisce milioni di posti di lavoro.
7. È desiderato da tutti.

B. Opinioni e paragoni. Pensi che...

1. la moda italiana sia la più elegante del mondo? (Perché sì / no?)
2. gli stilisti italiani siano troppo «prevedibili»? (Perché sì / no?)
3. la pubblicità della Benetton sia troppo provocante? (Perché sì / no?)

Stimolo alla lettura

A. La parola *scarpa*. La parola *scarpa* ricorre spesso nella lettura seguente; è all'origine di molti concetti metaforici. Per esempio, diciamo «quella persona non ha scarpe ai piedi» per dire che una persona è molto povera. Conosci altre espressioni simili? Discutile con gli altri membri della classe.

B. Scarpe. Completa le frasi usando le seguenti parole nella loro forma appropriata. Usa il dizionario se necessario.

apposta	bagnato
rotto	prendersi cura
stufo	viziare
bottone	calzolaio
rimproverare	selciato

1. Le mie scarpe sono _____. Devo comprarne un altro paio.

2. Sai, loro sono venuti _____ per te!

3. Antonio, dove vai? Vado dal _____. Dovrei farmi aggiustare queste scarpe.

4. Quando andavo in giro scalzo, sentivo il freddo del _____ sotto le piante dei piedi.

5. I genitori lo _____ per la sua negligenza.

6. Le sue gambe erano nude e _____.

7. Sono _____ di lavorare. Ho bisogno di una bella vacanza.

8. Chi _____ dei bambini quando andrai a lavorare?

9. Prima di uscire ho dovuto attaccare un _____ a quel vestito.

10. Mia cugina è una bambina molto _____. Fa sempre i capricci.

Le scarpe rotte

*L*eggi attentamente il seguente brano di Natalia Ginzburg, facendo particolare attenzione al significato metaforico che l'autrice dà alla parola
scarpa.

*I*o ho le scarpe rotte e l'amica con la quale vivo in questo momento ha le scarpe rotte
anche lei. Stando insieme parliamo spesso di scarpe. Se le parlo del tempo in cui
sarò una vecchia scrittrice famosa, lei subito mi chiede: «Che scarpe avrai?» Allora le
dico che avrò delle scarpe di camoscio verde, con una gran fibbia d'oro da un lato.

Io appartengo a una famiglia dove tutti hanno le scarpe solide e sane. Mia madre
anzi ha dovuto far fare un armadietto apposta per tenerci le scarpe, tante paia ne
aveva. Quando torno fra loro levano alte grida di sdegno e di dolore alla vista delle
mie scarpe. Ma io so che anche con le scarpe rotte si può vivere. Nel periodo
tedesco ero sola qui a Roma, e non avevo che un solo paio di scarpe. Se le avessi
date al calzolaio avrei dovuto stare due o tre giorni a letto, e questo non mi era possibile. Così continuai a portarle, e per giunta pioveva, le sentivo sfasciarsi lentamente, farsi molli ed informi, e sentivo il freddo del selciato sotto le piante dei
piedi. È per questo che anche ora ho le scarpe rotte, perché mi ricordo di quelle e
non mi sembrano poi tanto rotte al confronto, e se ho del denaro preferisco
spenderlo altrimenti, perché le scarpe non mi appaiono più come qualcosa di
molto essenziale. Ero stata viziata dalla vita prima, sempre circondata da un affetto tenero e vigile, ma quell'anno qui a Roma fui sola per la prima volta, e per
questo Roma mi è cara, sebbene carica di storia per me, carica di ricordi an-
gosciosi, poche ore dolci. Anche la mia amica ha le scarpe rotte, e per questo stiamo bene insieme. La mia amica non ha nessuno che la rimproveri per le scarpe
che porta, ha soltanto un fratello che vive in campagna e gira con degli stivali da
cacciatore. Lei e io sappiamo quello che succede quando piove, e le gambe sono
nude e bagnate e nelle scarpe entra l'acqua, e allora c'è quel piccolo rumore a ogni
passo, quella specie di sciacquettio[1].

La mia amica ha un viso pallido e maschio, e fuma in un bocchino nero. Quando
la vidi per la prima volta, seduta a un tavolo, con gli occhiali cerchiati di tartaruga
e il suo viso misterioso e sdegnoso, col bocchino nero fra i denti, pensai che pareva
un generale cinese. Allora non sapevo che aveva le scarpe rotte. Lo seppi più tardi.

La mia amica qualche volta dice che è stufa di lavorare, e vorrebbe buttar la vita ai cani.
Vorrebbe chiudersi in una bettola a bere tutti i suoi risparmi, oppure mettersi a letto e
non pensare più a niente, e lasciare che vengano a levarle il gas e la luce, lasciare che
tutto vada alla deriva pian piano. Dice che lo farà quando io sarò partita. Perché la

---

[1]*squish*

nostra vita comune durerà poco, presto io partirò e tornerò da mia madre e dai miei figli, in una casa dove non mi sarà permesso di portare le scarpe rotte. Mia madre si prenderà cura di me, m'impedirà di usare degli spilli invece dei bottoni, e di scrivere fino a notte alta. E io a mia volta mi prenderò cura dei miei figli, vincendo la tentazione di buttar la vita ai cani. Tornerò ad essere grave e materna, come sempre mi avviene quando sono con loro, una persona diversa da ora, una persona che la mia amica non conosce affatto.

Guarderò l'orologio e terrò conto del tempo, vigile ed attenta ad ogni cosa, e baderò che i miei figli abbiano i piedi sempre asciutti e caldi, perché so che così dev'essere se appena è possibile, almeno nell'infanzia. Forse anzi per imparare poi a camminare con le scarpe rotte, è bene avere i piedi asciutti e caldi quando si è bambini.

Dopo la lettura

A. Ricordi quello che hai letto? Rispondi alle seguenti domande con frasi complete.

1. Con chi abita attualmente l'autrice?
2. Di che cosa parlano spesso insieme, l'autrice e la sua amica?
3. A che tipo di famiglia appartiene l'autrice?
4. Che cosa ha dovuto fare sua madre?
5. In quale città l'autrice si trova sola, durante il periodo tedesco?
6. Quanti e chi sono i membri della famiglia della sua amica?
7. Dove vuole chiudersi la sua amica e perché?
8. Dove andrà presto l'autrice?
9. Che cosa tornerà a fare l'autrice?

B. Personaggi. Descrivi i personaggi del brano che hai appena letto.

1. l'autrice
2. la madre
3. l'amica

C. Discussione in classe. Rispondi alle seguenti domande e discuti le tue risposte con gli altri membri della classe.

1. Qual è, secondo te, il significato di «avere le scarpe rotte»?
2. Ti comporti in modo diverso quando sei in famiglia da quando sei con gli amici? Come? Perché?

CON FANTASIA

A. Capi di vestiario. Descrivi quello che si mette...

1. tuo padre per andare al lavoro
2. tua madre per andare al lavoro
3. un tuo amico / una tua amica per uscire il sabato sera
4. un tuo amico / una tua amica per andare a scuola / all'università

B. Gioco anagrammatico. Anagrammando le seguenti lettere formerai delle parole che si riferiscono all'abbigliamento.

MODELLO   glaiam = maglia

1. NITGAU
2. CACAIG
3. INZILAC
4. CSARPIA
5. TTAAVCRA
6. VISTAEL
7. NNGAO
8. SBROA
9. URTNCIA

C. Discorso diretto e indiretto. Riferisci quello che ha detto Franca ieri.

MODELLO   Preferisco questo eye-liner.
           Ha detto che preferiva quell'eye-liner.

1. Mi piace molto il maglione di mia sorella.
2. L'altro giorno ho indossato una minigonna rosa che però non mi piaceva.
3. Penso che questo smalto vada bene per le mie unghie.
4. Domani mi truccherò alla moda perché devo uscire.
5. Non so perché noi donne ci trucchiamo!

D. Dibattito. Alcuni membri della classe dovranno dibattere la seguente questione:

«L'origine e la funzione simbolica del trucco.»

E. Proverbi nuovi. Il proverbio «L'abito non fa il monaco.» si può tradurre come *Clothes do not make the person* e il proverbio «È nato con la camicia.» come *He/She was born with a silver spoon in his/her mouth.* Adesso trova, con l'ausilio del dizionario, proverbi o detti basati sui seguenti capi di vestiario.

1. il cappello
2. le scarpe
3. la cravatta
4. i guanti

Etichette

Studio del vocabolario

A. Paragona le parole usate in Italia con quelle usate in Nord America. Usa un dizionario se necessario. Nota che molte sono uguali. Spiega poi il loro significato.

In Italia	*In Nord America*	*Significato*
1. etichettare	_____	_____
2. il floppy	_____	_____
3. archiviare il dossier	_____	_____
4. titolare	_____	_____
5. supporti multimediali	_____	_____
6. Microsoft	_____	_____
7. Corel	_____	_____
8. la stampante	_____	_____

Applicazione

B. Ricerche digitali. Svolgi i seguenti compiti e poi riporta alla classe quello che hai trovato.

1. Il manifesto sopra risale a qualche anno fa. Cerca su Internet se esistono ancora le etichette menzionate.
2. Se non esistono più, cerca un sito simile e riporta quello che trovi.

✦ Lessico utile ◇◇◇◇◇◇◇◇◇◇◇◇◇◇◇◇◇◇◇◇◇◇◇

Nomi

l'abbigliamento / il vestiario	clothing
l'abito da sera	evening gown
il berretto	cap
la biancheria intima	underclothing
la borsa	purse
la calza	stocking
la calzatura	footwear
il calzino	sock
il calzolaio	shoemaker
la calzoleria	shoe store, shoe shop
la camicetta / la blusa	blouse
la camicia	shirt
la camicia da notte	nightgown, nightshirt
il camoscio	suede
il capo di vestiario / l'indumento	article of clothing
la cappa / la mantella	cape, cloak
il cappello	hat
il cappotto	(over)coat
la cintura	belt
il / i collant	pantyhose / tights
il costume da bagno	swim suit
la cravatta	tie
la fibbia	buckle
la finestra	window of a building
il finestrino	window of a vehicle
la giacca	jacket
la gonna	skirt
il guanto	glove
l'impermeabile (m)	raincoat
il laccio	shoestring / shoelace
la maglietta	T-shirt
il maglione / la maglia	sweater
le mutande	underpants (underwear)
le mutandine	panties
il numero (di scarpa)	shoe size
l'ombrello	umbrella
il paio	pair
i pantaloncini	shorts
i pantaloni	pants
la pantofola	slipper
la pelle	skin
il portafoglio	wallet
il prezzo fisso	fixed price
il rossetto	lipstick
il saldo	sale
il sandalo	sandal

la scarpa	shoe
la sciarpa	scarf
lo sconto	discount
la sfumatura	shade
lo smalto	nail polish
la sottoveste	slip
lo spillo	pin
lo stivale	boot
la suola	sole
il tacco	heel
la taglia / la misura	clothing size
il trucco	makeup
la tuta	tracksuit
l'unghia	fingernail
la vendita	sale
la vestaglia	dressing gown, bathrobe
il vestito / l'abito	suit, dress
la vetrina	store window

Aggettivi

asciutto	dry
folto	dense
molle, morbido	soft
scuro	dark
viziato	spoiled

Verbi

badare	to look after
costringere	to force
indossare / portare	to wear
levarsi / togliersi	to take off
mettersi	to put on
pensarci	to think about, to take care of
portare / indossare	to wear
provare / provarsi	to try on
rompere	to break
sentirci	to be able to hear
spogliarsi / svestirsi	to get undressed
stare bene / male in	to look good / bad in
truccarsi	to put on makeup
vederci	to be able to see
vestirsi	to get dressed

Altre espressioni

alla moda	in style / fashion
anzi	as a matter of fact
in svendita	on sale
in vendita	for sale

✦ Verts

I. REGULAR VERBS

	PRIMA CONIUGAZIONE	SECONDA CONIUGAZIONE	TERZA CONIUGAZIONE	
		INFINITO		
SEMPLICE **PASSATO**	parlare avere parlato	ripetere avere ripetuto	partire essere partito (-a)	capire avere capito
		GERUNDIO		
SEMPLICE **COMPOSTO**	parlando avendo parlato	ripetendo avendo ripetuto	partendo essendo partito (-a)	capendo avendo capito
		PARTICIPIO		
PRESENTE **PASSATO**	parlante parlato	ripetente ripetuto	partente partito (-a)	capito
		INDICATIVO		
PRESENTE	parlo parli parla parliamo parlate parlano	ripeto ripeti ripete ripetiamo ripetete ripetono	parto parti parte partiamo partite partono	capisco capisci capisce capiamo capite capiscono
IMPERFETTO	parlavo parlavi parlava parlavamo parlavate parlavano	ripetevo ripetevi ripeteva ripetevamo ripetevate ripetevano	partivo partivi partiva partivamo partivate partivano	capivo capivi capiva capivamo capivate capivano
PASSATO **REMOTO**	parlai parlasti parlò parlammo parlaste parlarono	ripetei ripetesti ripetè ripetemmo ripeteste ripeterono	partii partisti partì partimmo partiste partirono	capii capisti capì capimmo capiste capirono
FUTURO	parlerò parlerai parlerà parleremo parlerete parleranno	ripeterò ripeterai ripeterà ripeteremo ripeterete ripeteranno	partirò partirai partirà partiremo partirete partiranno	capirò capirai capirà capiremo capirete capiranno

	PRIMA CONIUGAZIONE	SECONDA CONIUGAZIONE	TERZA CONIUGAZIONE	
PASSATO PROSSIMO	hò parlato hai parlato ha parlato abbiamo parlato avete parlato hanno parlato	ho ripetuto hai ripetuto ha ripetuto abbiamo ripetuto avete ripetuto hanno ripetuto	sono partito (-a) sei partito (-a) è partito (-a) siamo partiti (-e) siete partiti (-e) sono partiti (-e)	ho capito hai capito ha capito abbiamo capito avete capito hanno capito
TRAPASSATO PROSSIMO	avevo parlato avevi parlato aveva parlato avevamo parlato avevate parlato avevano parlato	avevo ripetuto avevi ripetuto aveva ripetuto avevamo ripetuto avevate ripetuto avevano ripetuto	ero partito (-a) eri partito (-a) era partito (-a) eravamo partiti (-e) eravate partiti (-e) erano partiti (-e)	avevo capito avevi capito aveva capito avevamo capito avevate capito avevano capito
TRAPASSATO REMOTO	ebbi parlato avesti parlato ebbe parlato avemmo parlato aveste parlato ebbero parlato	ebbi ripetuto avesti ripetuto ebbe ripetuto avemmo ripetuto aveste ripetuto ebbero ripetuto	fui partito (-a) fosti partito (-a) fu partito (-a) fummo partiti (-e) foste partiti (-e) furono partiti (-e)	ebbi capito avesti capito ebbe capito avemmo capito aveste capito ebbero capito
FUTURO ANTERIORE	avrò parlato avrai parlato avrà parlato avremo parlato avrete parlato avranno parlato	avrò ripetuto avrai ripetuto avrà ripetuto avremo ripetuto avrete ripetuto avranno ripetuto	sarò partito (-a) sarai partito (-a) sarà partito (-a) saremo partiti (-e) sarete partiti (-e) saranno partiti (-e)	avrò capito avrai capito avrà capito avremo capito avrete capito avranno capito

CONGIUNTIVO

	PRIMA CONIUGAZIONE	SECONDA CONIUGAZIONE	TERZA CONIUGAZIONE	
PRESENTE	parli parli parli parliamo parliate parlino	ripeta ripeta ripeta ripetiamo ripetiate ripetano	parta parta parta partiamo partiate partano	capisca capisca capisca capiamo capiate capiscano
IMPERFETTO	parlassi parlassi parlasse parlassimo parlaste parlassero	ripetessi ripetessi ripetesse ripetessimo ripeteste ripetessero	partissi partissi partisse partissimo partiste partissero	capissi capissi capisse capissimo capiste capissero
PASSATO	abbia parlato abbia parlato abbia parlato abbiamo parlato abbiate parlato abbiano parlato	abbia ripetuto abbia ripetuto abbia ripetuto abbiamo ripetuto abbiate ripetuto abbiano ripetuto	sia partito (-a) sia partito (-a) sia partito (-a) siamo partiti (-e) siate partiti (-e) siano partiti (-e)	abbia capito abbia capito abbia capito abbiamo capito abbiate capito abbiano capito
TRAPASSATO	avessi parlato avessi parlato avesse parlato avessimo parlato aveste parlato avessero parlato	avessi ripetuto avessi ripetuto avesse ripetuto avessimo ripetuto aveste ripetuto avessero ripetuto	fossi partito (-a) fossi partito (-a) fosse partito (-a) fossimo partiti (-e) foste partiti (-e) fossero partiti (-e)	avessi capito avessi capito avesse capito avessimo capito aveste capito avessero capito

	PRIMA CONIUGAZIONE	SECONDA CONIUGAZIONE	TERZA CONIUGAZIONE	
		CONDIZIONALE		
PRESENTE	parlerei parleresti parlerebbe parleremmo parlereste parlerebbero	ripeterei ripeteresti ripeterebbe ripeteremmo ripetereste ripeterebbero	partirei partiresti partirebbe partiremmo partireste partirebbero	capirei capiresti capirebbe capiremmo capireste capirebbero
PASSATO	avrei parlato avresti parlato avrebbe parlato avremmo parlato avreste parlato avrebbero parlato	avrei ripetuto avresti ripetuto avrebbe ripetuto avremmo ripetuto avreste ripetuto avrebbero ripetuto	sarei partito (-a) saresti partito (-a) sarebbe partito (-a) saremmo partiti (-e) sareste partiti (-e) sarebbero partiti (-e)	avrei capito avresti capito avrebbe capito avremmo capito avreste capito avrebbero capito
		IMPERATIVO		
	(tu) parla (Lei) parli (noi) parliamo (voi) parlate (Loro) parlino	(tu) ripeti (Lei) ripeta (noi) ripetiamo (voi) ripetete (Loro) ripetano	(tu) parti (Lei) parta (noi) partiamo (voi) partite (Loro) partano	(tu) capisci (Lei) capisca (noi) capiamo (voi) capite (Loro) capiscano

II. AUXILIARY VERBS

INFINITO

SEMPLICE	avere	essere
PASSATO	avere avuto	essere stato (-a)

GERUNDIO

SEMPLICE	avendo	essendo
COMPOSTO	avendo avuto	essendo stato (-a)

PARTICIPIO

PRESENTE	avente	ente
PASSATO	avuto	stato (-a)

INDICATIVO

PRESENTE	ho	sono
	hai	sei
	ha	è
	abbiamo	siamo
	avete	siete
	hanno	sono
IMPERFETTO	avevo	ero
	avevi	eri
	aveva	era
	avevamo	eravamo
	avevate	eravate
	avevano	erano
PASSATO REMOTO	ebbi	fui
	avesti	fosti
	ebbe	fu
	avemmo	fummo
	aveste	foste
	ebbero	furono
FUTURO	avrò	sarò
	avrai	sarai
	avrà	sarà
	avremo	saremo
	avrete	sarete
	avranno	saranno
PASSATO PROSSIMO	ho avuto	sono stato (-a)
	hai avuto	sei stato (-a)
	ha avuto	è stato (-a)
	abbiamo avuto	siamo stati (-e)
	avete avuto	siete stati (-e)
	hanno avuto	sono stati (-e)
TRAPASSATO PROSSIMO	avevo avuto	ero stato (-a)
	avevi avuto	eri stato (-a)
	aveva avuto	era stato (-a)
	avevamo avuto	eravamo stati (-e)
	avevate avuto	eravate stati (-e)
	avevano avuto	erano stati (-e)

TRAPASSATO REMOTO	ebbi avuto	fui stato (-a)
	avesti avuto	fosti stato (-a)
	ebbe avuto	fu stato (-a)
	avemmo avuto	fummo stati (-e)
	aveste avuto	foste stati (-e)
	ebbero avuto	furono stati (-e)
FUTURO ANTERIORE	avrò avuto	sarò stato (-a)
	avrai avuto	sarai stato (-a)
	avrà avuto	sarà stato (-a)
	avremmo avuto	saremo stati (-e)
	avrete avuto	sarete stati (-e)
	avranno avuto	saranno stati (-e)

CONGIUNTIVO

PRESENTE	abbia	sia
	abbia	sia
	abbia	sia
	abbiamo	siamo
	abbiate	siate
	abbiano	siano
IMPERFETTO	avessi	fossi
	avessi	fossi
	avesse	fosse
	avessimo	fossimo
	aveste	foste
	avessero	fossero
PASSATO	abbia avuto	sia stato (-a)
	abbia avuto	sia stato (-a)
	abbia avuto	sia stato (-a)
	abbiamo avuto	siamo stati (-e)
	abbiate avuto	siate stati (-e)
	abbiano avuto	siano stati (-e)
TRAPASSATO	avessi avuto	fossi stato (-a)
	avessi avuto	fossi stato (-a)
	avesse avuto	fosse stato (-a)
	avessimo avuto	fossimo stati (-e)
	aveste avuto	foste stati (-e)
	avessero avuto	fossero stati (-e)

CONDIZIONALE

PRESENTE	avrei	sarei
	avresti	saresti
	avrebbe	sarebbe
	avremmo	saremmo
	avreste	sareste
	avrebbero	sarebbero
PASSATO	avrei avuto	sarei stato (-a)
	avresti avuto	saresti stato (-a)
	avrebbe avuto	sarebbe stato (-a)
	avremmo avuto	saremmo stati (-e)
	avreste avuto	sareste stati (-e)
	avrebbero avuto	sarebbero stati (-e)

IMPERATIVO

(tu) abbi	(tu) sii
(Lei) abbia	(Lei) sia
(noi) abbiamo	(noi) siamo
(voi) abbiate	(voi) siate
(Loro) abbiano	(Loro) siano

III. VERBS CONJUGATED LIKE *CAPIRE* (ISC)

abbellire	to make beautiful	indispettire	to irritate, to annoy
abolire	to abolish	infastidire	to annoy, to bother
accudire	to see, to attend (to)	influire	to influence, to affect
aderire	to stick, to adhere (to)	ingerire	to swallow
agire	to act, to operate	inghiottire	to swallow
aggredire	to attack, to assault	ingrandire	to enlarge
ammonire	to warn, to advise, to admonish	inserire	to insert
		intuire	to sense, to guess (at), to intuit
applaudire	to clap, to applaud		
arricchire	to enrich	istituire	to found, to institute, to set up
arrossire	to blush, to flush		
arrostire	to roast, to grill	istruire	to instruct, to teach
asserire	to assert, to affirm	perire	to die, to perish
assorbire	to absorb	preferire	to prefer
attribuire	to attribute, to assign	progredire	to (make) progress, to proceed
bandire	to proclaim, to banish		
chiarire	to clarify	proibire	to forbid, to prohibit
colpire	to hit, to strike	pulire	to clean
compatire	to commiserate (with), to pity, to be sorry for	punire	to punish
		rapire	to rob, to kidnap
concepire	to conceive	reagire	to react
condire	to season, to flavour	restituire	to return, to give back
contribuire	to contribute	riferire	to tell, to relate, to refer
costruire	to construct to build	ringiovanire	to make look (feel) younger, to rejuvenate
definire	to define		
demolire	to demolish	riunire	to reunite
digerire	to digest	riverire	to revere, to respect
dimagrire	to get thin, to lose weight	sbalordire	to shock, to astonish
diminuire	to diminish, to decrease	sbigottire	to dismay, to amaze
distribuire	to distribute	scolpire	to sculpture, to carve
esaurire	to use up, to exhaust	seppellire	to bury
eseguire	to carry out, to execute, to perform	sgualcire	to crumple, to wrinkle
		smarrire	to mislay, to lose
esibire	to show, to exhibit, to display	smentire	to deny, to retract
		sostituire	to replace
fallire	to fail, to be unsuccessful, to go bankrupt	sparire	to disappear, to vanish
		spedire	to send, to mail
favorire	to favour	stabilire	to establish, to set
ferire	to wound, to injure	starnutire	to sneeze
finire	to finish, to end	stupire	to stupefy, to amaze
fiorire	to flower, to bloom	subire	to suffer, to endure, to undergo
fornire	to supply, to provide		
garantire	to guarantee, to warrant	suggerire	to suggest
gradire	to appreciate, to accept	tossire	to cough
guarire	to cure, to recover	tradire	to betray
impallidire	to (turn) pale	trasferire	to transfer
impaurire	to frighten, to scare	ubbidire	to obey
impazzire	to go crazy	unire	to unite, to join
impedire	to prevent, to stop		
indebolire	to weaken		

IV. SOME COMMON IRREGULAR VERBS

accorgersi *to notice, to perceive*
PAST PARTICIPLE — accorto
PAST ABSOLUTE — mi accorsi, ti accorgesti, si accorse, ci accorgemmo, vi accorgeste, si accorsero

andare *to go* (auxiliary *essere*)
PRESENT INDICATIVE — vado, vai, va, andiamo, andate, vanno
FUTURE INDICATIVE — andrò, andrai, andrà, andremo, andrete, andranno
PRESENT SUBJUNCTIVE — vada, vada, vada, andiamo, andiate, vadano
PRESENT CONDITIONAL — andrei, andresti, andrebbe, andremmo, andreste, andrebbero
IMPERATIVE — va', vada, andiamo, andate, vadano

appendere *to hang*
PAST PARTICIPLE — appeso
PAST ABSOLUTE — appesi, appendesti, appese, appendemmo, appendeste, appesero

aprire *to open*
PAST PARTICIPLE — aperto
PAST ABSOLUTE — aprii or apersi, apristi, aprì or aperse, aprimmo, apriste, aprirono or apersero

bere *to drink*
PAST PARTICIPLE — bevuto
PRESENT INDICATIVE — bevo, bevi, beve, beviamo, bevete, bevono
IMPERFECT INDICATIVE — bevevo, bevevi, beveva, bevevamo, bevevate, bevevano
PAST ABSOLUTE — bevvi, bevesti, bevve, bevemmo, beveste, bevvero
FUTURE INDICATIVE — berrò, berrai, berrà, berremo, berrete, berranno
PRESENT SUBJUNCTIVE — beva, beva, beva, beviamo, beviate, bevano
IMPERFECT SUBJUNCTIVE — bevessi, bevessi, bevesse, bevessimo, beveste, bevessero
PRESENT CONDITIONAL — berrei, berresti, berrebbe, berremmo, berreste, berrebbero

cadere *to fall* (auxiliary *essere*)
PAST ABSOLUTE — caddi, cadesti, cadde, cademmo, cadeste, caddero
FUTURE INDICATIVE — cadrò, cadrai, cadrà, cadremo, cadrete, cadranno
CONDITIONAL PRESENT — cadrei, cadresti, cadrebbe, cadremmo, cadreste, cadrebbero

chiedere *to ask*
PAST PARTICIPLE — chiesto
PAST ABSOLUTE — chiesi, chiedesti, chiese, chiedemmo, chiedeste, chiesero

chiudere *to close*
PAST PARTICIPLE — chiuso
PAST ABSOLUTE — chiusi, chiudesti, chiuse, chiudemmo, chiudeste, chiusero

conoscere *to know*
PAST PARTICIPLE — conosciuto
PAST ABSOLUTE — conobbi, conoscesti, conobbe, conoscemmo, conosceste, conobbero

coprire *to cover*
PAST PARTICIPLE — coperto

correggere *to correct*
PAST PARTICIPLE — corretto
PAST ABSOLUTE — corressi, correggesti, corresse, correggemmo, correggeste, corressero

correre *to run* (auxiliary *essere/avere*)
PAST PARTICIPLE — corso
PAST ABSOLUTE — corsi, corresti, corse, corremmo, correste, corsero

dare *to give*
PRESENT INDICATIVE   do, dai, dà, diamo, date, danno
PAST ABSOLUTE   diedi, desti, diede, demmo, deste, diedero
FUTURE INDICATIVE   darò, darai, darà, daremo, darete, daranno
PRESENT SUBJUNCTIVE   dia, dia, dia, diamo, diate, diano
CONDITIONAL PRESENT   darei, daresti, darebbe, daremmo, dareste, darebbero
IMPERATIVE   da', dia, diamo, date, diano

decidere *to decide*
PAST PARTICIPLE   deciso
PAST ABSOLUTE   decisi, decidesti, decise, decidemmo, decideste, decisero

dipingere *to paint*
PAST PARTICIPLE   dipinto
PAST ABSOLUTE   dipinsi, dipingesti, dipinse, dipingemmo, dipingeste, dipinsero

dire *to say*
PAST PARTICIPLE   detto
PRESENT INDICATIVE   dico, dici, dice, diciamo, dite, dicono
IMPERFECT INDICATIVE   dicevo, dicevi, diceva, dicevamo, dicevate, dicevano
PAST ABSOLUTE   dissi, dicesti, disse, dicemmo, diceste, dissero
PRESENT SUBJUNCTIVE   dica, dica, dica, diciamo, diciate, dicano
IMPERFECT SUBJUNCTIVE   dicessi, dicessi, dicesse, dicessimo, diceste, dicessero
IMPERATIVE   di', dica, diciamo, dite, dicano

discutere *to discuss*
PAST PARTICIPLE   discusso
PAST ABSOLUTE   discussi, discutesti, discusse, discutemmo, discuteste, discussero

dividere *to divide*
PAST PARTICIPLE   diviso
PAST ABSOLUTE   divisi, dividesti, divise, dividemmo, divideste, divisero

dovere *to have to, must*
PRESENT INDICATIVE   devo, devi, deve, dobbiamo, dovete, devono
FUTURE INDICATIVE   dovrò, dovrai, dovrà, dovremo, dovrete, dovranno
PRESENT SUBJUNCTIVE   deva (debba), deva (debba), deva (debba), dobbiamo, dobbiate, devano (debbano)
PRESENT CONDITIONAL   dovrei, dovresti dovrebbe, dovremmo, dovreste, dovrebbero

esprimere *to express*
PAST PARTICIPLE   espresso
PAST ABSOLUTE   espressi, esprimesti, espresse, esprimemmo, esprimeste, espressero

fare *to do, to make*
PAST PARTICIPLE   fatto
PRESENT INDICATIVE   faccio, fai, fa, facciamo, fate, fanno
IMPERFECT INDICATIVE   facevo, facevi, faceva, facevamo, facevate, facevano
PAST ABSOLUTE   feci, facesti, fece, facemmo, faceste, fecero
FUTURE INDICATIVE   farò, farai, farà, faremo, farete, faranno
PRESENT SUBJUNCTIVE   faccia, faccia, faccia, facciamo, facciate, facciano
PRESENT CONDITIONAL   farei, faresti, farebbe, faremmo, fareste, farebbero
IMPERFECT SUBJUNCTIVE   facessi, facessi, facesse, facessimo, faceste, facessero
IMPERATIVE   fa', faccia, facciamo, fate, facciano

leggere *to read*
PAST PARTICIPLE   letto
PAST ABSOLUTE   lessi, leggesti, lesse, leggemmo, leggeste, lessero

mettere *to put*
PAST PARTICIPLE   messo
PAST ABSOLUTE   misi, mettesti, mise, mettemmo, metteste, misero

morire *to die* (auxiliary *essere*)
PAST PARTICIPLE   morto
PRESENT CONDITIONAL   muoio, muori, muore, moriamo, morite, muoiono
FUTURE INDICATIVE   morrò, morrai, morrà, morremo, morrete, morranno (also morirò,
                             morirai, etc.)
CONDITIONAL PRESENT   morrei, morresti, morrebbe, morremmo, morreste, morrebbero (also morirei,
                             moriresti, etc.)
IMPERATIVE   muori, muoia, moriamo, morite, muoiano
PRESENT SUBJUNCTIVE   muoia, muoia, muoia, moriamo, moriate, muoiano

muovere *to move*
PAST PARTICIPLE   mosso
PRESENT INDICATIVE   muovo, muovi, muove, moviamo, movete, muovono
PAST ABSOLUTE   mossi, movesti, mosse, movemmo, moveste, mossero
IMPERATIVE   muovi, muova, moviamo, movete, muovano
PRESENT SUBJUNCTIVE   muova, muova, muova, moviamo, moviate, muovano

nascere *to be born* (auxiliary *essere*)
PAST PARTICIPLE   nato
PAST ABSOLUTE   nacqui, nascesti, nacque, nascemmo, nasceste, nacquero

nascondere *to hide*
PAST PARTICIPLE   nascosto
PAST ABSOLUTE   nascosi, nascondesti, nascose, nascondemmo, nascondeste, nascosero

offendere *to offend*
PAST PARTICIPLE   offeso
PAST ABSOLUTE   offesi, offendesti, offese, offendemmo, offendeste, offesero

offrire *to offer*
PAST PARTICIPLE   offerto
PAST ABSOLUTE   offrii (or offersi), offristi, offrì (or offerse), offrimmo, offriste, offrirono (or
                             offersero)

perdere *to lose*
PAST PARTICIPLE   perduto or perso
PAST ABSOLUTE   persi (or perdei or perdetti), perdesti, perse (or perdé or perdette),
                             perdemmo, perdeste, persero (or perderono or perdettero)

piacere *to like, to please, to be pleasing* (auxiliary *essere*)
PAST PARTICIPLE   piaciuto
PRESENT INDICATIVE   piaccio, piaci, piace, piacciamo, piacete, piacciono
PAST ABSOLUTE   piacqui, piacesti, piacque, piacemmo, piaceste, piacquero
PRESENT SUBJUNCTIVE   piaccia, piaccia, piaccia, piacciamo, piacciate, piacciano

piangere *to cry, to weep*
PAST PARTICIPLE   pianto
PAST ABSOLUTE   piansi, piangesti, pianse, piangemmo, piangeste, piansero

potere *to be able to*
PRESENT INDICATIVE   posso, puoi, può, possiamo, potete, possono
FUTURE INDICATIVE   potrò, potrai, potrà, potremo, potrete, potranno
PRESENT SUBJUNCTIVE   possa, possa, possa, possiamo, possiate, possano
PRESENT CONDITIONAL   potrei, potresti, potrebbe, potremmo, potreste, potrebbero

prendere *to take*
PAST PARTICIPLE   preso
PAST ABSOLUTE   presi, prendesti, prese, prendemmo, prendeste, presero

ridere *to laugh*
PAST PARTICIPLE   riso
PAST ABSOLUTE   risi, ridesti, rise, ridemmo, rideste, risero

rimanere *to remain, to stay* (auxiliary *essere*)

PAST PARTICIPLE	rimasto
PRESENT INDICATIVE	rimango, rimani, rimane, rimaniamo, rimanete, rimangono
PAST ABSOLUTE	rimasi, rimanesti, rimase, rimanemmo, rimaneste, rimasero
FUTURE INDICATIVE	rimarrò, rimarrai, rimarrà, rimarremo, rimarrete, rimarranno
PRESENT CONDITIONAL	rimarrei, rimarresti, rimarrebbe, rimarremmo, rimarreste, rimarrebbero
IMPERATIVE	rimani, rimanga, rimaniamo, rimanete, rimangano
PRESENT SUBJUNCTIVE	rimanga, rimanga, rimanga, rimaniamo, rimaniate, rimangano

rispondere *to answer, to reply*

PAST PARTICIPLE	risposto
PAST ABSOLUTE	risposi, rispondesti, rispose, rispondemmo, rispondeste, risposero

rompere *to break*

PAST PARTICIPLE	rotto
PAST ABSOLUTE	ruppi, rompesti, ruppe, rompemmo, rompeste, ruppero

salire *to go up, to climb, to rise, to get on, to mount* (auxiliary *essere/avere*)

PRESENT INDICATIVE	salgo, sali, sale, saliamo, salite, salgono
IMPERATIVE	sali, salga, saliamo, salite, salgano
PRESENT SUBJUNCTIVE	salga, salga, salga, saliamo, saliate, salgano

sapere *to know*

PRESENT INDICATIVE	so, sai, sa, sappiamo, sapete, sanno
IMPERATIVE	sappi, sappia, sappiamo, sappiate, sappiano
PAST ABSOLUTE	seppi, sapesti, seppe, sapemmo, sapeste, seppero
FUTURE INDICATIVE	saprò, saprai, saprà, sapremo, saprete, sapranno
PRESENT SUBJUNCTIVE	sappia, sappia, sappia, sappiamo, sappiate, sappiano
PRESENT CONDITIONAL	saprei, sapresti, saprebbe, sapremmo, sapreste, saprebbero

scegliere *to choose*

PAST PARTICIPLE	scelto
PRESENT INDICATIVE	scelgo, scegli, sceglie, scegliamo, scegliete, scelgono
PAST ABSOLUTE	scelsi, scegliesti, scelse, scegliemmo, sceglieste, scelsero
IMPERATIVE	scegli, scelga, scegliamo, scegliete, scelgano
PRESENT SUBJUNCTIVE	scelga, scelga, scelga, scegliamo, scegliate, scelgano

scendere *to descend, to go down, to get down, to get off, to climb down* (auxiliary *essere/avere*)

PAST PARTICIPLE	sceso
PAST ABSOLUTE	scesi, scendesti, scese, scendemmo, scendeste, scesero

scoprire *to discover*

PAST PARTICIPLE	scoperto
PAST ABSOLUTE	scoprii (or scopersi), scopristi, scoprì (or scoperse), scoprimmo, **scopriste**, scoprirono (or scopersero)

scrivere *to write*

PAST PARTICIPLE	scritto
PAST ABSOLUTE	scrissi, scrivesti, scrisse, scrivemmo, scriveste, scrissero

sedersi *to sit down*

PAST PARTICIPLE	seduto
PRESENT INDICATIVE	mi siedo, ti siedi, si siede, ci sediamo, vi sedete, si siedono

spendere *to spend*

PAST PARTICIPLE	speso
PAST ABSOLUTE	spesi, spendesti, spese, spendemmo, spendeste, spesero

spegnere *to turn off*

PAST PARTICIPLE	spento
IMPERATIVE	spegni, spenga, spegniamo, spegnete, spengano

spingere *to push*
PAST PARTICIPLE   spinto
PAST ABSOLUTE   spinsi, spingesti, spinse, spingemmo, spingeste, spinsero

stare *to stay, to be* (auxiliary *essere*)
PRESENT INDICATIVE   sto, stai, sta, stiamo, state, stanno
PAST ABSOLUTE   stetti, stesti, stette, stemmo, steste, stettero
FUTURE INDICATIVE   starò, starai, starà, staremo, starete, staranno
PRESENT SUBJUNCTIVE   stia, stia, stia, stiamo, stiate, stiano
PRESENT CONDITIONAL   starei, staresti, starebbe, staremmo, stareste, starebbero
IMPERFECT SUBJUNCTIVE stessi, stessi, stesse, stessimo, steste, stessero
IMPERATIVE   sta', stia, stiamo, state, stiano

tenere *to hold, to keep, to have*
PRESENT INDICATIVE   tengo, tieni, tiene, teniamo, tenete, tengono
PAST ABSOLUTE   tenni, tenesti, tenne, tenemmo, teneste, tennero
FUTURE INDICATIVE   terrò, terrai, terrà, terremo, terrete, terranno
PRESENT CONDITIONAL   terrei, terresti, terrebbe, terremmo, terreste, terrebbero
IMPERATIVE   tieni, tenga, teniamo, tenete, tengano
PRESENT SUBJUNCTIVE   tenga, tenga, tenga, teniamo, teniate, tengano

trarre *to draw, to pull, to take out*
PAST PARTICIPLE   tratto
PRESENT INDICATIVE   traggo, trai, trae, traiamo, traete, traggono
PAST ABSOLUTE   trassi, traesti, trasse, traemmo, traeste, trassero
IMPERFECT   traevo, traevi, traeva, traevamo, traevate, traevano
FUTURE INDICATIVE   trarrò, trarrai, trarrà, trarremo, trarrete, trarranno
PRESENT CONDITIONAL   trarrei, trarresti, trarrebbe, trarremmo, trarreste, trarrebbero
IMPERATIVE   trai, tragga, traiamo, traete, traggano
PRESENT SUBJUNCTIVE   tragga, tragga, tragga, traiamo, traiate, traggano
IMPERFECT SUBJUNCTIVE traessi, traessi, traesse, traessimo, traeste, traessero

uccidere *to kill*
PAST PARTICIPLE   ucciso
PAST ABSOLUTE   uccisi, uccidesti, uccise, uccidemmo, uccideste, uccisero

uscire *to go out, to leave* (auxiliary *essere*)
PRESENT INDICATIVE   esco, esci, esce, usciamo, uscite, escono
PRESENT SUBJUNCTIVE   esca, esca, esca, usciamo, usciate, escano
IMPERATIVE   esci, esca, usciamo, uscite, escano

valere *to be worth, to be valid, to be of use* (auxiliary *essere*)
PAST PARTICIPLE   valso
PRESENT INDICATIVE   valgo, vali, vale, valiamo, valete, valgono
PAST ABSOLUTE   valsi, valesti, valse, valemmo, valeste, valsero
FUTURE INDICATIVE   varrò, varrai, varrà, varremo, varrete, varranno
PRESENT CONDITIONAL   varrei, varresti, varrebbe, varremmo, varreste, varrebbero
IMPERATIVE   vali, valga, valiamo, valete, valgano
PRESENT SUBJUNCTIVE   valga, valga, valga, valiamo, valiate, valgano

vedere *to see*
PAST PARTICIPLE   visto, veduto
PAST ABSOLUTE   vidi, vedesti, vide, vedemmo, vedeste, videro
FUTURE INDICATIVE   vedrò, vedrai, vedrà, vedremo, vedrete, vedranno
PRESENT CONDITIONAL   vedrei, vedresti, vedrebbe, vedremmo, vedreste, vedrebbero

venire *to come (auxiliary essere)*
PAST PARTICIPLE   venuto
PRESENT INDICATIVE   vengo, vieni, viene, veniamo, venite, vengono
FUTURE INDICATIVE   verrò, verrai, verrà, verremo, verrete, verranno
PRESENT SUBJUNCTIVE   venga, venga, venga, veniamo, veniate, vengano
PRESENT CONDITIONAL   verrei, verresti, verrebbe, verremmo, verreste, verrebbero
IMPERATIVE   vieni, venga, veniamo, venite, vengano

vincere *to win*
PAST PARTICIPLE   vinto
PAST ABSOLUTE   vinsi, vincesti, vinse, vincemmo, vinceste, vinsero

vivere *to live (auxiliary essere/avere)*
PAST PARTICIPLE   vissuto
PAST ABSOLUTE   vissi, vivesti, visse, vivemmo, viveste, vissero
FUTURE INDICATIVE   vivrò, vivrai, vivrà, vivremo, vivrete, vivranno
CONDITIONAL   vivrei, vivresti, vivrebbe, vivremmo, vivreste, vivrebbero

volere *to want, to be willing, to desire, to wish*
PRESENT INDICATIVE   voglio, vuoi, vuole, vogliamo, volete, vogliono
PAST ABSOLUTE   volli, volesti, volle, volemmo, voleste, vollero
FUTURE INDICATIVE   vorrò, vorrai, vorrà, vorremo, vorrete, vorranno
PRESENT CONDITIONAL   vorrei, vorresti, vorrebbe, vorremmo, vorreste, vorrebbero
PRESENT SUBJUNCTIVE   voglia, voglia, voglia, vogliamo, vogliate, vogliano

V. VERBS FOLLOWED BY A PREPOSITION

abituarsi (a)	*to get used/accustomed (to)*
accettare (di)	*to agree (to)*
accorgersi (di)	*to notice, to become aware (of)*
affrettarsi (a)	*to hasten (to)*
aiutare (a)	*to help (with)*
appartenere (a)	*to belong (to)*
assomigliare (a)	*to resemble*
cercare (di)	*to try (to)*
chiedere (di)	*to ask (to, for)*
cominciare (a)	*to start, to begin*
credere (a, in)	*to believe (in)*
dare (a)	*to give (to)*
dimenticare (di)	*to forget (to)*
dipendere (da)	*to depend (on)*
divertirsi (a)	*to enjoy, to like*
domandare (di)	*to ask (to)*
eccellere (in)	*to excel (in)*
evitare (di)	*to avoid*
fingere (di)	*to pretend (to)*
finire (di)	*to finish*
forzare (a)	*to force, to compel (to)*
imparare (a)	*to learn (to)*
impedire (di)	*to prevent, to keep, to stop (from)*
incominciare (a)	*to begin, to start (to)*
infischiarsi (di)	*to care nothing (about, for)*
innamorarsi (di)	*to fall in love (with)*
insistere (in, su)	*to persist, to persevere (in, on)*
interessarsi (a)	*to be interested (in)*
lamentarsi (di)	*to complain (of, about)*
pensare (di)	*to think (about, of)*
pentirsi (di)	*to repent (of)*
permettere (di)	*to allow (to)*
pregare (di)	*to beg, to ask (to)*
preoccuparsi (di)	*to be worried, to be concerned (about)*
proibire (di)	*to forbid, to prohibit (to)*
promettere (di)	*to promise (to)*
proporre (di)	*to propose (to)*
provare (a)	*to try (to)*
rassegnarsi (a)	*to resign, to submit (to)*
ricordarsi (di)	*to remember*
rifiutare (di)	*to refuse (to)*
rinunciare (a)	*to give up, to renounce*
riuscire (a)	*to succeed (in)*
stancarsi (di)	*to get tired, to grow weary of; to be fed up (with)*
vergognarsi (di)	*to be (to feel) ashamed (of)*

VI. SOME COMMON ITALIAN PROVERBS

A buon intenditore poche parole.
A word to the wise is sufficient.

Al bisogno si conosce l'amico.
(L'amico si conosce nel bisogno).
A friend in need is a friend indeed.

Anno nuovo vita nuova.
The new year calls for a new way of life.

Batti il ferro quando è caldo.
Strike while the iron is hot.

Un bel gioco dura poco.
Jokes should not be carried too far.

Volere la botte piena e la moglie ubriaca.
To want to have one's cake and eat it too.

Il sangue non è acqua.
Blood is thicker than water.

Buon sangue non mente.
Blood will tell.

Buon vino fa buon sangue.
Good wine engenders good blood.

Casa mia, casa mia, per piccina che tu sia tu mi
  sembri una badia.
Home, sweet home, there's no place like home.

Chi cerca trova.
He who seeks will find.

Chi dorme non piglia pesci.
The early bird catches the worm.

Il tempo è denaro.
Time is money.

Il tempo è il miglior medico.
Time cures all things.

Chi ha tempo non aspetti tempo.
Make hay while the sun shines.

Chi la fa l'aspetti.
As we sow so do we reap.

Chi ben comincia è a metà dell'opera.
Well begun is half done.

Ride bene chi ride l'ultimo.
He laughs best who laughs last.

Il riso abbonda sulla bocca degli stolti.
Laughter is the hiccup of a fool.

Il riso fa buon sangue.
Laughter is the best medicine.

Chi si contenta gode.
A contented mind is a perpetual feast.

Chi tardi arriva male alloggia.
First come, first served.

Chi trova un amico, trova un tesoro.
A good friend is worth his weight in gold.

Chi va piano va sano e va lontano.
Slow and steady wins the race.

Fidarsi è bene, non fidarsi è meglio.
To trust is good, not to trust is better.

Finché c'è vita c'è speranza.
While there's life there's hope.

Gallina vecchia fa buon brodo.
Old hens make the best soup.

Tutto fa brodo.
It's all grist to one's mill.

Il buon giorno si vede dal mattino.
Well begun is half done.

Il lupo perde il pelo, ma non il vizio.
The leopard doesn't change its spots.

Il mondo è bello perché è vario.
Variety is the spice of life.

L'abito non fa il monaco.
Appearances can be deceptive.

La lingua batte dove il dente duole.
The tongue ever turns to the aching tooth.

L'appetito vien mangiando.
Appetite comes with eating.

Le bugie hanno le gambe corte.
Truth will out.

È meglio un uovo oggi che una gallina domani.
A bird in the hand is worth two in the bush.

Meglio tardi che mai.
Better late than never.

Non è tutt'oro quello che luce.
All that glitters is not gold.

Paese che vai, usanza che trovi.
When in Rome do as the Romans do.

Scherzo di mano, scherzo di villano.
Rough play is poor breeding's way.

Fra i due litiganti il terzo gode.
The onlooker gets the best of a fight.

Tra il dire e il fare c'è di mezzo il mare.
Easier said than done.

Una rondine non fa primavera.
One swallow does not make a summer.

Volere è potere.
Where there's a will there's a way.

Uomo avvisato è mezzo salvato.
Forewarned is forearmed.

Se son rose fioriranno.
Time will tell.

Chi s'aiuta, Dio l'aiuta.
God helps those who help themselves.

Ad ogni uccello il suo nido è bello.
There is no place like home.

Cosa rara, cosa cara.
Something rare, something dear.

Dimmi con chi vai e ti dirò chi sei.
A man is known by the company he keeps.

Tutto è bene quel che finisce bene.
All is well that ends well.

A

a	*at, to*
a dispetto di	*despite*
a disposizione	*available*
a domani	*see you tomorrow*
a letto	*in bed*
a meno che	*unless*
a più tardi	*see you later*
a presto	*see you soon*
abbaiare	*to bark*
abbastanza	*enough*
abbigliamento / vestiario	*clothing*
abilità *(f)*	*ability*
abisso	*abyss*
abitare	*to live, dwell*
abito	*suit*
abito da sera	*evening gown*
abusare di	*to abuse*
accadere	*to happen*
accanto a	*next to*
accelerare	*to speed up*
accelerazione *(f)*	*acceleration*
accendere	*to turn on (the TV)*
accettazione / check-in	*check-in*
accorgersi	*to realize*
aceto	*vinegar*
acqua	*water*
addizione *(f)*	*addition*
adesso / ora	*now*
aereo	*plane*
affaticarsi	*to overwork oneself*
affatto	*at all*
afferrare	*to grasp*
affettato	*cold cut*
affettivo	*of love, affective*
affetto	*feelings, affection*
affettuoso	*affectionate*
affinchè	*so that*
affine	*similar*
affittare	*to rent*
affitto	*rent*
affrontare	*to face, deal with*
agenda	*appointment book*
agenzia di collocamento	*employment agency*
agenzia di viaggio	*travel agency*
agevolare	*to facilitate*
agire	*to act*
aglio	*garlic*
agnello	*lamb*

agonismo	*competition (in general)*
agosto	*August*
ai ferri	*grilled*
al museo	*museum / art gallery*
alba	*dawn*
alberghiero	*(related to) hotels*
albergo	*hotel*
alcuno	*some*
alimentazione *(f)*	*diet*
alla giornata	*day by day*
alla moda	*in style / fashion*
alleato	*ally*
allegro	*happy*
allenatore / allenatrice	*trainer, coach*
alloggio	*housing*
alpinismo	*mountain climbing*
alto	*tall*
altro	*other, else*
altruista	*altruist*
alzare	*to raise up, lift*
alzarsi	*to get up*
amante *(m/f)*	*lover*
amare	*to love*
amarsi	*to love one another*
ambiente *(m)*	*ambiance, place, environment*
americano	*American*
amichevole	*friendly*
amicizia	*friendship*
amico	*friend*
amore *(m)*	*love*
analisi	*analysis*
anche	*also*
ancora	*yet*
andamento	*progress*
andare	*to go*
andare a caccia	*to go hunting, hunt*
andare via	*to go away*
angolo	*corner, angle*
animale domestico	*domestic animal, pet*
animale selvatico	*wild animal*
anno prossimo	*next year*
anticipo	*early*
antipasto	*appetizer*
antipatico	*not nice*
antropologo	*anthropologist*
anzi	*as a matter of fact*
ape *(f)*	*bee*

aperto	open
apparecchiare la tavola	to set the table
appartamento	apartment
appassionato	passionate love
appena	just
appena	as soon as
apprendere	to learn
approfittare	to take advantage
appuntamento	appointment
aprile	April
aprire	to open
arabo	Arabic
arancia	orange
arancione (invariable)	orange
arbitro / arbitra	referee
architetto	architect
arcobaleno	rainbow
aria condizionata	air conditioning
armadio a muro	wall cupboard/ walk-in closet
arrabbiarsi	to become angry
arredamento	decoration, furnishing
arredare	to decorate
arrivare	to arrive
arrivederci (fam)	good-bye
arrivederci (pol)	good-bye
arrivo	arrival
arrossire	to blush
arrosto	roast
ascensore (m)	lift, elevator
asciugamano	towel
asciugatrice (f)	clothes dryer
asciutto	dry
ascoltare	to listen to
asino	donkey
aspettare	to wait for
aspettativa	expectation
aspirapolvere (m, invariable)	vacuum cleaner
assai	quite, enough
assegno	check
assegno turistico / traveler's check	traveler's check
assicurare	to ensure
assillare	to harass, torment, assail
assistenza	assistance
assumere	to hire
astro	stars
atleta (m/f)	athlete
atletica leggera	track and field
attenzione (f)	attention
attimo	an instant, second
attore / attrice	actor
attrarre	to attract
attrezzato	equipped
augurare	to wish, augur

aumento di stipendio	increase in salary, raise
australiano	Australian
austriaco	Austrian
automobilismo	car racing
auto	car
autobus / pullman	bus
autogrill	motorway restaurant and snack-bar
automobile / macchina	automobile/car
autostrada	highway
autunno	fall, autumn
avanti	forward/ahead
avanzare	to advance, go ahead
avaro	greedy, stingy
avere	to have
avere anni	to be . . . years old
avere bisogno di	to need
avere caldo	to be hot
avere fame	to be hungry
avere freddo	to be cold
avere fretta	to be in a hurry
avere faccia tosta	to be cheeky
avere la testa fra le nuvole	to have one's head in the clouds
avere mal di	to have a (e.g. headache)
avere paura	to be afraid
avere qualcosa da dichiarare	to have something to declare
avere ragione	to be right
avere sete	to be thirsty
avere sonno	to be sleepy
avere torto	to be wrong
avere una gomma a terra	to have a flat tire
avere voglia di	to feel like
avere vomito / nausea	to be nauseous
avvenire	to happen, occur
avventura	adventure
avventuroso	adventurous
avvertire	to warn
avviare	to head toward
avviarsi	to set off on, go
avvicinarsi	to get close
avvocato	lawyer
azzurro	blue

B

baciare	to kiss
bacio	kiss
badare	to look after
bagaglio	baggage
bagaglio (a mano)	baggage (hand)
bagno	bathroom
balcone	balcony
ballare	to dance
bambino / bambina	child
banana	banana

banco	*desk*	buona creanza	*good manners*
banconota	*bank note*	buonanotte (buona notte)	*good night*
barbiere	*barber*	buonasera (buona sera)	*good evening/*
barca	*boat*		*good day*
barista	*bartender*	buongiorno (buon giorno)	*good morning/*
barriera corallina	*coral reef*		*good day*
barzelletta	*joke*	buono	*good*
baseball	*baseball*	burro	*butter*
basso	*short (in height)*		
bastare	*to be enough*	**C**	
battente	*shutter*	caccia	*hunting*
battuta	*remark*	cadere	*to fall*
belare	*to bleat*	caffè	*coffee*
belga *(m/f)*	*Belgian*	calcio	*soccer*
bello	*beautiful, handsome*	calza	*stocking*
benché	*although*	calzatura	*footwear*
bene	*well*	calzino	*sock*
benevolo	*benevolent*	calzolaio	*shoemaker*
benzina	*gas*	calzoleria	*shoestore*
benzinaio	*gas-station atten-*	cambiare	*to change*
dant		cambiare casa / traslocare	*to move*
bere	*to drink*	cambiare l'olio	*to change the oil*
berretto	*cap*	cambiare un assegno	*to cash a check*
bevanda	*drink*	cambio	*exchange rate*
biancheria intima	*underclothing*	camera	*room*
bianchetto	*liquid paper*	camera (da letto)	*bedroom*
bianco	*white*	cameriere / cameriera	*waiter/waitress*
bibita	*soft drink*	camicetta / blusa	*blouse*
biblioteca	*to the library*	camicia	*shirt*
bicchiere	*drinking glass*	camino	*chimney*
bici(cletta)	*bicycle*	camion	*truck*
biglietto	*ticket*	camoscio	*suede*
biglietto / banconota	*bill*	campanello	*doorbell*
binario	*track*	campeggio	*camping*
biologo	*biologist*	campionato	*playoffs,*
birra	*beer*		*championship*
bisbetico	*fussy*	camratesco	*comradely*
biscotti	*biscuits*	canadese	*Canadian*
bisognare / essere	*to be necessary*	canale	*channel*
necessario		canale tematico	*special channel*
bistecca	*steak*	cancellato	*canceled*
bisticciare	*to bicker, scuffle*	cane / cagna	*dog*
blu *(invariable)*	*dark blue*	cantare / cinguettare	*to sing/to chirp*
bocca	*mouth*	cantina	*cellar*
bollettino meteorologico	*weather forecast*	canto	*song*
bollo	*permit*	capelli	*hair (head)*
borsa	*purse*	capire (isc)	*to understand*
bottega	*shop*	capitare	*to happen, occur*
botteghino	*ticket booth*	capo	*coach, boss*
braccio	*arm*	capo / indumento	*article of clothing*
brasiliano	*Brazilian*	capofabbrica	*plant manager*
bravo	*good (at something)*	capofamiglia	*head of the family*
breve	*brief*	capogiro	*dizziness*
brillante	*brilliant*	capogruppo	*group leader*
briciolo	*grain, shred*	capolavoro	*masterwork*
brutto	*ugly*	capolinea	*bus station (head*
bugia	*lie*		*of the line)*
bugiardo	*liar*	caporeparto	*foreman*

capotecnico	technical director	ciclismo	bicycle racing
capoufficio	office manager	cifra	figure, number
cappa	nightgown	ciglio	eyelash
cappello	hat	ciliegia	cherry
cappotto	coat	cilindrata	motor size
capriccio	whim	cinema	movies
carattere	character	cinese	Chinese
carnagione	complexion	cintura	belt
carne	meat	cipolla	onion
caro	dear	circa	nearly, about
carota	carrot	città	city
carriera	career	classifica	standings
carta d'imbarco	boarding pass	codice fiscale	(equivalent of) social
carta di credito	credit card		security number
cartella	briefcase, folder	cognata	sister-in-law
casa	house, home	cognato	brother-in-law
casa editrice	publishing house	cognome	surname, family
casa in affitto	house for rent		name
casa in vendita	house for sale	coincidenza	connection
caso	case, chance	colazione	breakfast
cassetta delle lettere	mailbox	colla	glue
cassiere / cassiera	teller	collant (invariable)	pantyhose/tights
castoro	beaver	collega (m/f)	colleague, work asso-
catalogo	catalogue		ciate
cattivo	bad	collo	neck
cautela	caution	colmare lacuna	to fill the gap
cavallo	horse	colonna sonora	soundtrack
cavatappi	bottle opener	colpa	fault, guilt
cedere	to give up, hand	colpo	blow, shot
	over	coltello	knife
celeste	light blue	coltivare	to cultivate
celibe (m)	single, unmarried	come	how
cena	dinner	cominciare	to begin, start
cenare	to have dinner	commercialista	qualified accountant
centrale	central	commesso / commessa	salesperson
centro	center	comodamente	comfortably
centro	downtown	compagno / compagna	chum, friend,
cercare	to look for, search for		schoolmate
cerchia	circle	compatibile	compatible
certo	certain	compilare	to fill-out
cestino	waste basket	compleanno	birthday
che	what	complesso	complex
chi	who	complice	accomplice
chiacchierare	to chat	comporre	to compose
chiacchiere	gossip	comportarsi	to behave, act
chiamare	to call	comprare	to buy
chiamarsi	to be called, named	comprarsi	to buy for oneself
chiedere	to ask for	computer	computer
chiedere scusa	to say one is sorry	comunque	however, then
chiesa	church	con	with
chirurgo / chirurga	surgeon	concertare	to put together
chissà	who knows	concerto	concert
chitarrista	guitarist	concessionario	car dealer
chiudere	to close	concorrente / rivale	rival
chiunque	whoever	concorrere	to compete
ciao	hi/bye	condividere	to share
cibo	food, the actual	condurre	to drive, conduct, to
	substance		lead

conferma	*confirmation*	dare	*to give, to perspire*
confine	*border, boundary*	dare la mancia	*to leave a tip*
confrontare	*to compare*	dare retta a	*to heed*
confronto	*comparison*	data	*date*
congelatore	*freezer*	data di nascita	*date of birth*
coniglio / coniglia	*rabbit*	datore di lavoro	*employer*
conoscenza	*acquaintance*	davanzale	*window ledge*
conoscere	*to know (someone), be familiar with*	davvero	*really*
		debole	*weak*
consentire	*to allow, permit*	decidere	*to decide*
consigliare	*to recommend*	deciso	*single-minded, decisive*
consiglio	*advice*		
contabile	*accountant*	dedurre	*to deduce*
contento	*content, happy*	delusione	*disappointment*
conto	*bill, check, account*	dente	*tooth*
contorno	*side dish*	dentista	*dentist*
controllare i freni	*to check the brakes*	dentro	*inside*
conversazione	*conversation*	depositare / versare	*to deposit*
copione	*script*	deposito / versamento	*deposit*
coppa	*cup*	depresso	*depressed*
coppia	*couple*	desiderare	*to desire*
correre	*to run*	destra	*right*
corretto	*correct*	detestare	*to detest*
corridoio	*corridor*	di	*of*
corsa	*racing*	di rado	*rarely*
corsia	*traffic lane*	di rilievo	*noteworthy*
corso	*avenue*	di taglio grosso / piccolo	*large/small (bill)*
corto	*short (in length)*	dialogo	*dialogue*
costare	*to cost*	dicembre	*December*
costare un occhio della testa	*to cost an arm and a leg*	dieta	*diet*
		dietro	*behind*
costringere	*to force*	difetto	*flaw, defect*
costume da bagno	*swimming suit*	digitale	*digital*
cravatta	*tie*	dilettante	*amateur*
credenza	*hutch, sideboard*	diletto	*pleasure, delight*
crederci	*to believe in*	dimagrire	*to lose weight*
credere	*to believe*	dimenticare / dimenticarsi	*to forget*
crisi	*crisis*		
criterio	*criterion*	dimettersi / dare le dimissioni	*to quit, to leave a position*
cronaca nera	*crime news*		
cruscotto	*panel*	dinamico	*dynamic*
cuccetta	*couchette*	dipendente	*employee*
cucchiaino	*teaspoon*	diploma	*diploma*
cucchiaio	*spoon*	dire	*to say*
cucina	*food, as prepared (cooking, cuisine)*	dire le barzellette	*to tell jokes*
		dire una bugia / mentire (isc)	*to tell a lie/to lie*
cucina	*kitchen, stove*		
cucitrice	*stapler*	direttore / direttrice	*manager*
cugina	*cousin (f)*	direttore / direttrice d'orchestra	*orchestra conductor*
cugino	*cousin (m)*		
culturismo	*body-building*	dirigente	*manager*
cuoco / cuoca	*cook*	dischetto	*disk*
cuore	*heart*	discoteca	*disco*
		discutere	*to discuss*
D		disoccupato	*without work, unemployed*
da	*from*		
danese	*Danish*	disonesto	*dishonest*
danno	*damage*	dispari	*odd*

disperato	desperate	energico	energetic
dito	finger	enorme	enormous
ditta / azienda	company	entrambi	both
divano	sofa	entrare	to enter
diventare	to become	entrata / ingresso	entrance
diventare rosso (-a)	to become embarrassed	epatico	of the liver
		equilibrato	balanced
diventare / divenire	to become	esatto	exact
diverso	diverse, different	eseguire	to perform
divertirsi	to enjoy oneself	esibizionista (m/f)	exhibitionist
Divieto di sorpasso	No passing	esigente	demanding, fussy
Divieto di sosta	No parking	esigenza	need, requirement, preference
divisione	division		
divorziato	divorced	esigere	to demand, expect
doccia	shower	esperienza	experience
docente / insegnante	teacher	esserci sole	to be sunny
documentario	documentary	essere	to be
dogana	customs	essere al verde	to be broke
dolce	dessert	essere allergico	to be allergic
dollaro	dollar	essere bene / male	to be good/bad
dolore	pain	essere certo	to be certain
domani	tomorrow	essere chiaro	to be clear
domare	to tame	essere depresso	to be depressed
domenica	Sunday	essere di umore nero	to be in a bad mood
donna	woman	essere evidente	to be evident
dono	gift	essere giallo di rabbia	to be extremely angry
dopo	after	essere giù	to be down
dopo che	after	essere importante	to be important
dopodomani	the day after tomorrow	essere in gamba	to be an OK person
		essere indiscutibile	to be beyond question
doppiato	dubbed		
doppio	double	essere inutile	to be useless
dormire	to sleep	essere logico	to be logical
dormita	sleep	essere necessario	to be necessary
dove	where	essere noto	to be known
dovere	to have to	essere ovvio	to be obvious
dovunque	wherever	essere possibile / impossibile	to be possible/ impossible
dozzina	a dozen		
dritto	straight ahead	essere probabile / improbabile	to be probable/ improbable
dubitare	to doubt		
		essere stanco morto	to be dead tired
		essere strano	to be strange
E		essere un peccato	to be a pity
ebraico	Hebrew (language)	essere vero	to be true
ebreo	Hebrew	est	east
eccitante	exciting	estate	summer
edificio	building	esterno	external
editore	publisher	estraneo	stranger
educato	courteous	estroverso	extroverted
egiziano	Egyptian	età (f)	age
egoista	selfish, egotistical	euro	Euro
elefante / elefantessa	elephant	evento	event
elegante	elegant	evidenziatore	highlighter
elettricista	electrician	evitare	to avoid
elettricità (f)	electricity		
elettrodomestico	appliance	**F**	
emicrania	migraine headaches		
emozionante	emotional, exciting	fabbrica	factory
energia	energy	faccenda	matter

faccenda	*chore*	firmare	*to sign*
faccende di casa	*house chores*	fiume	*river*
facchino	*porter*	foglia	*leaf*
faccia	*face*	foglio	*sheet*
facile	*easy*	folto	*dense*
fagiolino	*string bean*	forbici	*scissors*
fagiolo	*bean*	forchetta	*fork*
falegname	*carpenter*	forestiero	*stranger, foreigner*
familiare	*family member*	formaggio	*cheese*
fannullone	*good-for-nothing*	formare il numero	*to dial*
fantascienza	*science fiction*	forse	*maybe*
fare	*to do, make*	forte	*strong*
fare amicizia	*to become friends*	fortuna	*fortune, luck*
fare bel tempo	*to be nice*	foto	*photograph*
fare brutto / cattivo tempo	*to be awful*	fotocopiatrice	*photocopier*
fare caldo	*to be hot, warm*	fragola	*strawberry*
fare chicchirichì	*to cock-a-doodle-do*	franare	*to collapse*
fare colazione	*to have breakfast*	francese	*French*
fare delle spese	*to shop in general*	francobollo	*stamp*
fare freddo	*to be cold*	fratellastro	*stepbrother, half-brother*
fare fresco	*to be cool*		
fare ginnastica	*to exercise, work out*	fratello	*brother*
fare il biglietto	*to purchase a ticket*	freccia	*arrow*
fare il pieno	*to fill-up*	frenare	*to brake*
fare la spesa	*to shop*	frequentare	*to attend, frequent*
fare male a	*to hurt*	frigorifero	*refrigerator*
fare una gita	*to go on a tour*	fritto	*fried*
fare / praticare sport	*to practice sports*	fronte	*forehead*
farmacia	*drugstore*	frutta	*fruit*
farmacista	*pharmacist*	fruttivendolo	*fruit stand, vendor*
farmaco	*medicine*	fuggire	*to escape*
farne di tutti i colori	*to cause a lot of trouble*	funzionare	*to work, operate*
		fuori	*outside*
febbraio	*February*	furbo	*cunning*
febbre	*fever, temperature*		
felice	*happy*	**G**	
ferie	*holidays*	galleria	*balcony*
fermare	*to stop*	gallo / gallina	*rooster / chicken*
fermata	*stop*	gamba	*leg*
ferrovia	*railroad*	garage / autorimessa	*garage*
festicciola	*get-together*	garbato	*kind, courteous*
fiammingo	*Flemish*	garrire (isc)	*to shrill*
fianco	*hip*	gas	*gas (for heating)*
fibbia	*buckle*	gatto / gatta	*cat*
fidanzato / fidanzata	*fiancé / fiancée*	gelato	*ice cream*
fidato	*trusted*	generazione	*generation*
figlia	*daughter*	generi alimentari	*food, as bought in a store*
figlio	*son*		
fila	*aisle, row*	genero	*son-in-law*
filologo	*philologist*	generoso	*generous*
fine	*end*	genitori	*parents*
fine settimana	*weekend*	gennaio	*January*
finestra	*window of a building*	gente	*people*
finestrino	*window of a vehicle*	gentile	*kind, gentle*
finire (isc)	*to finish*	gentiluomo	*gentleman*
finlandese	*Finnish*	giacca	*jacket*
fiore	*flower*	giallo	*yellow*
firma	*signature*	giallo	*detective, thriller*

giapponese	*Japanese*	impiego	*employment, job*
ginnastica	*gymnastics*	importare	*to matter*
ginocchio	*knee*	in	*in*
giocare a	*to play*	in anticipo	*early*
giocatore / giocatrice	*player*	In bocca al lupo!	*Good luck!*
gioia	*joy*	in comune	*in common*
giornale	*newspaper*	in orario	*on time*
giornale radio	*radio newscast*	in ritardo	*late*
giornaliero	*daily*	in saldo	*on sale*
giornalista	*journalist*	in vendita	*for sale*
giornata	*day*	inchiesta	*research study*
giovanotto	*young man*	incognita	*uncertainty, un-*
giovedì	*Thursday*		*known*
giraffa	*giraffe*	incompetente	*incompetent*
girare	*to turn*	incontro	*encounter*
girare un film	*to make a movie*	incrocio	*intersection*
gita	*tour*	indagine (f)	*survey, study*
giudicare	*to judge*	indiano	*Indian*
giugno	*June*	indietro	*behind/back*
gnocco	*dumpling*	indirizzo	*address*
godere	*to enjoy*	indossare/portare	*to wear, put on*
gol	*goal, score*	indurre	*to induce*
gola	*throat*	infondato	*groundless,*
golf	*golf*		*unfounded*
gomito	*elbow*	informatico / informatica	*computer scientist*
gonna	*skirt*	inganno / ingannare	*deception, trap/to*
gradino	*step*		*deceive*
grande	*big, large, great*	ingegnere	*engineer*
granoturco	*corn*	ingenuo	*ingenuous, naive*
grasso	*fat*	inglese	*English*
grattacielo	*skyscraper*	iniezione (f)	*injection*
grazie	*thank you*	inimicizia	*enmity*
grazie a	*thanks to*	iniziativa	*initiative*
greco	*Greek*	innamorarsi	*to fall in love with*
greco/greca	*Greek*	innamorato cotto (-a)	*madly in love*
grigio	*gray*	inquadrare	*to frame, envision*
grissino	*breadstick*	inquilino / inquilina	*tenant*
guadagnare	*to earn*	inquinato	*polluted*
guanto	*glove*	insalata	*salad*
guardare	*to look at, watch*	insensibile	*insensitive*
		insoddisfatto	*unsatisfied*
H		intavolare	*to enter into, put on*
hockey (m)	*hockey*		*the table*
		intelligente	*intelligent*
I		interbase (m)	*short-stop*
identità (f)	*identity*	interesse (m)	*interest*
idraulico	*plumber*	interrompere	*to interrupt*
ieri	*yesterday*	interruttore (m)	*switch (light)*
imbarazzante	*embarrassing*	intervista	*interview*
imbarcare	*to embark (upon)*	intimo	*intimate*
immaginare	*to imagine*	introverso	*introverted*
impaziente	*impatient*	intuito	*intuition*
impazzire	*to go crazy*	invecchiare	*to age, grow old*
impegno	*obligation, duty,*	inverno	*winter*
	thing-to-do	investire	*to hit someone (in a*
impermeabile (m)	*overcoat*		*car accident)*
impianto elettrico	*wiring*	inviare	*to send*
impiegato / impiegata	*white collar worker*	invitato	*invited guest*

iogurt	*yogurt*	locale notturno	*night club*
ipotesi	*hypothesis*	lontano	*far*
ippica / equitazione *(f)*	*horse racing*	lotta	*wrestling*
irritarsi	*to become irritated*	luce	*light, power*
isolato	*city block*	luglio	*July*
istante	*instant*	lume di candela	*candlelight*
		luna di miele	*honeymoon*
J		lunedì	*Monday*
judo	*judo*	lunghezza	*length*
		lungo	*long*
K		luogo di nascita	*place of birth*
karatè	*karate*	lupo/lupa	*wolf*
L		**M**	
labbro	*lip*	madre	*mother*
laccio	*shoestring/shoelace*	maggio	*May*
lago	*lake*	maglietta	*T-shirt*
lamentarsi	*to complain*	maglione/maglia	*sweater*
lampeggiare	*to be lightening*	magro	*skinny*
lancetta	*hand of a watch/ clock*	mai	*never*
		maiale	*pork*
lasciare	*to leave (behind)*	maiale (porco) / scrofa	*pig*
lasciare	*to let*	malattia	*sickness*
latte	*milk*	maleducato	*ill-mannered*
latte intero	*whole milk*	malinconico	*melancholic*
latticino	*dairy product*	malinteso	*misunderstanding*
lattina	*can*	mamma	*mom*
lattuga	*lettuce*	mancare	*to be missing (from), to lack*
laurea	*university degree*		
lavandino	*wash basin*	mancia	*tip*
lavapiatti / lavastoviglie *(invariable)*	*dishwasher*	mangiare	*to eat*
		mano	*hand*
lavare	*to wash*	manzo	*beef*
lavarsi	*to wash oneself*	marito	*husband*
lavatrice	*clothes washer*	marmellata	*marmalade, jam*
lavello	*sink*	marrone	*brown*
lavorare	*to work (at a job)*	martedì	*Tuesday*
lavorativo	*work-related*	marzo	*March*
lavoro	*work, job*	matita	*pencil*
lavoro a orario pieno	*full-time job*	matrigna	*stepmother*
lavoro a orario ridotto / part-time	*part-time work/job*	mattino / mattina	*morning*
		meccanico / meccanica	*mechanic*
lavoro a turni	*shift work*	medesimo	*same*
leggere	*to read*	medicina / farmaco	*medicine*
leggero	*light*	medico / dottore / dottoressa	*doctor*
leone / leonessa	*lion*		
lesso	*broiled*	mela	*apple*
letto	*bed*	mente	*mind*
levarsi / togliersi	*to take off*	mento	*chin*
lì / là	*there*	menù	*menu*
libretto bancario	*bankbook*	meravigliosamente	*marvelously*
libretto degli assegni	*checkbook*	mercato	*market*
licenziare	*to fire*	mercoledì	*Wednesday*
lieve	*slight*	meridionale	*south, southern*
limpido	*clear*	merluzzo	*cod*
linea / compagnia aerea	*airline*	mese	*month*
lingua	*tongue*	messicano	*Mexican*
litigare	*to argue*	metà	*half*

meteora	*meteor*	nebbia	*fog*
metropolitana	*subway*	negozio	*store*
metterci	*to need, take*	nemico	*enemy*
mettere	*to put*	nemmeno	*not even*
mettere in moto	*to start (the car)*	neozelandese	*New Zealander*
mettersi	*to put on*	neppure	*not even*
mezzanotte	*midnight*	nero	*black*
mezzo	*half*	nessuno	*no one, nobody*
mezzogiorno	*noon*	neve / nevicare	*snow/to snow*
miagolare	*to meow*	niente / nulla	*nothing*
mica	*quite*	nipote	*grandson/nephew/*
minuto	*minute*		*granddaughter/*
mistero	*mystery*		*niece*
mobile / mobilia	*piece of furniture/*	nitrire (isc)	*to neigh*
	furniture	noioso	*boring*
modulo	*form, application*	noleggiare	*to rent*
moglie	*wife*	nome	*name*
molle	*soft*	non esserci dubbio	*to be there no doubt*
moltiplicazione	*multiplication*	non essere d'accordo	*to disagree*
molto / tanto	*much, a lot, very*	nonna	*grandmother*
mondo	*world*	nonno	*grandfather*
monovolume *(f)*	*van*	nonostante	*notwithstanding*
morbido	*soft*	nord	*north*
morire	*to die*	norvegese	*Norwegian*
morire	*to be*	notte	*night*
mosca	*fly*	notte bianca	*a sleepless night*
mostra	*exhibition*	novembre	*November*
mostro	*monster*	nubile *(f)*	*single, unmarried*
motivo del viaggio	*reason for trip*	numero di searpa	*shoe size*
moto	*motorcycle*	nuora	*daughter-in-law*
moto(cicletta)	*motorcycle*	nuotare	*to swim*
motociclismo	*motorcycling*	nuoto	*swimming*
motore	*motor*	nuvoloso	*cloudy*
motorino	*scooter*		
mouse	*mouse*	**O**	
mucca / bue	*cow/ox (bull)*	oberato	*pressed, obligated*
muggire	*to moo*	occhio	*eye*
mulo	*mule*	occidentale	*western*
multimediale	*multimedial*	occorrere	*to need*
municipio	*city hall*	odiare	*to hate*
muratore	*bricklayer*	offendersi	*to become offended,*
muro	*wall*		*hurt*
museo	*museum*	offrire	*to offer*
museo	*musuem, art gallery*	oggi	*today*
musicista	*musician*	ogni tanto	*every once in a while*
mutande	*underpants (under-*	olio	*oil*
	wear)	ombra	*shadow*
		ombrello	*umbrella*
N		onesto	*honest*
nascere	*to be born*	operaio	*blue collar worker*
nascita	*birth*	ora	*hour, time*
naso	*nose*	orario	*time, timetable,*
nausea	*nausea*		*schedule*
nave	*ship*	orario di lavoro	*working hours*
navigare	*to navigate*	ordinare	*to order*
navigazione	*navigation*	orecchio	*ear*
nè...nè	*neither . . . nor*	orgoglio	*pride*
neanche	*not even*	orientale	*eastern*

orlo	*edge*	patata	*potato*
orologio	*clock, watch*	patente di guida	*driver's licence*
orso	*bear*	patrigno	*stepfather*
ospedale	*hospital*	pattinaggio	*skating*
ossia	*that is to say*	pattinare	*to skate*
ottimista	*optimist*	pavimento	*floor*
ottobre	*October*	paziente	*patient*
ovest	*west*	pecora / montone	*sheep*
		pelle	*skin*
P		penna	*pen*
pacchetto	*package*	pennarello	*marker*
padre	*father*	pensarci	*to think about*
pagare	*to pay (for)*	pensare	*to think*
paio	*pair*	pensione	*bread-and-breakfast*
pala	*shovel*		*suite*
palazzo	*apartment building*	pepe	*pepper*
palcoscenico	*stage*	per	*for, through*
pallacanestro / basket	*basketball*	pera	*pear*
pallanuoto	*water polo*	perché	*why, because*
pallavolo	*volleyball*	perché	*so that*
palmare	*palm pilot*	perdere	*to lose*
palo	*pole*	perdita	*loss*
pane	*bread*	perfino	*even (also)*
panificio / panetteria	*bakery*	periferia	*suburbs*
panino	*bun sandwich*	periodo	*period*
pantaloncini	*shorts*	persona	*person*
pantaloni	*pants*	personalità	*personality*
pantofola	*slipper*	pesare	*to weigh*
papà / babbo	*dad*	pesca	*peach*
pappagallo	*parrot*	pesce	*fish*
parafango	*fender*	pesce rosso	*goldfish*
parcheggiare	*to park*	pescheria	*fish market*
parcheggio	*parking*	peso	*weight*
parecchio	*several, a lot*	pessimista	*pessimist*
pareggiare	*to draw*	pettegolezzo	*gossip*
pareggio	*draw*	petto	*chest*
parente	*relative*	piacere	*to like, be pleasing to*
parente acquisito (-a)	*in-law*	pianerottolo	*landing*
parente lontano (-a)	*distant relative*	piangere	*to cry*
parente stretto (-a)	*close relative*	pianista	*pianist*
parentela	*kinship*	piano	*floor level*
parere	*to seem, opinion*	pianta	*plant*
parete	*internal wall, partition*	piantina	*map of a city*
		pianto	*weeping*
pari	*even*	piatto	*dish*
pari passo	*equally*	piatto	*plate*
parlare	*to speak*	piazza	*square*
parrucchiere / parrucchiera	*hairdresser*	piccolo	*small*
		piede	*foot*
partecipazione	*wedding invitation*	piedi ben piantati	*with one's feet firmly planted*
partenza	*departure*		
partire	*to leave, depart*	pieno	*full of*
partita	*game, match*	pigrizia	*laziness*
passaporto	*passport*	pigro	*lazy*
passare	*to pass by*	pilota	*pilot*
pasta	*pasta*	pioggia / piovere	*rain / to rain*
pasticceria	*pastry shop*	piscina	*swimming pool*
pasto	*meal*	pisello	*pea*

pista	ski slope, track	prima che	before
più	more	prima colazione	breakfast
piuttosto	rather	prima dei pasti /	before/after meals
platea	ground floor	dopo i pasti	
pneumatico	tire	prima visione	premiere
poco	little, a bit, few	primavera	spring
poi	then	principe azzurro	Prince Charming
poiché	since	problema	problem
polacco	Polish	prodotto	product
poliziotto / poliziotta	policeman/	produrre	to produce
	policewoman	professionista	professional
pollo	chicken, poultry	professore / professoressa	professor, middle/
poltrona	armchair, easy chair		high school teacher
pomeriggio	afternoon	programma	program
pomodoro	tomato	programma a puntate	series
popolare	popular	proiezione	projection
porre	to put	promosso	moved forward
porta	door	pronto	ready
portafoglio	wallet	pronto soccorso	first-aid, emergency
portalettere	letter carrier		room
portare / indossare	to wear	proposta	proposal
portoghese	Portuguese	prosciutto	ham
portone	main door of a	prossimo	next (e.g. next
	building		year)
posto	place, seat	provare	to rehearse
potenza	power	provare / provarsi	to try on
potere	to be able to	psicologo	psychologist
povero	poor	pubblicità	advertising
pranzare	to have lunch	pugilato	boxing
pranzo	lunch	pulire	to clean
praticare uno sport	to practice a sport	pulirsi	to clean oneself
pratico	practical	pulmino	minivan
preciso	precise	punteggio	score
preferire (isc)	to prefer	puntino metallico	staple
prefisso	area code	punto	point
prego	You're welcome	purchè	provided that
prelevamento	withdrawal	pure	also, even
prelevare	to withdraw		
premio	prize	**Q**	
premura	care	quadro generale	the overall picture
prendere	to take	qualche volta	sometimes
prendere in giro	to take in, take for a	quale	which
	ride	qualifiche	qualifications
prendere male	to take it badly	qualsiasi / qualunque	whichever
prenotazione	reservation	quando	when
preoccupante	worrisome	quanto	how (much/many)
prepotente	arrogant, bullyish	quasi	almost
prescrivere	to prescribe	questura	police station
presentare	to introduce	qui / qua	here
presso / accanto a	next to		
prestigioso	prestigious	**R**	
prestito	loan	raccontare barzellette	to tell jokes
presto	early	radio	radio
pretendere	to expect	radio portatile	portable radio
preventivo	estimate	raffreddore	cold
prezzo	price	ragazzo / ragazza	boy/girl, boyfriend/
prezzo fisso	fixed price		girlfriend
prima	first	ragliare	to bray

rallentare	to slow down	sala	hall
rapporto	relation	sala de pranzo	dining room
raro	rare	saldo	solid
recitare	to act	saldo	sale
regalare	to give (as a gift)	sale	salt
regista	movie/play director	salire	to go up, climb, ascend
regolare	regular		
relazione (amorosa)	love affair	salmone	salmon
rendersi conto	to realize	saltare	to jump
respirare	to breathe	salute	health
rete televisiva	network	saluto	greeting
ricco	rich	sandalo	sandal
ricetta	prescription	santo	saintly, holy
ricezione	reception	sapere	to know
ricordare / ricordarsi	to remember	sarto/sarta	tailor
ricoverarsi in ospedale	to be admitted into the hospital	saudita	Saudi
		sbagliare	to make a mistake
ridere	to laugh	sbaglio	mistake
ridotto	lobby	scala	stairs
ridurre	to reduce	scanner	scanner
rifare il letto	to make the bed	scappare	to run away, escape
riferimento	reference	scarpa	shoe
rimanere	to remain	scarso	little, meaningless
rimettersi in sesto	to pick oneself up	scatto	outburst
rimorchiare l'auto	to tow the car	scegliere	to choose, select
ringiovanito	rejuvenated	scelta	choice
ripetere	to repeat	scendere	to go down, descend
ripostiglio	storeroom, closet	scheda/archivio	file
riscaldamento	heating	schermo	screen, monitor
rischio	risk	schiena	back
riso	rice	sci	skiing
risotto	rice with vegetables or other foods	sciare	to sky
		sciarpa	scarf
rispondere	to answer	scienziato/scienziata	scientist
risultato	result, (final) score	scimmia	monkey
ritardo	late	scoiattolo	squirrel
ritenere	to maintain	scompartimento	compartment
riva	river bank	sconfitta	defeat
rivolgersi a	to turn to	scontento	unhappy
romantico	romantic	sconto	discount
romanzo	novel	scontroso	touchy
rompere	to break	scoprire	to discover
rompere un'amicizia	to break off a friendship	scorbutico	cranky
		scorso	last (e.g. last year)
roseo	rosy, pink	scossone	jolt
rossetto	lipstick	scrivania	desk
rosso	red	scrivere	to write
roulotte	camper, trailer	scuolabus	schoolbus
rovesciare	to empty	scuro	dark
rozzo	rough, scruffy	sdolcinato	maudlin
ruggire (isc)	to roar	se	if
ruggito di collera	roar of anger	sebbene	although
rumore	noise	seccarsi	to get upset
russo	Russian	secchiello	pail
		secco / umido	dry/humid
		secondo	second
S		secondo	according to
sabato	Saturday	sedativo	sedative
sabbia	dirt, sand		

sede	main office	sorella	sister
sedersi	to sit (down)	sorellastra	stepsister, half-sister
sedia	chair	sorprendente	surprising
sedile	seat	sorriso	smile
sedurre	to seduce	sostenere	to maintain
segnale	sign	sott'occhio	under eye
segnare	to score	sotto	under
segretaria	secretary	sottoporre	to submit
seguire	to follow	sottotitolo	subtitle
semaforo	traffic lights	sottoveste	slip
sembrare	to seem	sottrarre	to subtract
semplice	simple	sottrazione	subtraction
sempre	always	spagnolo	Spanish
sensibile	sensitive	spalla	shoulder
senso	sense	spaventare	to scare off
sentirci	to be able to hear	spazio	space
sentire	to feel, hear	speciale	special
sentirsi	to feel	spedire	to mail
senza	without	spegnere	to turn off
senza che	without	sperare	to hope
sera	evening	spesso	often
serbatoio	tank	spettacolare	spectacular
serpente	snake	spettegolare	to gossip
servire	to serve	spiaggia	beach
servirsi di	to make use of	spiccioli	small change
servizio	service	spifferare	to spill the beans
sesso	sex	spillo	pin
settembre	September	spinaci	spinach
settentrionale	northern	spionaggio	spy
sfumatura	shade	spiraglio	glimmer
sguardo	glance	spogliarsi	to undress
sì	yes	spontaneo	spontaneous
significare / voler dire	to mean	sportello	wicket/window
signore / signora	gentleman/lady	sposato	married
simpatico	nice, pleasant	spot / annuncio	commercial
sinistra	left	pubblicitario	
sito personale	personal Web site	spuntino	snack
smalto	nailpolish	squadra	team
socievole	sociable	stadio	stadium
soddisfacente	satisfying	stamani / stamattina	this morning
soddisfare	to satisfy	stampa	the press
soddisfatto	satisfied	stampante	printer
sofferenza	patience, compassion	stancarsi	to become tired
soffitta	attic	stanco	tired
soffitto	ceiling	stanotte	this night
soggetto	fella, guy	stanza	room
soggiorno / salotto	living room	stare	to stay
sogliola	sole	stare bene / male in	to look good/bad in
sognare	to dream	stare per	to be about to
soldi / denaro	money	stare / restare	to stay, remain
sollevamento pesi	weight-lifting	stasera	this evening
solo	only	stato civile	marital status
sonno di piombo	deep sleep	stazione di servizio /	gas station
sopportare	to bear, stand	di benzina	
sopra	above	stazione ferroviaria	train station
sopracciglio	eyebrow	stereo	stereo
soprattutto	above all else	sterlina	pound

stesso	same	telegiornale	TV news
stipendio	salary, pay	televisione ad alta	high definition tele-
stipendio fisso	fixed salary	definizione	vision
stipendio iniziale	starting salary/pay	televisione digitale	digital television
stipendio lordo	gross salary	televisione via satellite	satellite television
stivale	boot	televisore	TV set
stomaco	stomach	tema	theme, composition
strada	road	temere	to fear
straordinario	overtime	temperatmento	temperament
studente / studentessa	student	temperatura	temperature
stupido	stupid	tempo	time (in general)
su	on	tenda	curtain
su misura	made-to-measure	tenere	to hold, keep
subito	right away	tenero	tender
succedere	to happen	tennis	tennis
succo di frutta	fruit juice	tensione	stress
sud	south	terme	bath houses
sudore	sweat	terminal	terminal
suocera	mother-in-law	terrazza	patio
suocero	father-in-law	tesi	thesis
suola	sole	testa	head
suonare	to play	tetto	roof
supermercato	supermarket	tifoso / tifosa	sports fan
svedese	Swedish	tigre	tiger
sveglia	alarm clock	tipo	type
sveglia	wake-up call	tirare la corda	test your luck
svegliare	to wake (someone)	tirare vento / esserci vento	to be windy
svegliarsi	to wake up	titolo	headline
svolgere	to carry on, carry out	titolo di studio	school diploma
		toccasana	cure-all
T		togliere	to take away
tabella	table, chart	tonno	tuna
tacchino	turkey	tono	tone
tacco	heel	topo	mouse
taccuino	pad	tornare	to return, go back
taglia / misura	clothing size	tornare / ritornare	to return, come back
tagliando	coupon	torrone	nougat candy
tagliare il traguardo	to cross the finish line	tovagliolo	napkin
tappeto	carpet	tra / fra	between, among, in
tardi	late	tradurre	to translate
tartaruga	turtle	tram	trolley, street car
tasca	pocket	tramezzino	flat sandwich
tassista	taxi driver	tranquillo	calm, tranquil
tasso d'interesse	interest rate	trarre	to draw, pull
tastare	to feel (with the hands)	trascorrere	to pass, spend
		trasferta	transfer
tastiera	keyboard	trasmettere	transmit
tavola	eating table, diagrammatic table	trasmissione	transmission, broadcast
tavolo	table	trasparente	transparent
taxi / tassì	taxi	treno	train
tazza	cup	triste	sad
tè	tea	troppo	too much
tecnologia	technology	trota	trout
tedesco	German	trovare	to find
telecomando	remote control	truccarsi	to put on makeup
telefilm	TV movie	trucco	makeup
telefono	phone	tuonare	to thunder

turbare	*to upset*	vetrina	*store window*
tuta	*tracksuit*	via	*street*
tuttavia	*however*	viaggio	*trip*
tutto	*all, everything*	viale	*larger street*
		vicino	*near*
U		videoregistratore	*VCR*
uccello	*bird*	Vietato fumare	*No smoking*
ufficio di cambio	*exchange office*	Vietato l'ingresso	*No entrance*
ufficio postale	*post office*	vigilia	*the day before*
ulteriore	*further*	villa / villino	*country home*
ultimo	*last, latest*	vincere	*to win*
ululare	*to howl*	vincita	*victory*
umano	*human*	vincitore / vincitrice	*winner*
umore *(m)*	*mood*	vino	*wine*
unghia	*fingernail*	viola *(invariable)*	*violet, purple*
università	*university*	violinista	*violinist*
uomo	*man*	visita (medica)	*(medical) examina-*
uovo	*egg*		*tion*
uovo alla coque	*soft-boiled egg*	visita di controllo	*check-up, medical,*
uovo in camicia	*poached egg*		*physical*
uovo sodo	*hard-boiled egg*	visitare	*to examine/to give a*
uscire	*to go out*		*medical examina-*
uscita	*gate*		*tion*
uscita	*exit*	viso / faccia	*face*
Uscita vietata	*No exit*	visto	*visa*
uva	*grapes*	vita	*life*
		vita grigia	*a monotonous life*
V		vitello	*veal*
vacanza	*vacation*	vivace	*lively*
vagone letto	*sleeping coach*	vivere	*to live*
valigia	*suitcase*	viziato	*spoiled*
vantaggio	*advantage*	volare	*to fly*
vecchio	*old*	voler bene a / amare	*to love*
vederci	*to be able to see*	volerci	*to need*
vedere	*to see*	volere	*to want (to)*
vedere tutto rosso	*to be extremely angry*	volo	*flight*
veduta	*viewpoint*	volpe	*fox*
veicolo / vettura	*vehicle*	volta	*time (number of*
velocità	*velocity, speed*		*occcasions)*
vendere	*to sell*	voltare	*to turn around*
vendita	*sale*		
venerdì	*Friday*	**X**	
venire	*to come*	xilofono	*xylophone*
veramente	*really, truly*		
verde	*green*	**Z**	
verdura	*vegetables*	zanzara	*mosquito*
verità	*truth*	zero	*zero*
vero	*true*	zia	*aunt*
versare	*to deposit*	zio	*uncle*
vertice	*top*	zizzania / seminare	*gossip, rumor/to*
vestaglia	*dressing gown,*	zizzania	*spread gossip,*
	bathrobe		*rumor*
vestire	*to dress (someone)*	zoo / giardino zoologico	*zoo*
vestirsi	*to dress oneself*	zucchero	*sugar*
vestirsi	*to dress*	zucchina / zucchino	*zucchini*
vestito / abito	*suit, dress*		

✦ PHOTO CREDITS ◇◇◇◇◇◇◇◇◇◇◇◇◇◇◇◇◇◇

Chapter 1
1: ©Doug Mazell / Index Stock Imagery
23: ©Michael S. Yamashita/CORBIS

Chapter 2
32: ©SIME s.a.s / eStock Photo
52: ©Antony Nagelmann / GETTY
56: Heinle

Chapter 3
61: ©LWA-Dann Tardif / CORBIS
77: Heinle
79 top: ©Brilliantpictures Inc.
79 bottom: ©Stewart Cohen

Chapter 4
89: ©Kindra Clineff / Index Stock Imagery
111: ©Peter Menzel
113: Heinle

Chapter 5
121: Heinle
141: ©Stuart Cohen
144: ©Susan Van Etten
145: left, right: ©Peter Menzel
146: ©Pencil / Index Stock Imagery

Chapter 6
153: ©IT Stock Int'l. / Index Stock Imagery
155: ©Judy Poe
159: ©Dave Turnley / CORBIS
174: ©Judy Poe
175: ©Origlia Franco / Corbis Sygma

Chapter 7
184: ©David R. Frazier
185: Heinle
187: Heinle
190: ©Digital Vision / GETTY
193: ©Susan Van Etten
202: Heinle
203: Heinle
217: ©PhotoDisc / GETTY

Chapter 8
220: ©David R. Frazier
240: ©John Dominis / Index Stock Imagery
250: ©Tom Vano / Index Stock Imagery

Chapter 9
255: ©Susan Van Etten
258: ©Judy Poe
271: Heinle
285: Heinle

Chapter 10
290: ©PhotoDisc / Getty
294: ©Maurizio Spreafico/AP
299: ©PhotoDisc / Getty
300: ©PhotoDisc / Getty
312: ©Corbis/Sygma
325: ©AFP/CORBIS

Chapter 11
326: ©Walter Bibikow/Index Stock Imagery
333: Heinle
335: Heinle
352: ©Bettmann/CORBIS

Chapter 12
357: ©Powerstock-ZEFA/Index Stock Imgery
373: ©Susan Van Etten
374: ©Digital Vision/GETTY
377: ©PhotoEdit, Inc.
381: ©Danny Daniels/Index Stock Imagery

Chapter 13
390: ©James O'Mara/GETTY
409: ©Robbie Jack/CORBIS

Chapter 14
420: ©David R. Frazier
435: ©AP Photo/Plinio Lepri

Chapter 15
446: ©Stephanie Maze/CORBIS
460: ©David R. Frazier